KB187466

사랑 개념과 성 아우구스티누스

LOVE AND SAINT AUGUSTINE
by Hannah Arendt

Hannah
Arendt
사랑 개념과 성 아우구스티누스
한나 아렌트 지음 | 서유경 옮김
Love and Sain
Augus ine

P 필로소픽

C O N T E N T S

한나 아렌트의 재발견

| 일러두기 |

- 이 책의 본문은 한나 아렌트의 박사학위논문 〈사랑 개념과 성 아우구스티누스〉와, 편저자들인 조애나 V. 스코트와 주디스 C. 스타크의 해제 〈한나 아렌트의 재발견〉의 두 부분으로 구성되었다.
- 〔 〕 안의 내용은 원서의 편저자들이, [ ] 안의 내용은 역자가 보충 삽입한 것이다.
- 원문(영어)에서 be동사가 철학적 개념어로서 나타나는 대목은 맥락에 따라 '실재하다/존재하다/있다'를 혼용하여 번역하였다. 특히, 대문자 Being은 '존재'로 번역하고 가급적 원어를 병기하였으며 소문자 being은 맥락에 따라 '실재/있음'을 혼용하여 번역하였다.
- 원문의 'exist', 'existence'는 각각 '현존하다', '현존'으로 번역하되 'human existence'의 경우에는 '인간실존'으로 번역하였다. 'existential'은 독일 실존주의 학파를 지시할 경우에만 '실존주의적'으로 번역하고, 그 외에는 맥락에 따라 '현존적/실존적'을 혼용하여 번역하였다. 단, 원문에서 독일어 'Existenz'로 표기된 대목은 '엑시스텐츠'로 번역하였다.
- 원문에서 'will'이 조동사가 아닌 본동사로서 나타나는 대목은 부득이 한국어에 없는 '의지하다'와 그 활용형으로 번역하고 가급적 원어를 병기하였다. 이는 아렌트의 저술에서 이 단어의 동사로서의 성격이 중요하기 때문이다.
- 원문에서 '-ing' 꼴로 명사화된 동사는 '-함' 꼴로 번역하여 명사 자체와 구분하였다. 이는 아렌트의 저술에서 명사형과 동명사형의 구분이 중요하기 때문이다(예: thought/thinking → 사유/사유함, judgement/judging → 판단/판단함, action/acting → 행위/행위함 등).
- 책에 인용된 성경의 번역은 대한성서공회의 《공동번역성서》를 따랐다.

옮긴이의 글

I

1929년 한나 아렌트는 '아우구스티누스의 사랑 개념Der Liebesbegriffe bei Augustin'이라는 제목의 박사학위논문을 하이델베르크 대학에 제출했다. 이 논문은 이듬해 베를린에서 출간되었고 당시 독일 지성계의 호평과 비판을 동시에 불러일으켰다. 하지만 1933년 히틀러가 집권하자 유대인이었던 아렌트는 서둘러 파리로 망명을 떠났고 1941년 비시 정권이 들어서자 또다시 미국으로 두 번째 망명을 떠나야 했다. 1951년 미국 시민권을 획득하기까지 거의 18년간 무국적자의 신분이었던 만큼, 아렌트의 삶은 불안정했고 현실적 문제에 집중될 수밖에 없었다.

이런 이유로 아렌트의 박사학위논문은 거의 18년가량 거의 사문서나 다름없는 상태로 남아 있었으나, 1996년 조애나 스코트와 주디스 스타크가 엮은 영문판 출간과 더불어 새로운 생명력을 얻기 시작했다. 이 책《사랑 개념과 성 아우구스티누스》는 바로 그 아렌트 박사학위논문의 영문판을 우리말로 옮긴 것이다. 다만, 엄밀한 의미에서 이 1996년의 영문판은 아렌트가 독일어로 작성한 박사학위논문의 영역본이 아니라 아렌트 자신이 1950년대 말에서 1960년대 중반까지 직접 수정보완 작업을 수행한 개정판이라는 게 훨씬 더 정확한 표현일 것이다.

아렌트는 1960년대 초에 박사학위논문의 영문판 출간을 위해 틈틈이 수정 작업을 진행하고 있었다. 당시는《전체주의의 기원》(1951)과《인간의 조건》(1958)이 출간된 이후《과거와 미래 사이》(1961. 증보판은 1968),《혁명론》(1963),《예루살렘의 아이히만》(1963) 등을 연이어 출간하면서 미국 학계와 지성계에서 가장 논쟁적인 저술가이자 강단학자로 명성이 높아지던 시기였다. 그러나 안타깝게도 1963년《예루살렘의 아이히만》출간 이후 수년간 격렬한 찬반 논쟁에 휘말리게 되어 물리적인 시간과 에너지가 고갈된 아렌트는 영문판 출간 계획을 스스로 포기했다고 전해진다.

따라서 이 책은 스코트와 스타크의 장인정신에 기반을 둔 철두철미하고 전문가적인 고증 노력뿐 아니라 개인적 차원의 각별한 애정과 헌신이 아니었다면 결코 빛을 볼 수 없었을 것이다. 그들은 아렌트가 미국 의회도서관 문서고에 남겨둔 미완의 세 가지 영문 텍스트를 기반으로 작업에 돌입했다. 첫 번째 영문 텍스트는 아렌트의 요청으로 E. B. 애슈턴이 독일어에서 영어로 옮긴 원본이었고, 두 번째는 아렌트가 애슈턴 텍스트에 직접 수정한 텍스트('A본')이었으며, 세 번째는 아렌트가 재타자한 수정 사항을 담은 텍스트('B본')이었다.

그러므로 이《사랑 개념과 성 아우구스티누스》는 네 번째 영문 텍스트이자 최고의 완성도에 이른 최종본이다. 스코트와 스타크의 설명에 의하면 "제1부 1장에서 제2부 1장 중간까지는 B본에서, 서론을 비롯하여 아렌트가 재타자하지 않고 직접 손으로 쓴 행간의 수정 사항을 포함한 제2부의 나머지 부분과 제3부는 A본에서 가져온 것"이다. 고맙게도 그들의 편집 노력은 여기서 끝나지 않는다. 두 사람이 공들여 쓴 아렌트 박사학위논문에 대한 해설—즉 '한나 아렌트의 재발견'—부분이 책 전체 분량의 절반 이상을 차지하고 있기 때문이다(누군가가 이 후반부를 먼저 읽고 전반부로 시선을 옮겼다면 그는 자신이 매우 현명한 선택을 했음에 감사하게 될 것이다).

물론 이러한 책의 탄생 과정에 대한 설명은 중요하다. 그러나 그보다 더 근본적으로 중요한 것은 아마도, 이 책이 정치철학자 한나 아렌트가 출간한 최초의 저작이었으며, 이제 그것의 개정판이 우리를 한나 아렌트의 시발점, 즉 아렌트 정치철학의 기원으로 인도해줄 수 있다는 사실일 것이다. 아무튼 우리는 이 책과 함께 아렌트의 가장 먼 과거로 시간 여행을 떠날 것이고, 야스퍼스가 하이델베르크 시절 아렌트에게서 보았던 그 "빛나는 진주들"을 그 과거의 바닷속에서 우리 스스로 발견하게 될지도 모른다.

II

1941년 뉴욕에 정착한 아렌트는 나치 정권의 핍박을 피해 고국을 버린 독일계 유대인 이민자의 한 사람으로서 같은 처지의 이민자 집단에 속한 몇몇 인사들과 주로 어울렸다. 파리 망명 시절에는 프랑스어를 배워야 했고 미국에 온 뒤로는 다시 영어를 배워야 했던 어려운 사정을 차치하더라도, 미국 학회나 지성계는 유럽과 다른, 별개의 전통과 관심사를 가지고 있었다. 아렌트는 1951년《전체주의의 기원》이 나오고 나서야 비로소, 당시 팽배한 반공주의의 기류 속에서 한 명의 반反소비에트 정치이론가로서 처음 세간의 관심을 받게 되었고, 1963년《예루살렘의 아이히만》이 모종의 필화사건으로 전화되면서 본격적으로 미국 사회에 이름을 알리게 되었다.

그러나 전체적으로 보았을 때 아렌트가 생전에 미국에서 받은 관심은 일회성에 그치는 피상적이고 국지적인 성격이었고, 미국에 정착했거나 방문하는 다른 유럽인들과 비교하더라도 홀대를 받았다는 것이 더 정확한 표현일지도 모른다. 1975년 아렌트가 사망하자 그의 저서들은 미국 대학의 정치학 독서목록에서 빠르게 자취를 감추었다. 이는 부분적으로 매카시 광풍이 잦아들고 닉슨과 흐루쇼프의 데탕트 시기가 도래하자 이전 시기 미국과 구舊소련 사이의 체제 경쟁에 유리한 논리 구조를 제공했던 정치이론가의 쓰임이 사라졌다는 증거일 수도 있었다. 다시 말해 아렌트는 미국인들 대부분에게《전체주의의 기원》의 저자로 깊이 각인되어 있었고 그 결과 그의 다른 저작들이 대체로 간과되었던 것이다.

이와 대조적으로 아렌트는 전후 유럽의 지성계가 밀착해서 주목하는 인물 중 한 명이었다. 이 점을 증명하는 가장 확실한 증거는 바로 아렌트가 1970년대 초 아버딘 대학의 기포드 강의 연사로 초청되었던 사실이다. 이 기포드 강의 초청장은 1888년 이래로 매년 특정 분야에서 지식수준이 신의 경지에 오른 당대 최고 지성에게 주어진 가장 영예로운 훈장과 같은 의미였고 지금도 그러하다. 아렌트는 이 강의에 초청된 최초의 여성이었을 뿐만 아니라 2년 연속 초청받은 진기록을 세운 연사였다.[1] 이처럼 생전 아렌트는 적어도 유럽에서만큼은 그의 학문적 성취를 아끼고 인정하는 견고한 지지층을 가지고 있었다. 유럽의 지성계는 아렌트가 후설, 하이데거, 야스퍼스로부터 전유한 것들이 어떻게 '아렌트화'했는지에 대해 경이로움을 느꼈던 것이다.[2]

그러나 아이러니하게도 1989년 베를린 장벽의 붕괴와 냉전 종식 이후 동구에 전개된 뜻밖의 정치적 상황들이 아렌트를 무덤 밖으로 불러냈다. 이는 한나 아렌트의 고대 아테네적 시민공화주의 사상이 1980~90년대 시민혁명의 파고를 거친 동구권으로 급속히 파급되었기 때문이었다. 이 새로운 아렌트 독자들은《전체주의의 기원》이나《예루살렘의 아이히만》보다는《인간의 조건》,《혁명론》,《공화국의 위기》같은 정치학적 텍스트, 즉 아렌트의 '활동적 삶*vita activa*'에 관한 이론에 깊이 천착했다. 그도 그럴 것이 이러한 아렌트의 텍스트는 구소련 연방체제로부터 독립한 동구의 신생 공화국 시민들이 가장 필요로 하는 정치학 교과서나 다름없었고, 실

---

1 아렌트는 1973년 두 번째 초청 기간 중 심근경색으로 쓰러져 강의를 마무리하지 못하고 서둘러 귀국해야만 했다. 우리가 알고 있듯, 그때 아렌트가 작성한 강의록은 그의 사후 유작으로 출간된《정신의 삶》의 제1권〈사유함Thinking〉과 제2권〈의지함Willing〉으로 재탄생했다.

2 서유경. 2002.〈아렌트 정치적 실존주의의 이론적 연원을 찾아서: 성 아우구스티누스, 마틴 하이데거, 그리고 칼 야스퍼스〉,《한국정치학회보》, 제36집 3호(2002 가을)를 참조하라.

제로 하벨과 같은 동구 시민사회 지도자가 '시민의 올바른 삶의 방식은 정치참여이며, 시대의 새로운 질서를 세우는 것도 또 그 질서를 실현할 공화국을 정초하는 것도 다 시민의 임무'라는 메시지를 도출한 권위적 원천이기도 했기 때문이다.

동구권의 시민사회 지도자들이 직접 참여를 강조하는 아렌트의 수행적 정치이론에 관심을 집중한 것과 대조적으로, 거의 비슷한 시기 영미권에서는 다양한 부류의 연구자들이 아렌트의 정치철학적 관점과 방법론, 즉 '관조적 삶*vita contemplativa*'과 관련된 이론으로 시선을 돌리고 있었다. 그 가운데는 위르겐 하버마스나 세일라 벤하비브처럼 근대적 합리성의 한계를 지적하는 비판이론가들과 절대 진리와 동일성을 추구하는 근대성의 해체 필요성을 설파하는 이른바 탈근대주의자들이 포함되어 있었다.[3] 또한 줄리아 크리스테바나 주디스 버틀러와 같은 포스트여성주의적 관점에서 아렌트를 독해하는 부류도 있었다. 그들이 보기에 한나 아렌트는 그들에 앞서 근대성과 근대적 삶의 태도의 문제점을 신랄하게 비판한 정치철학자이자 정치적 대안을 제시한 정치이론가였던 것이다.

공교롭게도, 1968년 아렌트는 그가 발터 벤야민에게 헌정한 추

---

3 아렌트도 스스로 《정신의 삶》 1권에서 "나는 그리스적 시원을 가지며 현재까지 우리가 알고 있는 형이상학과 철학의 모든 범주들all its categories의 해체dis-mantle 시도를 꽤 오랫동안 지속해온 사람들 집단에 분명히 동참했다"(*The Life of the Mind* I, 1978. p. 212)라고 공개적으로 밝힌 바 있다. 또한 그의 반정초주의antifoundationalism 방법론은 절대적 진리에 대한 가정을 거부한다는 점에서 니체와 하이데거가 선도하고 데리다가 대표하는 해체주의의 한 유형으로 볼 수 있다.

모사에서, 명성의 여신은 '이미 비매품'이 된 사자死者에게 은총을 베푸는 일을 탐탁지 않게 여기므로 누군가의 사후에 쏠리는 관심은 훨씬 더 가치가 있는 것이라고 한 바 있다. 아래 인용문이 바로 그 대목이다.

> 많은 이들이 선망하는 명성의 여신 파마Fama는 여러 가지 얼굴을 가지고 있다. 명성은—어떤 잡지의 커버스토리로 한 주 동안 악명을 떨치는 것에서부터 영원히 찬란한 이름을 남기는 것에 이르기까지—갖가지 형태를 취하며 크기도 제각각이다. [그중] 사후死後 명성은 대개 하찮은 제품에는 부여되지 않기 때문에 훨씬 덜 자의적이고 흔히 다른 것보다 더 견고하다. 그럼에도 그것은 파마의 여러 얼굴 중 가장 드물고 가장 적게 욕망되는 형태이다. 그 이유는 그것으로 인해 가장 큰 이익을 볼 사람이 이미 죽고 없어서 비매품이 되었기 때문이다.[4]

혹시, 당시 아렌트가 본인 자신의 미래를 예견한 것이 아닐까. 이른바 해외발發 아렌트 열풍으로, 그의 저서들이 복간 및 재출간될 뿐 아니라 여러 나라 언어로 번역되었고 각양각색의 크고 작은 해설서와 분석서가 쏟아졌으며 그의 이름을 딴 학술상이 제정되기도 했다. 어떤 사람은 "아렌트 르네상스The Arendt Renaissance"[5] 시기가

---

4 Arendt, Hannah. 1968. *Men in Dark Times*. p. 153.

5 Benhabib, Seyla. 1992. *Situating the Self. Gender, Community and Postmodernism in Contemporary Ethics*. xxx.

도래했다고 주장했고, 얼마 후 또 다른 사람은 그 열풍이 마침내 "아렌트 숭배The Arendt Cult"[6] 현상으로 진화했다고 설명했다.

이러한 해외의 뜨거운 분위기가 미국 내 아렌트의 지인들과 연구자들을 자극했다. 1995년 그들은 뉴욕에서 한나 아렌트 서거 20주년 추모 학술회의를 개최하여 그의 학문적 성과와 저작들에 대한 재평가의 장을 마련했다. 그 연장선상에서 이듬해인 1996년 8월 미국정치학회의 연례학술회에서는 한나 아렌트 특별 세션들이 다양하게 조직되었을 뿐만 아니라 그의 저서들을 위한 판매대를 설치함으로써 미국 내 아렌트 르네상스의 서막을 올리게 되었다. 그해 막 출간된 아렌트의 박사학위논문의 영문개정판인 《사랑 개념과 성 아우구스티누스》가 그곳 판매대의 맨 중앙에 놓이고 가장 주목을 받은 것은 의문의 여지가 없는 사실이었다.

---

6 Laqueur, Walter. 2001. "The Arendt Cult: Hannah Arendt as Political Commentator" in Aschheim, Steven E. ed. 2001. *Hannah Arendt in Jerusalem*. 라쿠어의 보고에 따르면 인터넷 검색엔진에서 한나 아렌트를 검색한 기록은 놀랄 만한 수준이며 매주 증가하고 있고, 1998년에는 사이버공간과 "한나 아렌트 인터넷 모델"을 다룬 박사논문이 나왔을 정도다. 이 현상이 가장 강렬하게 확산된 곳은 단연 독일인데, 거기서는 한나 아렌트 우표가 발행되었고, 카를스루에와 하노버 사이에 "한나 아렌트 고속철"을 운행하기 시작했으며, 그의 이름을 딴 거리도 몇 개가 생겼다. 함부르크 대학에서는 "한나 아렌트 학술상"을 제정하여 30만 마르크를 상금으로 정했는데 이 금액은 유럽에서도 최고 수준이다. 그뿐 아니라 작센에는 "한나 아렌트 연구소"도 문을 열었다(Laqueur 2001, 47-48). 그러나 라쿠어는 "한나 아렌트가 여성이 아니었고 또 유대인이 아니었다면 이처럼 독일이 예찬하는 인물까지는 되지 않았을 것"(Laqueur 2001, 64)이라는 약간 냉소적인 촌평도 잊지 않는다.

III

1924년 11월 아렌트는 고전 철학의 급진적 해석으로 명성이 자자했던 철학자 마르틴 하이데거의 마르부르크 대학 강의실에 처음 모습을 드러냈다. 당시 하이데거는 한창《존재와 시간》을 집필하던 시점이었다. 냉철한 지성의 아우라에 둘러싸인 스승과 만 16세에 칸트를 독파했을 정도로 명철하고 지적인 제자는 채 몇 달이 지나지 않아 사회적 금기를 깨고 연인 사이가 되었다. 더 이상 사제 관계를 유지할 수 없게 되었음을 깨닫게 된 아렌트는 당대 현상학의 최고 권위자였던 후설의 프라이부르크 대학에 가서 한 학기를 공부한 다음, 다시 하이델베르크 대학으로 옮겨 야스퍼스의 제자가 된다.

아렌트가 아우구스티누스를 박사학위논문의 주제로 선택하게 된 데는 그럴 만한 합리적인 이유가 있었다. 우선 아렌트는 하이데거와 야스퍼스 양자로부터 아우구스티누스의 기독교적 실존주의에 관한 강의를 들었다. 그리고 무엇보다 아우구스티누스 서거 1500주년이 되는 1930년이 다가오고 있었다. 이는 당시 독일 대학에서 철학이나 신학을 전공하는 학생이라면 누구나 아우구스티누스 연구에 우선순위를 두어야 할 충분한 이유가 되었다. 일례로 아렌트의 동급생이었던 한스 요나스가 아우구스티누스의 자유 개념을 자신의 박사학위논문 연구 주제로 정한 것도 이러한 시대적 분위기가 반영된 결과였던 것이다.

그런데 아렌트는 왜 로마가톨릭 사제인 아우구스티누스를 연구 주제로 정하면서 '이웃사랑'이 아닌 '사랑' 개념을 논문의 제목에

넣었던 것일까. 이와 관련해서는, 다소 거친 추정이기는 하지만, 논문 작업을 하던 당시 아렌트는 하이데거와의 비밀 연애를 막 끝낸 상태였다는 사실을 떠올려볼 수 있을 듯하다.[7] 어쩌면 이제 막 성인의 대열에 합류한 철학도로서 자신이 개인적 차원에서 내밀하게 경험한 '사랑'이라는 것의 의미를 철학적 성찰을 통해 객관적으로 이해해보고 싶었던 것은 아닐까. 직접적인 연구 동기야 어찌 됐든, 결과론적으로 아렌트의 '사랑' 연구는 어언 40여 년간의 숙성 과정을 거치면서 종교적 맥락과 완전히 분리되어 정치적으로 매우 유의미한 정치철학적 결실을 맺게 된다.

주지하듯이 아렌트는 1958년 출간된 《인간의 조건》에서 인간의 활동 영역을 공영역the public realm, 사영역the private realm, 사회영역the social realm으로 나누고 그 각각에 상이하지만 상호 연결된 역할과 기능을 부여했다.[8] 이 새로운 구분방식이 도입됨에 따라 그가 박사학위논문에서 제시했던 개념 범주 일부의 조정이 불가피하게 되었다. 무엇보다 박사학위논문의 제3부 '사회적 삶'에 등장하는 '사회'라는 개념 범주는 거의 용도가 폐기된다고 해도 과언이 아니다. 왜

---

7 두 사람이 연인으로 발전할 당시 하이데거는 아렌트보다 17년 연상이었고 결혼하여 아들 둘을 두고 있었다. 아렌트 평전을 쓴 영-브루엘에 따르면 그들은 세간의 시선을 피해 만나야 했고 아렌트는 이러한 상황을 몹시 고통스러워했으며 얼마 가지 않아 스스로 결별을 결심했다고 한다. 1927년《존재와 시간》 출간 후 하이데거가 아렌트에게 보낸 서신에는 아렌트가 아니었다면 그 책이 탄생할 수 없었을 것이라는 헌사가 담겨 있다(Young-Bruehl, Elisabeth, 1982. *Hannah Arendt: For Love of the World*).

8 이에 관한 더욱 자세한 설명은 서유경의 글 〈아렌트 '정치행위' 개념 분석〉(2000)을 참고하라.

냐하면 새로 도입된 세 번째 활동영역인 '사회영역'이 공영역과 사영역 사이에 위치하는 경제활동의 공간으로 특정됨으로써 이전의 '사회적 삶'에서 '사회'가 표상했던 인간의 상호작용을 더 이상 지시할 수 없게 되었기 때문이다.

가장 눈에 띄는 변화는 아렌트가 박사학위논문에서 핵심 개념 범주로 삼았던 '이웃사랑'이 '세계사랑*Amor Mundi*, the love of the world'으로 대체된다는 사실일 것이다. 여기서 '세계'는 물론 아우구스티누스의 기독교적 공동체나 공동사회gemeinshaft 모델이 아니라 고대 아테네 폴리스 모델, 즉 동료 시민들과 함께 출현하여 말과 행위를 통해 인공적·한시적·반복적 방식으로 실체화하는 '정치극장'으로서의 '공적' 공간을 가리킨다.[9] 다시 말해서 《인간의 조건》을 기점으로 아렌트는 세계를 고대 아테네 시민들이 아고라 광장에 함께 출현하여 공동체의 현안에 대해 각자의 의견을 제시하고 치열하게 논쟁한 다음 투표를 통해 모두에게 구속력 있는 합의를 도출하는 것과 같은 정치행위가 수행되는 공간으로 재再정의했던 것이다.

9 아렌트는《인간의 조건》에서 "당신이 어디를 가든 당신은 하나의 폴리스가 될 것이다Wherever You Go, You Will Be a Polis"(Arendt 1958, p. 198)라고 적고 있다. 이것은 폴리스, 즉 '세계'의 인공성, 구성성, 유목성, 비非물질성 등을 시사한다. 이런 견지에서 서유경은 한국 민주화 운동에서 등장한 다양한 시민광장 각각을 '아렌트적 폴리스an arendt polis'로 해석함으로써 한국 민주주의의 진화과정에 대한 새로운 관점을 제시하고 있다. 좀 더 자세한 설명은《한국민주주의의 새 길: 직접민주주의와 숙의의 제도화》(2022)에 수록된 서유경의 글 〈한나 아렌트 '시민정치철학'과 한국 민주주의〉를 참고하라.

IV

아렌트의 1929년 박사학위논문에서 '세계'는 우선적으로 아우구스티누스의 관점에서 신자가 거리를 두어야 할 '지상의 도시'로 설명된다. 그리고 신자는 이 세계의 유혹에 굴복하지 않기 위해, 또한 자신의 구원을 위해 타인들과 함께 세계에 대항해서 싸울 것을 요구받는다. 이러한 공동 목표 실현을 위해 함께 구성하는 기독교적 세계인 신자 공동체는 비록 그것이 현세에 속한 것일지라도 이웃을 '네 몸과 같이 사랑하라'는 기독교 계명에 따라 권위적인 방식으로 정당화된다. 물론 여기서 사랑의 대상이 되는 것은 세계 그 자체가 아니라 그 세계를 함께 구성하는 이웃이다. 신자의 관점에서 이웃은 신의 창조와 아담의 원죄라는 과거를 공유하는 자인 동시에 저 사막과 같은 지상의 도시를 벗어나 천국으로 돌아가기 위해 함께 협력해야 할 동지이기 때문이다.

이와 대조적으로 아렌트의 후기 정치적 저술 속에서 '세계'는 대부분 정치적 삶의 공간으로서의 '공영역', 즉 '정치영역'과 동의어로 간주되며, '세계'에 대한 기독교적 부정성은 완전히 소거된다.[10] 그 연장선상에서 '이웃사랑'은 '세계사랑'으로 대체되는데, 그것은

---

10 아렌트는 독일에 동화한 유대인 중산층 가문에서 태어났으며 어린 시절 유대교식 가정교육을 받고 자랐다. 그러나 성인이 된 이후 유대교를 비롯하여 그 어떤 종교적 신앙도 가지지 않았다. 이는 아렌트가 플라톤 이래 서구 철학 전통이 고수해온 이원론적 세계관을 거부했다는 사실, 그리고 현대적 삶에서 정교분리 못지않게 신학과 철학의 분리가 이루어져야 할 필요성을 인정한다는 사실과 무관하지 않은 것으로 보인다.

말 그대로 세계에 대한 욕망, 즉 세계의 일부가 되고자 하는 욕망이다. 그럼에도 이 욕망은 어디까지나 비물질적인 성격이다. 왜냐하면 이 세계사랑은 인간의 서식지인 '물리적' 또는 '물질적' 세계가 아니라 시민들이 함께 구성한 '정치적' 세계에 대한 사랑, 좀 더 구체적으로는 공통의 세계 속에서 이루어지는 인간의 언어적 상호작용, 즉 '정치행위'[11]에 대한 욕망으로 설명되고 있기 때문이다.

그러나 이 '정치행위'에 대한 욕망을 제대로 이해하기 위해서는 아렌트의 새로운 세계의 이론적 모델인 고대 아테네 폴리스의 정치 형태에 관한 약간의 사전지식이 필요하다. 아렌트는 아테네 폴리스가 "사람들이 행위를 수행할 수 있는 공간이자 자유가 출현할 수 있는 모종의 극장을 제공했던 바로 그런 정부 형태였다"고 주장한다. 요컨대 폴리스는 정치행위의 수행과 자유의 출현이 동시에 일어나는 공간이며, "인간은 이전이나 이후도 아닌 행위하는 동안에만 자유[로울 수 있기 때문에] …… '자유롭게 되는 것to be free'과 '행위하는 것to act'이 동일한" 사건의 발생이라는 것이다.[12]

이런 맥락에서 아렌트는 "정치의 존재 이유는 자유, 그것이 경험되는 장은 정치행위"[13]라고 선언한다. 그리고 정치행위와 공연예술 사이의 유사성에 착안하여 정치, 자유, 정치행위가 어떤 방

---

11 서유경. 2000. 〈한나 아렌트의 政治行爲(Action) 개념 분석〉, 《정치사상연구》, 3집(2000 가을)을 참고하라.

12 Arendt, Hannah. 1968. "What is Freedom?" in *Between Past and Future*. p. 153.

13 같은 책. pp. 146, 151, 156.

식으로 서로 연결되는지를 다음과 같이 설명한다. 첫째, 정치행위는 공연예술처럼 '탁월함'을 지향하는 '기교'에 비유할 수 있다. 예컨대 마키아벨리의 '비르투'를 통해 설명이 가능한 행위자의 기교는 행위 수행과 동시에 구현되기 때문에 자유로울 수 있는 것이며, 이런 견지에서 행위와 자유는 동시에 발생하므로 사실상 동일한 사건으로 간주할 수 있다는 것이다. 아래에서 아렌트의 설명을 직접 들어보자.

> 저 [정치]행위에 내재된 자유는, 아마도 마키아벨리의 비르투 *virtù* — 세계가 포르투나*fortuna*로 위장하여 인간 앞에 열어 보이는 기회에 화답하는 탁월함excellence — 라는 개념으로 설명하는 편이 가장 이상적일 것이다. 비르투의 의미는 우리가 공연예술(무엇인가를 만드는 창조예술과는 구별되는 것)의 속성으로 이해하는 탁월함, 즉 기교virtuosity로 바꿔 설명하는 것이 제일이다.[14]

둘째, 공연예술과 정치행위는 그것이 발현시키게 될 기교와 자유의 실체를 알아볼 수 있는 관객과 연출 공간, 즉 무대를 필요로 한다. 이런 관점에서 아렌트는 인류 역사상 "처음으로 정치적인 것the political의 본질과 영역을 발견했던" 그리스 도시국가 공동체의 경험에 바탕을 두고 있는 "폴리스적 의미에서 '정치적인 것'을 이해한다면 그 공동체의 목적이나 존재 이유는 기교로서의 자유가

---

14 같은 책. p. 153.

출현할 수 있는 어떤 공간을 설립하고 그것을 존속하게 하는 일이 될 것이다"[15]라고 주장했다. 다르게 표현하면, 정치의 장으로서 세계는 사람들의 말과 행위라는 '기교로서의 자유'가 세계적 (또는 공적) 실재를 획득하도록 설립된 영역이라는 것이다. 이와 관련하여 아렌트는 다음과 같은 구체적 설명을 제공한다.

> [고대 아테네 폴리스는] 사람들이 경청할 수 있는 말, 감상할 수 있는 행위, 그리고 마침내 저 인류의 역사라는 위대한 이야기책으로 편입되기에 앞서 회자되고, 기억되며, 이야기로 변하게 되는 사건들 속에서 저 자유가 그것의 실체를 알아볼 수 있는 모종의 세계적 실재a worldly reality로서 존재하는 영역이다.[16]

지금까지 살펴본 내용을 다시 정리하면, 아렌트가 1960년대에 박사학위논문 수정 작업에 돌입했던 시점은 그가 1933년 파리 망명 이후 무국적자의 신분으로 지낸 18년을 포함하여 1963년 《예루살렘의 아이히만》[17]의 출간까지 근 30여 년 가까운 시간을 현실적 정치와 이상적 정치 사이의 틈새에서 보낸 다음이었다. 아렌트는 1930년대 히틀러의 나치즘과 1950년대 미국의 매카시즘이라는 현실정치의 소용돌이 속에서 인간의 정치적 자유를 억압하는

15 같은 책, p. 154.

16 같은 책, pp. 154-5.

17 아렌트는 이 책의 출간을 계기로 정치와 사유의 연관성에 천착하기 시작했고, 그의 연구 결과는 《칸트 정치철학 강의》와 《정신의 삶》의 집필로 이어졌다.

최악의 정치 형태를 직접 경험하였고, 그것에 대한 반사작용으로 가장 이상적인 정치 형태로 알려진 고대 아테네의 민주주의를 탐구하였던 것이다.

이렇게 '정치화된' 아렌트가 자신의 논문을 다시 접했을 때 거기 있는 개념 범주들이 그의 새로운 관점에 따라 '정치화'되어야 했을 것임은 쉽게 짐작이 가고도 남는다. 이런 이유로 '세계'는 아테네의 아고라 광장을 모델로 삼은 정치영역으로 재규정되었고, 이웃사랑은 세계사랑으로 대체되어야 했다. 그럼에도 '세계'는 여전히 사람들이 함께 구성하는 것이라는 원칙은 포기되지 않는다. 다만 1929년에는 그것이 신앙 공동체였다면, 1960년대에는 정치 공동체로 바뀌었을 뿐이다. 그러나 그것의 정치적 함의는 매우 심오하다. 세계는 이제 자유를 원하는 사람들이 그것 자체로 욕망하는 대상이 되었기 때문이다.[18]

아쉽게도 아렌트는 1965년 박사학위논문 수정 작업을 완전히 포기하고 말았다. 박사학위논문의 공동편집자인 조애나 스코트와 주디스 스타크가 지적하듯 표면적으로는《예루살렘의 아이히만》출간 이후 계속된 사회적 논쟁 때문이라고 알려졌다. 그러나 그런 설명보다는, 1929년 이후 아렌트의 연구 관심이 여러 차례 바뀌고 그에 따라 사유의 맥도 다변화되었다는 점을 고려할 때, 끝도 안 보이는 수정 작업에 매달리기보다 차라리 새로운 집필에 돌입하는 편이 시간이나 노력 면에서 훨씬 경제적이라고 여겼을 것이라는 설명이 한

---

18 각주 10 참조.

결 합리적으로 들린다. 이 견해를 뒷받침하는 것은 아렌트가 1960년대 후반부터 정치철학적 시기에 접어들었다는 객관적 사실이다.

앞에서 이미 언급한 대로 아렌트는 1972년과 1973년 두 차례에 걸쳐 기포드 강의에 초청되었다. 유작으로 출간된 《정신의 삶》은 그때 작성했던 아렌트의 강의록을 묶은 것인데, 그 속에 아우구스티누스에 관한 내용이 꽤 많이 포함되어 있다. 그것은 주로 자신의 박사학위논문에서 다루었던 내용으로서, 특히 아우구스티누스가 발견한 의지의 모순, 즉 의지하기도 하고 또 의지하지 않기도 하는 모순에 관한 것이다. 거기서 아렌트는 '나는 나 자신에게 문젯거리가 되었다'는 아우구스티누스의 문제의식을 신의 현전을 전제하지 않는 탈脫기독교적·정치철학적 방식으로 해명하고자 했다.[19] 결국 아렌트의 학문적 여정의 시발점이었던 1929년 박사학위논문은 그렇게 그의 학문적 여정의 종결점이 되었던 것이다.

V

여기 있는 《사랑 개념과 성 아우구스티누스》는 1996년에 출간된 한나 아렌트의 박사학위논문의 영문 텍스트를 우리말로 옮긴 책이며, 내가 작업한 두 번째 한국어판이다. 2013년 출간된 첫 번째 번역

19 서유경. 2002. 〈아렌트 정치적 실존주의의 이론적 연원을 찾아서: 성 아우구스티누스, 마틴 하이데거, 그리고 칼 야스퍼스〉, 《한국정치학회보》, 제36집 3호 (2002 가을)을 참조하라.

본이 절판되어 아쉬웠는데 책이 복간되어 정말 기쁘고 다행스럽다.

내가 정말 기쁘고 다행스럽다고 말하는 이유는 단순히 아렌트 정치철학의 기원을 집중적으로 조명하는 중요한 저작이 복간되었기 때문만은 아니다. 이번 작업 과정에서 내가 초판을 낼 때 무지 또는 실수로 간과한 번역 오류들을 상당 부분 바로잡을 수 있었고, 결과적으로 한층 가독성 있는 번역 텍스트를 내놓을 수 있게 되었기 때문이다. 아는 만큼 보인다고 하질 않던가. 지난 10년 사이 아렌트를 읽는 나의 눈이 훨씬 밝아진 사실을 알게 되어 기쁘고 감사한 마음이다.

아렌트 책의 일반적 특징은 감히 누구도 범접하기 어려울 정도로 내용이 난해하고 복잡다단하다는 것이다. 이러한 접근성의 문제를 더욱 어렵게 하는 요소는 아렌트의 이채로운 학문 여정과 무관하지 않다. 초기는 신학과 철학의 전공자였고, 중기는 자칭 '정치이론가'로서 정치학적 연구에 매진했으며, 후기에 이르면 '철학은 나의 첫사랑'이라는 고백과 함께 정치철학자로 변신했다. 이처럼 아렌트가 학문 분과 간 경계선을 자유롭게 넘나들면서 다양한 전공 어휘들을 습득한 까닭에 그는 어느 특정 학문 분과의 개념 범주와 용어 사용법에 국한되지 않으며 그때그때 최적화된 어휘와 표현을 선택한다. 따라서 특정 전공의 개념 범주와 용어 사용법에 경도된 독자가 독해의 한계에 부닥치는 것은 오히려 당연하다고 할 수 있다.

더욱이 아렌트는 헤로도토스와 투키디데스에서 비코에 이르기까지, 소크라테스 이전 철학자에서 니체와 비트겐슈타인에 이르기까지, 호메로스와 베르길리우스에서 프란츠 카프카와 아이작 디네센에 이르기까지, 아르키메데스와 코페르니쿠스에서 하이젠베르크에 이르기까지 역사, 철학, 정치학, 문학, 과학 등 서구 문명 전체를 총망라하는 방대한 독서목록을 가졌을 뿐만 아니라 그것들을 자유자재로 자신의 저작에 인용한 것으로 정평이 나 있다. 이 점은 서구 문명사에 어둡거나 이해가 부족하기 쉬운 한국의 독자들로서는 정말로 극복하기 힘든 애로사항이 아닐 수 없다.

물론 이러한 조건은 아렌트 책을 번역하는 사람이나 편집하는 사람도 예외일 수는 없다. 이런 점에서 번역자인 나와 함께 이 모든 어려움을 적극적으로 극복해 준 고맙고 능력 있는 편집자이자 동지였던 이한솔 씨에게 특별한 감사의 인사를 드리고 싶다. 지금까지 십수 권의 번역서를 내면서 늘 훌륭한 편집자를 만나는 행운을 누려왔다. 그러나 이한솔 씨와 함께 한 이번 작업에는 다른 때보다 더 큰 행운이 따른 것 같다. 아울러 이 기회를 빌려 이 소중한 책을 정성껏 만들어주신 출판사 필로소픽 이은성 대표님과 관계자 여러분의 헌신과 노고에 심심한 감사의 인사를 올린다.

오늘 새로 탄생한 《사랑 개념과 성 아우구스티누스》를 기쁨과 감사의 마음을 담아 독자들께 다시 선사하고자 한다. 이 책이 우리 시대의 가장 인기 있는, 그러나 동시에 몹시 난해한 정치철학자 한나 아렌트의 경이로운 세계를 탐험하고자 하는 분들이 고대했을 바로 그 믿을 만한 안내자가 되어줄 것으로 기대해 마지않는다. 아니, 확신컨대 분명히 그럴 것이다.

2022년 6월

서유경

서문

《사랑 개념과 성 아우구스티누스》의 재발견

우리가 편집하고 수정하여 펴낸 한나 아렌트의 《사랑 개념과 성 아우구스티누스Der Liebesbegriff bei Augustin》 영어판은 약 10여 년의 준비기간에 걸친 공동의 노력으로 이루어낸 결과물이다. 해를 거듭할수록 특히 정치학 분야를 중심으로 아렌트의 저작에 관한 저서 및 논문의 수, 학회 개최 횟수가 급증하는 추세에도 불구하고 《사랑 개념과 성 아우구스티누스》는 거의 알려지지 않은 텍스트로 남아 있었다. 이 책은 아렌트가 남긴 단행본 분량의 문건으로는 마지막으로 영어로 출간되는 책이 될 것이다.[1]

우리의 공동 작업은 1985년 빌라노바 대학의 교부-중세-르네상스 연구 학회the Patristic, Medieval and Renaissance Studies Association가 마련한 우연한 기회를 통해 시작되었다. 그때 나 조애나 스코트는 한 사람의 정치학자로서 아렌트의 '정치적' 인식론과 '도덕적' 인식론

1 [스코트의 예상과 달리 이 책 이후에도, 뉴욕에 있는 사회조사 뉴스쿨The New School for Social Research(이하 '뉴스쿨')의 한나 아렌트 센터 소장 제롬 콘Jerome Kohn이 편집한 책 세 권, 즉 *Responsibility and Judgment* (2005), *The Promise of Politics* (2007), *Jewish Writings* (2007)가 영문으로 출간되었다. — 옮긴이]

사이에 빠진 연결고리를 그의 박사학위논문에서 찾아보고자 했고, 주디스 스타크는 한 사람의 철학자로서 아우구스티누스의 악의 개념, 그리고 그것이 정치적 권위 개념과 어떤 연관 관계에 있는지를 살펴보고자 했다. 우리는 그때를 기점으로 아렌트의 박사학위논문에 관심을 가지게 되었다.

스코트의 《사랑 개념과 성 아우구스티누스》 탐구 여정

내가 바너드 대학과 컬럼비아 대학에서 학부생이자 대통령 장학금 수혜 대학원생으로서 정치이론을 공부할 당시, 한나 아렌트의 물리적 현전과 지적 아우라는 그 자체로 피할 수 없는 것이었다. 모닝사이드 하이츠 캠퍼스의 또 다른 걸출한 여성 학자였던 마거릿 미드Margaret Mead처럼, 아렌트는 116번가와 브로드웨이 사이에 '현전'하는 존재였다. 세간에는 그에 대한 목격담이 보고되고 일화들이 공유되었다. 냉전 체제의 영향력 하에 있었던 바너드와 컬럼비아의 정치학계는 아렌트의 《전체주의의 기원The Origins of Totalitarianism》과 《혁명론On Revolution》을 경전經典 수준으로 격상시켰다.

나는 종내에는 영국으로 건너가 스트라스클라이드 대학에서 박사학위를 받았다(1967~1970). 그러나 석사학위를 받고 컬럼비아 대학을 떠나기 전 나는 내가 바너드에서 시작했던 정치사상사 연구를 지속적으로 수행했다. 바너드 시절에는 중세의 전통적 자료를 급진적으로 원용하는 데 초점을 맞추었으며 파도바의 마르실리우스Marsilio da Padova가 이룩했던 아우구스티누스주의의 재구축에 관한 논문을 완성한 바 있다. 허버트 디안Herbert Deane, 줄리언 프랭클린Julian Franklin, 아서 하이먼Arthur Hyman, 폴 오스카 크리스텔러Paul Oskar Kristeller와 노먼 캔터Norman Cantor 등은 아렌트와 크게 다르지 않게 열정과 꼼꼼함을 가지고 서구 정치 사유의 원천을 조명했다. 사실 크리스텔러는 하이델베르크 대학에서 아렌트와 동문수학했던 동급생이었다. 그 덕분에 내게는, 현대 사상가의 저술을 통해 정치학을 공부한 사람에게 일반적으로 종종 그렇듯이 중세 정치 담론이 이질적인 언어로 들리는 일은 전혀 없었다.

나의 아렌트 재발견 과정은 1983년판 수정 논문을 통해 시작되었다. 이는 내가 의회도서관으로부터 영역본 1부뿐 아니라 그가 주석을 달고 다시 타자해서 완성한 원고도 입수한 다음의 일이었다. 그에 앞서 나는 유작으로 출간된 그의 기포드 강의록Gifford Lectures에 관한 서평을 읽었는데, 거기서 의회도서관에 소장된 그의 문건 중에 박사학위논문 영역본이 존재한다는 간략한 언급을 접하고서 관심을 가지게 되었던 것이다. 소위 공적 세계에 대한 아렌트의 '정치 일변도'적 접근에 관해서는 이미 알 만큼 안다고 자부하던 터라, 그가 아우구스티누스의 사회적 삶을 탐구하면서 학문의 길에 들어섰다는 부정할 수 없는 사실이 나의 지적 호기심을 자극했다.

의회도서관으로부터 그 텍스트, 엄청난 양의 수기본手記本 뭉치가 도착했을 때 나의 놀라움은 갑절이 되었다. 1963년에 완성된 애슈턴E. B. Ashton 영역본의 행간과 여백에 아렌트 자신이 손수 수정 사항을 적어 넣고, 또 일부에는 본인이 직접 재타자한 수정 사항을 삽입하여 확장시킨 것이 분명하다는 사실을 발견했기 때문이다. 1984년 진 엘시테인Jean Elshtain은 워싱턴에서 개최된 미국정치학회의 정치이론 패널을 조직하면서 내게 아렌트의 수정 논문에 관한 평가서를 제출해 달라고 요청했다.

아렌트는 20세기 정치학계에서 가장 널리 존경받았으면서도 업적에 관해서는 다소 평가가 엇갈리는 인물 중 한 사람이다. 경이롭게도 아렌트 논문의 의미에 관한 나의 주장을 통해, 생전에 그가 몸담았던 미국 정치학계에 처음으로 아렌트와 아우구스티누스의 조우가 직접 소개되었다. 그 발표는 아렌트의 박사학위논문이 표준적인 방식으로 학계에 선을 보였다는 것 이상으로 그 논문 자체가 정치학 내에서 진지하게 숙고된 계기였다.

자신의 스승이었던 하이데거와 야스퍼스에게 상당한 지적 부채를 안고 있기는 했지만, 아렌트의 박사학위논문은 마땅히 존중되어야 할 그 자신의 독립선언이었고 그의 후기 정치 저술로의 방향성을 명확히 제시하고 있었다. 그렇기 때문에 1960년대의 수정들을 통해 아렌트의 박사학위논문을 재발견하는 일은 그 시작부터 논란의 대상이었다. 그리고 그가 독일과 미국에서 작업한 저술의 전모가 총체적으로 평가되어 아렌트 정치사상의 '정통' 해석 방식 속에 편입되기까지는 계속 그렇게 남게 될 것이다.

스타크의 《사랑 개념과 성 아우구스티누스》 탐구 여정

내가 아우구스티누스와 아렌트에게 처음 관심을 갖게 된 때는 마르케트 대학 철학과의 대학원생 시절이었다. 나는 거기서 아우구스티누스 전문가인 폴 브린Paul Bryne의 지도 아래 〈아우구스티누스의 평화 개념〉이라는 제목의 석사학위논문을 작성했다. 1960년대 후반의 격동기에는 아렌트의 저술, 특히 《과거와 미래 사이Between Past and Future》와 《혁명론》 그리고 가장 논란의 소지가 컸던 《예루살렘의 아이히만》에 푹 빠져 있었다. 나는 그것들을 읽는 동안 우리 시대의 가장 어렵고 당혹스러운 문제들과 씨름했던 동시대 사상가를 발견하게 되어 무척 즐거웠다.

1969년 나는 뉴욕으로 돌아가 뉴스쿨에 있던 아렌트 밑에서 박사학위를 마치기로 결심했다. 뉴스쿨 시절에 나는 한스 요나스Hans Jonas, 윌리엄 버렛William Barrett, 아론 구르비치Aron Gurwitsch, 아서 하이먼 등에게서도 배웠다. 당시 아렌트는 후에 《정신의 삶: 사유함과 의지함The Life of the Mind: Thinking and Willing》으로 출간된, 그의 생전 최후의 대대적인 집필 프로젝트인 기포드 강의록 작성에 몰두하고 있었다. 아우구스티누스는 그 책 제2권 〈의지함Willing〉에서 매우 중요하게 부각된다. 나는 아렌트의 지도를 받아 아우구스티누스의 의지 개념에 관한 초기 견해를 연구하는 박사학위논문을 완성했다. 이 논문 작업에는 뉴스쿨 도서관의 폐가열람실에 비치된 아렌트의 박사학위논문, 즉 《사랑 개념과 성 아우구스티누스》의 탐구도 포함되었다. 그러나 불운하게도 나는 아우구스티누스와 그의 의지에 관한 당혹스러운 사유에 관해 아렌트와 직접 대화하거나 논쟁하는 쪽을 선호했으므로, 정작 그의 난해한 독일어판 텍스트로부터는 많은 것을 얻어내지 못했다. 당시에는 아렌트와 함께 아우구스티누스를 공부한 일이 결국 나를 다시 그의 저술로 복귀하도록 이끌게 될 줄은 꿈에도 알지 못했다. 1978년에《정신의 삶》이 출간된 후에야 비로소 아우구스티누스에 대한 아렌트의 심취가 얼마나 깊은 것이었으며 얼마나 오랜 세월 동안 지속되어 왔던 것인가를 충분히 이해할 수 있었다. 1986년에는 로마의 아우구스티누스 교부학연구소에서 아우구스티누스의 기독교 개종 1600주년을 기념해 후원한 국제회의에 초청되어 논문을 발표할 기회가 있었는데, 그때 나는 아우구스티누스 전문가들에게《사랑 개념과 성 아우구스티누스》의 중요성을 분명히 일깨워 주었다.

나는 강단철학에 대한 그의 애매한 태도, 즉 아렌트가 (신학을 경유해) 처음 애정을 가지게 되었던 철학에 대한 모호한 태도가, 그의 사상에 대한 현대 철학의 반응 속에 투영되어 있음을 알게 되었다. 아렌트의 입장은 다른 무엇보다도 철학과 정치학 사이의 내적 긴장 관계에서 그가 본 것, 그리고 플라톤과 하이데거가 굴복했던 전제 정치에 대한 지지라는 유혹에서 그가 본 것으로부터 파생되었다. 그럼에도 그는 자신이 도망쳤던 독일 철학의 전통을 결코 거부하지 않았다. 오늘날 주류 철학학회나 간행물에 나타나는 아렌트 연구는 정치이념 혹은 여성의 저술이 논의되는 담론의 장에서나 한자리를 차지하고 있을 뿐이다. 그러나 내가 아는 아렌트는 '전통' 철학자 사이에서 자신의 위상이 어떤가에 대해 전혀 신경을 쓰지 않았을 사람이다. 대신에 그는 사유思惟라는 위험한 임무가 행해지기만 한다면 그 장소가 어디라도 칭찬하고 격려했으리라.

수정된 논문

스타크와 나는 원고 정리 작업에 돌입하면서, 아렌트가 원고의 영역본에 주석과 수정 사항을 상당량 덧써 넣었기 때문에 그것을 출판에 적합한 형태로 해독하는 일이 오래 걸리고 복잡다단해지리라는 사실을 깨달았다. 여기저기 흩어져 있는 서신들과 계약서, 분명치 않은 언급과 아렌트의 뉴스쿨 시절 친구들의 회상을 추적하는 과정에서 우리는 아렌트가 1962년에 크로웰-콜리어 사와 박사학위논문의 출판 계약을 체결했다는 사실을 알게 되었다. 그는 인세를 선불로 받기로 했다. 논리적으로 볼 때 그 계약이 논문 원본을 수정할 필요성을 촉발시켰다는 사실은 틀림없었다. 그러나 아직까지 이 두 가지 사건의 연계성을 밝혀주는 문서는 발견되지 않았다. 애슈턴의 영역본, 아렌트의 수정 사항, 아렌트가 재타자한 페이지들은 전부 날짜가 명기되지 않은 상태로 남아 있었기 때문이다.

'새로' 수정된 텍스트의 날짜를 알려주는 가장 중요한 단서는, 1950년대 후반과 1960년대 초에 쓰인 그의 저작에 반영된 박사학위논문의 내용과 후기의 저술 용어들이 논문 수정본에 옮겨졌다는 사실이다. 실제로 새로운 텍스트는 그녀가 미국에서 보냈던 가장 왕성한 정치적 이론화 시기의 소산이다. 아우구스티누스로의 복귀는 그를 전거하는 문장들을《전체주의의 기원》의 수정 작업, 새로운 연구 주제인《혁명론》의 집필 작업,《과거와 미래 사이》라는 논문집 편집 과정,《예루살렘의 아이히만》 등에 암묵적이거나 명시적인 형태로 직접 편입하는 방식으로 귀결되었다. 그와 동시에 수정 사항은 아렌트가 1929년에 제출했던 박사학위논문의 주제, 담론 양식, 결론 등에 대한 그의 변함없는 신념을 증명했다. '이웃의 적실성適實性, the relevance of the neighbor'이라는 그의 연구 주제, 아우구스티누스의 철학은 세계로부터 분리되는 동시에 세계와 연계되어 있다는 결론, 그의 철학적 접근법—독일 현상학과 기독교적 실존주의를 결합하는 접근 방식—은 1960년대 뉴욕이라는 전혀 다른 맥락에서조차 본질적으로 변하지 않았다. 무엇보다 중요한 것은, 논문의 주축인 서론이나 제3부는 어떤 식으로도 그 내용이 확충되거나 수정되지 않았다는 사실일 것이다.

수정으로 논문의 성격이 달라지지 않았음은 다행스러운 일이되, 논문의 난이도 역시도 나아지지 않았음은 유감스러운 일이다. 새 텍스트는 아렌트가 독일어 문장들을 자구대로 영역하고 수정도 그 비슷한 방식으로 한 것으로, 독해하기 어렵고 부자연스러운 산문체의 문건이다. 애슈턴 텍스트는 중요한 그리스어와 라틴어 전거典據 부분을 거의 그대로 살려두었고, 이것들은 잇따른 아렌트의 수정 작업에서도 고스란히 살아남았다. 여기에 아렌트의 악명 높은 육필 추가 사항이 더해지면서 원고는 더더욱 해독하기 어려워졌다. 아렌트의 각주 또한 종종 인용상의 실수와 생략, 그리고 그의 독특한 번역어투가 담긴 매우 특이한 형태인데, 애슈턴은 이런 것들을 손대지 않고 그대로 남겨두었다.

이에 우리는 정치학, 철학, 중세 자료들, 그리고 아렌트 저작들에 관한 우리의 지식을 한데 합친 다음, 아렌트 정치사상에서 아우구스티누스의 토대들을 재발견하는 일에 수반될 엄청난 애로 사항에 대비하여 독특하게 준비된 전문가 팀을 구성했다. 우리가 각자의 분야에서 출간한 논문들과 학회 발표문들을 제외하면, 아렌트와 아우구스티누스의 조우는 아렌트 연구자들로부터 의당 받아야 할 관심을 받아오지 못한 게 사실이다. 정치학 분야에서 이 부분이 간과된 이유 중 하나는 아마도, 텍스트에 대한 비판적 평가를 하려면 중세철학 및 현대철학 양자에 대한 친숙함이 요구된다는 점일 것이다. 그런데 아렌트 전문가들은 양자에 대한 친숙함이 부족하다는 공통점이 있다. 또 다른 이유를 들자면, 아렌트가 박사학위논문에서 아우구스티누스에 몰입했던 진지함, 그리고 그 텍스트와 그가 미국에서 쓴 저작 사이의 명백한 공명共鳴이, 현재 학계의 아렌트 저작 이해 방식을 교란시키기 때문이리라. 이 책에 나올 텍스트와 논평은 학문적 균형을 회복하려는 취지로 수록되었다. 아렌트의 탄생성natality 모델을 원용하면서, 우리가 최초로 그의 박사학위논문을 강단 토론이라는 공적인 장에 틈입시키고 있는 것이다.

우리 두 사람은 무수한 주석과 재타자된 사항이 더해진 텍스트를 함께 해독하고, 폭넓은 독자층을 겨냥하여 (아렌트가 자주 사용했던 표현을 사용하자면) '그것을 영어화English it'할 수 있었다. 아렌트의 수정 사항들은 애슈턴 텍스트와 더불어 텍스트 재발견 과정의 세 가지 국면을 형성한다. 첫 번째 국면은 애슈턴 텍스트 원본이다.

두 번째 국면은 아렌트의 초기 수정 사항이 더해진 것으로, 우리는 이것을 'A본'이라고 지칭할 것이다. 세 번째 국면은 아렌트가 재타자한 수정 사항을 담은 것으로, 우리는 이것을 'B본'으로 지칭하고자 한다. 우리는 의회도서관에서 아렌트가 지속적으로 진행했던 수정 작업의 일정을 알려주는 어떠한 증빙자료도 발견하지 못했다. 하지만 그가 행과 행 사이에 수작업으로 수정 사항을 넣기도 하고 빼기도 했던 것이 시기적으로 앞선 것임은 분명하다(A본). 얼마 후 아렌트는 자신의 수정 사항들을 두 번째 텍스트에 편입시켰으며, 이때는 스스로 타자를 쳤고 그 위에다 다시 추가 수정 사항들을 육필로 덧썼다(B본). 우리의 《사랑 개념과 성 아우구스티누스》 텍스트는, 제1부 1장부터 제2부 1장 중간까지는 B본에서, 서론 및 아렌트가 재타자하지 않고 직접 손으로 쓴 행간의 수정 사항을 포함한 제2부의 나머지 부분과 제3부는 A본에서 가져온 것이다.

우리는 두 텍스트로부터 문법적 혹은 통사적 어색함, 번역에서의 난맥상, 각주 표기상의 실수를 제거하는 방식으로 편집했다. 아렌트 스스로 B본의 각주를 상당히 많이 수정했고 그중 일부를 본문에 삽입시키는 한편으로 상당수의 각주를 새로 추가했다. 우리는 그 과정에서 누적된 부정확한 정보들을 바로잡았다. 예컨대 아렌트는 A본의 제2부 1장을 수정한 후 재타자해 B본에 삽입하는 과정에서 새로 각주를 추가하면서도 번호를 다시 매기지는 않았다. 그래서 그 텍스트에는 각주 47a부터 47p까지가 나타난다(B:033198~033200). 알 수 없는 이유로, 아렌트가 타자한 수정 사항들은 각주 47에서 끝나고 있으며 그 이후는 A본(A:033299)으로 다시 시작해서 원고의 말미까지 이어진다. 나중에 우리는 명료성을 제고하기 위해 그 각주들에도 번호를 부여했다. 또한 우리는 A본으로 돌아가서 아렌트가 여백과 행간에 수기한 수정 사항을 우리의 텍스트에 연속적으로 편입시켰다. 끝으로, 아렌트는 1929년에 인쇄된 자신의 논문에 첨부했던 독일어 부록을 손수 번역하여 논문의 영어판 출간을 준비하는 과정의 어떤 특정 시점에 포함시킨 바 있었다. 이것은 A본에 수록된, 수기한 미주 페이지에 포함되어 있다. 이러한 부록 가운데 몇 가지 자료만이 B본에 포함되었고 그 나머지는 편입되지 않은 채로 남겨졌다.

[표] 책의 장 및 수정 사항의 순서와 편집 방침

판본	텍스트상 순서	원고의 페이지	원래 제목 → 현행 제목
A	1	033238	목차 (삭제)
A	2	033239~033240	약어 목록 (삭제)
A	3	033241~033249	서론 (변경 없음)
B	4	033131~033142	1부 갈망으로서의 사랑 1장 갈망의 구조 → 1부 갈망으로서의 사랑: 예견된 미래 1장 갈망의 구조
B	5	033143~033165	1부 갈망으로서의 사랑 2장 자애와 탐욕 → 1부 갈망으로서의 사랑: 예견된 미래 2장 자애와 탐욕
B	6	033166~033179	1부 갈망으로서의 사랑 3장 사랑의 질서 체계 → 1부 갈망으로서의 사랑: 예견된 미래 3장 사랑의 질서 체계

판본	텍스트상 순서	원고의 페이지	원래 제목 → 현행 제목
B ▼ A	7	B033181~B033200 A033299~A033313	2부 창조주와 피조물 1장 피조물의 원천으로서 창조주 → 2부 창조주와 피조물: 기억된 과거 1장 기원
A	8	033314~033339	2부 창조주와 피조물 2장 자애와 탐욕 → 2부 창조주와 피조물: 기억된 과거 2장 자애와 탐욕
A	9	033340~033347	2부 창조주와 피조물 3장 이웃사랑 → 2부 창조주와 피조물: 기억된 과거 3장 이웃에 대한 사랑
A	10	033348~033373	3부 사회적 삶 (변경 없음)
수기한 페이지			
A		033257~033260	
B		033268 (두 페이지/같은 번호/한 개가 순번에서 빠짐) 033280 033179~033180 (일부만 기록된 페이지) 033212~033227 (일부만 기록된 페이지, 짧은 서신 포함)	
아렌트가 번역해 B본에 첨부한 독일어 부록			
B		033197~033200: B본이 끝나는 부분이자 A본 텍스트 (033299)로 돌아가는 마지막 단락의 시작 부분	

타자된 원고의 각 장 끝에 등장하는 각주를 이 표의 원고 페이지 번호 체계에 포함시켰다. 예컨대 제1부 1장의 각주가 033140~033142의 페이지에 적힌 것 등등. 이 형식의 유일한 예외는 제2부 1장이다. 거기에 나타난 각주는 의회도서관에 소장된 자료인 033201~033206 페이지에 나타난 것이다. **그러므로 이 책에 끼워 넣은 원고 번호는 각주에 해당되지 않는다.** 우리가 아렌트의 각주에 추가한 것은 괄호로 묶어 구별한다.

아렌트의 수정 사항이 아니더라도 애슈턴의 번역에는 문제가 있다. 비록 텍스트에 충실했고 고통스러울 정도로 직역하기는 했지만, 그의 번역은 현상학 담론들이 마구 뒤엉켜 이해할 수 없을 정도인 부분을 곳곳에 남겨두었다. 그 결과 어색한 표현, 반복된 표현, 전반적인 불가해성 등이 계속해서 독해를 어렵게 만들었다. 그래서 우리는 가능한 한 아렌트의 명백한 의미를 손상하지 않는 범위 내에서 우리 시대 독자를 위해 아렌트 논문의 텍스트를 명료하게 제시하려고 노력했다. 일관성을 담보하기 위해서 우리는 또한 텍스트에 나오는 라틴어 용어의 번역어도 편집했다. 그에 따라 'civitas terrena'는 항상 '지상의 도시earthly city'로, 'civitas Dei'는 '신의 도시city of God'로, 'gemeinschaft'는 '공동사회community'로, 'societas'는 '사회society'로 옮겼다. 번역에서 반복적으로 등장한 '피조물creature'이라는 단어는 해독解讀에 큰 방해가 되기 때문에 '탄생성'이나 '창조주Creator'와의 연계성이 문제시될 경우를 제외하고는 모두 '사람' 또는 '인간'으로 번역했다. 유사하게, 'creatural' 또는 'aboriginal'과 같은 신조어는 편집 과정에서 적절한 영어식 표기법으로 대체했다.

상기한 첨가 사항과 수정 사항들은 전체적으로, 논문 원본의 지향을 근본적으로 재조정하기보다 확장시킨다. B본의 겉모습은 아렌트가 재타자 작업에서 한 대보다 많은 타자기를 사용했음을 암시한다. 이는 저술 작업 사이의 시간 경과 또는 여러 명의 타자수가 관여했음을 보여주는 결과일 수도 있다. 그러나 활자체가 고르지 않고 B본이 미완적인 것임에도 불구하고 아렌트는 원본 번역과 자신의 수정 작업에서 경탄할 만한 연속성을 유지했으며, 논조나 담론 양식 또는 주제에서 그 어떤 일탈의 흔적도 발견되지 않는다. 그러나 불행히도 우리가 그의 B본 수정 작업의 전체 계획을 재구성하는 데 도움이 될 만한 직간접적인 증거자료는 존재하지 않는다. 따라서 '왜 재타자된 텍스트가 제2부 1장의 중간 지점에서 끝나는가?'라는 질문에는 결코 답을 내놓을 수가 없다. 아렌트는 A본에 몇몇 다른, 아주 사소한 수정 사항들을 추가했는데, 그는 그것들을 직접 손으로 쓰거나 행과 행 사이에 타자를 쳐서 삽입했다. 그러나 이것이 B본이 준비되기 이전인지 이후인지는 역시 알 수가 없다.

[아렌트가 수정한] 원고가 결코 출판되지 못한 가장 신빙성 있는 이유는 다음과 같이 소박한 내용이었다. 아렌트가 1961년 이래로 아이히만 재판, 《뉴요커New Yorker》에의 기고문, 그 기고문의 게재 이후에 휘말리게 된 비난의 소용돌이 속에서 몹시 소진되고 있었음을 보여주는 증거는 아주 풍부하다. 사실인즉, 1950년대 후반부터 1968년까지의 전 기간은 아렌트의 생애에서 극도로 공사다망했던 시기였다. 그가 이 시기에 출간한 많은 수의 저서, (학계와 일반 청중을 대상으로 했던) 강연의 범위와 장소, 이에 더해 미국의 국내 현안—리틀록Little Rock의 탈분리주의 운동, 케네디 대통령 당선, 피그만灣 사건, 쿠바 미사일 사태와 케네디 암살 사건 등—과 국제 현안—흐루쇼프의 연설, [1956년] 헝가리 혁명, 수에즈 사태와 그것이 이스라엘에 미친 효과 등—에 관한 아렌트의 열광적인 관심을 고려하건대 그가 자신의 수정 작업의 마무리에 시간과 정력을 할애하기는 매우 어려웠을 것으로 짐작된다. 그 대신에 그가 행할 수 있었고 실제로 행했던 차선의 작업은, 자신의 논문에서 얻은 연구 결과를 외관상 훨씬 더 정치적인 자신의 다른 저술 작업에 편입

시키고, 후자에 [새롭게] 등장하는 '탄생성'과 같은 새로운 개념어를 자신의 수정 작업으로 옮기는 일이었다.

아렌트는 1961년 4월 《뉴요커》의 의뢰를 받고 아이히만 재판을 취재하기 위해 예루살렘으로 건너갔다. 그는 이 여행에서 자신의 저술을 위한 자료를 확보했고 1962년 여름과 가을 사이에 그 재판의 내용을 분석한 원고를 집필했다. 이것은 크로웰-콜리어 사와의 출판 계약 직후의 일이었다. 아렌트가 아이히만 재판에 관해 쓴 총 5부짜리 연작물은 1963년 2월과 3월 사이에 발표되었고, 이어 5월에는 《예루살렘의 아이히만: 악의 평범성에 관한 보고서Eichmann in Jerusalem: A Report on the Banality of Evil》라는 단행본 형태로 출간되었다. 이 책의 출간과 거의 동시에 뉴욕 사회 내에서 벌어진 통렬한 논쟁은 결국 전 세계로 퍼져나갔다. 공격의 초점은 아렌트의 악명 높은 '악의 평범성'이라는 패러다임, 그리고 유대인 원로들이 자신의 공동체 내 유대인 강제 이송 과정에서 나치 기관원들에게 협조했다는 그의 주장으로 모아졌다.

이 논쟁은 그 자체로 어떤 현상학적 현존의 지위를 얻으면서 신랄함이 조금도 누그러들지 않은 상태로 수년간 이어졌다. 아렌트는 그것을 간단히 '논쟁The Controversy'이라고 불렀다. 그는 1963년에서 1969년 사이에 발생한 자신에 관한 왜곡 보도와 인신공격에 대해 서면으로 응대하고, 뉴욕의 유대인 사회와 호프스트라 대학에서 시카고 대학에 이르기까지 학생단체들의 해명 요구에 대해서는 직접 강연에 나서고 각종 대담 요구에 적극 응하는 방식으로 대응했지만, 이는 단지 불난 집에 부채질하는 격일 따름이었다. 1969

년 무렵 아렌트는 자신이 원래 의도했던 무대응 방식으로 복귀했다. 그 밖에도 아렌트는 1960년대 말까지 다양한 공정 단계에 놓인 여러 가지 프로젝트에 관여하고 있었다. 그 프로젝트 중에는 (나중에 아렌트가 장문의 서문과 함께 출간한) 발터 벤야민Walter Benjamin의 《계몽Illuminations》의 편집과 《공화국의 위기Crises of the Republic》에 수록될 논문의 저술 등이 포함되어 있었다. 후자의 단행본 작업에서 아렌트는 학생들의 캠퍼스 폭력과 미군의 베트남전쟁 참전이라는, 미국의 정치적 뇌관을 건드리는 모험을 감행한 바 있다. 돌이켜 보건대, 아우구스티누스에 관해 타자된 원고(즉 B본)가 그러한 논문 집필 작업들 사이에 놓여 있었다는 사실은 조금도 놀라운 일이 아니다—출간이 된 것도, 그렇다고 잊힌 것도 아닌 상태로 말이다.

박사학위논문의 기원과 검토 작업

아렌트의 박사학위논문 분석에서 아렌트 연구자들이 부딪히는 가장 결정적인 문제는, 저 실존철학의 선도적인 거장 두 사람과 함께 공부했던 그 젊은 유대인 학생이 어떤 연유로 기독교의 주교이자 성자인 아우구스티누스에 관해 박사학위논문을 쓰게 되었는지를 설명하는 일이었다. 아렌트의 친구이자 동급생이었던 한스 요나스에게 이 질문을 제기했더니, 그는 "당시 독일 대학에서 그런 주제는 전혀 이상할 것이 없었다"고 대답했다. 요나스의 생각에 아우구스티누스에 관한 아렌트의 저술은 "그 자체만으로도 충분히 납득할 만한 일"인 것이다. 왜냐하면 당시에 하이데거와 야스퍼스도 그런 [기독교] 사상가들에게 관심을 돌렸으며 "아우구스티누스의 실존주의적 메시지"에 대해 [질문을 받았다면 나름대로 지적인 방식으로] 답을 내놓았을 것이기 때문이다.

사실 요나스 본인도 자신의 첫 저작(《아우구스티누스와 바울로적 자유의 문제Augustin und das paulinische Freiheitsproblem》, Göttingen, 1930)을 위해 아우구스티누스와 자유의 문제를 선택했었다. 하지만 그의 강조점은 아우구스티누스의 후기 저작에서 지배적인 주제로 등장하는 펠라기우스 논쟁이었다. 요나스는 아렌트의 주제가 "그녀 자신의 아우구스티누스 독해와 당시 야스퍼스의 저작이 결합된 결과로 자라나왔을 것"으로 추정했다. 그가 회상하듯이, 아우구스티누스, 파스칼, 키르케고르와 같은 기독교 사상가는 당시 독일 대학들에서 다루었던 '인기 주제'였고, 가장 많은 관심을 집중시킨 것이 아우구스티누스의 《고백록Confessiones》이었다. 요나스는 《고백록》이 "가장 결정적으로 중요하고 중심축이 되는 텍스트"였으며 학생들로 하여금 "자기탐구와 저 양심의 심연으로의 하강"을 촉발했다고 기억한다. 당시의 철학도들은 아우구스티누스의 고백 양식이 저 헬레네식 고백 전통과 견주어 보았을 때 놀랍도록 "독창적"이라고 생각했다는 것이다(Jonas, 1990).

아렌트의 주제가 당시로선 시의성 있는 것이었다는 요나스의 주장은 당시 박사학위논문을 정기적으로 제시하고 논의했던 1920년대 후반 한 독일 저널의 비평에서도 확인된다. 아우구스티누스에 대한 관심은 대학에만 한정된 것이 아니었다. 기독교와 근대성의 문제를 다루는 개신교단의 저명한 저자들도 아우구스티누스에 관한 신학 및 목회牧會와 관련해 다량의 논문을 쏟아냈다. 가톨릭 학계의 저자들 역시 아우구스티누스에 관해 저술했지만 그들은 근대주의의 습격에 대항하는 보수파의 무기로서 토마스 아퀴나스 연구에 더욱 집중하는 듯이 보였다. 의심할 나위 없이 루터의 아우구스티누스 전유專有와 이 위대한 종교 개혁가의 교부철학 비판이 개신교 진영에 아우구스티누스에 대한 관심을 더욱 공고히 뿌리내리게 했다. 그리하여 세계교회주의적 관심이 득세한 1920년대 말기에 아렌트의 논문을 포함한 일군의 논문들이 아우구스티누스의 서거 1500주년을 기념했던 것이다(아렌트의 1994년 저서《이해의 에세이 Essays in Understanding》에 수록된 〈아우구스티누스와 프로테스탄티즘 Augustine and protestantism〉이라는 제목의 논문 참조).

아렌트 박사학위논문에 대한 비평의 특이한 점은, 그것이 수년 후 그의 연구방법론과 논의 양식에 관해 나온 논평과 공명한다는 사실에 있다. 아렌트는 그가 계속 그러했듯이 상당히 엇갈리는 비평들과 함께 저술가로서의 이력을 쌓기 시작했다. 그 박사학위논문의 비평가들은 아렌트가 **자애**에 초점을 맞춘 것은 왜곡된 선택이며, 정치사상의 역사 전통에서 아우구스티누스의 역할을 호도하는 일이고, 명백히 신학적인 맥락과 내용을 담은 아우구스티누스의 저술을 올바르게 다루지 못했다고 불만을 토로했다. 그러나 역사, 전통, 아우구스티누스 학맥에 확립된 [교회법] 규범을 안중에 두지 않았다고 이해되었을지라도, 아렌트는 독창성과 통찰 측면에서 최고점을 받았다. 아렌트가 한 사람의 중요한 신진 저술가이며, 점차 가시화되고 있는 새로운 방법론(실존주의적 현상학)에 대한 훈련을 받았고, 그의 저작도 진지한 비판적 논평을 할 만한 가치가 있다는 데에는 이견이 없었다.

《칸트 연구Kantstudien》에 실린 한 단락짜리 짧은 논평에서 헤센J. Hessen은 아렌트의 "정치精緻함과 예리한 정신"을 인정하는 한편, 아렌트가 왜 선배 학자들의 연구를 무시하였는가 반문하면서, 만일 그러지 않았더라면 "아렌트는 그로부터 상당히 많은 바를 배울 수도 있었을 것"이라고 주장했다(Hessen 1931, 175). 이 말의 저의는 아렌트가 '현상학적 훈련을 받은 저자'로서 모종의 국외자일 뿐이라는 것이었다. 요컨대 아렌트는 아우구스티누스 전문가의 지도 아래 논문을 쓰지 않았을 뿐 아니라 그 성자에 관한 연구 자료도 충분히 인용하지 않았다는 것이다. 《노몬Gnomon》에 실린 훨씬 긴 논평에서 막스 제프Max Zepf는 아렌트가 아우구스티누스 사유의 한 측면만을 연구대상으로 삼은 것을 문제 삼았고, 거기서 한발 더 나아가 "아렌트가 다룬 문제의 측면은 아우구스티누스의 지적 세계에서 그다지 본질적이고 근본적인 구성 요소도 아니"라고 주장했다(Zepf 1932, 101). 아렌트의 논점을 완전히 파악하지 못한 제프는 아렌트가 잘못된 접근을 했다고 전제하면서, 그가 아우구스티누스의 비일관적 측면들이 나타난 이유를 검토했더라면 훨씬 나은 연구결과가 나오게 됐을 것이라는 의견을 냈다. 제프에 따르면, 아우구스티누스 철학 내 갈등들의 원천은 그가 두 가지 상이한 전통, 즉 "고대철학과 기독교적-동양적 관념들"의 계승자였다는 사실이라고 주장했다(같은 글, 102).

사실 아렌트는 자신의 논문에서 정확히 같은 논점을 제시한 바 있다. 다만 자신의 청중에게 접근성이 떨어지는 어떤 실존주의적 담론 양식으로 그렇게 했던 것뿐이다. 미국에서 집필한 저작에 대해 나중에 불거진 비판의 경우가 그렇듯이, 아렌트는 자신의 현대적인 연구 주제를 부각시킬 목적으로 역사적 텍스트를 협소하게 선택적으로 사용한다는 비난을 받았다. 제프는 아렌트의 논문에 대해 "유익하고 통찰력 있는 저작"이라고 평가했다. 그럼에도 그는 ―아렌트가 아우구스티누스의 사랑 개념에 관해 무언가 새로운 것을 발견했을 수도 있다는 사실을 인정하는 한편으로―아렌트의 "총체적 착상들이, 특별히 이 [아우구스티누스 연구] 분야에서 뭔가 진정으로 새로운 인식에 도달하겠다는 목적의식 때문에, 너무 지나치게 자신이 [현상학의] 지적 훈련을 통해 얻은 상반된 경험에 의해 규정되었다"라고 결론지었다(같은 글, 104). 끝으로, 한 교회사 저널의 논평가인 에거H. Eger는 아렌트의 아우구스티누스에 대한 접근 방식을 총체적으로 거부했다. 특히 그는 아렌트가 아우구스티누스의 사유에 나타나는 교조적 요소를 다루지 않으면서 그를 철학적으로 분석하겠다는 입장을 천명한 것에 거부감을 표했다. 아우구스티누스 사상의 본질을 훼손하지 않고서도 그렇게 할 수 있다는 아렌트의 주장이 그 비평가에게는 매우 신빙성 없게 들렸던 것이다(Eger 1930, 257~259).

물론 당시 학계의 아우구스티누스에 대한 표준적 이해 방식의 틀 내에서 모종의 신학적 분석으로서 아렌트의 논문을 독해하는 경우, 그러한 비판들은 대부분 타당하다. 그러나 아렌트가 엑시스텐츠

방법론을 어떤 전통적 학문 분야에 도입하려 노력했던 것은 그의 스승들이 그랬던 것처럼 새로운 지평을 열려고 했던 시도로 정의할 수 있다. 아렌트의 논점은 '이웃사랑으로서의 **자애**라는 것이 아우구스티누스가 상속받은 신플라톤주의적, 바울로적, 로마적 전통들의 교차점으로 의도된 것인지 아닌지' 여부였는데, 실제로 그것은 바로 그 '독창적'인 역할을 완수했다. 아우구스티누스의 '이웃의 적실성은 무엇인가?'라는 문제의식은 [그 자신의 관점에서는 서로] 화합할 수 없을 것 같은 수많은 응답들로 돌아왔지만, 아렌트는 그 모든 응답들을 현상학적 관점에서 검토하고자 했다. 그러므로 아렌트의 논문 그 자체는 히포Hippo의 주교였던 아우구스티누스에 관한 하나의 학문적 업적이라기보다, 아렌트 자신과 그의 초기 사유가 지닌 방향성들을 잘 드러내 주는 작품이라고 보는 게 훨씬 더 타당할 것이다.

1929년에 이르자 아렌트는 열정적 사유함이라는 일생의 여정에 제대로 돌입해 있었다. 그는 동시에 서구 사유 전통에 대한 본질적 비판을 전개하고자 자신의 관점을 그 전통의 안과 밖 양쪽에 위치시켰다. 그가 선택한 야누스적 성격의 유리한 입장은 하이데거 및 야스퍼스 방법론의 특성이기도 했는데 이런 입장 때문에 아렌트의 초기 관념들은 즉각 세간의 감탄과 당혹감을 동시적으로 촉발했다. 저 독일 바이마르 공화국 말기 신학 저널들을 통해 표면화되었던 아렌트의 박사학위논문을 둘러싼 조용한 불화들은 1960년대에 그가 새로 선택한 공적 세계—미국 정치학계—내 독자들 사이의 논쟁이라는 최고점을 향해 진화할 운명이었다.

감사의 말

한나 아렌트도 이에 기꺼이 동의할 것 같은데, 어떤 시발점에서 [무언가를] 시작한다는 것은 어떤 기억과 감사의 행위이다. 아렌트로부터 자기 자신의 이야기를 하는 것의 중요성을 배운 바 있으므로, 주디스와 나는 이 특별한 우리의 이야기를 말할 수 있게 해준 이들에게 감사의 말을 전하고 싶다. [지금으로부터] 10여 년 전 [나의 남편인] 더그 스코트가 내게 우연히 던진 말이 이 책 편집 기획의 기원이 되었다. 그때 그는 이미 아렌트의 기포드 강의록에 대한 논평을 읽은 뒤였고, 아우구스티누스에 관한 아렌트의 논문이 현존하며 영어로 번역되어 의회도서관에 소장되어 있다고 지나가는 말로 언급했다. 우리 두 사람 모두 컬럼비아 대학의 허버트 디안을 사사한 사람들이었으며 더그는 그 사실에서 모종의 가능성을 직감했던 것이다. 언제나 그렇듯이 그의 직감은 적중했다.

너무 뒤늦은 감이 없지 않지만, 우리는 메리 매카시에게 감사의 마음을 전한다. 친구인 한나 [아렌트]처럼 메리 [매카시]도 단명했지만, 메리는 특유의 직설적인 충고—그리고 아렌트 문서신탁재단의 집행인으로서 출판 허가—를 건넨 뒤에 타계했다. 우리가 매카시의 임무를 승계한 로테 쾰러의 후원을 얻게 된 점도 매우 다행스러운 일이었다. 이 텍스트를 출간하기까지의 내력에서 마지막으로, 그러나 꼭 거명되어야 할 사람인 하코트 브레이스 출판사의 전前 직원 리즈 머피에게도 감사 인사를 전한다. 우리들, 그리고 이 기획을 오랜 기다림 끝에 마침내 완결할 수 있었던 시카고 대학 출판부의 선임편집자 데이비드 브렌트와 함께 일하면서 보여준 리즈의 인내심과 전문적 직업의식에 진심으로 감사한다. 계약 건과 관련해 복잡하게 얽힌 사안은 데이비드와 그의 부하직원들의 기분 좋은 유머와 상당한 업무 수완 덕분에 원만히 해결되었다. 이 점도 매우 감사하게 생각한다.

이 책의 편집 과정에서 우리는 아렌트 논문의 다양한 측면들을 탐구한 논문들을 발표도 하고 출판도 했는데, 그때마다 우리의 여러 친구들과 동료들이 격려를 아끼지 않았고 큰 도움이 되는 충고도 해주었다. 시턴홀 대학에 소재한 유대-기독교 연구소의 목사 로렌스 프리젤은 아렌트 논문에 첨부된 독일어 부록을 영어로 번역해 주었다. 시턴홀 대학의 랠프 월츠와 존 스위니는 논문 텍스트의 절節들을 읽고 소중한 견해를 제공해 주었다. 우리가 아렌트 논문을 볼 수 있게 도와주고 연표와 법적 제약 사항들에 관한 질문에 대해 공정한 태도와 신속한 방식으로 응해 주었던 의회도서관 필사본 부서의 앨리스 버니를 포함하여 여러 명의 사서들은 결정적으로 중요한 전략적 원조자였다. 이에 덧붙여, 롱비치 소재의 캘리포니아 주립대학 도서관, 노바스코샤 안티고니시에 있는 성 프랜시스 대학의 앵거스 엘 맥도널드 도서관은 지난 수년간 우리의 무수한, 때로는 이상하게 여길 만한 자료 요청에도 인내심 있게 응해

주었다. 우리들 각자가 속한 연구 분야와 학과에 있는 동료들이 그간 이 기획에 보여준 관심과 연구 지원금 및 안식년의 형태로 후원해준 점에 대해서도 감사한다. 주디스는 이 기획과 관련하여 1990년에 뉴저지 주지사가 수여하는 인문학 지원금을 받았다. 나도 같은 맥락에서 1993년에 NEH 하계夏季 연구소를 열었고 1995년 NEH 하계 세미나를 개최한 바 있다. 또한 내 제자인 카렌 샤우먼과 클라우디아 달레러스에게 고마움을 표한다. 그들은 컴퓨터 기술과 지적 통찰을 제공하는 방식으로 이 기획에 풍요로움을 더해주었다.

우리는 다시 한번 아렌트의 '탄생성' 개념을 빌려 진 엘시테인에게 특별한 감사 인사를 전한다. 엘시테인은 이 아렌트 연구의 '새로운 시발점'이 된 1984년 미국정치학회APSA 모임의 출발점에서부터 비공식적인 대모代母였고 그 이래로 늘 소중한 후원을 보내주었다. 빌라노바 대학의 토머스 로손시와 조지프 슈나우벨트 신부께도 감사드리고 싶다. 그들의 교부-중세-르네상스 연구 학회 모임은 우리 두 사람이 지난 수년 동안 아우구스티누스와 아렌트에 관해 책을 쓸 수 있는 길을 열어주었을 뿐 아니라, 우리 두 사람이 행복한 공동 집필에 착수할 수 있는 기회를 제공해 주었다. 끝으로 도널드 N. 레빈에게 고마움을 표한다. 그는 마무리 시점에 나타나서 매우 가치 있는 도움을 주었다.

끝으로 우리 두 사람은 누구보다도 도네즈 키케스와 더그 스코트에게 그들의 사랑과 지원 그리고 그들이 우리에게 보여준 변함없는 신뢰에 대해 감사하고 싶다. 또한 우리 자신의 시발점들의 시발점으로서 우리의 부모님이신 메이블 베치아렐리와 프랜시스 베치아렐리, 해나 스타크와 찰스 스타크에게 사랑과 감사의 마음을 담아 이 책을 바친다.

1995년 8월 1일 조애나 베치아렐리 스코트

사랑 개념과 성 아우구스티누스

한나 아렌트

서론

〔A:033241〕 성 아우구스티누스가 기술한 저작의 성격에 입각해서 어떤 통찰력 있는 해석을 제시하고자 할 때 직면하는 어려움은 다음 세 가지 원칙 사항을 고려해야 한다는 점이다. 첫째, 아우구스티누스의 저작에는 다양한 사유의 맥들이 병렬적으로 등장한다는 사실이다. 둘째, 나이가 들어감에 따라 교리에 대한 아우구스티누스의 완고함이 꾸준히 커져갔다는 사실이다. 셋째, 아우구스티누스의 사유함이 전개된 지평에는 [그의] 전기傳記를 통해 입증할 수 있는 뚜렷한 변화와 관련된 모종의 발전상이 존재한다는 사실이다.

병렬적으로 전개되며 통상적으로 상호모순이라고 일컬어지는 아우구스티누스의 사유와 이론을 제대로 다루기 위해서 나는 이 논문의 논의를 세 개의 부部로 나눌 예정이다. 그 주제에 의해 규정된 구역 내에서 이 세 개의 부는, 사랑이라는 문제가 결정적인 역할을 하는 세 가지 개념적 맥락을 차별적으로 보여줄 것이다. 기독교 계명으로서 이웃에 대한 사랑은 신자가 품고 있는 신에 대한 사랑에 좌우되기 때문에, 그리고 그 결과로서 나타나는 자아에 대한 새로운 태도에 달려 있기 때문에, 처음 두 개의 부는 '신과 자신을 사랑한다는 것의 의미가 무엇인가'라는 질문과 더불어 출발해야 할 것이다. 그 두 개의 부에서는 각기 그 질문이 적용된 사례를 포함한 짤막한 결론만 제시할 것이며, 그 결론은 '저 세계 the world[1]와 세계적 욕망들로부터 소원해진 신자에게 이웃의 적실성이란 무엇인가'라는 질문으로부터 도출될 것이다.

〔A:033242〕 사랑 개념에 관한 아우구스티누스의 모든 인식과 발언은, 적어도 부분적으로는 [바로] 이 이웃에 대한 사랑을 전거하고 있다. 따라서 이웃의 적실성에 관한 질문은 항상 일반적인 사랑 개념, 그리고 자신과 신을 대하는 인간의 태도에 대한 동시적인 비판으로 전환된다. 성경에 "네 이웃을 너 자신과 같이 사랑하라"고 기록된바, 오직 신과 신의 계명에 복종하는 사람만이 그

---

1 [여기서 '세계the world'는 '현세this world'로, '세계적 욕망들its desires'은 '현세적 욕망worldly desires'으로 이해하는 게 의미상으로는 사연스럽다. 그러나 '세계'라는 개념 범주와 관련해서는 다음 네 가지의 중요한 유의점을 함께 기억할 필요가 있다. 첫째, '세계'에는 거의 모든 경우에 '저 세계the world'이다. 즉, 정관사 'the'가 수반된다. 그 이유는 이것이 단순한 '속세'를 가리키는 것이 아니기 때문이다. 둘째, '저 세계'는 맥락에 따라 다음 세 가지 서로 다른 의미로 쓰인다. (1) '신의 창조물', 즉 '신의 직물'로서 인간이 서식하는 물리적 세계인 지구, (2) 그 물리적 세계 속에서 특정 인간들로 구성된 **'탐욕**cupiditas'의 세계로서 (기독교의 내세인 '천국'과 대비되는) '지상의 도시'와 그 안에 사는 인간들, 그리고 (3) 특정의 사람들이 **자애**caritas (사랑love 또는 연대감)에 근거하여 구성하는 세계로서 '인간공동체' 등이 그것이다. 끝으로, 아렌트가 1929년 완성한 박사학위논문 이후 미국에서 정착하여 수립한 정치철학 이론에서 '세계the world'는 주로 '정치영역the political realm'이나 '공영역the public realm'을 지칭한다는 점에서 (3)의 '세계' 개념이 급진적으로 '정치화'되고 있음을 알 수 있다. 그 연장선상에서 아렌트의 정치철학 테제인 **'세계사랑** Amor Mundi'이라는 표현 속의 '세계' 역시 이 (3)의 세계를 지칭하는 것으로 이해할 수 있다. ―옮긴이]

렇게 할 수 있기 때문이다. 이 비판은 특정의 고정된 철학적 입장이나 신학적 입장에서 보면 결코 절대적 비판이 될 수 없을 것이다. 이것이 비판인 이유는 오로지 그 사랑 개념이 제각각 기독교적임을 표방하고 있기 때문이다. 게다가 '기독교적'이라는 말은 '바울로적'이라는 말 이상은 될 수가 없다. 아우구스티누스가 《고백록》에 적었듯, 그의 삶과 사유가 신플라톤주의적인 그리스의 영향에 의해 결정되었다기보다 진정하게는 종교적인 것이라고 한다면, 그의 삶과 사유 양자가 그런 성격을 띠게 된 것은 근본적으로 성 바울로 덕분이기 때문이다.

아우구스티누스의 병렬적 사유의 맥들은 이런 점에서 체계적으로 결합될 수 없는 것처럼 보인다. 그것들은 심지어 반정립의 형식으로조차도 결합될 수 없다. 아우구스티누스가 결코 보여준 바 없는 어떤 체계적이고 논리적인 정합성을 우리가 아우구스티누스에게 부과하지 않는다면 말이다. 이 박사학위논문의 여러 부분들은 오직 다른 인간들의 적실성에 관한 문제를 통해서만 서로 연결되고 있다. 아우구스티누스에게는 이 적실성이 그저 당연한 일처럼 여겨졌다. 이 논문에서 보여준 각 사유의 맥이 갖는 중요성(단지 그것을 보여줌으로써만 증명할 수 있는 중요성)에 대한 믿음만이 이 탐구의 외면적인 비정합성을 정당화할 수 있다. 이러한 비정합성은 저자가 제시한 '신과 자신을 사랑한다는 것의 의미가 무엇인가'라는 단 하나의 질문만이 연결고리로 작용하기 때문에 겉으로 드러나며, 근본적으로 아우구스티누스의 저작이 지닌 비정합성에서 기인한다. 〔A:033243〕 그러나 동시에 이 특성은 아우구스티누스 저작을 풍요롭고 매력적인 것으로 만든다.

그럼에도, 이 논문에서 세 개의 상호독립적인 기본 의도가 세 개의 부에서 다루어진다는 사실이 곧 아우구스티누스의 저술들이 각 입장에 관한 상세한 진술들을 담은 세 그룹으로 나뉠 수 있다는 의미는 아니다. 이러한 견지에서 위 사실이 의미하는 바는, 아우구스티누스의 각 발언들이 그 세 가지 의도 중 어느 한 방향으로 해석되어야 한다는 것이다. 여기서 해석이란 아우구스티누스 자신이 암시했던 바를 명시적으로 만드는 일을 뜻하고, 또한 이러한 명시화를 통해 상이한 개념적 의도들이 어떻게 함께 조화하며 그것들이 어떻게 하나의 동일한 맥락에서 서로서로 영향을 미치는지 보여주는 것을 의미한다. 이 논문의 탐구는 처음부터 끝까지 분석적인 성격을 유지할 것이다. 요컨대 이 글은 아우구스티누스 자신이 명료히 밝히지 않았던 배면背面을 꿰뚫어보려는 분석 시도라는 것이다. 그 결과 하나의 체계적인 접근법이 탄생했다. 이 접근법은 아우구스티누스에게 그 자신과 무관한 일관성을 부여하는 것과는 거리가 있으며, 심지어 겉보기에 이질적인 아우구스티누스의 진술들과 사유의 맥들조차 어떤 실체적인 공통 토대가 가리키는 방향으로 해석하려는 시도에 지나지 않는다. 그러나 이러한 시도에서, 어떤 실체적인 공통 토대 자체가 그 서로 이질적인 의도들(예를 들면, 제2부에 제시된 그의 이중적인 세계 개념)을 명시적으로 드러낼 수도 있을 것이다. 이러한 기본 의도들은 더 이상 투명하게 드러나지 않는 어떤 연계성 속에서 개별 진술 각각을 규정하기도 하고 어쩌면 빗나가게도 할 것이다. 이 분석의 목적은 바로 이 연계성을 입증하는 것이다. 결과적으로 이 분석은 그것의 세밀한 체계적 접근방식에도 불구하고 아우구스티누스 사상 전체의 비정합성 그 자체를 보여주게 될 것이다.

성경과 교회의 권위에 대한 아우구스티누스의 교조적인 추종은 우리의 분석들과 대체로 별개의 사안이 될 것이다. 우리의 분석들은, 〔A:033244〕 원칙상 [아우구스티누스의 교조적 추종의] 본질과 의의에는 부합하지만 교의적으로는 매여 있지 않다. 우리가 의도적으로 모든 교의적 요소와 거리를 두면 종교적 정체성을 지닌 한 사람의 저자를 해석하는 데 방해가 되겠지만, 아우구스티누스의 경우에는 그것이 비교적 용이하게 정당화된다. 아우구스티누스는 이렇게 적었다. "사람들은 '네게 행해지기 원치 않는 일은 남에게도 행하지 말라'는 가르침이 그 어떤 민족적 관습의 다양성에 따라 달라질 수 있는 사항이 아님을 이해하지 못했다.[2] 이 [보편] 법칙이 신의 사랑에 적용되면 모든 악이 사라지고, 이웃의 사랑에 적용되면 모든 범죄가 사라진다."[3] 이웃사랑에 관한 명백한 계명

---

2 [여기서 아렌트는 플라톤의 대화편《고르기아스Gorgias》에 소개된 "남에게 해를 입히는 것보다 내가 해를 입는 편이 낫다"라는 소크라테스의 언명을 떠올리고 있는 듯하다. 아렌트는 이 언명을 자신의 후기 저술 여러 곳에서 인용하는데, 특히《과거와 미래 사이》(제7장 진리와 정치)에서는 다음과 같이 적고 있다. "나는 '남에게 해를 입히는 것보다 내가 해를 입는 편이 낫다'는 소크라테스의 명제를 인간의 처신과 관련된, 그래서 정치적 함의를 갖는 철학적 진술의 예로 제시하고자 한다. 내가 이 문장을 제시하는 이유는 부분적으로 이것이 서구 윤리사상의 기초였기 때문이고, 또한 내가 아는 한 명확하게 철학적인 경험으로부터 직접 도출할 수 있는 유일한 윤리적 명제로 남아 있기 때문이다." — 옮긴이]

3 《그리스도교 교양Christian Doctrine》 III, 14, 22. 또한《시편 주해 Commentaries on the Psalms》 57, 1.

에 선행하는 것은, 그리스도 안에서 현실화되었던 명시적인 신의 계시와 관계없는 다른 어떤 [보편적인] 것이다. 그것은 "우리 마음 속에 쓰인 법칙"이다.[4] 저 기독교의 계명은 이 '자연' 법칙을 엄정한 것으로 정교화하며, 그로써 인간공동체로 하여금 모든 범죄가 근절된 인간공동체의 최고 실재로 향상되도록 인도한다. 우리는 교조적이 되지 않으면서도 다음 두 가지 방식으로 우리의 해석 범위를 한정할 수 있을 것이다. 첫째, 우리는 이러한 전前신학적 영역에 관해 탐구해볼 수 있을 것이다. 둘째, 우리는 아우구스티누스가 성경 주해를 통해 기독교의 정교한 설명 속에서 특수한 참신성으로 간주했음직한 것이 무엇인지를 포착할 수 있을 것이다. 여기서 인간의 삶과 관련하여 가정되고 주장된 현실은 인간의 마음에 쓰인 법칙뿐 아니라, 인간의 외부에서 명령하는 신의 법에도 종속된다. 더 나아가 우리는 자기 스스로에 관해 성찰하는 인간실존의 문제("나는 나 자신에게 문젯거리가 되었다.")[5]에서 '왜 이 [인간의 외부에서 명령하는] 신의 법이 어떤 인간실존의 진리, 즉 양심의 형태로 이미 처방된 그 진리에 이르는 유일한 길이어야만 하는지'를 물어야 한다. 아우구스티누스가 단지 예비적이고 교육적인 기능들만을 [신의 법이라는] 권위에 허용한다면, 우리는 아우구스티누스 자신으로부터 탐문과 해석의 권리를 부여받은 것이나 다름없다. 〔A:033245〕 "요컨대 우리가 너무 허약해서 명료한 추론과

4 여러 곳에 나옴. 특히 우리의 질문을 위해서는 아우구스티누스가 이 법과 '신의 법'을 명백히 구분하고 있는 《고백록》 II, 4, 9를 보라.

5 《고백록》 X, 33, 50: "Quaestio mihi factus sum."

정을 통해 진리를 발견하지 못했으므로, 그 결과 우리가 거룩한 [성경]말씀의 권위를 필요로 했기 때문[이다]…"[6] 이와 비슷한 견지에서, "마찬가지로 우리는 지식 습득과 관련해서 이중의 방식으로 인도될 필요가 있다. 이는 '권위'와 '이성'의 인도를 말하는 것이다. 시간적으로 화급을 다툴 때는 권위가 먼저이고, 현실의 질서 체계에서는 이성이 먼저이다."[7] 이러한 해석 방식에서는 성 바울로와 루터가 이해한 바처럼, 권위와 이성 사이의 근본적 불화가 우리로 하여금 신앙의 영원한 역설적 문제들에 말려들게 강제하지 않는다. 아우구스티누스에게는 우리의 습관이 우리를 죄의 구렁텅이에 빠뜨리지 않는 한, 우리가 양심, 즉 내부법the inner law으로부터 들은 것을 외부에서 명령하는 것이 바로 [신의 법이라는] 권위이기 때문이다.

이 쌍방향적 경향과 조응하는 부분이 처음 두 부의 1장과 2장이며, 각 부 마지막 장에서는 각각의 경우에 대한 검증을 시도할 것이다. 각 부의 첫 장에서는 전신학적 영역에 관해서 상기해볼 것이다. 이 영역에서만 '사랑은 일종의 **갈망***appetitus*'이라거나 '창조주에 대한 피조물의 관계가 사랑의 원천'이라는 정의가 이해될 수 있다. 각 부의 둘째 장에서는 [아우구스티누스가 감행한] 기독교로의 전향이라는 구체적인 사건에 관해 파악해볼 것이다. 이 기독교로의 전향은 (특히 제2부에서의) 결정적인 차이들에도 불구하고

---

6 《고백록》 VI, 5, 8.

7 《질서론On Order》 II, 9, 26.

모든 구체적인 방식으로 신학적 해석에 선행하는 [아우구스티누스의] 기본 의도를 형성하고 있다. 이 근본 개념들을 구축하는 작업은 아우구스티누스가 이해했던 방식으로 신의 현전 속에 개인이 존재한다는 혹은 존재하지 않는다는 사실을 판별하는 기준을 제공한다. 물론 이런 작업이 '그러한 전신학적 영역이 사실상 〔A:033246〕 정당화될 수 있는가'의 여부 또는 '인간실존의 실재나 부재가 진정으로 신의 현전 안에서 해결될 수 있는가'의 여부를 입증하지는 않는다.

아우구스티누스 저술에 나타나는 비정합성은 통상적으로, 그리고 어느 정도까지는 정당하게, 그의 삶 속의 사실들을 통해 해명 가능하다. 그는 고대 후기 사회라는 문화적 배경을 가지고 있으며, 특정 시점 혹은 다른 시점에 그 문화의 거의 모든 경향들에 의해 결정적으로 중요한 영향을 받았다. 개종—그의 개종은 장구한 과정을 거쳐 이루어졌으며 우리는 그의 전기가 제시하는 연보를 통해 그 과정을 추적할 수 있다—이후에 그는 점차 기독교 개념과 종교적 신앙 서적의 영향력 밑으로 편입되어갔다. 고대의 수사학자이자 재능 있는 저술가였던 그는 점점 더 '교회의 사제'로 변모해 갔으며 사제의 본분을 지키면서 살아갔고 역사적인 성격의 저술 활동을 전개했다. 말년에 이르러서는 지독할 정도로 철저히 바뀌었기 때문에 《재고再考, Retractations》를 통해 자신의 저술 전체를 자신의 기독교적 관점에서 올바르게 수정하고자 시도할 정도였다. 얼핏 보기에는 우리가 분석에서 시도하는 것처럼 이 발전상을 무시하는 것은 매우 무책임한 일인 듯하다. 그럼에도 아우구스티누스의 지적 발전[8]에 관한 설명과 차별화된 그의 순수하게 철학적인 관심을 탐구하면서 우리는 우리의 입장을 다음의 사실로 변호할 수 있을 것이다. 아우구스티누스는 키케로의 《호르텐시우스Hortensius》에서 빅토리누스의 플로티노스 번역서에 이르기까지, 자기 삶의 다양한 시기에 섭렵한 고대와 고대 후기의 철학적 사유 중 그 어느 것도 자신의 사유함의 과정에서 완전히 제거한 적이 없다. 예를 들어 철학적 〔A:033247〕 자기성찰과 종교적 신념에 대한 복종 사이에서 청년 루터가 수행했던 것과 같은 급진적인 선택은 아우구스티누스와 무관한 일이었다. '그가 얼마나 신앙심 깊고 확신에 찬 기독교인이 되었는가', '그가 성 바울로의 서간문(〈로마인들에게 보낸 편지〉), 〈시편〉, 복음서(마태오, 마르코, 루가, 요한), 성 요한의 서간문을 연구함으로써 기독교에 내재하는 문제들 속으로 얼마나 깊게 파고들었는가'라는 문제와 별개로, 그는 결코 철학적 물음에 대한 충동을 완전히 상실하지 않았다. 아우구스티누스는 자신의 사유함의 과정에서 결코 이 철학적 충동을 송두리째 뽑아버리지 못했다. 이 사실이 우리의 아우구스티누스 해석에 의미하는 바는, 다양한 시점에 아우구스티누스의 다양한 근본적 의도들을 배태시켰던 그의 지적 발전상과 무관하게 그 근본적 의도들의 원천을 추적할 수 있는 가능성이다. 이것은 오직

---

8 내가 아는 한, 이 주제를 가장 잘 다룬 책은 프로스퍼 알파리크Prosper Alfaric, 《성 아우구스티누스의 지적 성장 과정: 마니교에서 신플라톤주의로L'Evolution intellectuelle de S. Augustin: du Manicheisme au Neoplatonisme》(Paris, 1918)이다. 안타깝게도 이 저서는 신플라톤주의 이후 지속된 아우구스티누스의 학문적 발전 단계를 추적하지는 않았다.

우리의 구체적인 분석 과정에서만 입증될 수 있다. 이는 신플라톤주의의 기본 원리들이, 비록 감추어진 형태긴 해도, 어떻게 모종의 순수한 기독교의 시각에서 기독교적 문제들을 특별한 형식으로 변형시키고(심지어는 은폐시키면서) 그 문제들 각각에 활성화된 상태로 존재하는지를 파악하게 될 가능성을 뜻한다. 고대철학이나 기독교 중 어느 쪽이 아우구스티누스의 사상에 좀 더 근원적인 가라는 질문은 처음부터 하등 문제가 되지 않는다. 우리의 분석은 무엇이 아우구스티누스의 관심사를 정복했는가보다는 오히려 무엇이 그것을 인도했는가에 초점을 맞추게 될 것이다. "나는 나 자신에게 문젯거리가 되었다"와 같은 진술 속에서 명시화된 것처럼, 아우구스티누스의 출발점은 본 논문의 해석틀에 종속되지 않는, 단지 하나의 주어진 현상으로서 다루어질 것이다. 우리는 우리 주제의 이론틀인 사랑 개념 안에서 아우구스티누스의 주해와 지향이 어떻게 움직였는가를 명료하게 밝혀보려는 시도를 하게 될 것이다.

본 논문은 세 가지 분석 결과를 제공한다. 첫 번째 분석은 '**갈망**으로 이해된 사랑 개념'과 더불어 시작하며, 이는 아우구스티누스가 제공하는 〔A:033248〕 사랑에 대한 유일한 정의이다. 이 분석 말미에 제시된 '질서 잡힌 사랑well-ordered love'의 개념에서 우리는 이 사랑의 정의가 아우구스티누스에게 초래한 비일관성의 사례들을 보게 될 것이다. 이에 따라 우리는 모종의 매우 상이한 개념적 맥락으로 인도된다. 이 맥락은 첫 번째 분석틀로는 납득할 수 없는 것이겠으나, [동시에 그것은 아우구스티누스가] 어떤 희한하리만치 주변적인 의미에서 이웃사랑을 갈망으로서의 사랑 개념으로부터 연역하려고 시도했음을 암시한다. 두 번째 분석은 그저 우리로 하여금 우리의 이웃이 어떤 의미에서 이웃사랑이라는 [기독교적] 계율에 부합하는 방식으로 사랑받아야 하는지를 이해하게 만든다. 세 번째 분석에 가서야 비로소 두 번째 분석의 비일관성이 드러난다. 이 비일관성은 '신의 현전 속에 있는, 즉 모든 세속적인 것으로부터 고립된 사람이 어떻게 자신의 이웃에게 관심을 두게 되는가'라는 질문으로 집약된다. 이 점은 이웃의 적실성을 어떤 완전히 다른 맥락에서 입증함으로써 해명되고 있다. 저 비일관성들을 조명하는 것이, 상대적으로 폐쇄적인 개념적·경험적 맥락으로부터 발생하는 문제들을 해결하는 것과 동일하다고는 할 수 없다. 그것은 단지 '이러한 비일관성들이 어째서 나타나게 되는가, 요컨대 전적으로 상이한 의도들 가운데 어떤 것이 그러한 모순들, 즉 체계적인 사유 방식으로는 납득하기 어려운 모순들로 이어지는가'라는 질문에 답할 뿐이다. 우리는 그러한 모순들을 있는 그대로 놔둬야 하며, 그것들이 모순들로서 이해되도록 해야 하고, 그리고 그것들의 저변에 놓인 것이 무엇인지를 파악해야 한다.

1부

갈망으로서의 사랑:
예견된 미래

1

갈망의 구조

〔B:033131〕 아우구스티누스는 "사랑한다는 것은, 어떤 것을 그 자체로서 진실로 갈망하는 것 그 이상일 수 없다"라고 적고, 이에 한발 더 나아가 "사랑은 일종의 갈망"이라는 주석을 붙이고 있다.[1] 모든 **갈망***appetitus*은 어떤 확실한 대상과 묶여 있으며, 그 대상이 갈망 자체를 일으키게 함으로써 그 대상과 관련된 모종의 목표를 제공한다. 갈망은 그것이 추구하는 대상, 즉 확실하게 주어진 사물에 의해 규정된다. 이는 마치 운동이, 그것이 지향하는 목표에 의해 방향이 설정되는 것과 마찬가지이다. 아우구스티누스가 적고 있듯이 사랑은 "일종의 운동이며, 모든 운동은 무언가를 향해서 움직인다."[2] 저 욕망의 운동을 지정하는 것은 언제나 사전에

1 《83개의 상이한 질문들Eighty-three Different Questions》 35, 1과 2.

2 같은 책, 1.

주어진다. 우리의 갈망은 우리가 알고 있는 어떤 세계를 겨냥한다. 그러나 그 어떤 새로운 것도 발견하지 못한다. 우리가 아는 것이자 욕망하는 사물은 모종의 **선(좋음)**善, *bonum*이다. 그렇지 않다면 우리가 그것을 그 자체로 추구하지는 않을 것이기 때문이다. 우리가 우리의 탐색적 사랑의 과정에서 욕망하는 모든 것은 다른 대상들과 관계를 맺고 있지 않은 독립적인 대상들이다. 이 대상들은 단지 각각의 개별화된 선goodness을 표상할 뿐이다. 우리가 욕망하는 이 선의 특이성은 우리가 그것을 가지고 있지 않다는 점이다. 일단 우리가 그 대상을 소유하게 되면 우리의 욕망은 멈춘다. 우리가 그것을 잃을 수도 있다는 위협을 느끼지 않는 한 말이다. 그럴 경우에 무엇을 **소유하려는 욕망***appetitus habendi*은 **상실의 두려움***metus amittendi*으로 바뀐다. 무작위적인 사물들이 아닌 특수한 선에 대한 추구로서의 욕망은 [미래를] '지향함[즉, 목표함]aiming at'과 [과거로] '역전거逆典據함referring back to'의 결합물이다. 그러므로 욕망은 저 세계의 선과 악을 알고 있으며 **행복한 삶***beate vivere*을 원하는 자로서의 개인을 역전거한다. 우리는 행복이 무엇인가를 알기에 행복하기를 원한다. 또 우리가 **행복해지기를 원한다***beatum esse velle*는 사실보다 더 확실한 것은 없으므로 우리의 행복 개념은 우리가 개별 선善들을 지정하는 데 있어 안내역을 맡는다. 그렇게 지정된 개별 선들은 우리의 욕망 대상이 되었다.[3] 갈망 혹은 사랑은 인간이 자신을 행복하게 만들어 줄 선의 소유권을 획득할 수 있는 가

3 《신앙편람Enchiridion》 28, 104와 105; 《자유의지론The Free Choice of the Will》 II, 16, 41; 《설교집Sermon》 306, 3과 4.

능성, 즉 가장 자기다운 것의 소유권을 획득할 수 있는 가능성이다.

이 사랑은 두려움으로 전환될 수 있다. "그 누구라도 두려움의 유일한 원인이 우리가 사랑하고 획득한 것을 잃거나 우리가 사랑하며 〔B:033132〕 바랐던 것을 얻지 못하는 것임을 의심하지는 않을 것이다." 소유 및 보유하려는 의지로서의 갈망은 소유하는 바로 그 순간 어떤 상실에 대한 두려움을 일으킨다. 갈망이 특정 선을 추구한다면 두려움은 특정 **악**惡, *malum*을 경원시하며, "무엇인가를 두려워하는 자는 반드시 그것을 멀리해야 한다."[4] 두려움이 우리로 하여금 피하도록 하는 악은 그게 무엇이든 우리의 행복을 위협한다. 그리고 우리의 행복은 선을 소유하는 일로 귀결된다. 우리가 세속적인 것들을 욕망하는 한 우리는 항상 이러한 위협에 직면하며, 상실에 대한 두려움은 항상 우리의 소유하려는 욕망과 조응한다. 시간적인 재화財貨들은 인간과 상관없이 생겨나고 사라진다. 인간은 욕망에 의해서 그 시간적인 재화들에 매인다. 늘 갈망과 불확실성으로 가득 찬 어떤 미래에 대한 두려움과 묶여 있기 때문에 우리는 현재의 각 순간으로부터 그것이 지닌 고요함과 내재된 중요성을 박탈한다. 그래서 우리는 현재의 고요함과 내재된 중요성을 향유할 수가 없다. 그런 식으로 저 미래는 현재를 파괴한다. 사실 그것 자체만의 지속적인 즐거움과 분리될 수 있는 것은 그게 무엇이든 욕망의 올바른 대상이 될 수 없다.[5] 현재가 미래

4 《83개의 상이한 질문들》 33.

5 같은 책, 35, 1.

에 의해 규정되지는 않지만(우리가 아래에서 보게 될 텐데, 아우구스티누스는 이런 경우도 가능하다고 보았다), 그럼에도 우리가 미래에 바라거나 두려워하는 어떤 사건, 즉 우리가 갈망하고 추구하거나 혹은 멀리하고 회피하고자 하는 사건에 의해 규정되는 것은 사실이다. **지복**至福 *beatitudo*은 소유에, 즉 우리가 선을 **소유하며 보유하고 있는 상태***habere et tenere*에 있으며, 그것을 잃지 않으리라는 확신 속에 훨씬 더 많이 존재한다. **비통***tristitia*은 선을 잃은 상태와 그것의 상실을 견디는 일 속에 존재한다. 그러나 아우구스티누스에게는 소유함에 수반되는 지복이, 비통보다는 상실의 두려움과 대비된다. 인간들의 행복이 가진 문제점은 그것이 두려움에 의해서 끊임없이 손상된다는 사실이다. 그러므로 관건은 소유함의 부족 [상태]가 아니라 소유의 안전성이다.

안전성의 이처럼 지대한 중요성—상실될 수 있는 것은 그 어느 것도 결코 소유의 대상이 될 수 없다—은 인간이 욕망하는 대상들이 아니라 인간 조건 때문에 인식되는 것이다. 선과 악은 행복하게 살기를 원하는 사람에게 좋음과 나쁨으로 인식된다. 모든 사람이 행복하게 살기를 원할지라도 저마다 각기 다른 것을 행복의 의미로 여기고 추구하며, 행복을 구성하는 재화도 사람에 따라 각기 다르다. 따라서 다음의 질문들이 제기된다. 무엇이 선인가? 또 무엇이 악인가? 사람은 저마다 선과 악을 달리 이해한다. 그러나 살기를 원한다는 것 그 한 가지에는 모두가 한마음이다. **지복한 삶***beata vita*이란 사실상 삶 그 자체다. 이 말은 항상 죽음의 위험에 처한 삶은 결코 참된 삶이 아니라는 의미와 같다. 그러한 삶은 실재하는 것의 상실이라는 위협에 지속적으로 노출되어 있고, 심지어 언젠가 그것을 잃을 것이 확실하기 때문이다. "참된 삶은 〔B:033133〕 영구적이고 행복한 삶"이며,[6] "모든 사람은 자신이 행복하기를 바라기 때문에, 또 자신이 바라는 바의 의미를 알기 때문에 불멸을 원한다. 그렇지 않을 경우에 그들은 행복할 수 없을 것이기 때문이다."[7] 그러므로 사랑이 갈망하는 선이란 바로 삶이며, 두려움이 멀리하는 악은 곧 죽음이다. 행복한 삶은 우리가 잃을 수 없는 삶이다. 지상의 삶은 일종의 **살아 있는 죽음***mors vitalis* 혹은 **필멸의 삶***vita mortalis*이다. 지상의 삶은 죽음에 의해 총체적으로 규정된다. 그러므로 지상의 삶을 죽음이라고 부르는 게 사실상 훨씬 더 맞는 표현일 것이다.[8] 이는 가령 누군가가 '살아 있음'과 '두려워하고 있음'을 동일시하지 않는 한, 저 지상의 삶을 지배하는 항구적인 두려움이 [인간의] 살아감을 방해하기 때문이다.[9]

---

6 《설교집》 306, 7. 〔박사학위논문의 독일어판 원본에는 이 인용문에 각주가 붙어 있다. 그 각주는 참고자료로 《신국론The City of God》 11권 28을 제시한다. 그곳에서 아우구스티누스는 신으로의 복귀 과정에 관해 다음과 같이 적고 있다. "거기서 우리의 현존은 어떠한 경우에도 죽음을 맞지 않을 것이며, 우리의 지식은 어떠한 실수도 허용하지 않을 것이고, 우리의 사랑에는 어떠한 장애물도 없을 것이다." 《신국론》 14권 25에서 가져온 또 다른 인용 구절은 아렌트의 독일어로 작성된 박사학위논문 속의 언급과 훨씬 더 정확하게 조응한다. 아렌트의 언급은 다음과 같다. "그러므로 삶은 그것이 영원할 때에만 진정으로 행복한 것이 될 수 있다."〕

7 《삼위일체론The Trinity》 XIII, 8, 11.

8 《고백록》 I, 6, 7: '필멸의 삶vita mortalis'; 같은 책, X, 17, 26: 〔필멸의 존재로 살아가는 인간〕'in homine vivente mortaliter'; 《신국론》 XII, 21: "실제로 그것이 삶이라고 지칭되어야만 할 경우는 그것이 정말로 어떤 죽음에 도달한 때이다."

이 기본적인 두려움이 구체적인 악행들에 대한 우리의 모든 두려움들을 이끌어 낸다. 삶을 종결짓는다는 면에서 죽음은 삶 자체—삶의 한시적 행복에 관한 끝없는 관심—와 죽음 이후의 삶에 대한 부단한 관심의 공통 원인이기도 하다. 그러나 아우구스티누스가 묻고 있듯, "만약 죽음 자체가 모든 근심들과 함께 모든 느낌을 끊어내고 종결시킨다면?"[10] 죽음 속에는 어떠한 위안도 존재하지 않는 것일까? 아우구스티누스는 삶이 불멸이라는 기독교의 주장을 내세워서 "기독교 신앙의 권위"를 환기시키는 것 외에는 아무 답도 제시하지 못한다.[11] 모든 사람이 자신이 살고 싶어 한다는 데 동의하지 않는가? 사람은 죽음이 없는 곳, 그래서 [죽음 이후 돌아갈] 미래가 없는 곳에서만 "근심의 고뇌 없이" 살 수 있다.[12] 죽음에 대한 두려움을 안고 살아가는 자는 삶 자체를 두려워한다. 삶은 반드시 죽음으로 끝나게 마련이기 때문이다. 그러므로 그들의 두려움이 그들에게 삶의 참된 본질을 가르쳐 준다. "죽음은 삶과 정반대이기 때문에 모든 것들이 죽음을 피한다. 이 말은 불가불 삶이 자신의 정반대인 죽음을 피하면서 자기 자신도 지각한다는 결론이 된다."[13] 삶이 자기 자신을 알고 지각하는 양태가 근심

9 《설교집》 306, 7.

10 《고백록》 VI, 11, 19: "기독교 신앙의 존엄성과 권위가 전 세계에 전파된 사실은 우연한 일이 아니며 무의미한 일도 아니다. 만일 영혼의 삶이 육신의 죽음과 더불어 끝난다고 한다면 신은 우리를 위해 그처럼 위대하고 훌륭한 역사役事를 결코 행하지 않았을 것이다."

11 같은 책.

12 《서간집Letter》 55, 17.

이다. 그러므로 두려움의 대상이 되는 것은 두려움 그 자체이다. 두려워할 것이 아무것도 없고 죽음이 악은 아니라고 생각한다손 쳐도 두려움이 존재한다는 사실(즉 모든 생명체가 죽음을 피한다는 사실)은 남는다. 결론은 "우리가 두려워하는 악이 현존하거나 아니면 악이 바로 두려움이라는 사실뿐이다."[14] 소유에 대한 두려움 없음이란 안전성은 오직 잃을 것이 아무것도 없는 곳에만 영향력이 있다. 사랑이 추구하는 것은 바로 이 두려움 없음이다. **갈망**으로서의 사랑은 그것의 목표에 의해 규정되며, 그 목표는 **두려움으로부터의 자유**_metu carere_다.[15] 삶은 그것이 죽음으로 다가가는 과정 속에서 끊임없이 '줄어들며' 계속 자신을 상실해 가므로, **사랑의 적절한** 〔B:033134〕 **대상**_amandum_에 대한 결정을 인도하는 것은 바로 이 상실의 경험이어야만 한다.

따라서 사랑에 대한 선[의 개념]은 "당신의 의지에 반해서 잃을 수 없는 것"으로 확정된다.[16] 아우구스티누스는 본질적으로 인간에게 행복을 주는 선[의 개념]을 두 개의 이질적인 맥락에서 정의했다. 첫 번째 맥락에서 선이란 갈망의 대상, 즉 인간이 저 세계

---

13 《자유의지론》 II, 4, 10

14 《고백록》 VII, 5, 7. 〔"당신(하느님)의 유한한 창조는 무한하신 당신에 의해 채워졌다고 짐작했습니다. 그래서 저는 말했습니다. '하느님을 보라. 그리고 하느님이 창조하신 바를 보라. …… 자신이 좋으심으로 그는 좋은 것을 창조하셨다. 그가 어떻게 모든 것을 품으시며 채우시는가를 보라! 자, 악이 어디에 있는가? 언제 그리고 어떻게 그것이 이곳에 숨어들었는가? …… 그러므로 우리가 두려워하는 악이 있거나, 아니면 우리가 두려워한다는 사실 그 자체가 악인 것이다.'"〕

15 《83개의 상이한 질문들》 34.

16 《자유의지론》 I, 16, 34; 《설교집》 72, 6.

속에서 유용하다고 생각하기 때문에 얻고자 하는 어떤 것이다. 두 번째 맥락에서의 선은 죽음에 대한 두려움, 즉 삶이 자기 자신의 파괴와 관련해서 느끼는 두려움에 의해서 정의된다. 자신이 좌우할 수 없는 삶 속에 존재하는 모든 사고事故는 그가 삶 자체에 대한 권한을 결여하기 때문이다. "[인간이] 살아감이라는 단순한 사실이 그의 권한에 속하지 않는 마당에 어느 누구라고 자신이 원하는 대로 살 수 있겠는가?"[17] 이와 유사하게, 죽음도 두 가지 방식으로 해석된다. 첫째로는 삶이 그 자체에 대한 통제력을 결여한 지표로, 둘째로는 삶이 맞닥뜨리는 가장 나쁜 악으로, 즉 그야말로 삶의 적대자敵對者로 해석된다. 최고로 나쁜 악인 이 죽음이 외부로부터 살아 있는 자들에게 다가옴에 따라 그들은 그것을 외면하려 한다. 그런 한편, 저 **필멸의 삶** 같은 용어에서 보듯이 인간은 애초부터 죽을 수밖에 없는 자로 인식된다. 삶과 죽음은 서로에게 함께 속한다. 이 [필멸성이라는] 무력함에 대한 의식 속에서 삶은 본래부터 필멸적인 것이라고 간주된다. 이 무력함에 대한 의식은 갈망으로서의 사랑이라는 정의와 모순된다. 왜냐하면 갈망은 그것이 모종의 탐색이라는 의미와 걸맞게 우리로 하여금 성취할 수 있는 무엇인가를 얻도록 노력하게 만든다고 정의되었기 때문이다. 비록 우리가 그것을 얻는 데 실패할지라도 말이다. 오직 외부로부터 와서 삶과 만나는 죽음이 최고로 나쁜 악으로 간주될 때에만 이 (갈망으로서의 사랑이라는) 논지의 통일성이 유지된다.

17 《신국론》 XIV, 25. ("현재 우리의 경우를 보건대, 자신의 실제적인 삶을 통제할 수 없다면 어떤 인간 부류가 자신이 원하는 삶을 살 수 있겠는가?")

이러한 [개념상의] 불일치가 발생하는 원인은 아우구스티누스의 용어 사용 방식에서 찾을 수 있다. 이는 그가 그리스 철학 전통과 상당히 이질적인 경험들을 표현하고자 할 때조차도 그 전통 속의 용어를 가져다 썼기 때문이다. 이 점은 특히 **갈망**에 관한 성찰들에서 증명되는데, 이 갈망이라는 용어는 플로티노스를 경유해 아리스토텔레스로 거슬러 올라간다. 아리스토텔레스는 죽음을 "가장 두려워해야 할 악"으로 정의했다. 그러나 이 [죽음에 대한] 두려움이 자신의 인간 이해 방식을 설명한다고 주장하지는 않았다.[18] 이러한 문제들 전체의 쌍태적雙胎的 기초 원리들은 저 죽음에 대한 이중의 해석 방식에서 명시화된다. 현재[라는 시점]에서 우리는 다음의 논점을 제시할 수 있다. 죽음에 의해 성격이 규정되는 삶은 원칙상 자신이 얻을 수 없는 무언가를 갈망하며, 그럼에도 마치 그 무언가가 자신의 뜻대로 되는 것인 양 그것을 추구한다는 것이다.

모든 선과 악은 전방前方에 놓여 있다. 〔B:033135〕 우리가 일생에 걸쳐 걷는 길들의 맨 끝에 놓인 것이 죽음이다. 모든 현재적

---

18 아리스토텔레스, 《니코마코스 윤리학Nicomachean Ethics》 III, 1114b26. 그리스어로 갈망 또는 욕망의 의미인 'appetitus'의 기원은 《니코마코스 윤리학》 I, 1094a1, 1095a16. 또한 플로티노스, 《엔네아데스Enneads》 III 5, 4와 VI, 8, 2-8. 아리스토텔레스가 플로티노스의 신플라톤주의에 끼친 영향에 관해서는 Gerhard Nebel의 *Plotinus Kategorien der Intelligiblen Welt*(Tübingen, 1929) 참조. 아우구스티누스의 그리스 전통에 대한 의존성 및 전수 방식에 관해서는 Harald Fuchs의 *Augustin und der antike Friedensgedanke*(Berlin, 1926), 그리고 *Neue Philologische Untersuchungen*(Berlin, 1965; 재수록) 참조.

순간은 이 [죽음이라는] 임박성의 지배 아래에 있다. 인간의 삶은 언제나 '**아직 없음**not yet'이다. 모든 '가지고 있음having'은 두려움의 지배 아래에 있고, 모든 '가지고 있지 않음not having'은 욕망의 지배 아래에 있다. 따라서 인간이 살게 될 미래는 항상 그의 현재의 염원들이나 두려움에 의해 전적으로 규정되는, 예견豫見된 미래이다. 미래는 다만 현재[시점에서]의 '**아직 없음**'에 대한 위협이나 이행履行일 뿐이기 때문에 결코 미지의 것이라고 볼 수 없다. 그러나 모든 이행은 종국에 죽음이라는 저 본질적인 상실이 불쑥 나타남으로써만 분명해진다. 이 말은 우리가 미래, 즉 현재의 '아직 없음'을 항상 두려워해야 한다는 의미이다. 현재에 대해서는 미래가 [항상] 위협적일 수밖에 없다. 어떤 미래가 부재하는 현재만이 불변하며 완전히 위협에서 벗어나 있다. 그러한 현재에서만 소유에 대한 평온이 존재한다. 이러한 소유는 삶 그 자체이다. 모든 재화들이 삶 하나만을 위해 현존하며, 삶의 상실인 죽음으로부터 삶을 보호하기 위해 존재하기 때문이다.

이 미래가 부재하는 현재—더 이상 특수한 선善들이 무엇인지를 알지 못하며 그 자체로 **절대선***summum bonum*인—는 [곧] 영원이다. 영원은 '당신이 당신의 의지에 반해서 잃을 수 없는' 무엇이기 때문이다. 지구상에서 무언가 안전하면서도 마음대로 처분할 수 있는 것을 추구하는 사랑은 항상 좌절된다. 모든 것이 죽게 마련이기 때문이다. 이런 좌절로 인해 사랑이 변하고 사랑의 대상도 부인의 대상이 되기 때문에, 저 두려움으로부터의 자유를 제외한 그 어떠한 것도 욕망되어서는 안 된다. 그러한 두려움 없음은 미래에 일어나리라고 예견된 사건들에 의해 더 이상 동요되지 않는 완전한 평온 속에만 현존한다. 선은 갈망으로 정의된 사랑과 유일하게 상관관계에 있다고 이해된 요소인 동시에, 필멸의 삶으로는 획득 불가능한 것이다. 이 선은 죽음 이후에 시작되는 어떤 절대 현재an absolute present에 투사된다. 비록 이 [절대]현재가 필멸의 삶에 대한 어떤 절대미래가 된다고 하더라도, 그 어떤 절대미래로서의 현재는 여전히 갈구되고 있는 대상이므로 미래에 예견된 다른 모든 선이 그러하듯 [시간적 관념상] 전방에 놓여 있는 것이다. 이에 대한 유일한 예외는 그 절대미래를 목표로 삼아 더 이상 실망하지 않을 수 있는 삶뿐이다. 그러나 순전한 평온, 그리고 두려움의 순전한 부재가 갈망의 대상이 됨에 따라, 선은 부정성과 내용 결핍 상태를 유지한다. 이런 특질들은 죽음이라는 것의 본질적 관점에서 보면 삶을 향한 갈망이 무의미하다는 사실에서 생겨났다. 이러한 유형의 삶을 위해서 무언가를 소유하려는 의지와 처분하려는 의지를 소유하는 것 자체가 불합리해져 버렸기 때문이다.

아우구스티누스의 생애에서, 단지 죽음에 대한 두려움뿐 아니라 죽음 자체가 가장 결정적으로 중요한 경험이었음은 의심의 여지가 없다. 〔B:033136〕 그는《고백록》에서 친구를 잃은 사건의 의미가 무엇이었는지, 그리고 그 상실의 결과로 그가 어떻게 그 "자신에게 문젯거리가 되었는지"에 관해 유려한 문체로 기술했다. "사경을 헤매는 사람들이 생명을 잃은" 다음에 "살아 있는 자의 죽음"이 뒤따랐다. 애초 청년 아우구스티누스가 키케로의《호르텐시우스》(철학 연구를 권유하는 책으로, 키케로의 소실된 저작물 중 하나)를 읽고 19세의 나이에 처음 철학과 사랑에 빠졌을 때 자기 자신에게 되돌아가게 한 것이 바로 이 [상실의] 경험이었던 것이다.[19] 그러나 아우구스티누스에 따르면, 그가 기독교로 개종하게 된 결정적인 동기는 "죽음에 대한 두려움"이었으며 다른 어떤 것도 그보다 더 강력하게 그를 "육신의 쾌락"으로부터 불러들이지는 않았다.[20] 이러한 상황에서 사도 바울로가 아우구스티누스에게 결정적으로 확신을 심어주게 된 것은 당연한 수순이었다. 왜냐하면 신약성서의 다른 어디에도 죽음이라는 사실, 즉 삶에 임박한 최후통첩으로서의 '이제 없음no more'에 대해 그처럼 결정적인 중요성을 부여한 곳은 없었기 때문이다.[21] 자신의 긴 생애를 통해 아우구스티누스가 기독교인이 되어가면 되어갈수록 그는 더욱더 바울로주의자가 되어갔다.

두려움이 없는 소유는 오직 무시간성timelessness이라는 조건 아래에서만 달성될 수 있다. 아우구스티누스와 플로티노스는 이 무시간성을 영원성과 동일시했다. 그래서 아우구스티누스는 저 세계와 모든 세속의 사물들로부터 각각의 가치를 박탈함으로써 그것들을 상대화하는 작업을 진행했다. 세상의 모든 것들은 **변할 수 있다***mutabilia*. 그것들은 영속하지 않을 것이므로 실제로 현존하지 않는 것이다. 그러므로 [우리 인간이] 그것들에 의존할 수는 없다. 이런 맥락에서 플로티노스는 다음과 같이 적었다.

19 《고백록》 IV, 4, 7-9.

20 같은 책, VI, 16, 26.

21 같은 책, VII, 21, 27.

> 무엇이 실재한다는 것은 무엇이 항상 있다는 것과 다르지 않다. 마치 한 사람의 철학자와 한 사람의 진정한 철학자가 다르지 않은 것처럼. …… 우리는 '무엇이 실재한다'는 것에 '항상'이라는 단어를 더하고 '항상'이라는 단어에 '있음'을 더함으로써 '영구적으로 있음everlasting being'이라는 의미를 창출한다. 이 말의 의미는 다음과 같다. 무엇이 항상 있다는 것만이 진정한 의미로 실재한다는 것이다.[22]

비록 사물들이 존속한다손 치더라도 인간의 삶은 그렇지 못하다. 우리는 매일매일 삶을 잃어간다. 우리가 살아감에 따라 세월이 우리를 거쳐 지나가고 급기야는 무無에 이르게 한다.[23] 오직 현재만이 실재인 듯이 보인다. 이는 "과거의 사물과 다가오게 될 사물은 실재인 것 같지 않기" 때문이다. 그러나 현재가 어떤 '공간'도 갖지 않는다면, (내가 측정할 수 없을 텐데) 그 현재가 어떻게 내게 실재적일 수 있단 말인가?[24] 삶은 항상 '이제 없음no more'이거

---

22 특히 플로티노스의 '시간과 영원성Time and Eternity'(《엔네아데스》 III, 7, 6)에 관한 논문 참조. 〔물론 존재Being와 영구적 존재Everlasting Being 사이의 차이는 없다. 한 사람의 철학자와 한 사람의 진정한 철학자 사이에 차이가 없는 것처럼. '진정한true'이라는 수식어가 사용된 이유는 철학을 가장假裝한 어떤 것의 등장 때문이다. 비슷한 이유들 때문에 'everlasting'이라는 말이 'Being'에 덧붙여지고, 'Being'이 'Everlasting'과 결합된 결과로 우리가 'Everlasting Being'이라는 말을 가지게 되었다. 우리는 이 'Everlasting'이 다만 참존재Authentic Being를 표현하고 있을 뿐이라고 간주해야 한다.〕

23 《설교집》 109, 4; 또한 《설교집》 38, 5 참조.

24 《고백록》 XI, 21, 27.

나 '아직 없음not yet'일 뿐이다. 시간이 그러하듯, 우리의 삶도 "'아직 없는 무엇'으로부터 오며 공간을 갖지 않는 무엇을 통과하여 '이제 없는 무엇' 속으로 사라진다."[25] [사정이 이러한데도] 과연 삶이 현존한다고 말할 수 있는 것일까? 그럼에도 불구하고 인간이 시간을 측정한다는 것은 사실이다. 어쩌면 인간은 시간이 보존될 수 있는 모종의 '공간space'을 소유하고 있으리라. 〔B:033137〕 [가령 시간을] 측정하기에 충분할 만큼 보존하는 공간, 인간이 자신 속에 가지고 있는 이 '공간'이 삶과 시간 양자 모두를 초월하게 되지 않을까?

시간은 그것이 측정될 수 있는 한 현존하며, 우리가 그것을 재는 척도는 그것의 공간이다.[26] 그런데 우리가 시간을 측정할 수 있도록 허용된 공간은 어디에 있는가? 바로 사물들이 적재積財되고 있는 우리의 기억 속에 있다는 것이 아우구스티누스의 대답이다. 마치 기대expectation가 **아직 없음***nondum*의 현전이듯, 기억memory, 즉 시간의 저장소는 **이제 없음***iam non*의 현전이다.[27] 따라서 나는 이제 없는 무엇을 측정하는 것이 아니라 내 기억 속에 새겨져 남아 있는 무언가를 측정하는 것이다.[28] 시간은 과거와 미래를 현재의 기억과 기대 속으로 불러들임으로써만 현존한다. 그러므로 오직 타

25 같은 책. 공간이 없는 시간은 잴 수 없을 뿐 아니라 그것에 머무를 수도 없다. 또한《고백록》XI, 27, 36 참조.

26 같은 책, XI, 21, 27.

27 같은 책, XI, 28, 37.

28 같은 책, XI, 27, 35.

당성을 갖는 시제는 현재, 즉 '지금the Now'인 것이다. 플로티노스는 이렇게 주장했다. "일반적으로 말해서 과거는 지금 끝나는 시간이고, 미래는 지금 시작하는 시간이다."[29] 이 '지금'은 시간을 앞뒤 양방향으로 측정하는 어떤 것[즉 척도]이다. 왜냐하면 '지금'은 엄격히 말해서 시간이 아니라 시간의 외부에 있기 때문이다. 이 '지금'에서 과거와 미래가 만난다. 과거와 미래가 어떤 찰나의 순간에 동시적으로 존재함으로써 그것들이 기억 속에 적재될 수 있는 것이다. 그 찰나의 순간이 지나간 것들을 기억하고 다가올 것들을 기대하게 한다. 그 찰나의 순간(즉 시간의 [외부에 있는] 지금the temporal Now)에는 마치 시간이 멎은 듯하다. 이 지금이 바로 아우구스티누스가 신플라톤주의적 은유들—**정지된 현재***nunc stans* 또는 **영원한 정지***stans aeternitatis*—을 빌려 설명한 그의 영원성의 모델이다. 비록 그가 그 은유들만의 특수하고 신비한 의미를 제거하기는 했지만 말이다.[30] 아우구스티누스는 그 '지금'에 관해 다음과 같이 설명하고 있다.

> 누가 〔자기 심장을〕 붙잡아 고정시켜 그것이 잠깐 동안 정지하

29 플로티노스, 《엔네아데스》 III, 7, 9.

30 원래의 의미를 제거한 아우구스티누스의 신비주의 용어 사용에 관해서는 카를 홀Karl Holl의 《아우구스티누스의 내적 발전Augustins innere Entwicklung》(프로이센 학술원Preussische Akademie der Wissenschaften, 1928, 24)과 막스 제프의 〈아우구스티누스의 고백Augustins Konfessionen〉, 《하이델베르크 철학 논집Heidelberger Abhandlungen Zur Philosophie》 9권(1926) 참조.

> 도록 하여 저 영구히 멈춰 서 있는 영원의 찬란한 순간을 포착할 수 있고, 이것을 결코 정지하지 않는 시간의 순간들과 비교하며, 그것이 비교가 불가능한 것임을 깨닫게 될 것인가. ……
> 그러나 이 영원한 것에 속하는 동안만큼은 아무것도 흘러가지 않으며 전체가 현전한다.[31]

분명 이 견해는 플로티노스로 거슬러 올라간다.

> '지금까지 존재하지 않았거나 앞으로도 존재하지 않겠지만 그냥 현존하는' 그것, 저 멈춰 서 있는 그것이 현존을 소유한다. 왜냐하면 그것은 미래로의 변화 과정 속에 있지도 않고 〔과거에도〕 변했던 적이 없기 때문이다—그것은 영원eternity이다.[32]

인간이 무시간적인 현재에서 '살아가는 일'을 막는 것은 결코 '멈춰 서지' 않는 삶 자체다. 사랑이 갈망하는 선은 모든 소박한 욕망의 피안에 있다. 만일 사랑이 단순히 욕망함의 문제라면 모든 욕망은 결국 두려움으로 끝날 것이다. 그게 무엇이든 저 외부로부터 갈망의 대상으로서 삶과 직면하게 되는 것은 (우리가 잃게 될) 삶을 위해 추구되는 것이므로 모든 욕망의 궁극적 대상은 삶 그 자체이다. 삶은 우리가 마땅히 추구해야 할 선, 즉 참된 삶true life

---

31 《고백록》 XI, 11, 13.

32 플로티노스, 《엔네아데스》 III, 7, 3; 또한 플라톤, 《티마이오스Timaeus》 37c~38a를 보라.

이다. 이것은 〔B:033138〕 저 존재Being와 동일한 것이므로 영원히 지속된다. 그러나 이 선은 지구상에서 얻어질 수 없으므로 영원에 투사되어야 하며, 결과적으로 다시금 외부로부터 전방에 놓인 무엇이 된다. 인간에게 영원은 [곧] 미래이며, 저 영원의 관점에서 보았을 때 이 사실은 물론 하나의 용어적 모순이다.

그러한 모순이 일어나는 이유는, 저 영구한 삶으로서의 영원이 최고선임에도 불구하고 다른 모든 대상들과 마찬가지로 여러 선들 가운데 하나로, 즉 좋은 것들 가운데 하나인 것처럼 욕망되기 때문이다. 갈망의 대상은 오직 내가 소유하며 향유할 수 있는 어떤 것일 수 있다. 따라서 아우구스티누스가 이러한 맥락에서 신을 심지어 하나의 '향유 대상'으로까지 말한다는 사실은 상당히 독특하다. 아우구스티누스는 "사물이 아닌 것은 뭐가 됐든 전부 아무것도 아닌 것"이며 "향유하기에 적당한 것은 성부, 성자, 성령"이라고 기술했다.[33] 만약 이것이 오기誤記가 맞는다면 그의 실수에는 훨씬 더 심오한 뜻이 내포되어 있을 것이다. 아우구스티누스는 다른 사람에 대한 사랑과 사물들에 대한 사랑을 명확히 구분하기 때문이다.[34] 이 점은 《고백록》이 아우구스티누스의 경험 범위 안에

33 《그리스도교 교양》 I, 2, 2. 〔"하나의 사물이 아닌 것은 절대 없지만 모든 것이 다 모종의 기호記號는 아니다." 같은 책, I, 5, 5: "우리가 향유할 수 있는 올바른 대상은 성부, 성자, 성령이며, 이는 삼위일체, 최고의 유일존재, 그분을 향유하는 모든 사람이 다가갈 수 있는 동일한 인격체이다. 그분이, 가령, 실제로 어떤 사물이며 모든 사물의 원인이 아니라면, 아마도 사물과 원인 양자 모두일지 모른다."〕 또한 같은 책, I, 7, 7 참조.

34 에티엔 질송Etienne Gilson은 이 구분에 주목한다. 《성 아우구스티누스의 기독교 철학The Christian Philosophy of St. Augustin》 (New York:

서 쓰인 결과 인격적인 사랑에 압도적인 우세성이 부여되었다는 것을 뒷받침한다는 사실과 별도로 주목해야 할 부분이다. 이에 따라 삶 역시도 하나의 '사물,' 즉 우리의 다른 모든 욕망의 대상들처럼 저 세계로부터 사라지게 될 지속 불가능한 사물이 되기 때문이다. 이러한 욕망의 관점에서는 [인간의] 삶이 외부세계(삶을 영위하는 개인의 외부)에서 발생하는 어떤 것, 저 불변하는 것으로부터 영구성을 획득하려고 그것에 변덕스럽게 착 달라붙는 어떤 것으로 보인다. 그러한 영구성은 영원, 즉 저 욕망의 대상에 의해 부여된다.

삶이 어떤 대상으로 하여금 욕망을 규정하고 자극하기 때문에 아우구스티누스는 삶 그 자체를 그것이 갈망하는 바에 의해 정의한다. 삶은 저 세계 속에서 일어나는 것들을 갈망하며, 그렇기 때문에 스스로 그것들 가운데 하나로 전환되지만 **사물들***res*이, 가령 삶과 [그것들을] 비교한다면, 거의 영원에 가까운 영구성을 지닌다는 사실만을 깨닫게 된다. 사물들은 견뎌낸다. 그것들은 내일도 오늘의 모습으로 그리고 또 어제의 모습으로 존재할 것이다. 오직 삶만이 죽음으로 치닫고 하루하루 사라져 간다. 삶은 지속하지 않으며 동일하게 존재하지도 않는다. 그것은 늘 현전하지 않으며,

---

Random House, 1960), 311 n. 40: "이 점에서 다른 경우와 마찬가지로 아우구스티누스의 용어는 매우 유연성이 있다. 다른 텍스트에 준해 판단해 본다면 'charity'라는 단어의 가장 일반적인 의미는 한 '인간의 다른 인간에 대한 완전한 사랑'(사물에 대한 그의 사랑과 대조적으로)이다." 그러나 아우구스티누스의 용어는 '유연성' 그 이상이며 그는 사람에 대한 사랑을 지칭하는 말로 통상 'diligere'를 사용한다.

실제로, 결코 현전하지 않는다. 왜냐하면 삶은 [그것의 속성상] 항상, 아직 없음 또는 이제 없음이기 때문이다. 지구상에 있는 어떤 사물이라도 삶의 불안정성을 보전해줄 수는 없다. 미래는 삶으로부터 모든 것을 빼앗을 것이며, 죽음에 이를 때 삶은 자신의 획득물과 함께 자신마저 상실하게 될 것이다. 신이 창조한 모든 세계 속 사물들이 그 자체로 선이라는 것은 사실이다. 그 사물들에 착 달라붙고 미래에 항상 그것들을 빼앗기는 것은 오직 삶뿐이며, 또한 그것들을 변덕스럽게 **변하는 것**으로 바꿔버리는 것도 오직 삶뿐이다. 아우구스티누스는 다음과 같이 적었다. "우리는 '세계'를 〔B:033139〕 지칭할 때 하느님이 만드신 하늘과 땅이라는 체계만이 아니라 …… 그 세계에 거주하는 사람 역시 '세계'라고 부른다. …… 특히 저 세계의 모든 애호자들을 세계라고 지칭하는 것이다."[35]

저 세계는 어떤 지구상의 세계로서 구성된다. 그것은 신의 창작물들일 뿐만 아니라 '세계의 애호자들the lovers of the world', 즉 인간들의 창작물들과 그들이 사랑하는 것에 의해서 구성된다. 천지를 어떤 가변적인 사물로서의 세계로 바꾸는 것은 바로 저 세계에 대한 사랑이다. 죽음으로부터의 도피를 목적으로 하여, 저 영구성에 대한 갈망은 죽음에 이르면 확실하게 상실될 바로 그런 사물들에 매달린다. 이 사랑은 잘못된 대상을 취한다. 그런 대상은 계속해서 그것의 갈망을 좌절시킨다. 올바른 사랑은 올바른 대상으로 귀

35 《요한일서에 대한 설교Homilies on the First Epistle of John》 II, 12.

결된다. 저 세계(여기서는 천지간天地間을 의미하는 것으로 이해된 세계) 속에 놓였다가 반드시 그곳을 떠나야 할 필멸의 인간은 오히려 저 세계에 착 달라붙고, 그 과정에서 저 세계 자체를 모종의 사라지는 것으로, 즉 그 자신의 죽음과 함께 사라지는 것으로 바꿔놓는다. 오직 필멸할 인간의 관점에서 저 세계를 보게 될 경우에만 현세성과 필멸성에 대한 구체적인 식별이 가능하다. 저 세계에 매달리는 동시에 세계를 구성하는, 그릇된 세속적 사랑을 일컫는 아우구스티누스의 용어는 바로 **탐욕**_cupiditas_이다. 이와 대조적으로 올바른 사랑은 영원과 절대미래를 추구한다. 아우구스티누스는 이러한 올바른 사랑을 **자애**_caritas_라고 부른다. "모든 악의 근원은 **탐욕**이며, 모든 선의 근원은 **자애**이다."[36] 그럼에도 올바른 사랑(**자애**)과 그릇된 사랑(**탐욕**) 사이에는 한 가지 공통점이 있다—그것은 갈구하는 욕망, 즉 **갈망**_appetitus_이다. 그래서 아우구스티누스는 "사랑하라. 그러나 네가 무엇을 사랑하는지 조심하라"[37]고 경고하는 것이다.

36 《시편 주해》 90, 1, 8. 〔아우구스티누스는 성경에서 "**사랑에**in caritate 뿌리를 박고 사랑을 기초로 하여"(〈에페소인들에게 보낸 편지〉 3장 17절)와 "돈을 사랑하는 것이 모든 악의 뿌리"(〈디모테오에게 보낸 첫째 편지〉 6장 10절)라는 구절을 인용하고 있다.〕

37 같은 책, 31, 5. 〔그 다음 문장은 "**자애**는 신에 대한 사랑과 이웃에 대한 사랑을 말하며, 탐욕은 **세계**saeculum에 대한 사랑과 이 시대에 대한 사랑을 말한다"로 이어진다.〕

2
자애와 탐욕

〔B:033143〕 **갈구하는 욕망***appetitus*으로 이해된 사랑과, 아리스토텔레스로부터 플로티노스까지 이어지는 그리스 철학의 전통적 용어상으로 이해된 욕망desire 개념이 **자애**와 **탐욕** 양자 모두의 뿌리를 이룬다. 이 둘은 대상에 따라 구별되지만 상이한 유형의 정서는 아니다. "[세속의] 임시적 삶을 그것의 애호자들이 소중히 생각하듯, 우리는 기독교도가 사랑한다고 고백하는 저 영원한 삶을 소중히 여겨야 한다."[1] 욕망은 주체와 대상을 매개하며, 주체를 모종의 애호자로 변형시키고 대상을 모종의 피애호자로 변형시킴으로써 양자 사이의 거리를 없앤다. 애호자는 결코 자신이 사랑하는 것으로부터 떨어지려고 하지 않기 때문에 그것에 속한다. 그렇다면 과연 우리가 "사랑을, 두 개의 사물, 즉 애호자와 피애호자를

1 《설교집》 302, 2; 또한 《서간집》 127, 4.

한데 묶거나 그들의 결합을 추구하는 유형의 삶이 아닌 다른 무엇이라고 말할 수 있겠는가? 이 점은 심지어 저 외면적이며 육체적인 사랑에서조차도 그러하다."[2] 그런 이유에서 우리는 **탐욕**의 경우든 **자애**의 경우든 우리가 이 세계에 속하기를 원하는가 아니면 다가올 세계에 속하기를 원하는가에 따라 우리의 현주소를 정하게 된다. 그러나 결정의 기능이란 것은 언제나 똑같다. 인간은 자기충족적이지 못하며 항상 자신의 밖에 있는 것을 욕망하기 때문에, '그는 누구인가'라는 질문은, 스토아학파의 생각처럼 욕망의 충동 자체를 억누르는 행위가 아니라 오직 그가 욕망하거나 욕망하지 않는 대상을 통해서만 답을 얻게 되는 것이다. "그러한 각각의 것이 인간의 사랑이니라."[3] 엄격히 말해서 전혀 사랑하지 않거나 욕망하지 않는 사람은 어떤 무의미한 자일 뿐이다.

세계성worldliness의 탐색이 인간의 본질을 바꾼다. 이 탐색은 그를 모종의 세계 내 있음으로 변형시킨다. **탐욕**은 인간이 자신을 소멸시키는 쪽에 주사위를 던진 경우에 해당한다. **자애**가 추구하는 대상은 영원이기 때문에, 인간은 [그것을 통해] 자신을 어떤 영구적이며 비소멸적인 있음으로 변형시킨다. 인간 그 자체, 즉 그의 본질은 정의될 수 없다. 왜냐하면 인간은 항상 자신의 외부에 있는 무엇에 속하기를 욕망하며 그에 따라 변모하기 때문이다. 이

---

2 《삼위일체론》 VIII, 10, 14.

3 《요한일서에 대한 설교》 II, 14. ("차라리 하느님에 대한 사랑을 견고히 하라. 하느님은 영원히 계시므로 너 또한 영원히 존재하게 될 것이다. 그러한 각각이 다 그의 사랑이니라.")

에 따라 아우구스티누스는, 인간이 개인들과는 물론이고 사물들과도 분리되어 자기만의 고립 상태에 놓여 있다고 이해한다. 그러나 인간이 견딜 수 없는 것이 바로 이 고립 상태이다. 인간이 가진 어떤 본질적 특성이 하나 있다고 한다면 그것은 자기충족성의 결여일 것이다. 그러므로 그는 사랑—요컨대 **탐욕**을 통해 이 세계의 주민이 되든, **자애**를 통해 장차 다가올 세계의 주민이 될 수 있는 저 절대미래에 살기로 결정하든—이라는 수단을 통해 자신의 고립 상태에서 탈피해야 하는 상황으로 몰리는 것이다. 오직 사랑만이 두 세계 중 어느 것이라도 인간의 안식처로 만들 수 있으므로 "[인간] 세계를 사랑하지 않는 신앙인에게 이 세계는 저 이스라엘 민족이 머물렀던 사막과 같다"고 볼 수 있다—그들은 [오래 머물] 주택이 아니라 [임시용] 천막에서 살고 있다.[4] 그렇다면 오히려 **탐욕** 안에서 저 세계를 사랑하고 거기서 안식을 얻는 쪽이 훨씬 더 낫지 않겠는가? 우리가 왜 이 세계를 사막으로 만들어야만 한다는 것인가? 이 특이한 발상의 정당성은 저 세계가 그것의 애호자들에게 줄 수 있는 바에 대한 어떤 심각한 불만족감에 의해서만 설명될 수 있다. [실제로] 그게 어떤 사물이든 아니면 어떤 사람이든 간에, 저 세계 속 대상을 욕망하는 사랑은 그것의 행복 추구 과정에서 지속적인 좌절을 겪는다.

〔B:033144〕 욕망, 즉 어떤 것을 갈망하는 감정은 그것이 계속

---

4 같은 책, VII, 1; 또한《요한복음에 관한 논고Tractates on John's Gospel》XXVIII, 9: "현재는 우리가 약속의 땅, 즉 영원한 왕국에 이르기 이전이므로 우리는 사막에 있으며 천막 속에서 사는 것과 다름없다."

해서 기대하는 저 욕망된 대상의 현전에 의해서만 고요해질 수 있다. 사랑하는 것과 함께할 때 사랑은 잔잔해지고 어떤 고요한 평온이 찾아온다. 욕망으로서 사랑의 운동은 사랑하는 것의 소유와 더불어, 그리고 소유의 대상을 **차지함***tenere*으로써 종결된다. 오직 소유를 통해서만 인간의 고립이 정말로 끝나며, 이 고립의 종결은 행복과 동일한 것이다. 이는 "자신이 사랑하는 것을 향유하지 못하는 사람은 누구도 행복할 수가 없기 때문이다. 심지어 자신이 사랑해서는 안 될 것들을 사랑하는 사람조차도 자신이 [그것들을] 사랑해서가 아니라 [그게 무엇이든 자신이 욕망하는 것을] 향유하기 때문에" 행복하다고 생각한다.[5] 그러므로 행복감—고립이 역전된 상태—은 단순한 소속의 상태 그 이상을 요구한다. 행복감은 피애호자가 영구적으로 자기 실재의 고유한 요소가 될 때 비로소 성취된다. 아우구스티누스는 이 애호자와 피애호자 사이의 밀착성을 라틴어인 'inhaerere'라는 말로 표현하는데, 이는 보통 '착 달라붙은'으로 번역되며 주로 **신에게 착 달라붙은***inhaerere Deo*, 즉 신에게 버림받지 않은 지구상에서의 있음이라는 상태를 가리킨다.

행복감은 애호자와 피애호자 사이의 간격이 메워졌을 때 생겨난다. 문제는 저 세계에 대한 사랑, 즉 **탐욕**이 그 조건을 획득할 수 있는지 여부이다. 애호자의 최종 목표는 자기 자신의 행복감이므로 그의 모든 욕망은 실제로 자기선自己善에 대한 욕망, 즉 자신의 내부에 있는 무엇을 위한 욕망에 의해서 인도된다. **탐욕** 속에

---

5 《신국론》 VIII, 8.

서 나는 외부에 있는 것, 즉 나의 **외부에 있는 것***extra me* 또는 *foris a me*을 추구한다. 그러나 그 외부에 있는 것이 비록 신에 대한 탐구라 하더라도 헛되기는 매한가지다.[6] 자기애自己愛, self-love는 **탐욕**은 물론이고 **자애**를 포함하는 모든 욕망의 근원이다. 신을 저버리는 일에서 출발하는 자기애가 잘못된 것이며 결코 목표하는 바를 달성하지 못하는 이유는 그러한 사랑이 "자기 자신의 외부로 관심을 돌리게 된 〔애호자〕 자신의 외부에 있는 사물들을 목표로 삼는 형태이기 때문이다."[7] 탐욕 속에 있는 인간은 자신이 아니라 저 세계를 원하며, 세계를 소유함으로써 자기 자신이 속속들이 세계의 일부가 되기를 갈망한다. 그는 원래부터 저 세계의 일부는 아니다. 만일 그가 저 세계의 일부라면 세계를 욕망하지 않을 것이기 때문이다. 인간은 분명 신으로부터도 고립되어 있다. **자애**와 **탐욕**은 인간이 자신에게 행복감을 가져다주는 것으로부터 근본적으로 소외되어 있음을, 즉 인간이 자기 자신의 자아와 분리되어 있음을 증언한다. **탐욕**은 나로 하여금 나 자신의 외부에 있는 것을 추구하게 함으로써 나의 목표—나 자신—를 놓치게 만든다.

나의 외부에 있는 선들은 나의 권한 안에 있지 않으며, 그중에는 최고의 선인 삶 자체도 포함되어 있다. 탐욕은 나로 하여금 원칙적으로 나의 통제 너머에 있는 것들을 욕망하며 그것들에 의존하도록 만든다. 〔B:033145〕 요컨대 그것들은 "내가 **나의 의지에 반**

---

6 《고백록》 VI, 1, I. 그리고 《참된 종교True Religion》 39, 72.

7 《설교집》 96, 2.

해서 잃어버릴 수 있는 것*invitus amittere posum*"이다. 실제로 삶이 필요로 하는 것으로부터 단절된 상태에서 무엇인가를 갈망한다는 사실은 인간이 독립적이거나 자기충족적이지 않다는 것을 의미한다. 그가 원래 자기 자신의 선으로부터 고립되어 있다는 사실은 그가 의존 상태라는 증거이다. 인간은 자신이 필연적으로 있어야 할 곳으로 가는 도정에서 저 외부 세계와 맞닥뜨리게 되며, 결코 외부와 자신 사이의 간격을 없앨 수 없기 때문에 그것에 예속된다. 아우구스티누스는 자유의지에 관한, 아니 차라리 선택의 자유에 관한 논의라고 볼 수 있는 글(특히《자유의지론》)에서 **자애**가 아니라 **탐욕**에 대한 것인 자유에 반대했다. 여기서 그것은 **리비도***libido* 또는 욕망으로 불리며, 이것들은 **탐욕**과 마찬가지로 자신의 의지에 반해서 잃을 수 있는 사물에 대한 사랑으로 정의된다. 이런 이유로 아우구스티누스는 자유를 가능하게 하는 어떤 '선의善意, good will'에 대해 **탐욕**이 다른 어떤 것보다도 적대적이라고 보았다.[8] '나의 외부에' 있는 것에 소속되어 가는 과정에서 나는 예속 상태에 놓이게 되며, 이 예속 상태는 두려움 속에서 명시화된다. 자유는 이런 맥락에서 오로지 자기충족성만을 의미하므로, 아우구스티누스의 사유의 맥은 종종 스토아 철학자들의 사유 방식을 있는 그대로 답습하는 듯이 보인다. 특히 다음과 같은 문장들은 에픽테토스가 썼다고 해도 깜빡 속을 만하다. "우리의 권한 밖에 있는 것을 모두 사랑할 수도 없고 또 그것에 높은 가치를 부여할

8 《자유의지론》 I, 16, 34.

수도 없다. …… 그것들을 사랑하지 않는 자는 그것들의 상실을 고통스러워하지 않을 것이며 통째로 경멸할 것이다."[9] 스토아학파의 경우가 그랬던 것처럼, 두려움은 우리가 삶 자체에 대해 통제력을 결여한다는 가장 본질적인 표현 형태인 동시에 자기충족성이라는 이상에 대한 실존적 이유이기도 하다. 그러므로 우리는 세계와 거기 속한 재화들에 대한 경멸이 기독교적 기원에서 비롯된 것이 아님을 알 수 있다. 이런 맥락에서는 신이 창조주나 최고 재판관 또는 인간 삶과 사랑의 궁극적인 목표가 아니다. 오히려 신은 최고 존재Supreme Being로서 존재Being의 정수精髓, 즉 자기충족성인 것이다. 신은 외부로부터의 도움을 필요로 하지 않으며, 실제로 자신의 외부에 아무것도 가지고 있지 않다. 아우구스티누스는 이런 비기독교적 사유의 조류潮流들에 너무 강도 높게 의존한 결과, 심지어 신에 관해 기술할 때조차도 간간이 그것들을 차용했다. "하느님은 마치 스스로 자신을 충족시키려 하지 않는 자인 양 저 창조의 역사役事에서 어느 무엇으로부터도 도움을 필요로 하지 않으신다."[10]

아우구스티누스가 사랑을 일종의 욕망으로 정의하는 한 그가 기독교인의 입장에서 말하고 있지 않다는 것은 의심할 나위가 없다. 아우구스티누스 논의의 출발점은 인류에게 스스로 자신을 드러낸 신이 아니라 그가 경험한 인간 조건의 개탄할 만한 상태이

9 같은 책, I, 13, 27.

10 같은 책, I, 2, 5.

며, 그가 이런 맥락에서 무슨 말을 하더라도 그것은 고대 후기적 상황의 독창성과는 거리가 멀다. 모든 고대 후기의 철학 학파들은 이러한 인간실존에 관한 분석을 공유했다. 이 분석은 〔B:033146〕 초년의 철학적 탐구 과정에서 아우구스티누스가 스토아학파보다는 플로티노스에게 눈을 돌린 결과로 얻게 된 철학적 적실성에 대한 감각을 웅변해 준다. 플로티노스에 따르면 "욕망은 밖으로 끌어당기며, 필요를 암시한다. 욕망한다는 것은 여전히, 비록 그 대상이 선이라 할지라도, 무엇에 매료되어 있는 것이다." 명백히 "필요는 사정없이 만족을 욕망하므로 그것이 무력하게 매료된 대상 앞에서 자유롭지 못하다."[11] 이런 관점에서는 신에 대한 갈망도 저 세계에 대한 사랑만큼이나 자유롭지 못하다는 결론이 나온다. 아우구스티누스는 신을 인간 자신의 선과 동일한 것으로 진술함으로써 이 결론을 회피하려고 하지만, 이 진술은 신이 더 이상 인간 외부에 있다고 이해되어서는 안 된다는 추가적인 난점을 초래한다. 사실 아우구스티누스는 이따금씩 신은 "우리 내부에서 돌고 있다"라고 말했다.[12] 그러나 이 난점은 다음 사실과 비교한다면

---

11 플로티노스,《엔네아데스》VI, 8, 4; VI, 8, 2.

12 질송은《성 아우구스티누스의 기독교 철학》, 141~142에서 아우구스티누스의《설교집》163, 1, 1에 관해서 다음과 같이 논평했다. "[기독교적] 사랑으로 살기 위해서 우리는 두 가지 일을 해야 한다. 신, 즉 사랑을 향해 나아가야 하며, 현시점에서도 사랑을 미래의 행복에 대한 맹세로, 즉 신으로서 소유해야 한다. 사실상 사랑은 우리가 신을 획득하는 유일한 수단일 뿐 아니라 이미 소유되고 획득된 신이며, 또한 말하자면, 우리 안에서 그분이 우리에게 스스로 만들어준 선물을 통해 돌고 있는 신이다." 〔여기서 질송은 아우구스티누스가 **자애를 "우리 안에서 돌고 있는**deambulat in nobis Deus" 신이라고 쓴《설교집》163, 1. 1

단지 사소한 것에 지나지 않는다. 욕망하는 행위 자체가 어떤 '내부' 행위와 그것의 '외부' 대상간의 구별을 전제로 하고 있으므로 갈망함은 정의상 욕망이 추구하는 대상 역시 인간의 내부에 있고 그의 권한 내에 있지 않는 한 그 대상을 얻지 못한다는 간명한 사실 말이다. 플로티노스는 아우구스티누스와 다르게 그의 사유에서 상당히 일관된 입장을 보여준다. 플로티노스의 관점에서 자유는 오직 욕망이 중지될 경우에만 현존한다. 이 자유는 인간 정신 the human spirit인 **누스**nous를 통해 현세의 삶에서 실현될 수 있다. **누스**의 주된 성격은 그것이 오직 자신과만 관계를 맺는다는 점이다. 이러한 삶의 관점에서 볼 때 인간 정신이 그 자신과 관계를 맺는 상황은 일종의 죽음이다. 왜냐하면 우리가 살아서 활동하는 한 (또한 욕망도 행위의 한 형태라고 간주할 때), 우리는 필연적으로 우리 외부의 사물들과 관계를 맺으며 그것들로부터 자유로울 수 없기 때문이다. 오직 정신만이 외부에 있는 어떤 것에 자신의 기원을 두지 않으므로 그 자체가 선이다. 플로티노스에 의하면 자유는 "[행위의] 수행이나 이미 수행된 외부의 것이 아닌 저 내적 활동, 지성의 활동, 덕목 자체의 비전과 연계해서 이해해야 한다."[13]

아우구스티누스는, 그가 《자유의지론》에서 표현한 자유 이론이 플로티노스로부터 얼마나 큰 영향을 받았는가와 별개로, 한 사람의 기독교인으로서 그 논문을 썼다. 이 사실은 왜 신플라톤주의

을 전거하고 있다.]

13 플로티노스, 《엔네아데스》 VI, 8, 6.

용어의 틀이 제대로 작동될 수 없었는지를 설명한다. 아우구스티누스에게 인간의 최고선은 그 자신의 정신일 수 없으며, 행복은 그것이 비록 인간이 지닌 능력 가운데 최고의 것일지라도 그 어떠한 인간 능력에 의존하는 것에서 생겨나지 않는다. 피조물의 최고선은 틀림없이 그의 창조주일 것이지만, 정신, 즉 **누스**가 확실히 인간의 내부에 있는 것과 동일한 방식으로 창조주가 자신의 피조물 내부에 존재하지 않는다는 점은 의심할 나위가 없다. 아우구스티누스는 스토아학파는 물론 신플라톤주의적 범주를 무비판적으로 사용함으로써, 명백한 모순이라고까지는 할 수 없어도, 비일관성을 자초할 수밖에 없었던 것이다. 추후 우리가 보게 될 아우구스티누스는 비록 〔B:033147〕 결코 자신의 용어 중 일부의 부적합성을 제대로 인식하지 못했다 할지라도, 어떤 전적으로 상이한 유형의 자애에 관해, 즉 **갈망** 혹은 **탐욕**과 아무런 관련도 없기 때문에 정말로 신에게서 기인하며 인간적 기원을 갖지 않는 유형의 사랑에 관해 알고 있었다. 이 전적으로 상이한 유형의 사랑이란 바로 성령이 **우리의 마음에 퍼뜨린***in cordibus nostris* **자애**(〈로마인들에게 보낸 편지〉 5장 5절)였다. 이런 의미에서 **자애**는 신이 우리 안에서 '돌고 있는' 현전이 아니라 창조주가 자신의 피조물에게 부여한 은총을 가리킨다.

아우구스티누스가 공식적으로 플로티노스를 부인한 후에도 그의 용어들을 오랫동안 자기 글에서 제거하기 어려웠던 까닭은, 어느 누구도 자신이 태어난 세계에서 인간이 느끼는 총체적 소외감에 관해 플로티노스만큼 확신을 가지고 의견을 제시하지 않았으며, 인간의 갈망들과 욕망들을 통해 명시화되는 인간과 세계 사이의 심연의 깊이를 그보다 더 설득력 있게 설명하지 못했기 때문이다. 그 심연은 틀림없이 아우구스티누스가 기독교로 전향하기 이전에 깊이 경험했던 것이었고, 그에게 그것을 설명한 철학자는 바로 플로티노스였다. 그러나 이들 두 사상가 간의 차이는 그들의 유사성만큼이나 크게 나타난다. 아우구스티누스의 사상에서 플로티노스의 고상한 평온, 즉 '자기충족성' 또는, 당대의 언어로 말하자면 홀로 자기 자신과 함께 있는 것에 대한 완전한 자족감과 비견될 만한 표현은 아무것도 없었다. 질송이 옳게 지적하였듯이, 아우구스티누스에게는 결코 그렇지 않았지만, 플로티노스에게는 저 [인간의] 영혼 자체가 신성한 성격이었다.[14] 플로티노스는 어떤 의미에서 아우구스티누스가 욕망했던 것 전부를 그 자신 속에 담지하고 있었다. 그러나 바로 그런 까닭에 플로티노스는 두려움, 즉 아우구스티누스에게 개종을 촉발시켰던 그 경험에 대해서는 알지 못했다.

따라서 설령 아우구스티누스가, 플로티노스처럼 그리고 스토아학파와 다르지 않게, 실제로 사랑해야 할 것이 두려움의 부재라고 주장하며 나아가 이 두려움의 부재와 자기충족성을 동일시한다손쳐도, 그는 그들과 동일한 것을 말하는 것이 아니다. 왜냐하면 아우구스티누스는 그러한 두려움의 부재나 자기충족성은 인간이 얼마나 혼신의 노력을 기울이는가와 상관없이 이 세계에서 인간이

---

14 질송, 《성 아우구스티누스의 기독교 철학》, 110.

획득할 수 있는 것이 아니라고 믿었기 때문이다. 분명 참된 있음 true being은 '부족함이 없는 상태'를 의미하며, 이와 일치하는 태도는 두려워하지 않음일 것이다. 그러나 인간의 구체적 특질은 바로, 그 무엇도 제거할 수 없는 두려움이다. 이 두려움은 결코 나태한 정서가 아니며, 차라리 의존 상태가 명시화된 표현이라고 할 수 있다. 욕망은 [인간의] '외부'가 나쁘기 때문에 나쁜 것이 아니다. 좀 더 정확히 말하면, 욕망이 나쁘고 종속적인 것으로 간주되는 이유는 그것이 원칙상 획득 불가능한 것에 대한 의존 상태를 수반하기 때문이다. 이 진술은 모든 갈망이 갈망함의 대상에 의해 규정되며 그것이 추구하는 것에 따라 **자애**와 **탐욕**으로 나뉜다는 앞선 주장에 모순되지 않는다. 갈망은 오직 〔B:033148〕 외부에 있는 것을 추구함으로써만 저 중립적인 '외부'를 어떤 '세계'로, 엄밀히 말해서 인간을 위한 모종의 안식처로 전환시키기 때문이다. 오직 **세계의 애호자***dilectores mundi*로 구성된 세계만이 하나의 악이며, 오직 이 '악'에 대한 욕망, 즉 **갈망**만이 **탐욕**으로 전환된다. 그럼에도 이 악의 주된 성격은 그것이 인간의 '외부'라는 점에 있으며, 그 외부는 예속하고 자유를 박탈한다. 자유는 본질적으로 두려움으로부터의 자유이기 때문이다. 자신의 외부에 존재하는 것에 의존하는 사람은 두려움이 없을 수 없다. 추후 우리가 보게 되듯이, **자애**는 바로 그 **두려움을 내던져버리기 때문에***timorem foras mittit* 자유롭다.

탐욕을 통해 실현되는 저 세계와 묶인 끈은 두려움의 지배를 받기 때문에 반드시 끊겨야만 한다. **탐욕** 속에서 살아가면서 인간은 세계에 속하게 되고 자신으로부터 소외된다. 아우구스티누스는 이러한 세계성worldliness을 '분산分散 dispersion'이라고 부른다. 그 지점에서 자아의 상실이 발생한다. '나의 외부'에 있는 내가 아닌 것들을 욕망하고 그것들에 의존함으로써, 나는 나를 하나로 모아주는 통일성, 다시 말해서 내가 '나는 있다I am'라고 말할 수 있는 통일성을 상실한다. 그로 인해 나는 저 세계의 다중성 속으로 분산되고 세속 자료의 무궁한 다양성 속으로 빠져들게 된다. 이러한 분산 상황에서 아우구스티누스는 유일신에게 "산산조각 난 채로 분산의 상태에 있는 〔자신을〕 모아 달라"고 호소한다.[15] [다른 한편] 분산은 자아의 상실을 일으키기 때문에 두려움을 가시게 한다는 큰 장점이 있다. 이 두려움의 망실이 자아의 상실과 동일한 현상이라는 점을 제외한다면 말이다. 나는 나 자신보다 더 영구적인 것에 매달리기 위해, 장차 죽을 수밖에 없고 모든 소유물을 잃게 될 나 자신의 자아로부터 도망친다. 아우구스티누스는 "자신의 외부에 있는 것을 욕망하는 인간은 자신으로부터 망명을 떠난 상태에 있다"고 적었다.[16] 이러한 자아 상실은 호기심, 즉 기이하게도 사심 없는 "눈의 욕망"(〈요한의 첫째 편지〉 2장 16절)으로 인해서 발생한다. 인간의 눈은 저 세계 속 사물들에 매료당하기 때문이다. 눈의 욕망은 자기성찰은 물론 그 어떤 종류의 즐거움도 추구하지 않으면서 세계 속 사물들을 그 자체로 알고 싶어 한다. 즐거움에

15 《고백록》 II, 1, 1.

16 《시편 주해》 57, 1.

관해서 말하자면, 감각의 **즐거움***voluptas*은 감각을 즐겁게 하는 대상을 추구한다. 아름다운 것은 눈을 즐겁게 하며, 선율이 아름다운 것은 귀를 즐겁게 하고, 부드러운 것은 촉각을 즐겁게 하고, 향기로운 것은 후각을 즐겁게 하기 때문이다. 그러나 시각은 단순히 아름다운 것에 매료되는 것보다 '훨씬 더 위험한' 유혹에 빠질 염려가 있다는 점에서 다른 감각들과 구별된다. 눈은 즐거움과 상반되는 것도 보고 싶어 한다. 이는 "고통 자체를 겪어보기 위해서가 아니라 [스스로] 경험하고 또 알고 싶은 욕망 때문이다."[17] 감각의 즐거움은 그것을 추구하는 사람에게 돌아가기 때문에 좋든 나쁘든 결코 자신을 완전히 상실하지 않는 대신, 알고자 하는 욕망은 비록 목적을 달성한다손 쳐도 그의 자아에게 그 어떤 이득도 주지 못한다. 앎의 과정 〔B:033149〕 혹은 지식의 탐구 과정에서 나는 나 자신에게 전혀 관심이 없다. 나는 극장의 관객이 자신을 망각하고 눈앞에 펼쳐지는 '경이로운 광경'에 몰입되어 자신의 모든 시름을 잊는 것과 거의 같은 방식으로 나 자신을 잊어버리게 된다. 저 세계에 대한, 바로 이러한 무감각한 사랑이 "인간으로 하여금 자연의 비밀을 찾아 나서게 만드는 요인이다. 자연의 숨겨진 작동방식은 우리의 **외부에***praeter* 있으며, 그것을 알려고 하는 시도는 전적으로 쓸모없는 일일뿐더러, 사람들은 그 속에서 오로지 지식 그 자체를 갈망할 뿐이다."[18]

---

17 《고백록》 X, 35, 55.

18 같은 곳. 〔이 번역문에서 아렌트의 강조점은 '외부' 세계에 끌리고, 자신을 상실하고, 아우구스티누스의 표현방식으로 바꿔보면, 저 세계 속에서 자신을 망각하

'나는 있다'라고 말하고 싶고, 자기 자신의 통일성과 정체성을 불러내 세계의 다양성 및 이채로움과 한판 겨뤄보고자 하는 사람은 누구든 저 '외부'에서 제공하는 모든 것에 등을 돌리고, 자신 속으로, 즉 자신의 내부 구역으로 물러나야 한다. 바로 이런 맥락에서 아우구스티누스는 당시의 스토아학파 및 신플라톤주의 철학의 가르침과 확실히 결별하고 자기만의 길로 들어섰다. 에픽테토스나 플로티노스와 달리 그는 자아의 내부 영역에서 자기충족성이나 평온을 발견하지 못했다. 아우구스티누스는 "**자기 자신의 내부에서 잘 처신함으로써 그 결과가 실제의 행위로 연결되게끔 하는***qui aliquid boni vobiscum intus agistis unde facta procedunt*" 사람들의 무리에 속하지 않는다. 그와 정반대로, "신이시여 제가 있는 곳을 굽어살펴 주시고 …… 제게 자비를 베푸시며 치유해 주소서"(〈시편〉 6장 2절)라고 기도한다. 그가 더욱더 자기 자신 속으로 후퇴하고 세계의 분산과 산란함으로부터 자신의 자아를 거둬들이려고 하면 할수록 그는 점점 더 "**자신에게 문젯거리가 되었다***quaestio mihi factus sum*."[19] 그러므로 아우구스티누스가 분산과 산란함으로 인한 자아 상실에 반대한 일은 단순히 자기 자신으로의 퇴각만을 의미하는 것이 아니다. 이는 그 문제 자체를 뒤집는 전회轉回이며, 자아가 '자연의

는 인간의 경향에 주어져 있다. 원문을 좀 더 문자적으로 해석하면 다음과 같다. "동일한 동기(호기심)의 관점에서 인간은 우리의 시야 밖에 있는 자연의 비밀들을 탐색하려고 한다. 우리가 그것을 앎으로써 얻는 이득은 전혀 없으며 사람은 오직 앎 자체를 위해서 알고 싶어 할 뿐이다.")

19 《고백록》 X, 35, 55.

숨겨진 작동방식'보다 훨씬 더 이해하기 힘들다는 사실의 발견이었다. 아우구스티누스가 신에게 기대한 바는 '자신은 누구인가?'라는 질문에 대한 답이다—이전의 모든 철학은 이 질문에 대한 답의 확실성을 당연시했다. 다른 방식으로 표현하자면 아우구스티누스는 이 새로운 자아 탐구 방식으로 인해 결국 신에게 관심을 돌렸다. 그는 신에게 우주의 신비나 존재Being의 난점을 자신에게 보여 달라고 요청하지 않았다. 대신 그는 신으로부터 '자신에 관해 듣기를' 그래서 '자신에 대해 알기를' 청한다. '자기 자신의 외부에서 신을 찾는 일', 즉 신의 창조 작업의 결과인 찬란한 현시물들 속에서 신을 탐색하였으므로 그는 '자신의 마음속에 계신 하느님'을 발견하지 못했다. 그 자신의 정신('나의 눈빛')은 "자신과 함께 있지 않았다. 그 자신이 외부에 있는 동안에 그의 정신은 내부에 있었기 때문이다."[20] 그가 자신을 다시 불러 자신의 "내부 구역으로 들어갔을" 때 그곳은 신의 인도 아래 있었다. 아우구스티누스는 단지 신의 협조가 있었기에 자신을 발견할 수 있었던 것이다.[21] [이처럼] 자기발견과 신의 발견은 동시에 일어난다. 그가 자신 속으로 퇴각함에 따라 저 세계에 속하는 일을 중지한 까닭이다. 이것이 바로 신이 그를 돕는 이유이다. 어떤 면에서 [즉 신에 의해 창조된] 그[아우구스티누스]는 이미 신에게 속한다. 그렇다면 그가 그 자신을 찾아 나설 때 왜 또 다시 신에게 속해야만 한다는

20 같은 책, X, 3, 3; VI, 1, 1; VII, 7, 11.

21 같은 책, VII, 10, 16.

것인가? 그것은 어떤 관계인가? 〔B:033150〕 아니, 자아와 신의 유사성은 무엇인가?

아우구스티누스는《고백록》10권에서 이 질문에 답한다. 그가 제기한 질문은 다음과 같다. "내가 **나의** 하느님을 사랑할 때 나는 무엇을 사랑하는 것인가?"[22] 여기서 강조 표시를 한 부분이 우리의 질문에 대한 답을 담고 있다. 그가 찾는 것은 인간의 마음속에 존재하는 신이다. 만일 이 탐색이 최고 존재the Supreme Being를 찾는 일이기도 하다면 그것은 이 존재(신)가 그의 마음의 본질essence이라는 의미에서만 그러하다. 아우구스티누스에 따르면, '내가 **나의** 하느님을 사랑할 때' 나는 "신체의 아름다움, 시간의 광휘, 눈의 친구인 빛의 밝음, 모든 종류의 노래가 지닌 달콤한 선율들"을 사랑하는 것이 아니다. 하지만 나는 여전히 "특정한 종류의 빛, 특정한 음성, 특정한 향기를 사랑"하는데, 이것들은 아름다움이 신체에 속하고 밝음이 빛에 속하며 달콤함이 선율에 속하는 것과 마찬가지로, 확실하게 "나의 내부인my inner man"에게 속한다. 이러한 소유물들이 이제 저 외부 세계가 뻗칠 수 없는 나의 내부에 위치를 정했으므로, 더 이상 소멸될 물질에 매달릴 필요가 없고 순전한 본질들이 된다는 사실을 제외하면 말이다. "내 영혼 속에서 빛나는 순수한 빛은 어떤 공간에도 담길 수 없으며, 어떤 시간도 거기서 나는 소리를 낚아채 가지 못하며, 어떤 바람도 거기서는 냄새를 퍼뜨리지 않으며 …… 어떤 홍수도 거기서는 나를 내게 가까

22 같은 책, X, 7, 11.

운 그 어떤 것과도 분리시키지 않을 것이다."[23] 바꿔 말해서 **나의** 하느님, 즉 나의 욕망과 사랑의 올바른 대상인 이 신은 나의 내적 자아의 정수이므로 결코 나의 내적 자아와 동일한 것이 아니다. 실제로 이 관계는, 모든 아름다운 신체의 정수인 아름다움을 어떤 하나의 신체와 동일한 것이라고 말할 수 없는 것과 마찬가지로, 동일시할 수가 없다. 필경 신체는 소진되지만 아름다움은 그렇지 않으며, 등불은 꺼질 수 있지만 밝음은 그렇지 않으며, 소리는 났다가도 없어지지만 음악의 달콤함은 그렇지 않으며, 인간 마음속의 캄캄한 '심연들'은 시간의 지배를 받고 소진되지만 인간의 마음에 부착된 저 정수精髓적 존재는 그렇지 않다. 나는 사랑의 힘을 통해 이 정수적 존재에게 속할 수 있다. 사랑이 소속의 특권을 부여하기 때문이다. "하느님에 대한 사랑에 단단히 매달려라. 그분은 영원하시니 너 또한 영원 속에 남을지니라. 그러한 것 각각이 그의 사랑일지라."[24] 인간은 신을 사랑한다. 그 이유는 본질이 현존에 속하는 것처럼 신이 그에게 속하기 때문이다. 그러나 바로 똑같은 이유에서 인간은 **실재하지** 않는다. 인간은 신의 탐색 과정에서 자신이 결여하는 바, 즉 그 자신이 아닌 바로 그것, 즉 하나의 영원한 본질an eternal essence을 발견한다. 이 영원한 본질은 [그의] '내부에서' 스스로를 드러낸다—그것이 영원하다는 점에서 그것은 내적인 것, 즉 **내적 영원***interum aeternum*이다.[25] 이 내적 영원

23 같은 책, X, 6, 8.

24 《요한일서에 대한 설교》 II, 14.

25 《고백록》 IX, 4, 10.

은 그것이 단지 인간 본질의 '구역'이기 때문에 영원할 수 있다. 모든 인간의 눈에 보이지 않는 그 '내부인'이야말로 어떤 보이지 않는 신의 역사役事를 위한 올바른 장소인 것이다. 비록 지상에서는 이방인일지라도, 보이지 않는 그 내부인은 보이지 않는 신에게 속해 있다. 마치 내 육신의 눈이 자신의 올바른 선이 밝음이기 때문에 빛을 반기는 것과 같이, 그 '내부인'은 그의 올바른 선이 저 '영원한 것'의 추구이기 때문에 신을 사랑한다.

신이 '최고선', 말 그대로 선들 중의 선, 또는 다른 모든 선을 추구하는 과정에서 우리가 실제로 갈망하는 선이라고 불리는 것은 바로 이러한 의미에서이다. 그러므로 신만이 욕망과 상관있는 유일한 사실적 요소이다. 욕망은 소유를 갈망하므로, 우리가 다른 모든 선을 소유하고 지니기를 바란다면 이 선들 중의 선을 소유하고 지니기를 바라지 않을 도리가 없을 것이기 때문이다.[26] 인간이 〔B:033151〕 '최고선'을 사랑하는 한 그는 다른 사람이 아닌 바로 자신, 즉 모든 자기애의 참된 대상인 자신의 최고선을 사랑한다. 즉 자신의 본질을 말이다. 그러나 이 인간의 본질이 정의상 **불변의 것***incommutabilis*이라면 그것은 인간실존과 지독한 모순이 된다. 인간실존은 시간에 종속되고 매일매일 또는 매 시간마다 변하며, 비실재non-being로부터 탄생을 통해 출현했다가 다시 죽음을 통해 비실재로 사라진다. 인간이 현존하는 한 그는 사실상 **실재**하지 않는다. 그는 영원을 추구함으로써 자신의 본질을 예견할 수 있을

26 《자유의지론》 II, 9, 26.

뿐이며, 그가 마침내 그것을 포착하고 **향유***frui*하게 될 때 비로소 **실재하게 될** 것이다. 올바른 유형의 **자기애***amor sui*는 죽을 운명의 현전하는 자아를 사랑하지 않고 자신을 영원히 살게 할 무언가를 사랑한다. 인간이 현세의 삶 속에서 자신의 본질적 자아를 탐색하기 시작할 때, 그는 우선 자신이 죽게 될 것이며, 자신이 변할 수 있다는 사실을 발견하게 된다.[27] 그는 자신의 본질 대신에 현존을 발견하며, 현존이 믿을 수 없는 것임을 깨닫는다. 어떤 현존하지만 가변적인 자아는 늘 현전할 수도, 또 동일한 것일 수도 없다. "우리가 반드시 죽음의 순간에 잃거나 혹은 삶이 떠나보낼 수밖에 없는 것이 지금 우리의 곁에 있다 해도 그것은 항상 우리와 함께 있을 수 없다."[28] 그러므로 "본성상 당신이 변한다는 사실을 발견하는 순간 당신은 자신을 초월해야만 한다."[29] 이 '초월'은 시간을 넘어서며 영원을 포착하려 한다. 그래서 '영원한 삶' 대 '현세적 삶'의 대결 구도가 성립되는 것이다.

이 영원은 '절대적 미래성absolute futurity'의 용어가 아니라면 어떤 시간적 있음의 형태로도 이해될 수 없으므로, 현재를 본질적으로 부정하는 형태로만 실현될 수 있다. 요컨대 자기애는 현재를 사랑하는 속성을 띠는 까닭에 반드시 자기혐오self-hatred로 전환되어야만 한다는 것이다. 이 말은 (바울로의 경우에서처럼) 자기애 자체가 잘못된 자부심과 공명심이라고 비난받을 만한 것이어서가

27 《참된 종교》 XXXIX, 72.

28 《설교집》 125, 11.

29 《참된 종교》 XXXIX, 72.

아니라, 절대적 미래성이 오직 필멸할 시간상의 현재를 무효화함으로써, 즉 **현존하는 자기를 혐오함***odium sui*으로써만 예견될 수 있기 때문이다. 모든 세계적 삶이 그것의 반대이면서 자연적이고 내재적인 결말인 죽음에 의해 규정되는 한, 삶 자체의 본질, 곧 삶 고유의 '선'은 삶을 초월해야, 심지어는 부정해야 한다. 따라서 삶의 참된 목적이나 목표는 삶 자체 및 현재 삶의 실존적 현실과 분리되어야만 한다. [그런 후에] 저 삶의 진정한 목표는 모종의 절대미래로 투사되는 것이다. 그러나 이러한 투사는 어떤 이유에서인지 효과가 없다. 그 어떤 미래도, 심지어 절대적 미래성조차도 통상적인 인간의 시간 속에 있는 자신의 기원을 부정할 수 없기 때문이다. 이 절대미래에 기대되는 어떤 사건은 구조적으로 지상의 삶의 한계 내에서 기대되는 다른 사건들과 조금도 다르지 않다. 어떤 미래의 사건으로 기대되는 영원한 삶이, 욕망과 갈망에서, 즉 〔B:033152〕 [자기] 외부에서 자신의 '선들'을 발견하기를 기대하는 인간의 정신 기능들 속에서 그것의 상관관계를 발견하게 되는 이유가 여기에 있다. 이러한 개념적 맥락에서 **자애**는 다른 모든 [유형의] 사랑과 마찬가지로 갈망으로 이해되어야만 하며, 오직 그 대상에 의해서만 **탐욕**과 구별될 뿐이다. 이로부터 인간 자신의 삶은 그것이 모종의 '행복한 삶'이라고 한다면, [인간의] 외부로부터 기대된 어떤 선으로 전환되었다는 결론이 나온다. 바꿔 말해서 인간의 현재 삶은 그의 미래[목표]를 위해서 무시되고 있는 것이다. 또한 어떤 절대미래에 투사된, 그리고 현재의 세계 내 인간실존의 궁극적 목표로서 구축된 참된 삶과의 비교 속에서 인간의 현재 삶은 그 유의미성과 비중을 상실한다.

물론 지상의 '최고선'이 그것을 추구하는 행위 속에 '점유되어' 있다는 것은 모종의 용어적 모순일 것이다. 마치 참된 자기애가 역설적이게도 자기혐오의 형태로만 실현될 수 있다는 것과 마찬가지로, 여기서 '점유'는 단지 망각에 의해서만 실현될 수 있다. 우리가 미래를 염원하고 갈망하는 와중에 현재를 잊어버리고 건너뛰기 십상이기 때문이다. 만일 현재가 전적으로 미래에 대한 욕망으로 채워져 있다면 인간은 모종의 무시간적 현재를 예상해볼 수 있다. "이곳[무시간적 현재]에서는 오늘이 어제의 끝과 더불어 시작되지 않고 내일의 시발점과 더불어 끝나지 않는다. 그것은 항상 오늘이다."[30] 이것을 제대로 설명하려면 아마도 신적인 '시간', 즉 '오늘을 영원'으로 가진 그[신]의 시간이라고 불러야 하리라.[31] 이러한 예상, 즉 '인간이 미래에 그것이 마치 현재인 양 살아가며 미래의 영원을 **보유***tenere*하고 **향유***furi*할 수 있다'는 예상은 아우구스티누스의 시간성 해석에 근거하면 가능해진다. 우리 자신의 이해와 대조적으로 아우구스티누스에게는 시간이 과거로부터 시작해 현재로 또 미래로 진행되지 않고, 미래로부터 시작해 거꾸로 흘러 현재를 통과하고 과거에서 끝난다(기왕에 약간 덧붙이자면, 이는 로마식 시간 이해 방식이었고 오직 아우구스티누스에게서만 그것의 개념틀을 찾아볼 수 있었다). 더욱이 인간실존에 관한 한, 과거와 미

---

30 《신앙편람》 14, 49.

31 《고백록》 XI, 13, 16.

래는 [다만] 현재의 상이한 양태로 이해되고 있다. 아우구스티누스에 의하면, "세 개의 [현재] 시간이 존재한다. 과거의 것들에 관한 현재, 현재의 것들에 관한 현재, 미래의 것들에 관한 현재가 그것이다." 왜냐하면 미래는 오직 기대로서만, 과거는 기억으로서만 현존하며, 기대와 기억은 현재에서 발생하기 때문이다.[32] 그러므로 망각에 이를 정도로 기대감에 부풀어 사는 것도 여전히 현재를 사는 한 가지 방식이다. 이것은 완전한 자기망각으로 가는 유일한 길이다. "하느님은 그런 방식으로 사랑받으셔야만 한다. 만약 가능하다면 우리는 [기꺼이] 우리 자신을 망각할 것이다."[33]

그러나 이 건망증은 결코 신에 대한 사랑만의 유일한 특성은 아니다. 갈망은 인간실존의 기본 양태이며 인간은 항상 "무엇을 얻기 위해 망각하기" 때문이다. 요컨대 인간은 욕망하게 된 것을 위해서 자신을 잊는다는 것이다. 저 욕망 자체가 모종의 건망증 상태기 때문이다. 그러므로 〔B:033153〕 "영혼이 저 세계에 대한 사랑에 따라 자기 자신을 망각했다면 이제는 영혼이 하느님에 대한 사랑을 위해 자신을 망각하게 하자."[34] 인간이 무엇을 사랑하고 욕망하든 그는 항상 어떤 것을 망각하게 된다. 저 세계를 갈망하면서는 자신의 자아를 잊어버리고 세계도 망각한다. 그런 반면, 신에 대한 갈망의 과정을 통하지 않고서는 자신의 자아를 찾을 수 없다는 사실을 발견하게 되면서 그는 자신의 자아를 잊어버린다.

---

32 같은 책, XI, 20, 26; XI 28, 37.

33 《설교집》 142, 3.

34 같은 곳.

비록 욕망이 **행복해지려는 의지***beatum esse velle*에서 비롯되어 거꾸로 그의 자아를 전거할지라도, 그의 자아는 결국은 그 기원을 망각하고 스스로 그 닻에서 풀려나와 욕망의 대상에게 완전히 흡수된다. 욕망[의 작동] 과정에서 발생하는 이런 전거점의 변화, 예컨대 애호자가 사랑의 대상을 추구하는 과정에서 자신을 잊어버리는 것이 바로 모든 갈망에 공통적 특성인 **이행***transitus*이다.[35] '이행'은 애호자가 더 이상 자신의 입장과 관련하여 사랑하지 않는 순간, [즉] 그의 현존 전체가 '사랑함loving'이 되어 버린 순간을 가리킨다. 이와 유사한 방식으로 **자애**, 즉 신을 갈망하는 사랑도 미래 영원성으로의 '이행'을 달성한다.

그 과정에서 인간은 자신을 망각할 뿐 아니라, 어떤 의미에서는 특정 시공간에 특정 장소를 점유한 특정인으로서 자신이기를 중지한다. 그는 신의 현존 양식인 영원성과 인간의 현존 양식인 필멸성을 서로 맞바꾸지 못한 채 인간의 양식만 상실한다. 인간실존이 시간적인 한, 그 있음의 양식은 기원으로부터 결말까지로 이행한다. 이행은 '~로'에 치중하기 위해 '~로부터'를 망각한다. 기원의 망각은 과거라는 차원을 통째로 말소시킨다. **전방***ante*에 놓여 있으며 **아직 존재하지 않는***nondum* 것으로 **뻗어 나간***extentus* 인간은 자기가 스스로를 상기해낸 저 세계의 다양성과 함께 저 세계 속에서 가졌던 자기 자신의 과거를 망각하고 경멸한다. (아직 존재하지 않는) 시간상의 미래는 미래로부터 현재로 그리고 다시 과거로 움직

---

35 같은 곳.

인다. 그러나 이행을 통해 도달되는 저 절대미래는, 있는 그대로의—즉 영원히 임박한, 인간의 어떤 행위로도 변경이 불가능한, 인간의 필멸성으로부터 영원히 분리된—모습으로 영원히 남아 있다. 무엇도 그것을 변경시킬 수 없으므로 그것에 대한 인간의 올바른 태도는 희망이나 두려움 속에서 기대하는 것뿐이다. 신에게 속한 사람은 **자애**를 통해 절대미래에 도달하기를 희망하며, 죽음에 이르면 결별해야 할 저 세계에 속한 사람은 그것을 두려워한다. 기독교 교리가 희망으로 이루어진 이유가 바로 이것이다. 사실상 **신앙**의 교의에 대한 **사랑**과 희망은 이 신앙을 기독교적인 것으로 만들어주며 악마를 신봉하는 미신적 신앙과 구별되게 해준다.[36] 이 절대미래는 그것의 항상적인 임박성으로 인해 주의를 흩뜨리지 않는다. 그것을 향해 매진하는 과정에서 인간은, 비록 그것의 결과가 자기망각이나 자기초월이라 할지라도, **주눅 들어 사는 것이 아니라 신명나게***non distentus sed extentus* 살아간다.[37] 〔B:033154〕 아우구스티누스는 "자신을 초월하지 않는 한 아무도 그분을 얻지 못한다"라고 기술한다.[38]

내구성의 관점에서 인간실존을 검토하면 시간성temporality이 인간실존의 지배적 특성으로 확인된다. 특성상 인간실존은 **시간을 소비하고 시간에 의해 허비되는 것***devorans tempora, devoratus temporibus*이기 때문이다.[39] 아우구스티누스에게 존재와 시간은 서로 정반대이

---

36 《서간집》 194, 11 악마에 관한 믿음.

37 《고백록》 IX, 29, 39.

38 《요한복음에 관한 논고》 XX, 11.

다. 인간이 **실재하기**to be 위해서는 자신의 인간실존, 즉 [자신의] 시간성을 극복해야만 한다. "그렇게 하면 당신도 어쩌면 시간을 초월할 수 있을지 모른다."[40] 결국 '이행'은 시간성의 초월로 귀결되며, 망각할 필요가 있고 실제로 망각된 것은 다름 아닌 필멸성이다. 마치 애호자가 피애호자를 위해 자신을 망각하듯이, 필멸할 시간적 인간은 영원성을 위해 자신의 현존을 망각할 수 있다. 이러한 이행은 곧 망각함이다. 더욱이 인간을 위한 최고선이 [인간의] 외부에 놓여 있어서는 안 된다는 모든 부인否認 행위에도 불구하고 이행은 자신으로부터 저 외부에 놓인 것으로 튀어 오른다. 이는 사랑이 욕망으로서 이해되고 정의되는 한 피할 수 없는 일이다. 그래서 아우구스티누스의 첫 번째 충고는 "밖으로 나가지 말고 당신 자신에게 돌아가라"는 것이다. 그러면 "당신의 본성이 가변적인 것임"을 깨닫게 될 것이기 때문이다. 이 첫 번째 충고는 다음의 두 번째 충고로 이어진다. "당신 자신도 초월하라."[41] 이런 식으로 초월되는 것에는 저 세계뿐 아니라 인간의 본성 자체도 포함된다.

이 자기태만self-forgetfulness, 그리고 인간실존의 완전한 부인이 아우구스티누스에게 안겨주는 가장 큰 어려움은, 그것이 자신의 이웃을 자신과 같이 사랑하라는 기독교의 핵심 의무를 불가능하게 만든다는 점이다. 이 어려움은 욕망으로서의 사랑이라는 정의

39 《고백록》 IX, 4, 10.

40 《요한복음에 관한 논고》 XXXVIII, 10. 시간의 비실재에 관한 중요한 논의.

41 《참된 종교》 XXXIX, 72.

에서, 그리고 인간이 자신에게 행복을 가져다주는 것, 즉 자신에게 올바른 실재를 부여해 주는 것을 항상 원하는 동시에 그것으로부터 영원히 소외되어 있는 자가 인간이라는 정의에서 기인한다. 심지어 **자애**조차도 **탐욕**이 인간과 세계 사이를 매개하는 것과 정확히 같은 방식으로 인간과 신 사이를 매개한다. 그것이 하는 일이란 매개[역할]뿐이다. 그것은 결코 인간과 신 혹은 인간과 세계의 원초적 상호 연관성의 명시화가 아니다. 모든 욕망이 대상에 의해 규정되며 또한 대상에 의존하므로 인간이 자신에게 돌아가는 길(그리스의 자급자족성autarchy과 스토아학파의 자기충족성이라는 기본 원리에서 출발한)은 저 세계를 위한 자기부정과 신을 위한 자기태만으로 귀결된다. 이런 종류의 자기부정은 비록 그것이 **자애**로 불린다 하더라도 사실상 명백하게 의사擬似기독교적이다(우리는 이 점을 제2부 2장에서 상세히 논의할 것이다).

인간에게 결핍되었기 때문에 인간이 욕망하는 '선'은 죽음과 상실이 없는 삶이다. (욕망으로서의) 사랑이란 것의 대상으로서 신은 다름 아닌 이 '선'이 명시화된 것일 뿐이다.[42] 영원(저 절대미래)을 예기함으로써 인간은 자기 자신의 미래 자아를 욕망하며 지상의 현실에서 발견하는 나-자신I-myself을 부정한다. 자기혐오와 자기부정 속에서 〔B:033155〕 그는 현재의 필멸적인 자기를 증오하고 부정한다. 그러나 그러한 모습의 그도 결국은 신의 창조물이다. 사랑함에 있어서 옳고 그름의 기준은 다른 사람들이나 신을

42 《고백록》 I, 13, 21.

위한 자기부정이 아니라, 저 전방에 놓인 영원을 위한 자기부정이어야 한다. 따라서 인간이 영원한 삶에서 자기 몫을 잃지 않으려면 현세의 삶에서 사랑 자체를 하지 말아야 한다는 결론이 나온다. 가령 그가 자신의 사랑을 잘못 사용하면 그가 증오한 것이 되고, 그가 자신의 증오를 잘 사용하면 사랑한 것이 된다.[43] 신을 사랑한다는 것은 자신을 잘 사랑한다는 의미이며, 그 기준은 신이 아니라 자신, 즉 영원하게 될 자신이다.

> 자기 자신을 사랑하는 법을 아는 사람이 하느님도 사랑한다. 그러나 하느님을 사랑하지 않는 자는 비록 그가 자연의 본성에 따라 자신을 사랑한다고 할지라도 그가 자신을 증오한다고 말하는 편이 옳다. 왜냐하면 그는 어느 면에서 자기 자신에게 이적利敵 행위를 하고 있기 때문이다.[44]

이 신에 대한 사랑은 존재하게 될 (불멸의) 자기에 대한 사랑이며 (필멸의) 자신에 대한 증오를 뜻한다. 이 자기혐오는 기독교의 자기부정과 다르다. 후자는 자신이 창조되었다는 사실에 대한 자각에서 출발하며, 신앙 속에서 창조주의 부르심에 복종하는 행위이기 때문이다. 또한 바울로가 "오만"이라고 비난했던 자기충족성의 이상理想을 부정하는 것도 아니다. 더 정확히 말하면 이 자기

43 《요한복음에 관한 논고》 51, 10.

44 《삼위일체론》 XIV, 14, 18.

혐오는, 자기 자신의 '선'을 갈구하지만 결코 획득하지 못하는 자기애가 마침내 자포자기한 결과다. 인간의 비애는 그가 신과는 달리 "자기의 선인 행복을 자신으로부터 끌어내지 못한다"는 데에, 그리고 그의 '선'이 자신의 외부에 있기 때문에 그것을 탐색하고 욕망할 수밖에 없다는 데에 있다. 이러한 탐색 과정에서 인간은 그가 욕망하는 선을 위해 자신을 '망각해야만' 하며, 세계의 선을 위해 자신을 망각함으로써 자기를 통째로 상실할 수 있는 위험마저 감수해야 한다.[45] 욕망에는 행복이 생기는 '선'을 조달하는 기능이 있다. 잘못된 욕망, 즉 저 세계에 대한 사랑의 문제점은 인간이 신을 사랑하지 않는 데 있는 것이 아니라 "그가 자신 속에 머물지 않고 〔하느님을 버림으로써〕 자신으로부터도 빠져나가 버렸다는 데 있다."[46]

욕망으로서의 사랑은 그것의 목표를 달성하기 위해 영원을 주시한다. 아우구스티누스에 따르면 그가 이해하는 가장 완벽한 소유의 양식은 비전vision이기 때문에, 목표의 달성은 보는 행위에서 발생한다. 오직 본 대상만이 기억에 머물고 그 모습 그대로 현전한다. 내가 들은 것이나 냄새 맡은 것은 왔다가 사라지며, 내가 만

---

45 《신국론》 XII, 1: "다른 사람의 선 대신 자신의 선을 행복의 원천으로 가지고 있는 존재는 행복하지 않을 도리가 없다. 그가 자기 자신을 상실하지 않을 것이기 때문이다." 〔이 텍스트의 본문으로부터 아우구스티누스가 신을 자기충족적 존재이자 선으로 지칭하고 있다는 사실을 확실히 알 수 있다. 행복해질 능력이 있는 (합리적인) 다른 모든 존재들(창조물들)은 행복을 자기 외부에서 추구하고 발견해야 한다. 진정한 행복은 오직 신[의 사랑]을 얻고 향유하는 데서 발견되기 때문이다.〕

46 《설교집》 330, 3.

졌던 것은 변하거나 심지어는 나로 인해 닳게 된다. 이와 대조적으로 바라보는 행위는 그것이 계속되는 한 변함없[이 즐길 수 있]는 순수한 **향유***frui*이다. 저 영원한 삶의 절대적인 평온과 안정 속에서 신에 대한 인간의 관계성은 모종의 영속적이며 바라보는 '즐거움'과 같다고 할 수 있다. 이는 말 그대로 신에 대한 인간의, 비할 바 없이 적절한 태도이다. 이러한 견해는 바울로의 기독교 노선과 큰 차이가 있다. 바울로에게는 사랑이 결코 무언가를 성취할 필요성에 직면한 욕망과 같은 것일 수 없다. 〔B:033156〕 완성되어야 할 것은 믿음이며, 사랑의 목적이 아니라 믿음의 목적이 비전이다. 그리고 인간이 하느님으로부터 버림받은 상태를 종결시키는 것은 믿음이 아니라 사랑이다. 사랑은 지상에서조차도 '완전한 유대 관계'를 의미한다. 그러한 사랑 자체는 갈망의 현시가 아니라 인간이 신의 부속물이라는 사실의 명시적 표현이다. **자애**가 신앙이나 희망보다 더 위대한 이유는 그것 자체 안에 보상을 담고 있고, 있는 모습 그대로 현세는 물론 내세에도 남아 있을 것이기 때문이다. 이는 바울로가 코린트 사람들에게 쓴 첫 번째 편지에 나오는 유명한 구절들이 뜻하는 바이기도 하다(〈고린토인들에게 보낸 첫째 편지〉 13장). 예언은 들어맞지 않을 것이며, 혀는 침묵할 것이고, 인간이 현세에서 소유하는 것과 같은 지식은 다 사라지게 될 것이다. 오직 "사랑만이 결코 실패하지 않으리라." 우리는 현세에서도 내세에서와 똑같은 사랑으로 신을 사랑한다. 다른 무엇도 아닌 오직 사랑만이 지상에서 인간 본성을 극복하며, 인간이 저 '세계'의 일부이자 거기 속해 있다는 현실을 극복한다. 이러한 사랑은 그것의 대상을 추구하지 않고 그것에 의존하지 않으며 정말로 그 애호자를 변화시킨다—바로 "그러한 것 각각이 그의 사랑일지니라." 바울로의 이해에 의하면 사랑은 "우리가 서로 얼굴을 마주 대하게 될 미래에도 커지지" 않는다.[47] 또한 사랑은 인간이 '행복'을 얻었을 때, 즉 그가 지상에서 소박하게 '사랑하며' 욕망하는 것을 소유하고 바라볼 ([즉] '향유할') 때에도 결코 중단되지 않는다.

현세에서조차도 가능한 '완전성'으로서 이웃에 대한 사랑은 바울로에게 결정적인 중요성을 갖지만, 이는 아우구스티누스와 공유되지 않는다. 적어도 사랑이 **욕망** *appetitus*로 이해되는 개념적 맥락에서는 말이다. 바울로의 이 [이웃사랑] 개념은 아우구스티누스가 완전히 다른 맥락에서 사랑은 "하느님을 현전하도록 만드는" 힘을 보유한다고 기술할 때의 사랑 유형이 아니기 때문이다.[48] 이런 맥락에서 아우구스티누스는 "당신이 하느님을 사랑한다면 당신이 아직 지상에 있을지라도 천국에 있는 것이나 다름없다"고 주장한다.[49] 모든 욕망은 그것의 성취, 즉 그것 자체의 목적을 추구한다. 영구히 지속되는 욕망이라는 말은 단지 어떤 용어적 모순이거나, 어떤 지옥에 대한 설명일 수 있다. 그러므로 아우구스티누스가 우리가 믿는 일 대신에 알아야만 할 것이고 희망하는 일 대신에 소유해야만 할 것이므로 "오직 **자애**만 영원히 머물 것"[50]이

---

47 《번복》 I, 6, 4.

48 《설교집》 378.

49 《시편 주해》 85, 6.

고 "현세적 삶 이후에는 오직 **자애**만 존속할 것"이라고 기술할 때 그는 부득이 다른 어떤 종류의 사랑을 가리키고 있는 것이다.[51]

욕망의 성취와 목적은 **향유**이다. 이는 사랑이 겨냥하는 목표이며 '행복'을 구성하는 요소이다. 행복은 모든 분투奮鬪가 종결되고 인간이 자기가 욕망했던 것 바로 곁에 이웃해 살게 될 때 성취된다. 만일 어떤 것을 소유함으로써 욕망을 잠재울 수 있다면 그것은 **탐욕**에 의해서든 **자애**에 의해서든 그 자체가 목적으로서 추구된 것이다. 그러므로 그것 자체가 아닌 다른 것을 위해 추구된 것은 그 무엇도 '사랑받은' 것이라고 말할 수 없다. 따라서 향유와 욕망은 다음 특성을 공유한다. 그것들은 자신을 위해서 사물과 관계를 맺는다.[52] 그 반대는 **이용***uti*인데, 그것은 다른 무언가를 얻기 위해 사물들을 수단으로 사용한다. 사랑의 목표는 〔B:033157〕 '선'이다. 그것을 획득함으로써 사랑이 그 자체로 종결된다. 사랑은 단지 이 '향유'를 위해서만 현존하며 그 이후에는 멈춘다. 사랑의 끝은 저 세계로의 투항이거나 모든 행위와 모든 욕망이 정지되는 저 미래 영원성으로의 투항이다. 그러나 첫 번째 가능성—저 세계로의 투항—은 결코 사랑의 참된 종결점이 아니다. 왜냐하면 "세속의temporal 사물들은 **탐욕**을 침묵하게 할 수 없기" 때문이다.[53] 시간적인temporal 사물들은 우리가 그것들을 소유하기 이전,

50 《설교집》 158, 9.

51 《독백Soliloquies》 I, 6, 13.

52 《그리스도교 교양》 I, 4, 4.

53 《시편 주해》 105, 13. 〔아렌트는 다음 텍스트를 추가했다. "다른 뭔가를 위해서

즉 우리가 그것을 향유할 수 없을 때 더 크게 사랑받는다. 더욱이 그것들은 상실될 수 있고, 죽음, 즉 저 세계의 상실은 우리로부터 그것들 전부를 빼앗아갈 것이다.

인간 삶은 '초월함'과 '망각함'을 통해 어떤 절대미래에 그것의 행복을 투사함으로써 '**~을 위해***propter*'라는 조건의 구속을 받게 된다. 모든 지상의 선들은 사랑의 최종 목표라는 측면에서 판단되고 그것의 명분을 위해서만 자신의 상대적 정당성을 보유한다. '~을 위해'라는 표현은 모든 탐나는 선善들의 상호적 관계성을 나타낸다. 오직 '최고선'만이 모든 관계들을 결여하는데, 이는 그것이 욕망을 멈추게 하기 위해서 모든 관계들과 단절하기 때문이다.[54] 이러한 완전한 고립[상황]은 '**그 자신을 위해서***propter se ipsum*'라는 말로 설명된다. 'propter'의 의미가 다른 무언가를 지목하는 한 'propter se ipsum'(사물과 그 사물이 현존하는 이유가 일치함을 나타내는 문구)는 어떤 역설을 내포하기 때문에 자기 자신을 부정한다. 그 역설은 '향유'가 모든 인간적-시간적 범주의 외부에 있으므로 오직 **부정에 의해서만***via negativa* 성취될 수 있음을 가리킨다는 사실이다. 향유는 그것 자체를 제외한 그 무엇과도 연결되지

추구되는 사물들에 대한 욕망을 탐욕cupidity이라고 불러서는 안 된다."(《독백》 I, 11, 19) 그리고 "향유한다는 것의 의미는 무언가에 그것 자체를 위한 사랑의 마음으로 매달린다는 의미이다."(《그리스도교 교양》 I, 4, 4))

54 《그리스도교 교양》 I, 38, 42. ("한시적 선과 영원한 선 사이에는 이런 차이가 있다. 무언가 한시적인 것은 우리가 그것을 소유하기 이전에 더욱 사랑을 받고 [막상] 소유하게 되면 그 가치가 감소한다. 그것은 사실적이며 예정豫定된 주소지를 영원에 두고 있는 저 영혼을 만족시키지 못한다.")

않은 실존적 상태이기 때문이다. 모든 욕망은 이 '~을 위해'에 매인다. 즉 욕망은 '최고선 자체를 위해' 사랑하며 모든 다른 '선들'은 그것들이 최고선으로 인도될 경우에 한해서만 사랑한다. '행복'으로 가는 길은 욕망에 의해 표시되며 '사용법'을 통하여 '향유'로 인도된다. 올바른 향유 대상이 올바른 사용법을 위한 대상들을 결정한다. "향유되어야 할 것들이 우리를 행복하게 만든다. 이용되어야 할 것들이 행복으로 나아가려는 우리를 돕는다."[55] **자애**는 '최고선'과 묶여 있기 때문에 저 세계가 **자애**의 궁극적 목표를 획득하는 데 소용이 있는 경우에만 세계와 관계를 맺는다. "어떤 사물을 이용한다는 것은 우리가 옳다는 전제로 우리가 원하는 것을 얻기 위해 우리가 받아두었던 것을 쓰는 것이다." 그러므로 욕망의 대상이 신이라면 세계는 그 자신을 이용하여 신과 관계를 맺는다. 스스로 이용되었기 때문에 세계는 자신의 독자적 유의미성을 상실하며, 그 결과 인간을 유혹하는 일을 멈추게 된다. 저 세계에 대한 올바른 태도는 그것을 이용하는 것이다. "세계는 이용하라고 거기 있는 것이지 즐기라고 있는 것은 아니다."[56]

자애는 '~을 위해'에 예속되기 때문에 올바른 사용법과 향유라는 맥락에서 그 의미가 분명해진다. "**자애** 자체를 '하느님 당신을 위해'라는 문구 이외의 것으로 더욱 명징하게 규정할 수는 없을 것이다."[57] 이 '하느님 당신을 위해'라는 수식어는 인간과 세계 사

55 같은 책, I, 3, 3.

56 같은 책, I, 4, 4.

57 《가톨릭교회의 삶의 양식The Way of Life of the Catholic Church》I, 9, 15.

이의 모든 유대 관계를 무효화한다. 그 수식어는 〔B:033158〕 인간과 세계 사이에 적절한 거리를 수립한다. 요컨대 그것은 이용자와 이용된 것 사이의 어떤 친근성이나 소속감을 일절 허용하지 않는 명확한 거리이다. **자애**에 의해 통제되는 삶은 원칙상 저 세계의 외부에 있는 목표, 그렇기 때문에 **자애**로부터도 외부에 있게 된 목표를 겨냥한다. **자애**는 단지 인간과 그의 궁극적인 목표를 연결하는 길일 따름이다. 이렇듯 합목적적인 방향으로 뻗어나가는 **자애**는 어떤 잠정적 유형의 영원을 소유한다. 이와 동일한 방식으로 목적을 달성하기 위한, 단순한 수단으로서 저 세계는 그것의 위엄 있는 성격을 상실하고 이 과정을 통해 상대화됨으로써 어떤 의미를 획득한다. 욕망으로서의 사랑은 항상 이렇듯 '이용' 또는 '향유'라는 대안과 직면하며, 이는 인간의 사랑은 물론 신의 사랑에도 똑같이 적용된다. "가령 하느님이 즐기시거나 이용하지 않으신다면 나는 그분이 어떻게 사랑하실지 알 수가 없다."[58] **자애**는 향유와는 거리가 멀고 그저 스스로 향유를 욕망한다. **자애**는 "보기를 그리고 즐기기를 욕망한다."[59] 향유가 욕망의 불안으로부터 일

〔"시련, 고민, 핍박, 기아, 헐벗음, 위험 등은 모두 현세에서 인간에게 고통을 준다. 구약성서에는 이러한 모든 단어가 단 한 문장으로 요약되어 있다, '당신을 위해 우리가 괴롭힘을 당합니다'(〈잠언〉 42장 23절). 단지 남은 것이 있다면 성령의 검劍뿐이다. 그것은 고통과 결핍의 삶에 고초를 가하지 않지만 생명 전부를 거두어 간다. 이와 일맥상통하는 말이 있다. '그 도살자에게 우리는 양羊들로 간주되는 것이다.' 분명, **자애**를 '당신을 위해'라는 문구보다 더 잘 표현하는 말은 다시 또 없을 것이다."〕

58 《그리스도교 교양》 I, 31, 34.

59 《독백》 I, 6, 13.

단 해방되더라도 [여전히] 진실로 완전한 즐거움은 미래에 있다. 누구도, 심지어는 "정의롭고 거룩한 사람"조차도 현세에서는 완전하지 못하다.[60] 그러나 **자애**가 염원해온 대상은 그 자체로 영원하며 상실하거나 놓칠 수 없는 것이기 때문에 그것 스스로 현세에서 '절대적 두려움 부재' 상태라는 어떤 잠정적 유형의 영원을 실현시킨다.

죽음은 영원에 대한 초월적 기대 속에서 상대화한다. 죽음이 죽어 버렸다.[61] 산 자에게서 죽음의 중요성이 상실되었다. 죽음이 없다면 상실의 두려움이 있을 수 없고, 두려움 없음은 기본적으로 상실의 두려움으로부터의 자유를 뜻한다. 이것이 바로 "**자애**의 자유가 두려움에 대한 굴종을 넘어설 수도 있는" 이유가 된다.[62] 인간 자신의 삶(그것이 참된 삶인 한)이 그가 추구해야 할 어떤 외부선으로서 미래에 투사되었기에 그는 삶의 주인이 되었다. 그 자신의 삶은 현재 존재하는 것이 아닌 미래에 존재할 것으로서 자기충족적인 성격을 띠게 되었다. 미래의 자기충족성은 욕망이라는 기능을 통해 지상에서 스스로 명시화한다. 앞에서 우리는 절대미래로의 투사가 오직 인간 자신의 삶을 어떤 **갈망**의 상관물로 가정함으로써만 가능해진다는 사실을 알게 되었다. 이런 맥락에서 죽음의 경험과 관련되는 기본적 당혹감(삶이 그 스스로를 처분할 수 없다

---

60 《그리스도교 교양》 I, 39, 43.

61 이 점은 아우구스티누스가 늘 성경의 인용구와 더불어 강조했던 바다. 예를 들어, 《요한복음에 관한 논고》 XLI, 13.

62 《83개의 상이한 질문들》 36, 2.

는 사실에 대한 당혹감)이 나타나는데 이는 **자애** 개념을 통해 해결된다. **자애**는 그 어떠한 상실에 대해서도 아는 바가 전혀 없으므로 두려움에 대해서도 전혀 아는 바가 없다. 따라서 죽음은 **탐욕**의 지배를 받는 어떤 삶에서 ('최고선'과 대비되는) 가장 나쁜 악으로 그 성격이 전환된다.

아우구스티누스가 스토아학파에 대한 반론 제기 차원에서 설명한 대로, 이 대목에서 중요한 것은 더 이상 죽음에 대처하는 문제가 아니라 삶에 대처하는 문제이다. "평정심을 가지고 죽는 사람들이 있다. 그러나 완전한 사람은 평정심을 가지고 살아간다."[63] **자애**는 삶과 세계를 자유롭게 '이용함'으로써, 즉 그것들에 구속되지 않은 상태로 삶과 세계에 대처한다. 사실상 이 자유는 잠정적인 성격이다. 이것은 "아직 〔B:033159〕 총체적이지 않고, 아직 순전하지 않으며, 아직 완전한 자유가 아닌 자유인데, 그 이유는 그것이 아직 영원은 아니기 때문이다."[64] 그러나 이것의 성격을 순전히 부정적 의미로 규정하면 이 자유는 자기충족성의 이상과도 정확히 일치한다. 저 지상의 삶은 독립적일 수 없으며 **자애** 안에서조차도 그러할 수 없다. 지상의 삶은 '최고선'의 상실이라는 두려움에 종속된 상태로 존속한다. 그러므로 현세에서 인간의 삶은 욕망과 두려움에 매인 상태에 있다. "욕망과 두려움은 모든 올바른 행위의 원인이 되기도 하며, 또한 모든 죄의 원인이기도 하다."[65] 우리

63 《요한일서에 대한 설교》 IX, 2.

64 《요한복음에 관한 논고》 XLI, 10.

65 《시편 주해》 79, 13.

가 우리 자신을 세계로부터 해방시키는 데 성공한다는 것은 우리가 **자애의 노예***servi caritatis*가 되고 **순결한 두려움***timor castus*에 종속된다는 의미이다. 이 순결한 두려움은 **자애**에서 기인하며 우리를 **탐욕**으로부터 보호하는 임무를 띤다. **탐욕**은 신에 대한 두려움을 처벌에 대한 두려움으로 잘못 알고 있으며, 이 점은 그것이 신에 대한 믿음을 희망이나 사랑과 무관한 것으로 잘못 아는 것과 마찬가지이다. 이 두려움은 사랑 그 자체에서 발생하는 것이 아니므로 진의적인 것이라고 볼 수 없다. 그것은 부차적인 고려사항들로부터 발생한다. 이와 대조적으로 참된 두려움('**순결한 두려움**')은 사랑이 갈망하는 대상을 잃게 될까 염려하므로 그것은 어느 모로 보나 자애 자체의 일부이다. 이 두려움을 "**자애**가 보유한다. 사실 **자애**만이 그것을 보유하는 것이다."[66] 이것은 "우리에게 발생할지도 모를 악의 유혹을 단념시키는 두려움이 아니기 때문에 우리로 하여금 상실될 수 없는 선善 안에 머물도록 한다."[67] 그러므로 **자애**의 자유는 어떤 미래에 속한 자유이다. 지상에서 **자애**의 자유는 욕망으로서의 사랑이 중재자 역할을 하는 어떤 미래로의 귀속歸屬을 예상하는 일로 귀결된다. 지상에서 **자애**의 신호는 '두려움 부재'인 반면, **탐욕**의 저주는 두려움이다—욕망하는 것을 얻지 못할지 모른다는 두려움, 그리고 일단 획득한 이후에도 그것을 잃을지도 모른다는 두려움.

---

66 《요한일서에 대한 설교》 IX, 5.

67 《신국론》 XIV, 9.

3
사랑의 질서 체계

〔B:033166〕 **자애**를 통해 예견된, 미래의 자유the future freedom는 저 세계에 대한 올바른 이해 및 세계 내에서 일어나는 모든 것—개인들은 물론 사물들까지—에 대한 올바른 평가를 위한 지침인 동시에 궁극적인 기준으로서 복무한다. 무엇이 욕망되어야 하고 욕망되어서는 안 되는지, 또 누구를 사랑해야 하고 사랑하지 말아야 하는지가 저 예견된 미래에 따라 결정된다. 마찬가지로 현재 속에서 발생하는 것에 할애할 욕망과 사랑의 정도도 저 예견된 미래에 따라 정해져야 한다. [이처럼] 예견된 미래는 **사랑의 질서와 척도***dilectionis ordo et mensura*를 수립한다.[1] 아우구스티누스에 따르면 그러한 사랑의 위계질서는 늘 현존한다. 그리고 그것이 모종의 세계 내 질서인

1 《삼위일체론》 VIII, 8, 12; IX, 4, 4; 또한 《그리스도교 교양》 I, 27, 28; "질서 잡힌 사랑"; 《신국론》 XV, 22 (여기서 사랑의 질서로 정의된 덕목의 개념을 볼 수 있다).

이상, 거기에는 사랑을 베풀기 위한 자연적 위계질서가 존재한다—우리의 가까운 친인척이 제일 먼저이고 그 다음은 친구들, 그리고 마지막으로는 우리와 면식이 없는 사람들이다.[2]

한 사람의 로마인으로서 아우구스티누스는 이 세계 인간의 올바른 처신을 '덕목virtue'이라고 부른다. 그는 자신의 정치적 저작인 《신국론》에서 "덕목에 대한 간결하면서도 참된 정의는 사랑의 질서"라고 적고 있다.[3] 이 세계 내 위계질서와 저 예견된 미래에서 비롯되는 질서 사이의 차이점은 다음과 같다. 이 세계의 위계질서는 사랑하고 욕망하는 것이 사람이든 사물이든 상관없이, 비록 그 정도와 강도는 다를지라도, 그것을 그 자체로 사랑하고 욕망한다. 한편, 저 예견된 미래에 의해서 구성되는 질서는 그 어떤 것, 그 어떤 사람이라도 그 자체로 사랑받거나 욕망되어서는 안 된다고 처방한다. "그가 인간인 한, 사람은 각자 하느님을 위해 사랑받아야 하며, 하느님은 그분 자신을 위해 사랑받아야 한다."[4]

이 예견된 미래의 관점에서 보면 저 세계는 영원하지 않을뿐더러 결코 스스로를 위해 현존하지도 않는다. 그러므로 저 세계에 대한 인간의 올바른 태도는 향유하는 것이 아니라 이용하는 것이다. 인간은 세계를 자유롭게 이용해야 하며, 지배자가 자신의 도구와

2 《그리스도교 교양》 I, 28, 29.

3 《신국론》 XV, 22: "따라서 내 생각으로는 덕목에 대한 제일 간결하고 사실적인 정의는 사랑의 질서인 듯하다. 〔솔로몬에 대한 찬양, 그리스도의 신부, 신의 도시 등이 '내 사랑에 질서를 주소서'라고 노래한다.〕"

4 《그리스도교 교양》 I, 27, 28.

연장을 사용할 때와 동일하게 독립성을 가지고 그렇게 해야 한다. 도구와 연장의 적합성은 사용자의 궁극적인 목적에 따라 정해진다. '~을 위해'라는 규칙에 얽매인 저 세계는 그것의 의미를 사용자의 합목적성으로부터 획득한다. 이 관점에서 보았을 때 그 세계는 모종의 확정적 질서 체계로서 수립된다 — 그것은 어떤 확정적 목적을 겨냥하는 수단에 상대적인 중요성을 부여한 질서 체계이다. 이 질서는 사람, 즉 사용자가 그것의 수단과 목적을 결정하므로 '객관적'이지 않으며(즉 세계에 의해 정해지지 않으며), '주관적' 또는 인간 중심적이라고 하겠다. 마치 인간이 신을 위해 존재하는 것처럼 저 세계는 인간을 위해 존재한다. **사물***res*, 즉 현존하는 모든 것과 인간의 관계는 욕망으로서의 사랑에 의해서 규정된다. 그러므로 〔B:033167〕 궁극적인 초超세속적transmundane 목적의 안내를 받는 저 세계에 대한 사랑love of the world은 본질상 부차적이며 파생적이다. 이 현세에 속한 것이 아닌 '최고선'을 얻으려고 진력하면서 저 세계는, 심지어 애호자 자신이 여전히 세계에 속할지라도, 그것의 독립적 '객관성'을 통해 망각 속으로 떨어져 버린다. 인간은 **자애**가 인간을 투항하도록 촉발한 절대미래로부터 부득이하게 지금 현존하는 세계로 복귀하지만, 그는 다만 세계가 본래의 중요성을 잃었다는 사실과, 자신이 그것을 사랑하거나 욕망하는 데서 더 이상 그것 자체를 위해 그렇게 하지 않는다는 사실을 깨닫게 된다. 동시에 그는 자신이 **자애**를 통해 보았던 절대미래에서 원칙상 저 세계 자체의 외부에 있는 어떤 전거점을 획득한다. 그 결과 그 전거점이 이제 저 세계 내 모든 사물은 물론이고 상호적으로 연계된 관계들을 규율하는 기준으로 복무할 수 있다. 이 규율적 성격을 가진 전거점을 통일성 있게 이끌어 주는 끈은 '최고선'이며, 그것의 대상은 저 현존하는 세계이다. 우리는 앞에서 인간실존 자체가 어떻게 자신의 자아 탐색 과정에서 갈망과 욕망의 대상이 되는지, 즉 어떤 '사물'이 어떻게 마치 그것이 객관적으로 현존하는 것인 양 현재 삶의 외부에 있는 모종의 '참된 삶'인 듯이 갈망과 욕망의 대상이 되는지를 살펴보았다. 이런 현존의 '물화物化'는 무시간적 안정성을 지닌 어떤 미래에 스스로를 투사함으로써 완성된다. 절대미래로부터 저 세계를 규율하려고 복귀한 인간은 현재 자신의 [세계 내] 현존이 여러 '사물' 중 하나에 불과하며, 그것이 현존하는 나머지 것들 속에 함께 꿰맞추어져야 한다고 볼 것이다.

이러한 작업의 결과를 충실하게 이해하기 위해서 우리는 아우구스티누스의 **자기애**amor sui 개념이 두 가지 매우 상이한 의미를 가진다는 점에 주목해볼 필요가 있다. 저 당혹스러운 자기탐색("나는 나 자신에게 문젯거리가 되었다")을 일으키는 '자아에 대한 사랑the love of self'은 이 질서화된 **자애**에서 유래하는 당혹스럽지 않은 자기애와는 전적으로 다르다.[5] 미래를 위해서 현재를 망각하는 과정 속으로 끌려들어가는 것은 비단 세계뿐 아니라 자아도 마찬가지이다. 자신의 자아에 대한 인간의 태도는 사랑이나 증오에 의해 결정되지 않는다. 사랑이나 증오는 오히려 현재 자아가 속한 저 세계의 일반적 평가치와 거의 자동적으로 일치한다. 이 평가의 원천은 '최

5 《고백록》 X, 33, 50.

고선'과 그로부터 도출되어 질서화된 규율이다. 이 질서 속에서의 '나'는 다른 모든 것과 매한가지이다—[이를테면, 곧] 다가올 참된 삶을 위해 이용될 모종의 하찮은 '사물'에 지나지 않는다는 것이다. 저 세계가 상대화되었다는 사실은, 개인이 자신을 자기 외부에 있는 세계의 일부로 보는 한, 요컨대 자신을 자신이 추구할 대상으로 보는 한 그 자신에게도 적용된다. 이 질서에 수반되는 사랑 안에서 의사 기독교적 자기부정은 현실적이고 효과적인 것이 되어, 〔B:033168〕 **자애**를 통해 최고선에 단단히 매이게 된 어떤 인간 삶을 지배한다.

지금까지 [세계 내에서] 규율되어 왔던 바는 절대미래로부터 도출된 질서를 통해 오직 순전히 현존하는 것으로서 맞닥뜨리게 된다. 욕망된 선에 대한 애정 어린 예견을 통해 세계와 자신에 대한 객관성을 보장받는 인간, 즉 규율자는 더 이상 세계나 자신 어느 쪽과도 관계를 맺지 않는다. 이 무관계한 객관성과 더불어 그는 무엇을 사랑해야 할지를 결정한다. 사랑 자체는 이 결정에 따른 어떤 결과일 뿐이다. 사랑이 그것의 대상에게 부과할 사랑의 정도와 강도가 [대상들] 각각을 적재적소에 배치할 [절대미래로부터 도출된] 질서에 따라 정해진다는 것 또한 사실이다. 모든 사람은 자신이 마땅히 받아야 할 만큼의, 더도 덜도 아닌 딱 그만큼의 사랑을 받는다.

> 사물들에 대해 공정한 평가를 하는 사람은 정의롭고 거룩한 삶을 산다. 그는 질서가 잘 잡힌 사랑의 소유자로서 자신이 사랑해서 안 되는 것을 사랑하거나 사랑해야 할 것을 사랑하지 않

는 경우는 없다. 적은 사랑을 받아 마땅한 대상을 더 사랑하지도 않으며, (어느 한쪽을 더 사랑하거나 덜 사랑해야 할 경우에 똑같이 사랑하지도 않을 뿐 아니라, 똑같이 사랑해야 할 경우에 어느 한쪽을 더 사랑하거나 덜 사랑하지 않는다.)[6]

이런 견지에서 아우구스티누스는 "네 이웃을 너 자신과 같이 사랑하라"는 계율을 문자 그대로 이해한다. "이웃에 대한 사랑은 자기 자신에 대한 사랑을 그것의 한계로 인식한다." 그리고 "자신보다 이웃을 더 사랑하는" 사람 역시 그 계율을 위반하는 죄를 짓는 것이다.[7] 명백히 자신에 대한 사랑과 이웃에 대한 사랑은 이러한 맥락에서 욕망으로서의 사랑이라는 원래의 정의와 기묘한 모순을 일으킨다. 욕망으로서의 사랑은 어떤 사물을 그 자체를 위해 추구하며, 그것에 의해 영향을 받고, 결과적으로 그것에 의존한다. 이 난점이 라틴어 [성경의] 텍스트에서는 나의 번역본에서보다 어느 정도 덜 명확하게 드러날 것이다. 그리스어로 된 신약의 라틴어 번역본에서는 사랑의 세 가지 용어인 'eros', 'storge', 'agape'를 그에 대응하는 라틴어인 'amor', 'dilectio', 'caritas'로 제각각 다 수용할 수 있었을 것이기 때문이다.[8] 질송도 언급했듯 이런 용어의

6 《그리스도교 교양》 I, 27, 28.

7 《거짓말하는 것에 관하여On Lying》 6, 9.

8 《신국론》 XIV, 7; 또한 아돌프 폰 하르나크Adolf von Harnack, "〈고대 기독교 문헌 속의 에로스Der Eros in der alten christlichen Literatur〉, 《프로이센 학술원 회의보고서Sitzungsbericht der preussischen Akademie der Wissenschaften》 (1918, 85).

사용에 대해 아우구스티누스가 "꽤 융통성 있는" 태도를 견지했다는 것은 사실이다.[9] 더욱이 아우구스티누스는 자주 그것들을 동의어로 사용했으며 이 점을 반복적으로 강조하기조차 했다.[10] 아우구스티누스는 세 개의 용어를 재량껏 사용했던 반면, 우리는 오직 하나, 기껏해야 두 개, 즉 사랑love과 박애charity를 가지고 있을 뿐이다. 아우구스티누스가 항상 일관되게 그렇게 한 것은 아니지만 통상적으로 'amor'(eros)는 욕망과 갈망(즉 가장 광의로, 그리고 최소한으로 구체적인 의미의 사랑 개념)을 표현하는 데 사용했으며, 'dilectio'(storge)는 자신 및 이웃에 대한 사랑을, 'caritas'(agape)는 신과 '최고선'을 가리키는 데 사용했다. 그러나 그의 용어 사용의 비일관성을 보여주는 사례를 하나만 제시하자면, 그는 가끔이긴 하지만 '합당한' 자애와 '부당한' 자애를 구별했다.[11] 우리가 가령 어째서 인간이 절대미래에 현존하고 또 그것을 예견하면서도, 또 저 세계와 그 속에 있는 모든 것(자기 자신 및 자신의 이웃을 포함한 모든 것)을 이용하면서도, 모든 사랑의 유형에 암시적인 형태로 존재하며 특히 기독교인에게 〔B:033169〕 명시적으로 요구되는, "네 이웃을 너 자신과 같이 사랑하라"와 같은 단호한 유형의 관계를 구축해야만 하는 것인가라는 질문을 던진다면 더 심각한 어려

9 질송, 《성 아우구스티누스의 기독교 철학》, 311 n. 40에서 아우구스티누스의 용어 사용에서 이러한 '융통성'을 주목하라고 제안한다.

10 《신국론》 XIV, 7.

11 《설교집》 349, 1-3; 또한 질송, 《성 아우구스티누스의 기독교 철학》, 311-12 n. 40.

움이 발생한다. 명백히 신의 계율 자체 말고는 현재의 개념 틀에서는 이 질문에 대한 답을 발견할 수가 없다. 여기서 신의 계율은 마치 **대단원의 막***deus ex machina*을 내리는 것과 같은 최종 해결책이다. 그러나 이 말이 아우구스티누스의 사유 속에 이웃사랑의 자리가 전혀 없다는 뜻은 아니다. 그와 정반대로 우리는 완전히 다른 맥락에서 저 이웃사랑 개념과 다시 맞닥뜨리게 될 것이다. 그것은 구체적으로 기독교적인 맥락으로 발전된 것으로서, 자연법적이며 전前종교적이고 세속적인 법칙인 '**타인들이 우리에게 하지 않기를 바라는 바를 타인들에게 하지 말라***quod tibi fieri non vis, alteri ne feceris*'는 격률의 명시적 개작본改作本이다.

그러나 올바른 질서에 승복한 사랑은 더 이상 갈망과 욕망으로 이해될 수 없다. 이는 그 사랑의 방향이 특정 대상이 아니라 모든 실재하는 것의 일반적 질서에 의해 규정되기 때문이다. 비록 그 사랑의 질서가 애호자의 입장에서 지정된다고 하더라도 이 질서는 애호자를 포함한다. 이 위계질서가 **우리의 위에 있는 것***supra nos*, **옆에 있는 것***iuxta nos*, **밑에 있는 것***infra nos*을 구별하기 때문이다. 분명 우리의 위에 있는 것이 최상위이고 제일 많이 사랑해야 할 것이며, 우리의, 즉 우리 신체의 밑에 있는 것을 가장 적게 사랑해야 할 것이다.[12] 우리 위에 있는 것은 '최고선'이므로 그것 자체를 위해 사랑해야 하는 반면, 다른 모든 것—우리 자신, 우리 이웃, 우리의 신체 등—은 최상위의 것을 위해 사랑해야 한다. "우리가 사랑할 만

12 《그리스도교 교양》 I, 23, 22.

한 것이라고 생각하는 다른 모든 것은 건강한 관성의 돌진 방향에 편승하도록 놔두라."[13] 그러나 '최고선'은 어떤 사람의 절대미래성 관점에서 이해된 것이므로 그것으로부터 나온 질서는 그 자신의 자아에 한정된 상태로 남아 있다. 따라서 모든 것이 아니라 나와 어떤 형태로든 관련을 맺고 있는 것만이 저 사랑의 질서 속에 포함된다. 이러한 관계는 나처럼 신과 그리고 '최고선'과의 관계에서 행복을 얻을 수 있는 사람, 즉 **나에게 가장 가까이 있는***proximi* 나의 진정한 이웃으로 이루어진 **공동체***societas* 속에서 수립된다. 이와 유사한 방식으로, 나는 이런 관계를 나의 지구적 현존의 부속물인 내 몸을 상대로도 수립한다. 따라서 비록 저 세계를 향한 사랑이 그 대상들을 그 자체로 **향유하는 일**을 허용하지 않을지라도, 세계를 향한 사랑과, 저 세계로부터 완전히 고립된 상태에서 단순히 저 세계를 **이용하는 일** 사이에는 어떤 차이점이 있다.

> 이용되어야 할 모든 것을 다 사랑할 수는 없으며 오직 우리와의 친교를 통해 하느님과 연계된 것, 예를 들어 어떤 인간으로서 〔B:033170〕 혹은 어떤 천사로서, 아니면 …… 예를 들어 우리의 몸처럼 우리 자신과 관계된 것만을 사랑할 수 있다.[14]

천사, 인간, 그리고 신체—"우리 자신과 우리의 밑에 있는 것은

13 같은 책, I, 22, 21.
14 같은 책, I, 23, 22.

불변의 자연 법칙에 따라 우리에게 속한다."[15] 이 대목에서 아우구스티누스의 대립항, 즉 **이용**과 **향유**, 수단과 목적의 대립항은 더 이상 적합한 범주가 아니라는 사실과, 우리가 여기서 갈망으로 이해되거나 정의될 수 없는 사랑 개념을 다루고 있다는 사실이 분명해진다. 명백히 나의 위나 아래에 있는 것만이 이 체계에 들어맞을 수 있다. 또한 나의 옆 또는 가까이에 있는 것, 즉 나-자신I-myself과 나의 이웃은 '이용'되거나 '향유'되지 않는다. 이러한 사랑[개념]은 실제로 완전히 상이한 맥락에서 설명 가능하며, 그 맥락은 나중에 제시하고 논의하게 될 것이다(제2부 3장과 제3부). 저 욕망으로서의 사랑이라는 맥락에서는 이러한 관계들이 오직 그것들의 외부, 즉 '최고선'의 관점에서 질서가 부여될 경우에만 우리와 관련성을 가지게 된다. 그리고 모종의 통일된 개념적 맥락—갈망으로 정의되는 사랑 개념을 언제나, 명시적 또는 암묵적으로 동반하는—을 제시하려는 일관된 설명이, 이 대목에서 상당한 어려움에 직면하고 더 이상 다른 [개념적] 맥락들과 분리될 수 없는 것은 결코 우연의 일치가 아니다. 스토아학파와 신플라톤주의의 용어가 아우구스티누스의 초기 사상에 끼친 강력한 영향력이 여기서 역효과를 내고 있으며 그 결과는 훨씬 더 혼동을 일으킨다. 이는 그러한 "공식 개념들이 아우구스티누스의 사상 발전의 모든 단계에서 계속 불변의 상태로 남아 있기" 때문이다.[16] 아우구스티누스가 자아 탐색과 자

15 같은 책, I, 26, 27.

16 아우구스티누스의 자유 개념에 관한 흥미로운 논의를 살펴보려면 한스 요나스Hans Jonas의 《아우구스티누스와 바울로의 자유 문제: 기독교적·서구적 자유

아에 대한 사랑을 언급하면서 저 자급자족성 및 자기충족성이라는 이상적 관점을 채택하는 한, 그는 자아가 아무 권한도 가지지 못하는 자기 '외부'에 있는 모든 것으로부터의 개인의 절대적 고립과 독립이라는 이상에 도달할 수밖에 없게 된다. 이 '외부'는 나의 '이웃'은 물론 나 자신의 몸도 포함한다. 이것은 저 세계로부터의 소외로서, 정통 기독교 교리가 요구하거나 심지어 [요구] 가능한 형태보다 훨씬 더 본질적인 성격이다.

아우구스티누스가 말하는 사랑의 질서는 저 세계 내 자료의 단순한 이용을 넘어서는 모든 관계들의 성격이 순전히 부차적인 것이라는 사실을 암시한다. 아우구스티누스는 이러한 관계들의 사실성을 결코 부정하지 않았기 때문에, 그것들의 존재가 그에게 모종의 어려움을 일으키게 된다. 이웃사랑, 즉 구체적인 기독교적 관계를 저 세계와 융합시키려는 아우구스티누스의 시도들은 결코 기독교의 말씀 전통을 따르는 방식에 의해 이루어지지 않았다. 그것은 오히려 행복과 성취를 어떤 절대미래 속으로 투사하는 일이었고, 그러므로 현재에서 완전함이 불가능하다는 사실은 그를 다시 이 세계 속에서 어떻게 살아야 하는가라는 현실 문제로 되돌려 보낸다. 미래에 기대되는 '향유' 속의 순수한 자기충족성이라는 개념은 스토아주의적이고 신플라톤주의적인 기원을 가지고 있다. 그러나 이 미래라는 개념 자체는 물론이고, 〔B:033171〕 어떤 절대미래의 관

관념의 기원에 관한 철학적 연구Augustin und das paulinische Freiheits problem: Ein philosophischer Beitrag zur Genesis der christlich —abendlndischen Freiheitsidee》(1930; 재판, Gttingen, 1965, 23) 참고.

점에서 현재를 질서화할 수 있다는 가능성은 스토아주의와 신플라톤주의의 특성과는 상당히 거리가 있다. 실제로 미래가 욕망 속에서 기대되는 한, 그 '최고선'이 현재 속으로 끌려 들어오게 되어 현세의 삶을 지배하고 규율할 수 있게 된다. 그럼에도 죽음이 인간을 세계와 그의 현재의 현존으로부터 절대적으로 분리시킨다는 사실은 최소화되지 않는다. 인간은 그가 이 세계에 사는 한 완전함이나 행복에 도달할 수 없다. 그는 단지 **그것을 향해***extentus esse* 진력할 수 있을 뿐이며 그로 인해서 저 세계의 조건들을 받아들이게 된다. 사랑의 질서는 [현세에서의] 규칙들, 이를테면 세계와 현재 사이에 잠정 화해가 이루어지도록 만들기 위한 규칙들을 정한다. 그러나 절대미래로부터 도출된, 이 질서가 잘 잡힌 사랑이 여전히 **사랑**(즉 무언가를 그것 자체로 욕망하는 일과 그것 자체로 보살피는 일)으로 남아야 한다면, 저 규칙들은 어쩔 수 없이 좌초하게 될 것이다. 이웃에 대한 사랑은 인류와 세계의 초월을 꿈꾸는 어떤 욕망에게는 기껏해야 모종의 부차적 고려사항에 불과하며, 인류와 세계는 어딘가 자신과 본질적으로 다르며 자신과 분리된 것을 위해 '이용'될 수 있다는 측면에서만 정당화될 수 있는 현존 양식이기 때문이다.

사랑의 질서 속에서, 이웃은 나 자신의 옆자리를, 즉 세 부분으로 이루어진 위계질서에서 나와 동일한 층위에 있는 한 자리를 점하게 된다. 이 점은 내가 '그를 나 자신처럼 사랑'해야 한다는 의미를 수반한다. 그는 나와 **같기** 때문에 그 자리를 차지하는 것이다. 그 역시 **하느님을 향유***Deo frui*할 수 있다. 하지만 그가 신 또는 절대미래와 [내가 맺고 있는 것과] 동일한 관계를 맺은 경우에만 그는 나의 이웃인 것이다. 그러므로 이 세계에서 내가 함께 사는 사람은 이 한결같은 노력 속에서 내가 돕는 사람과 내게 도움을 주는 사람으로 나뉠 수 있다. 아우구스티누스는 "우리와 더불어 하느님을 향유할 수 있는 사람 가운데는 우리가 돕는 사람 또는 우리를 돕는 사람이 있다"고 주장한다.[17] 이러한 이웃사랑의 강조점은 상호 원조에 있으며, 이 점은 사랑이 '~을 위해'라는 범주의 구속을 받는다는 가장 분명한 신호가 된다. 이 [절대미래적 사랑의] 범주가 나의 동료를 (그들이 구체적인 세계의 현실 속에 있으며 나와의 관계 속에 있는 상태) 그대로 만나는 방식을 제외시킨다. 아우구스티누스는 이것이 일으키는 문제를 인식했고, 누군가는 그가 인간들의 지위를 어떤 목적을 위한 수단으로 강등시켰다고 말할 수 있다는 위험도 인지했다. "'인간이 서로를 향유해야 하는가, 이용해야 하는가, 아니면 두 가지 모두 해야 하는가'라는 것이 중요한 질문"임을 간파한 아우구스티누스는 약간 주저하면서 다음과 같은 결론을 제시했다.

> 우리가 누군가를 그 사람 자신을 위해 사랑한다면 우리는 그를 향유하는 것이고, 어떤 다른 것을 위해서라면 그를 이용하는 것이다. 〔B:033172〕 그러나 내가 보기에 그는 무언가 다른 것을 위해 사랑받아야만 할 듯하다. 행복한 삶은 그것 자체로서 사랑받아야만 한다는 사실에 근거하고 있으나, 이 행복한 삶을 구성

17 《그리스도교 교양》 I, 29, 30.

하는 요소는 여전히 우리의 재량 사항이 아니다. 비록 그것에 대한 우리의 희망이 현재 시점에 우리에게 위안이 된다손 치더라도 말이다.[18]

이 [절대미래의] 행복한 삶에 대한 희망은 사랑 속에서 실현되는 동시에 사랑의 질서를 규정한다. 이 말은 사랑이 파생적이라는 의미이다—[즉 사랑은] 희망으로부터 파생된다. 내 이웃의 실재를 나에게 드러내 주는 것은 사랑이 아니다. 내가 그 이웃에게 지금 진 빚은, 사랑이 추종하면서도 아직까지 수립하지 못한 어떤 질서에 따라 사전에 이미 규정되었다. 각 사물을 제자리에 배치하는 질서의 수립은 오직 외부로부터 시발한다. 이 [외부로부터 시발한] 질서의 수립은 어떤 종류의 객관성을 요구하며, 또한 [장차] 배치하게 될 특수한 실체들에 대한 관심의 기본적 결여 상태를 요구한다. 여기서 '외부'는 희망 속에서 예견된 절대미래이다. 관심의 결여나 모든 형태의 사랑의 본질과 명백히 모순을 일으키는 이 '질서 잡힌 사랑'의 객관성은, 아우구스티누스가 바로 이 맥락에서 "네 원수를 사랑하라"라는 계율을 설명하려고 할 때 눈에 띄게 명시적으로 나타난다. "우리는 심지어 우리의 원수마저도 사랑한다. 이는 그들이 우리가 사랑하는 것을 우리로부터 낚아채 갈 수 없으므로 우리가 그들을 두려워하지 않기 때문이다"라고 아우구스티누스는 말한다.[19] 그러나 이 두려움 없음이라는 상태는 사랑에 의해 고무되지

18 같은 책, I, 22, 20.

않는다. 이와 정반대로 우리가 살펴보았듯이, 욕망으로서 정의된 사랑을 견딜 수 없게 만드는 것은 사랑의 대상을 상실할지도 모른다는 항상적인 두려움—사랑에 반드시 수반되는 것—이다. [반면] 질서가 잘 잡힌 사랑은 애호자가 [상실의] 위험에 처하지 않았다는 사실을 전제로 한다. 그의 갈망이 고요해진 상태이다. 그는 사람들을 있는 모습 그대로 사랑한다. 그러나 그것은 그들이 특수한 사람이기 때문이 아니라, "그들이 심지어 도둑들 속에 있더라도 내가 사랑하는 이성적 영혼들을 가지고 있기" 때문이다.[20] 이 객관성은 세계와 자기 자신에게 무관심해진 사람에게서 발견되는 특징이다. 사랑은 곧 욕망이라는 등식의 특이한 변증법이 초래하는 한 가지 결과는 자기망각이 현저히 현실적인 것으로 변한다는 사실이다. 이런 맥락에서 의사 기독교적 자기부정은 그 정점에 도달한다. "**누가 나의 이웃인가?***Proximus quis*" (문자적으로, "누가 내 옆에 있는가?")라는 질문에 아우구스티누스는 항상 "**모든 사람***Omnis homo*"이라고 답한다.[21] 이 대답은 모호하다. 그것은 말 그대로 내 옆에 있는 모든 사람을 의미할 수 있다. 내게는 선택할 권리도 없고 판단할 권리도 없을뿐더러 모든 사람이 다 나의 형제이기 때문이다. 그럼에도 이

19 같은 책, I, 29, 30.

20 《독백》 I, 7; 또한 《그리스도교 교양》 I, 2, 7, 28과 III, 16, 24.

21 〔필경 나중에 구체적인 인용을 보완할 의도를 가지고 각주에서 아우구스티누스의 《서간집》, 《시편 주해》, 《설교집》 등을 제시했을지라도 아렌트는 구체적인 인용 출처를 제공하지 않았다. 거기서 사용된 인용문의 출처는 다음과 같다: 《시편 주해》 XV, 5; 《시편 주해》 25, 2; 《83개의 상이한 질문들》 53, 4; 《산상수훈The Lord's Sermon on the Mount》 I, 19, 59; 《삼위일체론》 VIII, 6, 9.〕

는 또한 인간 종의 모든 구성원들이 동등하게 가깝다는 것, 즉 구체적인 독특성을 지닌 개별 인간으로서 가깝다는 뜻이 아니라 각각의 개별 인간이 인간됨being human의 가장 추상적인 특질을 다른 모든 사람과 공유한다는 의미에서 가깝다는 뜻이다. "나는 그들이 인간이기 때문에 그들을 사랑"하며, 그들은 짐승이 아니다.[22] 더욱이 아우구스티누스는 이렇게 주장했다. "하느님의 뜻에 따라 사는 사람은 …… 어떤 사람을 그가 저지른 잘못 때문에 미워하지 않을 것이고, 또 그가 인간이라는 이유 때문에 그 사람의 잘못을 사랑하지도 않을 것이며, 그 사람의 잘못은 미워하겠지만 그 사람만큼은 사랑할 것이다."[23] 〔B:033173〕 바꿔 말해서 [하느님의 뜻에 따라 사는] 사람은 자신의 이웃을, 그가 무엇을 하는 사람이든 또 누구이든 상관없이, 숭고하고 불편부당한 태도로 사랑한다. [결과적으로] 양쪽 어느 경우라도 이웃사랑은 욕망 혹은 갈망으로서 규정될 수 없는 것이다. 그럼에도 아우구스티누스는 그 용어들의 맥락에서 이웃사랑에 관한 설명을 제공해야 했다. 그 결과로 그는 사랑의 성격을 파생적인 것이라고 선언해야 했고, **이용** 혹은 **향유**의 방식을 제외한다면 욕망된 대상과 연결될 수 있는 대안은 없다고 주장해야 했다. 이 주장은 확실히 사랑의 지위를 낮추는 결과를 초래하고 있으며, 사랑이 아우구스티누스 사상의 중심부를 차지한다는 사실과 모순을 일으킨다.[24] [따라서] 내 이웃에 대한 사랑이나 인간들 간

22 《독백》 I, 7.

23 《신국론》 XIV, 6.

24 귀나르 휠트그랑Gunnar Hultgren은 그의 중요한 연구서인 《아우구스티누스의

의 일반적인 사랑은 갈망들이나 욕망들과 전적으로 다른 어떤 원천에서 유래한다고 추정되는 것이다. [이 대목에서] 어떤 상이한 사랑 개념 하나가 추가로 작동하기 시작한다. 우리가 다음의 장들을 통해서 추적해볼 것이 바로 이것이다.

사랑의 계율: 386~400 시기 저작들에 대한 신학적·철학적 해석Le Commandement d'Amour chez Augustin: Interpretation philosophique et theologique d'apres les ecrits de la periode 386~400》(Paris, 1939)에서 다음과 같이 주장했다. "'**최고선**summum bonum' 개념처럼 신에게서 그 극치를 발견하는 '**행복한 삶**beata vita'이라는 개념은 아우구스티누스가 인류애에 대한 문제를 해결하는 데 도움이 되지 못한다. 비록 '**향유–이용**' 사이의 구분이 행복에의 열망인 사랑을 출발점으로 삼는다 할지라도, 신의 사랑을 넘어선 완전한 사랑에 대한 정의가, 그리고 논리적으로 그러한 구분에서 연유했던 그 정의가 실제로 어떤 '**활용**utilisation'에 대한 개념처럼, 행복주의자들의 도식에서 유일하게 찾을 수 없는 새로운 사랑 개념의 제시 필요성을 함축하는 것은 명백하다. 이 문제들은 그리고 이와 같은 명료성의 부족은 우리로 하여금 인류애의 문제를 달리 고민하게 만들며, '**최고선**'을 고민하는 것과 다른 방식으로 그것[인류애]에 대한 설명과 해결을 추구하는 것의 가능성 여부를 생각하게 만든다." 마지막 논점에 대해 나는 휠트그랑의 주장에 동의하지 않는다. 나는 바로 그 **최고선**으로서의 신의 개념이 이 어려움을 발생시키는 원인이라고 생각하며 그 점을 밝혀보려고 한다.

2부

창조주와 피조물: 기억된 과거

1
기원

〔B:033181〕 사랑이 욕망으로 정의되었던 제1부의 개념적 맥락에서는 인간이 자신의 현세에서의 처신 태도를 저 미래로부터 도출했다. 그래서 그의 현재의 현존 양식은 희망과 기대였다. 그러나 그는 사랑의 힘으로 '최고선'을 소유하리라 예견할 수 있었고, 현재로 다시 돌아옴으로써 현세의 사물에 부여될 질서와 욕망의 범위를 마치 영원으로부터 가져온 것인 양 객관적으로 수립할 수 있었다. 이 질서화 과정에서 원래의 자기애가 무시되었고 그와 더불어 이웃에 대한 사랑도 무시되었다. 비록 모든 욕망이 무엇인가를 지향할 뿐 아니라 행복을 추구하는 주체를 거꾸로 전거할지라도, 어떤 절대미래에 놓여 있는 인간의 '최고선' 획득에 대한 예견은 자기애를 섬멸시키며 사랑과 욕망을 위한 모든 현재의 기준과 동기를 무효화시킨다. 이에 따라 다음과 같은 명확한 불일치가 발생했다. 가령 사랑을 욕망으로 정의한다면, 요컨대 그것의 대상이

정의상 미래에 있다고 믿는 어떤 [사랑의] 감정으로서 정의된다면 "네 이웃을 너 자신과 같이 사랑하라"는 계율은 무의미하다는 사실이 스스로 드러난 것이다. 우리는 이 사실에 근거해서 '사랑은 일종의 갈망'이라는 정의가 부적절하다는 결론을 내릴 수도 있을 것이다. 반대로, 모든 욕망들은 어떤 비非열망적 유형의 사랑도 고려하는 듯이 보인다. 우리가 이런 종류의 사랑을 그것의 올바른 맥락 속에서 이해함으로써 욕망들의 맥락과 구별할 수 있도록, 이제 다시 한번 원래의 명제로 복귀한다. '사랑은 욕망이다'라는 명제로.

우리는 갈망이 '~을 지향함[즉, 목표함]'과 '~을 거꾸로 전거함'의 결합체라고 이해했다(제1부 1장). 우리는 우리를 행복하게 해주길 바라는 무언가를 지향한다. 그러나 우리는 필멸할 자인 까닭에 우리가 욕망할 수 있는 것은 무엇이든 안전하게 소유하기를 바랄 수 없다. 모든 행복의 전제 조건인 삶 자체는 우리의 소유권에 속하지 않기 때문이다. 갈망은 현재의 행복이라는 관념으로부터 자신의 입장을 정하기 때문에 필시 영원히 좌절할 수밖에 없다. 그러므로 욕망에 의해 결정된 삶은, 가령 그것이 자신의 속성에 대해 스스로 잘 이해하고 있는 경우에, 욕망된 '행복한 삶'을 어떤 절대적이고 무시간적인 미래에 투사해야만 한다. 이 선은 삶이 결코 가지고 있지 않으며 오직 외부로부터만 기대할 수 있다. 바꿔 말해서, 필멸할 자인 인간의 욕망들이 완전히 허망한 것이 되지 않으려면, 욕망하는 바로 그 과정에서 그 욕망들이 반드시 욕망하는 자아에게 기원적 보증을 거꾸로 해주어야만 한다. 욕망하는 자아는 전적으로 신뢰할 수 없는 것이기 때문이다.

욕망함이란 것은 반드시 자기망각으로 귀결되어야 한다(제1부 2장). 그럼에도 불구하고 이 자기망각은 결코 〔B:033182〕 욕망들로부터의 해방이나, 소유하고 싶어 하는 감정으로부터 자유로울 것 같은 사물들 또는 사람들과 관계를 맺는 데 필요한 어떤 개방성을 의미하지 않는다. 그것은 정반대로 그 사람 전체가 욕망으로 변했음을 의미하고, 또한 자제력을 잃음으로써, 즉 자아로의 역전거[즉 기원적 보증] 및 자아의 현재적 행복 관념을 상실함으로써 미래로 '확장'된다는 것을 의미한다. 인간 경험의 지평은 이제 엄격히 미래에 의해서 한정되는데, 그것은 미래로부터만 적실한 '선'이나 '악'을 기대해야 하기 때문이다.

그러나 미래로의 총력적이며 속박되지 않은 방향성은 논리적인 방식으로 욕망의 구조를 따르는 듯이 보이는 한편, 우리가 행복을 욕망하기 위해서는 필시 행복이 무엇인지 알아야만 하며, 욕망의 대상에 대한 지식이 반드시 그것을 소유하겠다는 충동에 선행해야 한다는 간단한 사실을 누락하거나 간과한다. 욕망의 맥락 내에서 이 [욕망의 대상에 대한] 지식은, 그가 욕망하는 것이라면 무엇이든 다 목표로 삼는 인간의 자아를 "역전거하는" 형태로 나타난다. 그러나 이 욕망의 맥락은 그것의 의미를 배타적으로 미래로부터 취하므로 욕망에 선행하는 지식의 시간적 성격을 고려하지 않는다. 이러한 욕망의 관점에서 볼 때 지식은 '행복한 삶'이라는 바로 그 관념 자체가 생겨난 과거를 거꾸로 가리킨다. 그렇게 함으로써 그것이 인간으로 하여금 [과거의] 행복한 삶을 욕망할 수 있게 하고 또한 그것을 미래에 투사하도록 하는 것이다.

나는 내가 그것의 현존에 관해 특정 종류의 지식을 가진 사물만을 추구할 수 있다. 아우구스티누스에게 이 지식은 인간의 기억 속에 보전된 것이며, 그는 이것을 자의식 그 자체와 동일시했다. 그는 "마치 우리가 기억을 과거에 속한 것들을 기억해 내는 능력이라고 부르는 것처럼, 또한 우리는 기억에 대해서 정신이 현재의 시점에서 그것 자신에게 현전하게 할 수 있는 무엇이라고, [즉] 정신이 자기 자신의 생각의 힘으로 이해할 수 있는 무엇이라고 별 무리 없이 지칭할 수 있다"[1]라고 기술했다. 아우구스티누스는 내가 내 기억에서 빠져나간 것을 다시 상기해 내는 방식을, 내가 [현재] 탐색하고 있는 것을 내가 아는 방식에, 그리고 아마도 그것을 사랑하거나 욕망하는 방식에 비유한다. 만약 무엇을 완전히 망각했다면 나는 그것을 인식하지 못할 것이다. 실제로 내가 무엇을 잊어버렸는지조차 알지 못할 테니까 말이다.[2] 이는 "유형有形의 이미지들"을 예로 들면 이해가 쉬울 수 있다. 예컨대 내가 이전에 보았던 카르타고Carthage라는 도시의 이미지를 상기하기 위해서는 단지 의지의 노력만이 요구될 뿐이다. 그러나 "정신이 다른 어디에서도 본 적이 없는 것", 예컨대 "정의롭게 되는 수단" 같은 것을 그것 안에서 보아야 한다는 것은 정말로 **불가사의한***mirabile* 일이다.[3] 같은 논리로, 행복한 삶을 얻으려 노력하지만 그것이 어떤 것

---

1 《삼위일체론》 XIV, 11, 14.

2 같은 책, XI, 7, 12.

3 같은 책, VIII, 6, 9.

인지 알 도리가 없는 우리는, 그것을 추구하고 욕망하기에 충분할 정도까지만 그것이 무엇인지에 대해 알고 있을 뿐이다. 우리가 행복한 삶이 어떤 것인지에 대해 아는 방식은, 가령 불멸성이 인간의 본질과 양립하기 어렵다면 그것이 불가능해질 것이라는 사실을 이해하는 것이다.[4] 행복한 삶의 현존 가능성에 대한 지식은 모든 경험 이전의 순수한 의식 속에 주어져 있다. 그 지식은 우리가 미래에 행복한 삶과 〔B:033183〕 맞닥뜨리게 될 때마다 그것을 인식하도록 보장한다. 아우구스티누스에게 행복한 삶에 대한 지식은 어떤 내재적 관념일 뿐 아니라, 의식의 소재지인 기억 속에 구체적으로 저장되어 있다. 그런 까닭에 이 지식은 거꾸로 과거를 가리킨다. [요컨대] 행복은 절대미래에 투사되며, 일종의 절대과거에 의해서 보증된다는 것이다. 왜냐하면 우리 안에 현전하는 행복에 대한 지식은 아마 이 세계의 그 어떤 경험으로도 설명할 수가 없을 것이기 때문이다. [한편] 그러한 회상의 가능성은 기억이 일반적으로 작동하는 방식을 분석하면 그럴듯한 설명을 얻게 된다. 이런 맥락에서 아우구스티누스는 '내가 어떻게 '행복한 삶'을 기억하는가?'라고 묻는다. 그리고 이렇게 답한다.

> 그것은 우리가 기쁨을 기억하는 방식과 같은 것인가? 아마도 그럴 것이다. 내가 슬플 때조차도 나는 기쁨을 기억하니까. 마치 내가 비참할 때 행복한 삶을 기억해 내는 것처럼 말이다.

4 같은 책, XIII, 8, 11. 〔"인간이 행복한 삶을 영위하기 위해서는 우선 살아 있어야만 한다."〕

> 그러나 나는 결코 어떤 육신의 감각을 가지고 보거나 듣지 않았고 기쁨의 냄새를 맡거나 그것을 음미하지 않았다. 나는 내가 기뻤을 때 기쁨을 내 마음속에서 경험했으며 그것에 대한 지식은 내 기억에 착 들러붙어 있다.[5]

그러므로 현재의 경험을 초월하고 과거를 지키는 것이 기억의 본질이다. 마치 과거를 초월하고 미래로 뻗어 나가는 것이 욕망의 본질인 것처럼 말이다. 모든 사람이 행복해지기를 바라며 어느 누구도 "그가 그것을 직접 경험한 적이 없는 척할 수는 없으므로, '행복한 삶'이라는 말이 나올 때마다 그것〔행복한 삶〕이 기억 속에서 찾아진다는 점은 인정된다."[6]

어떤 초세속적 회상에 대한 주장이 부분적으로 근거를 두고 있는 이 분석을 통해서 아우구스티누스는 회상 양식에 관해 모종의 명확한 진술을 수립하고 있다. 행복한 삶은 현재에 대해 추가적인 적실성이 없는 아주 단순한 과거로서 회상되는 것이 아니다. 행복한 삶이 기억되는 한 그것은 현재의 중요한 일부로서 존재하며 우리의 욕망과 미래에 대한 기대를 고무시킨다. 우리가 슬플 때 기쁨을 기억해 내는 행동의 요점은 우리가 기쁨의 궁극적인 귀환을 희망한다는 것이다. 마찬가지로 기쁜 상태에 있을 때 슬픔을 기억하는 것은 우리가 실제로 슬픔이 다시 찾아올지도 모른다고 두려워

---

5 《고백록》 X, 21, 30.

6 같은 책, X, 21, 31. 〔아렌트가 잇따라 나온 원본의 각주를 자신의 박사학위논문의 본문 속에 편입시켰다.〕

하는 것이다. 슬픔이 이러한 구체적인 잠재성으로 기억되는 한, '행복한 삶'은 모든 인간적 노력을 위한 궁극적 규준이 될 수 있다. 다만 이 회상이 실제로 현재 이 세계 속에서의 삶을 초월해야만 하기 때문에 회상은 어떤 초세속적 미래를 위한 보장책이 된다. "어디서, 그리고 언제, 내가 그것을 다시 회상해야 할 만큼 행복한 삶을 경험하였던가?" 우리가 무엇을 기억해낼 때마다 "우리는 그것이 무언가 새로운 것이라고 판정하지는 않고 그것을 회상해내어 이것이 실제로 말해진 바로서의 그것이라는 점을 천명한다." 그러므로 내가 신이나 행복한 삶을 갈망할 때 나는 사실상 "내 기억의 공간을 배회하며, 기억의 바깥에서 그것을 찾지는 않는다."[7] 과거를 '현시하고'(현재의 것으로 만들고) 과거로부터 확실히 지나간 과거라는 특성을 박탈하는 것이 기억의 기능이다. 기억은 과거를 원상으로 되돌린다. 기억의 승리는 그것이 과거를 현시하는 과정에서, 말하자면 과거의 지나간 특질을 빼앗는 과정에서 과거를 어떤 미래의 가능성으로 변형시킨다는 데 있다. 존재했던 것은 다시 존재할 수 있다—이것이 바로 우리의 기억이 〔B:033184〕 우리에게 희망 혹은 두려움의 이름으로 알려주는 바이다.

> 그 [기억이라는] 동일의 풍부한 온축蘊蓄으로부터 나는 사물들의 이미지들 중에서 이것과 저것을 선택하여, 경험을 통해 알게 된 것이거나 아니면 내가 경험했던 바로부터 믿게 된 것을

---

7 같은 책, X, 24, 35.

불문하고 과거의 사물들과 결합한다. 또한 나는 그것들로부터 통찰을 얻어 미래에 기대되는 행위들, 사건들, 희망들에 관해 명상한다. 그러고 나서 이 모든 것을 마치 그것들이 현전하는 듯이 다시금 숙고한다.[8]

이는 욕망이 자유롭게 부유하는 것이 아니라는 점을, 말 그대로, 뜬금없이 불쑥 튀어나오는 것이 아니라는 점을 분명히 보여준다. 우리의 갈망, 그리고 우리가 갈망을 통해 수립하는 관계들은 오로지 우리 자신의 권한 내에 있는 듯이 보인다. 그러나 진실을 말하면, 갈망과 그것의 관계들은 욕망의 배타적인 미래 지향적 경향 속에서 그것의 대상을 망각한 어떤 선재先在하는 전거물에 의존하게 된다. 기억은 이런 식으로, 행복한 삶이라는 바로 그 관념의 본래 원천인 어떤 초세속적인 과거로 가는 길을 열어주는 것이다. 그렇기 때문에 현세의 삶에 대한 추구는 '최고선'을 갈망하는 욕망으로 전환되지 않는다. 그와 정반대로 "가령 어떤 연약한 영혼이 행복해지기를 원한다면 그는 필시 어떤 거룩한 영혼이 **어디서** 행복한지를 물어보아야만 하는 것이다."[9]

그런 까닭에 이 맥락에서의 완전한 질문은, 목표들을 뒤집으면서 내가 **어디로** 갈 것인지를 묻는 것이 아니라, 저 기원들에 대해 되돌아보면서 내가 **어디서** 오는가를 묻는 것이며, 또한 욕망이라

---

8 같은 책, X, 8, 14.

9 《요한복음에 관한 논고》 XXIII, 5.

는 정신 기능이 아니라 회상이라는 정신 기능에 관해서 묻는 것이어야 한다. 욕망은 사실상 어떤 초월적이며 초세속적인 미래를 지향하는데, 그 이유는 그것이 궁극적으로 어떤 영구적인 행복한 삶에 대한 욕망에 근거하기 때문이다. 그와 유사한 방식으로 회상도 모든 특수한 과거 이전에 반드시 놓여 있을 어떤 지식을 현시하기 때문에, 회상 역시 실제로는 어떤 초월적이고 초세속적인 과거를 지향하게 되어 있다—요컨대 그것은 저 인간실존 자체의 기원을 지향한다는 것이다. 아우구스티누스에게 회상은 근본적으로 상기, 즉 "분산된 상태로 있는 나를 한데로 모으는 일"이다. 이 회상은 최고선, 즉 신을 갈망하는 사랑에 의해 인도될 뿐만 아니라 "신의 사랑에 대한 사랑"에 의해 인도된다. 신의 사랑은 욕망의 대상이 아니며 또 그렇게 될 수도 없다.[10] 기원에 대한 탐색은 분산된 상태에 있는 무엇인가를 회상해 내는 일과 함께 시작된다. 회상은 **신의 사랑에 대한 사랑***amor amoris Dei*의 후원 아래 그것의 임무를 수행하며, 이미 순전한 **신에 대한 사랑***amor Dei*, 즉 신에 대한 갈망이 추구하는 신과의 관계를 전제한다. 과거를 회상하는 일과 분산 상태에 있는 나를 불러들이는 일은 '고백'하는 일과 같다. 그리고 기억, 회상, 고백으로 이끄는 것은—비록 행복 또한 발견될 수 있고, 다른 무엇보다도 그것이 기억의 차원에서만 합법성을 보장받을 수 있다손 쳐도—'행복한 삶'에의 욕망이 아니라 현존의 기원에 대한 탐색, 즉 "나를 만든" 그 유일한 분에 대한 탐색이다. 그런

10 《고백록》 II, 1,1.

까닭에 아우구스티누스는 인간이 다른 동물과 공유하는 〔B:033185〕 지각 능력을 초월하고 점차 "우리를 만든 그분에게로" 떠오르면서 "기억의 진영과 거대한 궁전"에 도착한다.[11] 거기서 그는 '행복한 삶'의 관념을 발견한다. 그 '행복한 삶의 관념이 바로 그의 기원이며, 그렇기 때문에 그의 있음의 본질이기도 하다. 이제 절대미래는 궁극적인 과거로서 드러나며 거기에 도달하는 방법은 회상을 경유하는 것이다. 지상의 세속적 경험의 모든 가능성들에 선행하는 어떤 과거를 불러들임으로써, 창조되었으며 스스로 자신을 만든 것이 아닌 인간은, 자기 자신의 과거가 닿을 수 있는 최대한계점 — 그 자신의 '어디서'[즉 시원] — 을 인식하게 된다. 그러므로 욕망이 행복해지고자 하는 일반적인 소망에 의존하는 현상은, 욕망이 그것의 현상학적 의미에 따라 실행할 때 간파할 수 있는 수준보다 한 차원 더 깊고 더 근본적인 인간의 의존 양태를 암시한다. 이 장의 임무는 바로 이 [욕망의] 의존과 그에 따른 결과들을 이해하는 것이다.

욕망된 선을 목표로 삼을 뿐 아니라 욕망이 자신을 거꾸로 전거하는 한, 이 의존 관계는 이미 욕망 속에 명시된 상태였다. 이것은 창조주의 모습에 따라 창조된 자의, 창조주에 대한 의존이다. 인간의 행복해지고 싶은 욕망이 그가 지상의 삶에서 결코 경험할 수 없는 어떤 행복 관념에 달렸다는 사실, 게다가 그 관념이 그가 지상에서 해야 할 처신의 유일한 결정 요인이어야만 한다는

---

11 같은 책, X, 7, 11-8, 12.

사실은, 그러한 인간실존 자체가 우리가 알고 경험하는 인간 조건의 외부에 있는 무엇인가에 좌우된다는 점을 암시할 뿐이다. 요컨대 행복 개념이, 기억과 동격인 의식을 통해 우리 속에 현전하기 때문에(즉 행복은 '내재하는' 것이 아니라 모종의 **기억된** 관념이기 때문에), 이 '인간 조건의 외부'는 실제로 인간실존의 **이전**을 의미한다는 것이다. 따라서 창조주는 인간의 외부인 동시에 이전인 존재이기도 하다. 창조주는 오직 인간의 기억을 통해서만 인간의 **내부**에 존재한다. 기억은 그가 행복을 욕망하도록, 그리고 그것과 더불어 영원히 지속하는 어떤 현존의 양태를 욕망하도록 고무시킨다. "그러므로 나의 하느님이시여, 만약 당신이 내 안에 계시지 않는다면 나는 내가 될 수도 없을 것이며 현존할 수조차 없을 것입니다."[12] 요컨대 그분이 그 인간의 기억 속에 없다면 말이다.

> 오, 주님, 당신은 영원히 사시며 당신 안에서는 그 어떤 것도 죽지 않습니다. 당신은 수많은 세기의 시발점들 이전에, 그리고 '이전'이라고 불릴 수 있는 그 어떤 것보다도 먼저 **존재하십니다.** …… 그리고 당신은 거기 굳건히 서 계심으로써 모든 변덕스러운 것들의 원인이 되시며 모든 가변적인 것들을 위한 불변의 기원이 되십니다. 그리고 〔당신이 계시기에〕 불합리하고 시간적인 모든 것의 [있음에 대한] 영구한 이유들이 생명을

12 같은 책, I, 2, 2.

얻게 됩니다.[13]

오직, 필멸하는 현존에서부터 이 현존을 가능케 한 불멸하는 원천으로 거꾸로 전거하는 일에서만, 창조된 인간은 그의 있음을 결정한 요인을 발견한다. 왜냐하면 '그를 만든' 창조주에게 '인간 창조의 이유'는 반드시 그의 '창조 행위'에 선행되어야 하며 〔B:033186〕 그 창조 행위보다 더 오래 살아남아야만 하기 때문이다.[14] 모든 특정한 사랑의 행위는, 저 기원적 시발점으로 거꾸로 전거하는 행위에서 그 의미, 즉 존재 이유raison d'être를 부여받는다. 왜냐하면 기원적 시발점으로서의 원천, 그 안에서 **이유들이 영구적인***rationes sempiternae* 이 원천은, 소멸하게 될 모든 현존 형태에 대한 궁극적이고 소멸하지 않는 '이유'를 담고 있기 때문이다. "그래서 모든 피조물이 다 행복할 수 없는 한편 …… 이 [행복의] 능력을 가진 자라도 그것이 무에서 창조되었기 때문에 행복 그 자체를 성취할 수는 없다. 그러므로 [그것의 성취는] 오직 그것을 있게 하신 분을 통해서만 가능하다."[15]

비록 인간이 '무에서' 창조되었다 할지라도 그가 무nothingness 또는 아무도 아님nobody-ness에서 오지 않는다는 사실을 인식하는 것이 중요하다. 거기에 **실재하는** 이가 바로 인간을 현존하게 만든 원인이다. 만약 인간이 자기가 왔던 곳으로 돌아간다면 그는 자신

---

13 같은 책, I, 6, 9.

14 《창세기에 대한 충실한 논평Literal Commentary on Genesis》 VI, 9, 16.

15 《신국론》 XII, 1.

의 창조주를 발견하게 될 것이다. 이 **귀환***redire*을 거부하는 것은 '**교만***superbia*'이다.

> 귀환을 생각하는 영혼은 당혹스러울지도 모른다. 돌아가지 않는 것을 긍지로 여겼기 때문이다. 그래서 교만이 영혼의 귀환을 방해했다. …… 떠나갔던 그 영혼이 다시 그것 자신에게로 불러들여지고 있다. 그 영혼은 자신을 떠나가면서 자기 주군도 버렸었다.[16]

'자신으로의 귀환'은 모종의 회상 행위이므로 창조주로의 귀환과 동일한 것이다. 인간은 자신의 창조주인 신과 관계를 맺는 방식으로 자신을 사랑한다. 마치 '행복한 삶'을 얻으려고 진력하는 욕망이 그것의 의미를, 얼마나 희미한지와 상관없이 그것을 불러내는 어떤 기억으로부터, 즉 초월적인 구역으로부터 도출하는 것처럼, 저 피조물은 자신이 창조된 작업 이전의 어떤 원천, 다시 말해 자신을 만든 창조주로부터 창조됨의 유의미성을 도출한다. 창조주로서 그 원천은 창조된 대상보다 시간적으로 앞서며 항상 현존해 왔다. 이 원천이 아니라면 피조물은 아무것도 아닐 것이므로 피조물과 그 기원의 관계가 피조물을 어떤 의식적 실체로 확립하는 제1요인이 된다. 인간이 스스로 자신을 만든 것이 아니라 [창조주에 의해서] 창조되었다는 바로 그 사실은, 인간실존의 유의미

---

16 《설교집》 142, 3.

성이 그것의 외부에 놓여 있을 뿐 아니라 시간적으로도 앞서 있음을 시사한다. 그러므로 **창조됨***creatum esse*은 본질과 현존이 동일하지 않다는 사실을 의미한다. 그를 창조함으로써 인간에게 있음을 부여하는 저 **최고 존재***summe esse*는 또한 '**제1존재***primitus esse*'이기도 한데, 이는 그 존재가 최초의 것이며 그것과 비교되는 다른 무엇도 이차적이며 파생적이라는 점을 의미한다.[17] 그러므로 '신으로의 귀환'은 어떤 창조물이 실제로 '그것 자신에게 귀환'할 수 있는 유일한 길이다. "네가 더욱더 존재하기를 바랄수록 너는 최고 등급에 실재하는 것에 다가갈지니라."[18] 이를 바꿔 말하면 다음과 같다.

> 너는 네가 최고 등급에 실재하는 것에 더 가까이 다가가지 않을수록 점점 더 비참해지는 것을 알게 될 것이다. 그리고 심지어 최고 등급에 실재하는 것을 시야에서 놓쳐서 비참해지기보다는 차라리 존재하지 않는 편이 더 나을 것이라고 생각하게 될지도 모른다. [B:033187] 그럼에도 너는 최고 등급에 실재하는 그분으로부터 유래했으므로 존재하기를 소망할 것이다.[19]

저 '이성적인 필멸의 종種'과 기타 창조된 것들, 즉 '짐승, 나무, 돌' 같은 것들 사이의 차이는, 전자가 의식을 지님으로써 기억을

---

17 《마니교도적 삶의 방식The Way of Life of the Manichaeans》 II, 1, 1.

18 《자유의지론》 III, 7, 71.

19 같은 책, III, 7, 70; III, 7, 71.

보유하며, 그로 인해 자신의 기원과 소급적으로 관계를 형성할 수 있다는 것이다.[20] 이 재연결이 수립됨으로써만 어떤 창조물이 참으로 **존재한다**고 말할 수 있다. 그게 아니라면 인간의 현존은 저 세계의 현존과 마찬가지로 완전히 소멸할 것이다. 아우구스티누스의 입장에서 보면 참된 존재Being와 소멸성이 상호배타적이라는 것은 지당한 결론이다.[21] 따라서 아우구스티누스는 "인간은 자신을 인간으로 만들어준 그분에게 딱 달라붙어 있는 한, 무엇인가 [의미 있는 존재]이다. 그러나 인간이 하느님에게서 떨어져 나온다면 그는 아무것도 아니다"[22]라고 말한다. 이 유착성이 어떤 의지나 자유로운 결정의 문제는 아니며, 창조됨이라는 사실에 고유한 의존 관계를 나타내는 것뿐이다. 욕망 역시도 인간을 의존적으로 만든다(제1부 2장). 인간은 자신이 욕망하는 대상에게 의존한다. 그러나 그 의존 관계는 삶의 특수한 불완전성에서 발생하며 항상 미래에 의해 결정된다. 그 미래는 그가 '선' 또는 '악'을 희망 또는 두려움 속에서 기대하게 만든다. 이와 대조적으로 이러한 인간의 의존관계는 [미래에 대한] 예상에 기초하는 것도 아니고 무엇인가를 목표하지도 않는다. 그것은 오로지 회상에만 기대어 거꾸로 저 과거를 전거한다.

달리 표현하자면, 인간을 어떤 의식하며 기억하는 있음a conscious, remembering being으로 규정하는 결정적인 요소는 출생birth 혹은 '탄생성natality', 즉 우리가 출생을 통해 세계 속으로 진입했다

20 《신국론》, XII, 1.

21 《마니교도적 삶의 방식》 II, 1, 1.; 《선의 본질The Nature of Good》 19.

22 《시편 주해》 LXXV, 8.

는 사실이다. 인간을 모종의 욕망하는 있음a desiring being으로 규정하는 확실한 요소는 죽음 혹은 필멸성mortality이다. 그것은 우리가 죽음으로써 이 세계를 떠나게 된다는 사실을 가리킨다. 죽음에 대한 두려움과 삶의 불완전성이 욕망의 원천들이다. 이와 대조적으로 삶은 비참함 속에서조차도 소중하게 여겨지기 때문에 하나의 삶이 주어진 것에 대한 감사는 저 기억의 원천이 된다. "지금 당신은 비참하며, 당신이 여전히 존재하기를 원한다는 이유가 아닌 다른 어떤 이유에서라도 죽는 것을 바라지는 않는다." 죽음에 대한 두려움을 궁극적으로 가라앉히는 것은 희망이나 욕망이 아니라 회상과 감사이다. "당신이 원치 않는 어떤 현존[의 양태]에서 구출될지도 모르므로 당신의 현재 모습 그대로 있기를 원하는 것에 감사하라. 이는 당신이 기꺼이 있고자 하며 비참해지는 것은 꺼리기 때문이다."[23] 그 어떤 상황에서도 **있고자 하는**to be 의지는 인간이 자기 현존의 초세속적 원천에 애착을 갖는다는 징표이다. 저 '최고선'에 대한 욕망과 달리, 이 애착은 엄격히 말해서 의지력에 좌우되지 않는다. 오히려 그것은 인간 조건 그 자체의 특성이다. 이 창조주-피조물이라는 〔B:033188〕 맥락에서의 인간실존에 대한 아우구스티누스의 성찰들은 유대-기독교의 가르침에서 직접적으로 유래한다. 또한 제1부 1장에서 논의된 욕망과 두려움을 중심으로 하는 전통적 성격의 고려들보다 분명히 훨씬 더 창의적이다.

창조된 모든 것은 되어감becoming의 양식으로 현존한다. "하늘

---

23 《자유의지론》 III, 6, 64.

과 땅은 그것들이 되어 온 바를 선포한다. 그것들은 변하고 바뀌기 때문이다." **되어가다***fieri*라는 의미를 가진 동사는 **만든다***facere*는 동사의 수동태이기도 하므로 아우구스티누스에게 있어 '되어가다'와 '만들어지다'는 사실상 동일한 의미이다. 이와 대조적으로 창조주는 "불변으로 남아 있으므로 참으로 존재한다."[24] 그런 까닭에 창조주는 원칙상 다른 **모든 것에 선행한다***ante omnia*. 아무것도 "그의 안에서는 되어가지" 않으며, 그의 안에 있는 한 모든 것은 "영원히 존재한다."[25] 오직 되어감의 양태를 지닌 것들만이 자신들의 현존에 앞서는, 그리고 자신들 **이전에** 놓인 무엇인가를 지시한다. 이는 "생겨나지 않았으면서도 존재하는 것은, 이전에 거기 없었던 그 어떤 것도 그것의 내부에 포함하지 않기" 때문이다.[26] 창조된 것들은 생겨나게 된 것이므로 변하고 바뀐다. 그것들의 생겨남은 있지 않음non-being에서 있음being으로의 첫 번째 변화이고, 그 이후부터는 변화 법칙이 그것들의 운명을 계속 주재할 것이다. 엄밀히 말해서 그것의 있음의 양태는 존재Being나 비존재non-Being가 아니며 그 중간 어디쯤에 걸친 어떤 양태이다. 그것은 그저 존재하는 것뿐 아니라 다른 것과의 관계 속에서 존재한다. "〔하느님은〕 원래대로 남아 있는 반면에 그분의 외부에 있는 모든 것은 스스로에게 되돌아가야만 한다." 우리는 이것이 오직 인간들만이 보유하는, 모종의 능력임을 깨닫게 된다. 이는 "모든 피조물이 그분

---

24 《고백록》 XI, 4, 6; VII, 11, 17.

25 《자유의지론》 III, 3, 24.

26 《고백록》 XI, 4, 6.

의 방식으로 존재하지 않음으로써 그것 안에 그것의 본성에 따른 한계와 **목표점***terminus*을 가지게 되기 때문이다."[27] 신은 변경이 불가능하며 불변하는 저 존재Being이다. 그러므로 창조된 인간은 그 존재와 관련되어 있지만, 그 존재의 양태는 본질적으로 인간 자신의 현존 양태와 정반대이다. 그럼에도 인간은 그 자신의 현존과 정반대의 양태에서 자기 자신의 '있음[의 양태]'를 발견한다. 마치 모든 가변적이며 소멸할 탁자들이 그것들의 '참된 있음[의 양태]'를 탁자의 '이데아'라는 관념 또는 청사진 속에 가지고 있는 것처럼 말이다. [우리가] 삶을 그것의 가변성 측면으로, 즉 생겨나고 사라지는 것으로 이해함으로써 그것을 완전한 있음이나 있지 않음으로 이해하지 않는 경우에 삶은 관계의 양식 속에서 현존한다고 볼 수 있다. 이런 의미에서 보면 인간의 삶은 그것이 유래한 저 존재를 소유하지 못한다. [그런 한편] "무에서 만들어졌으므로 그것은 결함이 있을 수 있으며" 또한 그것이 만들어진 무無를 소유하지도 않는다.[28] 그러나 심지어 가변성조차도 어떤 불변의 존재에 근거해서만 현존할 수 있으므로("어떤 불변적인 선善이 없다면 가변적인 선들 그 어떤 것도 있을 수 없으리라"),[29] 인간의 삶은 저 존재와의 관계성 속에서 현존한다.

일단 현존하게 되면 그 인간의 삶은 무로 전환될 수 없다. 〔B:033189〕 "최고선에 등을 돌린 정신은 좋은 정신이 될 수 있는

27 《창세기에 대한 충실한 논평》 VI, 18, 34.

28 《신국론》 XII, 8.

29 《삼위일체론》 VIII, 3. 5.

특질을 잃지만 정신으로서의 특질마저 잃는 것은 아니다."[30] 그러나 그 정신이 얼마나 긴밀히 '최고선'과 유착돼 있든지 간에, 그 정신은 결코 참된 존재Being로 '되어갈' 수 없다. 요컨대 영원불변하거나 자급자족적인 존재가 될 수는 없다는 것이다.[31] 엄밀히 말해서 인간실존은 전혀 **실재하지** 않는다. 물론 이 말은 그것이 아무것도 '아니라는' 뜻이 아니다. 오히려 그것은 인간실존이 이런 또는 저런 방식의 행위와 행동을 결과하면서, 항상 운동 중이며, 그렇기 때문에 어떤 점에서도 영원한 '**그것 내부의 견딤***permamere in se*'과 정반대의 양태라는 의미이다.[32] 창조된 모든 것은 무로부터 나오고 서둘러 무로 돌아가는 인간 삶의 이미지를 통해서 이해할 수 있다. 심지어 이런 불안정한 현존의 양태조차도 무는 아니라고 하는 한, 그것은 자신의 기원과 소급적으로 관계를 맺는 방식으로 현존한다. 사실 자애 안에서 이 [인간의 기원이라는] 전거를 명시적으로 채택하고 의식적으로 그 전거에 달라붙는 것이 인간 삶의 특징이다(제1부 2장 참조). 하지만 그러한 전거 자체는 인간이 자애 혹은 탐욕 속에서 행하거나 행하지 못하는 것에 좌우되지 않는다. 그것은 인간실존의 구성 요소 중 하나일 뿐 인간의 처신과는 무관하다.

---

30 같은 곳.

31 《고백록》 VII, 11, 17. ("나는 당신 아래에 있는 다른 사물들을 보았고, 그것들이 완전히 현존하거나 완전히 비非현존하지 않는다는 사실도 알았습니다. 그것들은 당신으로부터 기원하기 때문에 존재합니다. 그것들은 존재하지 않습니다. [왜냐하면] 그것들이 당신은 아니기 때문입니다.")

32 《마니교도적 삶의 방식》 II, 6, 8.

이 인간실존의 관계성은 모방의 형식으로 실현된다. [인간이] 자신의 기원을 거꾸로 전거하는 것은 물론, 모방하는 것 자체는 그것이 모종의 의식적으로 채택된 삶의 방식이 되기 이전에 인간 실존이 가지는 일반적인 특성이다. 심지어 사악함마저도 최고 존재와 관계를 맺지 않은 상태로는, 그리고 그것을 모방하지 않고는 현전할 수 없을 것이다. "당신에게서 떨어져 나와 당신을 상대로 자신들에 대해 떠벌리는 모든 자들은 당신을 그릇되게 모방합니다. 하지만 그들이 그런 식으로 당신을 모방하는 것조차도 당신이 저 자연 전체의 창조주임을 증명하는 것입니다." 신에게 복무하기보다 그분을 모방하기 원하므로 악 중의 악이라 할 수 있는 인간의 교만조차도 "그분의 상좌上座를 모방하지" 않는가? 이 신에 대한 모방은 신이 실재하는 곳, 즉 "모든 것의 상부"에 실제로 있기를 원하는 것이므로 어찌 "그릇되다" 하지 않을 수 있겠는가?[33]

그러한 그릇됨은 인간이 만들어져 나온 그 '아무것도 아닌 것 the nothing'에서 유래하는지도 모른다. 그러나 아우구스티누스에게 그것은 있음에 대한 모종의 그릇됨이며 악과 죄로 이루어진 무 nothingness로 추락하는 것은 아니다. 비록 그가 때때로 이러한 사악한 행동들을 **무에 접근하는 것들***appropinquare nihilo*로 지칭할지라도 말이다. "인간은 자신이 완전히 '아무것도 아닌 것'이 될 수 있도록 [자신을] 포기하지 않으면서도 …… 무로 접근하는 것은 방치한다."[34] 하나One라는 단일성 속에서 존재하는 것과 행동하는 것

33 《고백록》 II, 6, 14; II, 6, 13.

의 일치를 이루는 가장 높은 존재the highest Being와 대조적으로 인간의 처신은 처음부터 끝까지 이 모방에 의해 결정된다.

> 존재Being는 다른 것이 아니라 하나임being one을 의미한다. 그러므로 무엇인가가 [B:033190] 통일성을 획득하는 한, 그것은 존재한다. …… 간단한 사물들은 스스로 끝에 이른다. 그러나 간단치 않은 것들은 그 부분들의 조화를 꾀하는 방식으로 통일성을 모방하며, 그 일을 성공적으로 수행하는 한 현존한다.[35]

간략히 말해서, 모방은 인간의 처신을 지배하는 기본 구조들에 속하는 첫 번째 요소이므로 이에서 이탈한 듯이 보이는 것들조차도 단지 왜곡된 사례들로서 이해되어야만 한다. 다음으로, 모방은 사랑을 통해서 명시적으로 실현될 수 있다. "그들은 믿는 방식으로 사랑했다. 그리고 사랑하는 방식으로 모방했다."[36]

소멸성뿐 아니라 시간성도 모든 창조된 것들의 오명汚名에 기여한다. 오직 자신이 태어났으며 장차 죽을 것을 아는 인간만이 이 시간성을 그들 자신의 현존 속에 실현시킨다. 신은 "항상 있었고 지금도 있으며 장차도 있을 것"인 반면에 "우리는 이전에는 없

34 《신국론》 XIV, 13.

35 《마니교도적 삶의 방식》 II, 6, 8.

36 《갈라디아인들에게 보낸 바울로의 서신 논평Commentary on Paul's Epistle to the Galatians》, chap. 24.

었고 지금은 있다." 그리고 이내 없어지게 될 것이다.[37] 다른 사물들도 과거에는 현존했으나 지금은 아니다. 또는 미래에는 현존할 것이지만 과거에는 현존하지 않았고 지금도 현존하지 않는다. 이 모든 경우에 본질이 현존에 선행한다. "모종의 창조된 사물로서 수립된 **본질***ratio*은 신의 말씀 속에서 [이미] 수립된 피조물에 선행하기 때문이다."[38] 저 우주만물이 [현재에는] 존재하지만 [과거에는] 존재하지 않았으므로 그것은 어떤 시발점을 가진다. 그리고 시발된 것은 모두 무언가로 되어가는 양태로서 현존한다. 그렇기 때문에 그 우주만물은 이미 가변성에 종속되어 있다. 그것은 언제나 그러한 모습이었던 것이 아니라 그러한 현재의 모습으로 된 것이다.

아우구스티누스는 저 세계의 시발점과 시간의 시발점을 구분한다. 이 둘은 인간에 앞서 그리고 인간의 시발점 이전에 이미 현존했다. 그는 전자를 '**세계의 시초***principium*', 후자를 '**시간의 시초***initium*'라고 지칭했다. 세계의 시초는 천지창조를 전거한다. "한 처음에 하느님께서 하늘과 땅을 지어 내셨다."(〈창세기〉 1장 1절) 그러나 시간의 시초는 '영혼들', 즉 살아 있는 피조물의 영혼뿐 아니라 인간 영혼의 시발점을 전거한다. "이 시발점은 그 어떤 형태로든 이전에 현존한 적이 없었다. 그러한 시발점이 있기 위해서는 인간이 그의 이전, 아무도 존재하지 않았을 때 창조되었어야만 했

37 《요한일서에 대한 설교》 I, 5.

38 《창세기에 대한 충실한 논평》 II, 8, 17.

다"고 아우구스티누스는 적었다. 게다가 인간은 시간 속으로 창조되었다. 그러나 시간 자체는 저 세계와 동시에, 즉 운동 및 변화와 더불어 창조되었다. 시간은 "시간이 통과할 수 있게 하는 운동성을 지닌 특정 피조물"의 현존이 아니라면 생각할 수 없을뿐더러, 운동성은 지나가는 시간이라는 관념이 없다면 생각조차도 할 수가 없다.[39] 더욱이 인간과 함께 창조된 시발점은 시간과 하나의 총체로서 창조된 우주가 아무 목적 없이, 그리고 뭔가 새로운 일을 발생시키지도 않으면서 영원히 주기적으로 제 궤도를 도는 것을 막았다. 그러므로 인간이 창조된 것은 어떤 면에서 **새로움** *novitas*을 위해서였던 것이다. 인간은 자신의 '시발점' 또는 자신의 기원을 알 수 있고, 또 그것을 의식하며 기억하기 때문에 모종의 시발자始發者로서 행동할 수 있고 인류의 이야기도 제정할 수 있다.

모종의 시발점을 가진 모든 것은 그것(물론 이것은 **세계의 시초**가 아니라 **시간의 시초**이다)과 더불어 어떤 새 이야기가 시작된다는 의미에서, 반드시 어떤 종결점도 가지게 된다. 그러므로 그것은 〔B:033191〕 참된 의미로 실재한다고 할 수 없다. 그분은 "실재하시며, 참으로 실재하시므로 …… 시발점도 종결점도 없으시다."[40] 이와 대조적으로 인간은 "삶과 죽음 속에 동시적으로 관여되어 있다. 요컨대 삶 속에서는 삶을 완전히 빼앗길 때까지 살아가며, 죽음에 관한 한 그는 삶을 조금씩 빼앗기고 있는 지금 이 순간에조

39 《신국론》 XII, 21; XI, 6.

40 《시편 주해》 134, 6.

차도 죽을 수 있다."[41] 그의 종결점은 그의 시발점에서부터 그의 내부에서 작동하기 시작한다. 죽음을 향해 가는 이 현세의 삶은 존재하는 동시에 존재하지 않는 한편으로, 또한 영원한 존재eternal Being를 그 원천으로 가지고 있다. 인간 삶의 관점에서 보았을 때, 이 영원한 존재는 삶이 시작되기 이전에 이미 존재했고 삶이 지나간 후에도 존재할 것이며, 그렇기 때문에 미래에도 삶의 앞에 놓여 있다는 사실을 그것의 뚜렷한 특성으로 가지고 있다. 존재Being는 인간 삶이 유래하고 되돌아갈 원천으로서 인간 삶과 관계를 맺고 있으며, 과거와 미래라는 이중의 의미로 인간의 '**전방***ante*'에 놓여 있는 것이다.

회상을 통해서 인간은 인간실존에 대한 이중의 '전방'을 발견한다. 우리가 살펴보았듯이(제1부 1장), 기억에는 과거를 다시 불러들여서 정신에 현전하도록 만드는 기능이 있다. 이 재현re-presenting의 과정에서 저 과거는 현전하는 여타의 것 사이에 그것의 자리를 마련할 뿐만 아니라 어떤 미래의 가능성으로 전환된다. 어떤 과거의 기쁨을 기억해냄으로써 우리는 그것이 미래에 귀환하기를 희망할 수 있다. 마치 과거의 슬픔에 대한 회상이 우리에게 다가올 재난에 대한 두려움을 심어주는 것과 마찬가지로 말이다. 이는 자기 **기원으로의 귀환***redire ad creatorem*이 동시에 그의 **종결점을 예상하는 전거***se referre ad finem*로 이해될 수 있는 이유가 된다. 시발점과 종결점이 일치하지 않는 한 저 이중의 '전방'은 그것의 올바

---

41 《신국론》 XIII, 10. 〔아렌트 자신이 뒤따라 나온 원본의 각주를 삭제했다.〕

른 의미를 획득할 수가 없다. 절대과거로 회귀하는 사람에게, 그를 만든 창조주인 그가 온 곳이 그가 돌아갈 곳과 동일한 장소임을 스스로 드러낸다. 그래서 존재의 자명한 영원성은 시발점과 종결점이 시간적 피조물 자신의 현존에 대한 전거라는 점에서 그 둘을 상호치환적인 것으로 만든다. 존재는 '불변'이기 때문에 그것은 동시에 가장 멀리 떨어진 과거와 가장 멀리 있는 미래의 궁극적 한계점이 된다. 창조주는 영원히 동일한 모습으로, 그가 창조한 천지와 상관없이, 그리고 그 안에서 무슨 일이 일어나든 상관없이 그렇게 존재할 것이다. 창조주의 영원성은 어떤 상이한 시간적 양태가 아니며 엄밀히 말해서 비非시간no-time이다. 심지어 그의 '작업들'조차 '시간 간격'이라는 시간의 척도상에서 이해될 수 없다. 누군가 그것들 전부가 '**동시에***simul*' 이루어진다고 말할 수 있을지 모른다는 사실만 예외가 될 것이다.[42]

비시간, 즉 '영원'의 시간적 이미지는 현재, 즉 영원한 '오늘'이다. 이 절대현재는 의당 절대과거는 물론이고 절대미래와도 일치한다. 그럼에도 자신의 현존이 시간의 세 가지 시제, 그리고 그 자신이 [무에서] 생겨났다는 바로 그 **생성***fieri*의 사실에 의해 규정되는 인간은 오직 〔B:033192〕 기억과 기대를 통해서만 이 시간의 확장 양태들을 재결합시킬 수 있다. 그렇게 함으로써 그 자신도 자신의 현존이라는 하나의 총체 속으로 통합된다. 그렇지 않을 경우 그의 현존은 시간 간격들이 순차적으로 이어지는 모종의 연쇄

42 《창세기에 대한 충실한 논평》 V 12. 〔아렌트 자신이 잇따라 나오는 각주를 삭제했다.〕

체 이상은 아닐 것이다. 한 순간에서 다음 순간으로 정신이 팔리는 분산 상태로부터 인간을 구하는 이러한 정신 집중을 통해서 인간은 영원한 '오늘', 즉 영원의 절대현재에 접근한다. 기억에게 위대한 **힘***vis*을 부여하는 것은 바로, 저 과거가 영원히 상실되지 않는다는 사실과, 회상이 과거를 현재에 되불러올 수 있다는 사실이다.[43] 우리의 기대들과 욕망들이 우리가 기억하는 것에 의해 촉발되고 선행 지식에 의해 인도되기 때문에, 인간실존에 통일성과 총체성을 부여하는 것은 기억이지 (예컨대 하이데거의 접근 방식에서처럼 죽음에 대한 예상으로서의) 기대가 아니다.[44] 과거와 미래 양자를, 즉 기억과 기억으로부터 파생된 기대를 현전하게 만들고 붙잡아 두는 방식으로 인간실존을 규정하는 것은, 과거와 현재가 동시에 같은 공간에서 만나는 현재인 것이다. 이러한 인간의 가능성이 인간에게 '불변의' 상태에 참여할 수 있는 몫을 부여한다. 가장 먼 과거와 가장 먼 미래는, 객관적으로 말해서 인간 삶에서 한결같은 이중의 '전방'일 뿐만 아니라 인간이 아직 살아 있는 동안 그런 식으로 실현될 수 있다. 다른 어떤 필멸자가 아니라 오직 인간만이, 저 죽음이라는 최종 경계를 향해서 삶을 영위해 가면서도 그 자신의 궁극적 기원을 향해서 산다. 인간은 기억과 기대를 통해 자신의 전 생애를 현재에 집중할 수 있으므로 영원에 참여할 수

43 《고백록》 X, 17, 26; X, 8, 14.

44 하이데거Martin Heidegger, 《존재와 시간》〔*Being and Time*, 존 매쿼리John Macquarrie와 에드워드 로빈슨Edward Robinson의 영역본 (New York: Harper and Row, 1962)〕, 279-304, sect. 46-52.

있고, 그로 인해 현세에서조차도 '행복해질' 수 있다. "그 영혼 자체가 행복해진다는 의미로서의 행복은 영원히 살며 불변의 영원한 실체를 담고 있는 삶, 즉 하느님이 실재하는 삶에 참여하지 않는다면 실현될 수 없는 것"이기 때문이다.[45] 과거와 미래가 동시에 한 공간에서 만나는 양자의 현재화는 시간을 소멸시키며 시간에 대한 인간의 종속성을 무효화시킨다.

요약하면, 인간은 자기 자신의 실재에 대한 탐색을 주도한다—"나는 나 자신에게 문젯거리가 되었다"[46]라고 주장하는 방식으로 말이다. 이 자기 자신의 실재에 대한 탐색은 그가 창조되었고 그 자신이 만들지 않았다는 사실을 말해주는 어떤 기억을 부여받은 까닭에 발생한다. 그러므로 자신의 존재Being에 대한 탐색은 실제로 자기 기원에 대한 탐색이다—[인간이라는] 피조물의 창조자에 대한 탐색, 기억 속에서 일어나는 이 탐색 과정에서 과거가 현재로 되돌아오고, 어떤 과거 기원으로의 귀환이라는 염원은 그 기원을 다시 가용한 것으로 만드는 어떤 미래에 대한 기대감에 부푼 욕망으로 전환된다. 바꿔 말해서 인간의 자기 자신의 실재에 대한 탐색 덕분에 그의 삶의 시발점과 종결점은 서로 치환 가능한 것이 된다.

이 인간 삶의 시발점과 종결점의 치환 가능성이라는 현상이 다음 세 가지 질문을 제기한다. 〔B:033193〕 첫째, 인간의 **'참된 있음**

45 《요한복음에 관한 논고》 XXIII, 5.

46 《고백록》 X, 33, 50.

vere esse'을 인간에게 절대과거와 절대미래라는 이중의 '전방'으로 나타나는 모종의 포괄적 총체로 규정할 수 있게 한 아우구스티누스의 존재Being 개념은 어떤 것인가? 둘째, 이 현세의 시간적 삶의 요소 가운데 무엇이 인간으로 하여금 '**자기 자신에게 되돌아감으로써***redire ad se*' 그가 세속적 삶 속에서 결코 경험할 수 없는 어떤 것을 발견하도록 하는가? 사실 창조된 인간의 '참된 있음'은 결코 시간적인 세속의 삶에 내재하지 않는다. 그의 참된 있음은 원칙상 이 세계보다 앞선 것이며 그 자체로서는 창조 작업에 속하지 않는 창조의 원천이기 때문이다. 이런 맥락에서 셋째, 창조된 인간이 태어나는 곳이면서 그가 속하기도 하고 속하지 않기도 하는 세계는 과연 어떤 종류의 세계인가?

아우구스티누스의 사상에서 첫 질문과 나중의 두 질문은 완전히 이질적이며, 어느 면으로는 상호배제적인 맥락에서 그 답이 주어진다. 아우구스티누스의 존재Being에 대한 이해 방식은, "있음being은 남겨진 것을 가리킨다"[47]는 맥락에서 존재를 영구성 또는 지구력持久力과 동일시하는 그리스의 개념에서 도출된 것이다. 이 존재는 우리가 추후 보게 되듯이 다름 아닌 우주의 영구적인 구조이다. 이와 대조적으로, 아우구스티누스의 현세에 대한 이해 방식은 현세에 현존하는 것mundane existence은 다 창조물로 보기 때문에 그것의 영속성을 부정하는 기독교의 가르침에 의해 인도되고 있다.

---

47 《마니교도적 삶의 방식》 II, 6, 8; "타락에 의해서 모든 것이 예전의 모습으로 남지 못하고 비非영구성, 비非존재로 인도된다. 존재는 영구성을 수반하기 때문이다."

또한 아우구스티누스는 [인간] 세계와 우주를 구분하는 기독교 특유의 구분 방식에 이끌렸다. 그 구분 방식에 의하면 전자의 세계는 인간들에 의해 구성된다.[48] 이 두 가지 이질적인 가정으로 인해 다음과 같은 어려움이 발생한다. 한편으로 인간은 우주의 영구적 구조의 일부이므로 그의 실재에 대한 탐색은 우주의 총체적 구조 속에서 답이 주어져야만 한다. 다른 한편, "나는 나 자신에게 문젯거리가 되었다"고 말하는 방식으로 창조에 대한 기독교의 견해를 수용하게 되면서 그가 인간에게 자신의 '참된 있음'에 대한 탐색을 저 세계의 외부에서 하도록 요구하기 시작했다. 이 장에서 우리의 임무는 아우구스티누스가 창조주와 영원을 이중의 '전방'으로 정의한 것이, 어떻게 그가 반드시 화해시켜야 할 이 두 개의 정반대 논리들로부터 숙성되고 있는지를 보여주는 것이다. 물론 조금도 놀랍지 않게 우리는 창조주-피조물의 관계에 관한 한 기독교의 세계관이 그에게 훨씬 더 중요하고 결정적인 것임을 발견하게 될 것이다. 그럼에도 그러한 사실의 발견이 아우구스티누스가 그리스 철학에 진 빚을 간과할 이유까지는 되지 못한다. 이 빚은 우주에 대한 그의 개념에서 가장 분명하게 드러난다. 더욱이 아우구스티누스가 이중의 '전방'이라는 관념에 도달한 것도 기독교의 개념적 맥락을 비껴났을 때 비로소 가능했다.

아우구스티누스가 알았던 그리스의 철학 전통에 따르면 존재는

48 루돌프 불트만Rudolf Bultmann, 〈요한복음의 종말론Die Eschatologie des Johannes-Evangeliums〉, 《시대의 사이 1 Zwischen den Zeiten 1》(1928).

영원히 동일자同一者로 남아 있기 때문에 그것의 부분들이 지닌 변이성에도 불구하고 모종의 전체로서 남아 있는 저 우주를 의미했다. 〔B:033194〕 저 우주의 각 부분은 그 존재의 일부라는 한에서만 전체에 참여하며 그것에 들어맞는 방식으로 **실재한다**. 또한 "특수한 전체에 순응하지 않는 어떤 부분이 있다면 그것은 제 위치를 벗어난 것이다." 전체를 작동시키고 계속 **운동시키는***agere* 것이 부분들의 기능이다. 부분들은 서로를 "떠나고 계승하며", 성하고 쇠함으로써 이 기능을 수행한다. 그러므로 그 부분들은 결코 동시적으로 현존하지 않는다.[49] 마치 "어떤 훌륭한 집이 명백히 훌륭함 자체는 아니며" 우리가 훌륭하다고 부르는 모든 사물들에 앞서 있는 훌륭함에 참여함으로써만 그 훌륭함을 얻듯이 완전체로서의 우주, 즉 존재Being 역시, 단지 그것에 참여함으로써만 실재하게 될 모든 것에 "선행하며 훨씬 우월"하다.[50] 분명 우리가 신의 창조 작업의 결과로 알고 있는 저 우주는 모든 사물들을 동시적으로 담고 있다고 이해되어야만 한다. 이는 "신이 모든 사물을 단번에 창조했으며" 그것들은 숨겨진 방식으로, "마치 때가 되면 한 그루의 나무로 자라나게 될 모든 것들이 바로 그 씨앗 속에 보이지 않는 형태로 〔이런 의미에서〕 동시적으로 존재하는 것처럼", 저 우주만물과 더불어 현존하기 때문이다.[51] 하지만 세상에 태어나 때가 되면 세상을 떠나는 부분들 자체는 이 동시성을 인식하지 못

49 《고백록》 III, 8, 15; IV, 10, 15.
50 《삼위일체론》 V, 10, 11.
51 《창세기에 대한 충실한 논평》 V, 23-45.

한다. 인간들 자신은 그 전체의 부분들이다. 바로 그 이유 때문에 그들은 결코 전체를 볼 수가 없다. "네가 그것을 보려고 어디로 고개를 돌리든 너는 부분들만 보게 될 것이다."[52] "우리 자신은 우리의 필멸성 덕분에 〔우주 질서에 속한〕 어떤 부분에 깊숙이 박히게 되며, 우리를 거스르는 부분들이 제법 능숙하고 보란 듯이 들어맞는 우주를 지각하지 못한다."[53] 아우구스티누스에게 있어 부분들의 시간적 시제時制는 이 생각조차 할 수 없는 동시성에서 발생한다.

이런 맥락에서 인간의 필멸성은 우주 내 부분들이 지닌 시간성의 어떤 특별한 사례 그 이상은 아니다. 이런 방식으로 시간성은 인간의 가변성과 한시성에 기초하는 것이 아니라 부분들과 전체의 관계 속에 내재한다. 시간은 [전체의] 동시성이 부분을 위해 모종의 순서로 위장해 스스로 펼쳐 보여주기 때문에 현존한다. 저 **동시적인 것***simul*, 즉 영원 속의 '모든 것이 한꺼번에' 나타난 것은 영원하지 않은 모든 것을 위한 모종의 순서로 전환된다. 그러나 영원은 전체, 즉 우주의 본질적 구조이다. 비록 우주가 창조되었고 어떤 시발점이 있으며 그렇기 때문에 반드시 소멸되어 어떤 종결점에 이르러야 할지라도, 아우구스티누스는 '모종의 총체적 파괴'가 일어날지에 대해서는 결코 확신하지 못한다. 이런 맥락에서 아우구스티누스는 바울로를 인용한다(〈고린토인들에게 보낸 첫째

52 《설교집》 117, 5.

53 《신국론》 XII, 4.

편지〉 7장 31~32절). 단지 〔B:033195〕 "이 세계 속 인물"이, 즉 그것이 우리에게 보이듯, "지나가는 것뿐이지, 그것의 〔고유한〕 본질은 아니다."[54] 바꿔 말해서 부분들의 오고 감과 무관하게 영속하는 것은, 그것들이 각자의 자리를 발견하는 저 비소멸적이고 조화로운 전체이다. 가령 순서라는 것이 전체가 그것의 부분들에게 나타나는 양식이라면, 시간은 인간이 그것을 이해하는 양식이다. 아우구스티누스는 다음과 같이 적고 있다.

> 그들은 영원한 사물들을 포착하려고 시도하지만 그들의 마음은 과거와 미래에 속한 변화하고 있는 것들 가운데서 갈팡질팡하며 여전히 허망하다. 누가 그것〔마음〕을 다잡아 단단하게 만들어 잠시라도 굳건하게 서 있게 할 것이며, 영구히 고요하게 멈춰 서 있는 영원의 찬란함을 잠시나마 붙들어 둘 수 있을 것이고, 결코 조용히 정지해 있을 수 없는 시간들과 그것을 비교할 것이며, 그것의 비교 불가능함을 알게 될 것인가? 긴 시간은 만약 그것이 스스로 동시에〔*simul*〕 늘일 수 없는 다수의 순간적 동작들로 이루어지지 않는 한 결코 길어질 가능성이 없음을 〔마음이〕 알게 하고, 영원 속에는 전체가 현전하기 때문에 순간적인 것이 아무것도 없음을 알게 하며, 그 어떠한 시간도 이제까지 완전히 현전한 적이 없다는 사실을 확실히 알게 하라. 이에 덧붙여 모든 과거가 어떻게 미래로부터 떠밀려

54 《신국론》 XX, 14.

> 나오게 되는지, 모든 미래가 어떻게 과거에 뒤따라 나오는지, 그리고 모든 과거와 미래가 어떻게 만들어지며 어떻게 늘 현전하는 것에서 흘러나오는지를 마음이 알게 하라.[55]

이는 늘 현전하는 우주로서 이해된 영원한 존재eternal Being가, 왔다가 떠나가는 그것의 부분들에게 나타나는 방식이다. 개별적인 인간들이 아니라 인간 종족이라는 종種만이 저 우주의 동시성에 참여하며, 그런 방식으로 [인간 종족이] 특정의 동일한 본성을 지니는 것이다. 인간 종족은 개별적인 인간의 형태로서만 실제로 현존한다. 그것이 영원이 '**작동하는***agere*' 방식이다. 그 결과로 저 우주 안에서는 실재가 아닌 현존이 시간을 통해서 실현된다. 인간의 삶도 이와 동일하다. 왜냐하면 인간의 총체적 삶은 "그것의 부분들인 인간의 행위들"을 통해서 현존하기 때문이다. 이 삶 자체는 그것이 영원할 것이라고 믿어지는 한 존재Being(저 우주)라는 것의 원초적 동시성과 동일한 특성을 보유해야만 한다.[56]

이 해석은 인간 삶에 대한 이해 방식에 중대한 영향을 끼친다. 정의상 전체란 완전히 총망라하는 것을 말하기 때문에 그것의 부분들에는 관심을 가지지 않는다. 불변성을 지닌 전체는 그 **전체** *totum*로 통합되지 않는다면 아무런 의미도 얻지 못하는 부분들로 이루어진다. 이 전체와 부분들 사이의 관계에서 비록 부분들 덕분

55 《고백록》 XI, 11, 13.

56 같은 책, XI, 28, 38.

에 전체가 존재한다고 해도 부분들의 순서는 그다지 중요하지 않다. 그러므로 탄생에서 죽음에 이르기까지 시간적 순서들이 서로를 따르는 인간 삶은 유일성과 불가역성을 박탈당한다. 이런 시간적 순서들은 단지 〔B:033196〕 지상의 삶이 동시성을 결여하는 까닭에 시간적인 성격을 띠게 되어 현존하는 부분들일 뿐이다. 이러한 관점에서 존재는 저 우주와 동일시되며, 시간이 부재하는 총망라적인 전체이다. 그것은 모든 사물들을 동시적으로 보여주는 영원한 현재이므로 시간적 일시성을 지닌 부분들을 다 품는다. 이 우주 안의 그 어떤 부분도, 인간의 삶과 이 현세적 삶의 어떤 부분도 그 자체의 자율적 의미를 가질 수 없기 때문에, 우주 안에는 그 어떤 '**악***malum*'도 있을 수 없다. 거기에는 오로지 '**선들***bona*'만이 그것들의 올바른 질서 안에 머물고 있는데, 그것들은 **개별 인간** *singulum*의 일시적 [시간의] 관점에서만 나쁘게 **보일** 따름이다. 이 선善의 특질은 특수한 사물들 자체에서 생겨나는 것이 아니라 저 우주가 그것들에게 부여한 것이다.

> 이 우주 안에서는 특수한 사물들마저도 선하다. 이는 보편적인 것의 감탄할 만한 아름다움이 그것들 전부를 구성하기 때문이다. …… 이 우주에는 심지어 악이라고 불리는 것조차 질서정연하며 있을 자리에 놓여 있으므로, 나쁜 사물들과 비교해 본다면 그것은 우리를 더 기쁘게 할 수 있고 조금 더 칭찬의 가치가 있을 수도 있는 더 훌륭하고 좋은 사물들을 우리에게 추천한다.[57]

모든 사물들이 다 신에 의해 창조된 것 아닌가? 도대체 신이 어떻게 악을 창조할 수가 있었단 말인가?

> 〔하느님이〕 모든 천지만물을 지으셨다. 덕목과 정의를 간직한 것들뿐 아니라 죄를 짓게 될 것들까지도 말이다. 후자를 〔그분이 지으신 이유는〕 죄를 지으라는 뜻이 아니라, 그것들이 죄짓기를 바랐든 아니었든, 저 우주를 꾸밀 수 있겠거니 했기 때문이었다.[58]

우주로서의 존재는 부분들의 총합도 아니고, 창조주인 신과도 쉽게 동일시할 수가 없다. 신은 명백히 저 우주의 외부에서 자신의 창조 작업을 수행한다. 아우구스티누스에게 존재는, 마치 그리스인들에게 그랬던 것처럼, 영속적이며 영구히 합법적인 구조이자 저 우주에 있는 모든 부분들의 조화[상태]이다. 그가 제시한 사악함에 관한 적절한 해석은 비록 수긍하기에 상당한 어려움이 있긴 하지만 다음과 같은 내용이다.

> 〔그 자신의〕 의지로 인해 사악해졌고 하느님의 법칙에 복종함으로써 자신이 [이전에] 소유했던 저 우주를 잃게 된 자가 여전히 〔전체의 한 부분으로서〕 자신에게 **지정된***ordinatus* 위치에 남

57 《신앙편람》 3, 10과 11.
58 《자유의지론》 III, 11, 32.

아 있다. 합법적으로 행동하기를 원치 않았던 그가 [불가피하게] 그 법의 적용을 받게 되는 그런 방식으로.[59]

달리 표현하면, 전체의 선先결정된 조화를 헛되이 회피하려는 자는 사악하다. 마치 모든 단독체에 제각각 새겨져 있기라도 하듯 그 "영원법이 우리에게 새겨져 있으므로" 인간 중에서 최고는 "**질서 잡힌 인간***homo ordinatissimus*"이라는 것이 바로 이 전체를 총망라하는 조화의 구조[적 특성]이기 때문이다.[60] 같은 맥락에서, 가령 아우구스티누스가 "세속법에서 정의롭고 합법적인 모든 것은 저 영원법에서 유래한다"고 말하는 것은 그가 반드시 〔B:033197〕 신을 영원한 입법자the eternal lawgiver로 생각해서 그런 것이라기보다는 오히려 부분들의 운동 방식과 행위 방식을 규정하는 법칙이 전체를 포괄하는 그 법에서 나온다는 것을 설파하기 위함이다.

이 '총망라하는 우주로서의 존재' 개념이 아우구스티누스의 사유에 미친 막대한 영향력에 관한 한, 과대평가는 허용되지 않는다. 이 점은 인간 또는 여타 피조물들의 완전함이 존재Being 그 자체가 아니라 창조주the Creator로부터 나온다고 적은 단락들 속에서 가장 분명하게 드러난다. 그런 명백한 기독교적 맥락에서조차 엄밀히 말해서 '그리스적'인 상이한 사상이 배경에 깔려 있기 때문이다. "각 사물의 완전성은 그것이 일부로서 편입되어 있는 저 우

59 《음악론On Music》 VI, 11, 30.
60 《자유의지론》 I, 6, 15; I, 8, 18.

주 속에 있는 것이 아니라, 그것을 존재하게 한 그분 속에, 저 우주 자체를 품고 있는 그분 속에 있다."[61] 인간은 명백히 저 우주의 일부일 뿐이며 그가 자신의 창조주인 신과 어떤 직접적인 관계를 갖지 않는다면 그는 의당 자신의 기원으로 '**귀환***redire*'하거나 '**거꾸로 전거***referre se*'할 수 없을 것이다. 아우구스티누스는 저 우주와 존재가 논의되는 맥락에서 이러한 용어들을 사용한 적이 거의 없다. 전체의 어떤 부분은 결코 그것이 거꾸로 전거할 수 있는 시발점을 갖지 않는다. 부분이 그것의 보편성을 결코 이해할 수 없는 우주는, 〔B:033198〕 어떤 기원이 아니라 부분들이 통합되는 상위 질서이다. 그런 까닭에 우주는, 그것의 구조적 자산과 여타 자산을 창조하기보다는 규정하는 영구적인 틀이다.[62] 이 [우주의] 보편적 질서는 있는 모습 그대로 영원까지 존속하며, 그 질서가 명하는 것들도 역시 그러하다. 비록 개개의 실체들이 왔다가 사라지며 그들의 단독성 안에서 성하고 쇠할 수 있을지라도 말이다. 부분은 그것의 소멸성으로 인해 언제든 치환되고 교체될 수 있다. 부분은 자신을 위해서가 아니라 오직 '**전체의 아름다움***pulchritudo universitatis*'을 위해서 현존한다. 인간이 지닌 것과 같은 어떤 개별적인 자아

---

61 《창세기에 관한 충실한 논평》 IV, 18, 34. 〔아렌트는 다음 내용이 있었던 이 각주의 나머지 부분을 삭제했다. "아우구스티누스가 얼마나 강력하게 저 총망라하는 것the encompassing으로서의 우주 개념과 포괄된encompassed 부분으로서의 인간 개념의 지배를 받았는지는 모든 창조된 것의 일부로서 인간의 완전성이 창조주에게서 탐색되는 그리고 인간이 우주의 통합된 일부로 나타나는 인용구로부터 볼 수 있을 것이다." 그러고 나서 아렌트는 《창세기에 관한 충실한 논평》으로부터 발췌한 그 인용구를 이 장의 본문에 삽입했다.〕

62 《고백록》 I, 6, 9.

는 저 우주의 영원히 동일한 동시성에 포섭되어 상실된다. 이 대목에서 창조주의 관점에서의 '전방'은 의미를 상실한다. 만약 인간과 그의 삶이 어떤 총망라적인 전체의 부분들이라면 그것들이 기원을 가지고 있다고 말할 수 없을 것이고, 그것들의 필멸성 역시 부적실해졌다고 말할 수 있을 것이기 때문이다.

영구적 존재everlasting Being와 우주에 관해 이런 식으로 관측하는 방식은 플라톤으로 거슬러 올라간다. 아우구스티누스의 세계 개념은 부분적으로 플라톤에서 플로티노스에 이르는 서구 철학 전통에 속한다. 저 우주의 시발점 문제는 창조주를 경유하는 확실한 시발점에 대해 알고 있는 아우구스티누스에게 매우 당혹스러운 것이었고, 이 전통의 초창기부터 줄곧 골칫거리가 되어왔다. 플라톤은《티마이오스Timaeus》에서, 저 천지만물은 "어떤 시발점에서 출발해 현재의 모습으로 있게 되었다"라고 결연히 선언했다. 그리고 "이 우주의 제작자이자 아버지인 누군가를 찾아내는 것은 어려운 임무이며, 설령 그를 특정했다 해도 그를 모든 인류에게 선포하는 것은 불가능할 것"이라고 덧붙였다. 그러나 플라톤은, 모종의 신성한 창조주라기보다 특정의 영원한 모델에 따라 저 세계를 조형한 한 사람의 장인에 더 가까운 이 제작자에게는 관심이 없다. 정작 플라톤의 관심을 불러일으키는 것은 바로, 인간의 이해력에 상당히 개방적이며 "이성적인 담론을 통해 이해 가능하고 항상 동일한 상태에 있는" 그 모델이다.[63] 그러므로 우리는 플라톤에

---

63 플라톤,《티마이오스》28c, 29a.

게서 저 우주를 설명하는 세 가지 요인을 발견하게 된다. 그것은 제작자, 모델, 그리고 결과물이다. 플라톤에 의하면 그 모델은 어떤 시발점도 갖지 않으며, '**영구적***aidion*'이고, 어떤 변화도 겪지 않는다. 그러나 결과물은 생겨났고 어떤 시발점을 가지며, 그것이 본떠 조형화된 모델을 '모방함imitating' 덕분으로 역시 영구적일 수 있지만 항상 변화하는 상태에 있다. 이런 의미에서 저 결과물은 영구적인 **되어감**Becoming으로 이해할 수 있다.[64]

아우구스티누스에게 이르러서야 비로소 '모방'은 창조주에 대한 의존성을 지칭하게 된다. 그런 반면에 플라톤에게 모방은 확실히 제작자와 그의 결과물의 상위에 있는 저 모델을 가리킨다. 아우구스티누스는 이 중요한 구분을 상당히 많이 의식했다—아우구스티누스의 입장에서 '되어감'은 결코 플라톤의 경우에서처럼 영원할 수 없기 때문이다.[65] 아우구스티누스에 따르면 시간 자체는 창조된 것이며 어떤 시발점과 종결점을 갖는다. 반면에 플라톤에게 시간은 비록 그것이 생겨나게 된 것일지라도, 천체 기관들의 영구적 운동으로 이루어진 "영원의 운동 이미지"이다.[66] 저 우주(천지만물)가 어떠한 '되어감'도 아닌 저 참된 존재의 영원성이라는 '이미지'인 것만큼은 사실이다. 그러므로 우주는 자율적이지도 또 영원과 무관하지도 않다. 그와 정반대로, 저 우주와 그것의 모

---

64 같은 책, 29b-d.

65 《신국론》 XII, 11, 12, 14, 그리고 우주의 영원성에 대한 아우구스티누스의 반대 의견은 16.

66 플라톤, 《티마이오스》 37d.

든 부분들은 다채로운 형태를 띠는 가운데 저 **유일자**the One로부터 그들의 존재Being를 접수한다.[67] 그러나 '모방'은 비록 영구적 변화의 형식을 통해서긴 하지만 저 우주에게 그것의 영구적인 존재를 보장한다. 저 우주는 어떤 단순한 '사본'이 아니다. 그것은 참된 존재를 비춰주는 모종의 거울이다. 이 '되어감'이 **영구적인***aei* 한, 저 우주는 그것 자신의 시발점과 상관없이 존재한다. 저 우주가 실재하는 모습 그대로, 즉 '**영구적인 되어감***aei genesthai*'의 상태로 있음으로써 우주는 그것 자신이 본떠 형체화한 **영원***aion*에 끊임없이 도달한다. 이 **영원**은 영원한 '**양태***paradeigma*'로서 남는다. 반면에 (여기서, 그리고 《티마이오스》 전체에서 '천국'이라고 지칭되는) 우주는 "언제나 부단히 존재해 왔고 현재도 그러하며 장차도 그러할 것이다."[68]

아리스토텔레스의 분석에서 이 플라톤적 우주는 이미 그것의 시발점을 상실했다. 아리스토텔레스는, 총체적인 우주는 "단일하며 영원하고, 그것의 총체적 현존은 시발점도 종결점도 없으며, 그 안에 무한의 시간을 담아 품고 있다"[69]라고 주장한다. 저 우주 자체는 〔B:033199〕 모든 가능한 변이들(**구성***systasis* 대 **소질***diatheseis*)을 한데 모은 것과 동일시된다. 이런 변이들은 **기관들***somata* 속에서 발생하기 때문에 제한적이며 그래서 가변적이다. 하지만 전체는 그것의 부분들에 선행하며 부분들이 오고 가는 것, 즉 그 가변

67 같은 책, 30c.

68 같은 책, 38c.

69 아리스토텔레스, 《천체에 관하여On the Heavens》 II, 1, 283b 26-31.

성에도 불구하고 살아남을 수 있다. 아리스토텔레스는, "항상 '되어감'보다 '함께 모아둠keeping-together'이 먼저였으며 우리는 이 모아둠과 관련해서 그것이 변했다고 말할 수 없다. 왜냐하면 '되어감'이 결코 현존하게 된 바가 없기 때문이다"[70]라고 적었다. 이 전체, 즉 천체 기관들로 이루어진 체계는 순환 운동을 하기 때문에 시작도 없고 끝도 없다. 그것은 영원히 '지구 주위'[71]를 돈다. 전체의 영원성은 그것 너머에 있는 어떤 영원한 양태의 '모방'을 통해 주어진 것이 아니라, 그와 정반대로 전체 속에 내재한다. 그래서 아리스토텔레스는 플라톤에 반대해 다음과 같이 명시적으로 지적했다.

> 《티마이오스》에 적힌 것처럼 저 우주[천지만물]이 생겨나기 이전부터 그것의 구성 요소들이 질서 없이 운동을 했다면 그것들의 운동은 부득이하게 강제된 것이었거나 아니면 그것들의 본성에 따른 것이었으리라. 만일 후자가 맞는다면 저 천지만물은 필시 현존 상태에 있었을 것이다.[72]

바꿔 말해서, 바로 저 우주를 우주로 만든 요인인 우주의 질서는, 혼돈에서 우주가 생성될 수 있기 이전에 여하튼 현존했어야만 한다는 것이다. 이는 우주의 시발점은 생각할 수 없는 것이라는

---

70 같은 책, I, 10, 280a 24.

71 아리스토텔레스, 《기후학The Meteorologics》 I, 2, 339a 15-30.

72 아리스토텔레스, 《천체에 관하여》 III, 2, 300b 16.

말의 다른 표현일 뿐이다.

존재와 우주에 관한 그리스 철학적 사유법의 최후 대변자이자 아우구스티누스에게 그것을 전수한 사람은 플로티노스였다. 아우구스티누스는 자주 그의 사상을 거의 축약하다시피 해서 옮겨 놓았다.[73] 플로티노스 역시 저 우주는 영구적이며 그 어떤 시발점도 종결점도 없다고 확신했다. "저 우주가 결코 시발된 적이 없다는 사실은 그것이 지금까지 지적되어온 것처럼 불합리한 것일 듯하기 때문에 우리에게 그것의 미래에 대한 확신을 심어준다."[74] 이런 관점에서 '되어감'은 또다시 모종의 '모방'이며, 되어감은 저 영원한 존재를 모방하는 것이기 때문에 그것 자체로 영구적이며 영속적이다. 결과적으로 저 세계는 "시발되지 않았고 종결되지도 않을 것"이다. 모든 특수한 것들과 개별적인 유기체들은 부분으로서 전체의 **질서***taxis*에 편입된다. 비록 그것들의 구성 방식이 전체의 구성 방식과 전적으로 다르다고 해도 말이다. 하나의 전체로서 저 우주는 영원히 그 상태로 남으라는 명령 아래 있는 데 반해, 그것의 부분들은 분산적 경향을 가지며, 그들의 본성에서 기인하지 않는 어떤 유대 관계에 의해 전체와 묶이게 된다. 단지 그 부분들에게는 도망칠 수 있는 장소가 없을 뿐이다. 이 [힘의] 차이가

73 특히 루이 그랑조지Louis Grandgeorge, 《아우구스티누스와 신플라톤주의S. Augustin et le Neoplatonisme》 (Neudruck der Ausgabe, Paris, 1896; Frankfurt 1966 재판). 그는 플로티노스의 《엔네아데스》의 해당 단락과 함께 다수의 단락을 모아서 펴냈다.

74 플로티노스, 《엔네아데스》 II, 1, 4.

우주 내 인간의 숙명을 결정한다.

> 가령 이러한 부분들 중 하나가 그것의 본성에 따라 움직인다면 이 움직임이 본성에 맞지 않는 자들을 고통스럽게 만들겠지만, 전체의 부분들로서의 나머지 사람들에게는 괜찮을 것이다. 전체의 질서를 따를 수 없는 자들은 소멸할 것이다. …… 그들이 그 질서를 피할 수는 없기 때문이다. …… 〔B:033200〕 그러나 전체의 질서에 적응할 수 있는 자라면 그 질서로 인해 어떠한 고통도 받지 않을 것이다.[75]

아우구스티누스의 사상에서 플로티노스가 매우 중요한 이유는, 그가 기본적으로 고대에 살았던 전임자들과 대비되는 방식으로 이 영속적인 우주 내 인간의 숙명에 관심을 가졌기 때문이다. 그 결과로 플로티노스는 악惡의 기원에 관한 질문을 제기하는데, 이 질문은 플라톤이나 아리스토텔레스에게는 조금도 중요한 것이 아니었으나 아우구스티누스에게는 절대적으로 중요했다. 아우구스티누스는 '모방'에 대한 이해 방식에서 플로티노스와 의견을 달리했다. 아우구스티누스의 입장에서 모방은 '되어감' 자체와 동일한

---

75 〔아렌트는 여기서 자신이 '《엔네아데스》 II, 9, 7 구절의 일반적인 의미가 이러하다고 풀이함'을 알려준다. 표준화된 번역들과 다소 차이를 보인다. 스티븐 매케너Stephen Mckenna의 번역(플로티노스, 《엔네아데스》 (London: Faber and Faber, Ltd., 1956), 139)과 에밀 브레이Emile Brehier의 그리스어-프랑스어의 2개 국어 번역본(플로티노스, 《엔네아데스》 vol. 2 (Paris, 1924), 120)을 비교해 보라.〕

것이 아니다. 모든 피조물이 '되어감'에 종속되지만 아우구스티누스의 사유에서 모방은 단지 인간만의 특성일 따름이다. 그럼에도 플로티노스의 악 관념, 즉 "악을 …… 어떤 하급 선 그리고 어떤 지속적 쇠퇴 현상으로 생각지 말아야 한다는 것"[76]이라는 관념이 이 질문에 관한 아우구스티누스의 논의 전체에 반향되고 있다. 이와 유사하게 존재Being를 저 **'전체의 질서'**(플로티노스의 'taxis tou holou')로 이해하는 일반 개념, 그리고 인간을 존재의 부분으로 보는 일반 개념이 아우구스티누스의 **'질서 잡힌 인간**the well-ordered man'이라는 개념에 결정적으로 중요하다. 아우구스티누스는 질서 잡힌 인간과 악인을 구별한다. 후자는 "그것의 전체에 동의하지 않았기" 때문에 사악해진 어떤 '부분'으로 간주되었다.[77]

〔A:033299〕 이 그리스 전통에서 유래한 우주에 대한 견해가 아우구스티누스의 후기 저술들에 실제로 나타나는 기본 초점은 아니지만, 이 견해는 명백히 그의 **세계***mundus* 개념에서 이탈한다. 지금부터 우리는 이 논점을 숙고해볼 것이다. 아우구스티누스가 저 세계에 관해 기술했듯이 "이 세계에서는 그 어떤 것도 우연히 일어나지 않는다. 이 명제가 수립되었다면, 이 세계에서 된 것은 부

---

76 플로티노스, 《엔네아데스》 II, 9, 13.

77 《고백록》 III, 8, 15. 〔질서 관념과 그것을 인간에게 적용한 사례로서 질서 잡힌 인간homo ordinatissimus은 아우구스티누스의 여러 저작에 등장한 중요한 주제이다. 일례로 《자유의지론》 I, 8을 보라. "인간이 짐승보다 우월하다고 하는 요소가 무엇이든 그게 정신이든 영혼이든 아니면 둘 중 어느 것이든 모두 정확한 용어다(우리는 성경에서 양자 모두를 찾아보게 된다). 만약 이것이 인간을 구성하는 다른 요소를 제어하고 통제한다면 그는 최고 수준으로 질서가 잡힌 사람이다." 또한 I, 7, 16; I, 10, 20 참조.〕

분적으로는 신의 대리에 의해서 그리고 부분적으로는 우리의 의지에 의해서 이루어진 것이라는 결론이 뒤따라 나올 듯하다."[78] 우리는 우리의 의지로써 저 세계의 사건들에 참여한다. 또한 신이 결정한 어떤 행위의 결과로서 사건들이 발생하는 한, 신은 우리 자신과 우리의 행위들을 다 끌어안는 저 영원하며 전부-포괄하는 자가 아니다—그 관계는 반반이다. 결국 저 세계는 사건들이 발생하는 장소다. 어떤 의미에서는 저 세계의 외부에 신이든 인간이든 그것들을 발생시키는 자가 서 있다고 볼 수도 있다. 그 어떤 경우든 저 세계 내 사건들은 부분적으로 그 세계의 거주자들에 의해 구성된다. 그런데 그것 자체로서의 세계란 무엇인가? 아우구스티누스는 이 질문에 대해 다음과 같이 대답한다. "'세계world'는 하느님이 만드신 하늘과 땅이라는 〔A:033300〕 직물에 주어진 이름일 뿐 아니라 그곳의 거주자들 역시도 '세계'라고 불린다. …… 저 세계의 모든 애호자들도 '세계'라고 지칭된다."[79] 그러므로 저 세계는 세계를 사랑하는 사람으로 이루어진다. 이처럼 그의 세계 개념은 이중적이다. 첫째, 세계는 신의 창조물(하늘과 땅)이며 모든 세계 애호자들보다 시간적으로 앞선 개념이다. 그리고 둘째, 이는 인간 세계를 말하는데, 그것은 서식棲息과 **사랑***diligere*으로 이루어진다.[80] "우리의 의지에 의해 발생하는" 것은 천지天地를 이 두

---

78 《83개의 상이한 질문들》 14.

79 《요한일서에 대한 설교》 II, 12.

80 하이데거, 〈근거의 본질에 관하여Vom Wesen des Grundes〉, 《에드문트 후설-기념 논집E. Husserl-Festschrift》 (Halle, 1929), 86-87. 저 세계 개념

번째 의미의 세계로 바꾼다. 그렇게 구성됨으로써 이 세계가 처음으로 생겨나게 되는 것이며, 저 창조론에서 얘기하듯이 아무것도 아님에서 나오는 것이 아니다. 도리어 인간이 **신의 직물***fabrica Dei*로부터, 즉 선재하는 신의 창조의 결과물로부터 저 세계를 만들고 자기 자신을 그 세계의 일부로 만든다. 아우구스티누스는 다음과 같이 묻고 대답한다. "왜 죄인들이 저 세계라고 불리는가? 이유는 그들이 저 세계를 사랑하며, 그것을 사랑함으로써 저 세계 속에 거주하기 때문이다. 집에 빗대어 말하자면 우리는 그 집에 사는 거주자인 것은 물론, 그 집의 구조이기도 하다."[81] 우리의 의지에 의해 발생하는 것은 저 **세계에 대한 사랑***dilectio mundi*에 의해 인도되며, 이것이 세계, 즉 신의 직물을 처음으로 인간의 자명한 안식처로 바꾼다. 산 사람이 자신이 태어나게 된, 선재하는 신의 창조 결과물 속에서 자신의 자리를 발견함으로써 그는 그 창조된 직물을

들에 관한 역사를 요약 정리하는 가운데 아우구스티누스적 세계 개념이 언급된다. 하이데거 역시도 아우구스티누스의 **세계**mundus의 의미를 두 가지로 구분한다. 요컨대 하나는 **창조된 실재**ens creatum(우리 [즉 아렌트]의 맥락에서는 '신의 직물', 즉 '하늘과 땅'의 의미와 일치한다)의 의미로서, 다른 하나는 '저 세계의 애호자들the lovers of the world'로서 이해된 '세계'라는 의미로서 구분한다는 것이다. 그러나 하이데거는 단지 후자에 관해서만 다음과 같은 해석을 덧붙인다: "세계는 결과적으로 인간실존이 그것에 따라 관계를 형성하고 그 **실재**the ens를 겨냥하여 행동하는 결정적인 방법론the decisive How으로서의 그 **실재 전체**the ens in toto를 의미한다." 따라서 그의 해석은 저 세계를 "마음속 세계와 더불어 살아가는" 세계로서 조명하는 일에 한정되어 있는 한편, 나머지 다른 세계 개념은 비록 언급은 되었을지라도 미해석 상태로 남아 있다. 이에 우리의 해석이 목표하는 바는 바로 이 이중적 접근 방식을 이해시키는 것이다.

81 《시편 주해》 141, 15.

저 세계로 바꾼다.[82]

저 세계를 '세계답게worldly' 만드는 세계사랑love for the world은 '**세계에 속함***de mundo*(이 장의 각주 87 참조)'에 근거하고 있다. 마치 신의 창조 작업이 그 자체로서는 세계답지 않은 것과 마찬가지로, 저 세계에 속한 인간 또한 이미 세계다운 것은 아니다. 우리는 추후 '세계성worldliness'이 정말로 의미하는 것이 무엇인지 알게 될 것이다. 인간은 저 세계 속에서 편안해지기를 원치 않을 기회를 가지므로, 자기 자신을 지속적으로 창조주를 거꾸로 전거하는 위치에 놓아둘 수도 있다. "건물 속에 머무는 것을 애호하지 말고 〔A:033301〕 [그것을] 지은 자 속에 머물라."[83] 신의 창조[의 증거]는 현존에서 발견되며, 피조물 자신이 세계를 발견함에 따라 그는 또한 자기 자신이 그 '세계에 속해 있음'과 신에 의해 창조되었다는 사실을 함께 깨닫는다. 그럼에도 자신이 신의 창조 작업의 일부라는 것을 깨닫는 순수한 행동을 통해 피조물이 세계에서 편안해졌다고 보는 것은 아직 이르다. 오직 저 세계 속에서 편안해짐으로써만 인간은 그 세계를 세계로 수립한다. 그 피조물은 자신의 [세계] '**만들기***facere*' [작업] 전체를 그 '깨달음' 혹은 **발견***invenire*에 의존하는 상태에 있으며, 그 '깨달음' 혹은 발견의 맞은편에 신의 자유로운 창조 작업과 선택이 놓여 있다.[84] 모종의 피조물로서 인

---

82 《율리아누스에 대한 반론Against Julian》(미완성작), IV, XX: "줄여서 말하면 그것은 신의 뜻이 아니라 인간의 뜻에 따라 산 인간 삶인데, 그 사도는 여기서 그것을 '세계'라고 지칭했다."

83 《시편 주해》 141, 15.

간이 자신의 '만들기'에 있어 그 '깨달음'에 의존한다는 사실은 일종의 '**사막***eremus*'과 같은 것으로서의 세계가 그에게 선재하는 사실에서 느끼는 특수한 낯섦의 표시인 것이다.

"숨을 불어넣어 저 세계를 만드신",[85] 그리고 자신의 창조 결과로서 [저 세계 속에] 현존하는 창작물과 근원적 연계성을 가지는 신과 달리, 인간은 한 사람의 외부인으로서 자신의 창작물과 직면한다. 또한 모종의 지속적 보전이 이루어지는 신의 창조 작업의 결과와 달리, 인간이 만든 창작물은 그 어떤 것이라도 그것의 창작자와 더 이상 아무 관계도 없는 세계 내 사물이라는 것을 알 수 있다.[86] 인간은 언제든 창작물로부터 떨어져 나올 수 있지만, 그로

---

84 《마니교도인 펠릭스에 대한 반론Against Felix the Manichaean》 II, 18: "무엇을 만들든 누가 무엇을 만들든 자기에게서 나온 것으로 만들거나 다른 것으로 만들거나 혹은 아무것도 아닌 것으로부터 만든다. 인간은 전지전능하지 않으므로 그의 아들을 자신으로부터 만든다. 그리고 자기 자신으로부터 만든 것은 그게 무엇이든, 마치 장인이 나무를 깎아서 활을 만들듯이, 무엇인가 다른 것으로부터 만들어야 하므로 그는 '만들어졌다'기보다 '태어났다'고 말함이 마땅하다." 《펠라기우스파의 서신 두 건에 대한 반론Against Two Letters of the Pelagians》 II, 15: "그가 그 '선택'과 이 선택 안에서 하느님께서는 다른 사람이 만든 것을 발견하지 못하며, 그분이 발견할 수 있을 것은 스스로 만드신다고 말했기 때문이다."

85 《요한복음에 대한 논고》 II, 10: "그분이 목수가 서랍장을 만들듯이 세계를 지으시지 않았기 때문이다. 목수가 만드는 서랍장은 그의 외부에 있으며 그렇기 때문에 그것이 만들어지는 동안에도 다른 곳에 있다. 비록 목수가 근처에 있다고 해도 그는 다른 장소를 차지하며 자신이 만드는 것의 외부에 있다. 그러나 하느님은 세계에 녹아들어 그것의 형태를 규정한다. 그분은 세계를 만들며 어디에든 현전하시고 어떤 다른 장소로 물러나시지 않는다. 또한 그분은 말 그대로 당신이 외부로부터 만든 그 물질을 손수 다루시지도 않는다."

86 《창세기에 대한 충실한 논평》 V, 20, 40: "그러므로 하느님은 지금도 역사役事

인해 저 세계 내 어떤 사물로서 그 창작물의 현존이 끝나는 것은 아니다. 인간은 자신의 만든 창작물의 **외부에***forinsecus* 서 있으며 그것에 대해 어떠한 고유 권한도 가지지 않는다. 그러므로 인간이 비록 '만들기'를 통해 세계를 자신에게 맞게 만들지라도 저 세계는 그것의 기원적 이질성을 유지한다. 인간은 고유 권한을 결여하기 때문에 자신의 창작물은 그 어떤 것이든 신속히 자신이 그것의 현존을 확인할 수 있는 어떤 사물로의 전환, 그리고 [그 결과로] 저 '세계'로서 자신과 직면하게 될 어떤 사물로의 전환을 허용한다. 그런 맥락에서 인간에게는 두 가지 선택지가 있다. 첫째로 그는 자신의 원천을 상기하고 그 속에 거주함으로써 자신이 살 만한 장소로 만든 이 세계로부터 떨어져 나올 수 있다. 아니면 둘째로, 그는 다시 한번 욕망을 통해 저 세계를 더욱더 확실하게 전유할 수 있다. 저 세계의 이질성에 종말을 고하고 인간이 저 세계에 속하도록 허용하는 것은 그 자체로서의 '만들기'가 아니다. 왜냐하면 만들기는 〔A:033302〕 인간의 본질을 여전히 그의 창작물의 외부에 놔두기 때문이다. 더 정확히는, 인간이 명시적으로 저 세계 속에서 편안함을 느끼게 되는 것은 세계사랑을 통해서이며, [세계 속에서 편안해진] 이후에 그는 자신의 선악의 관점에서 세계만을 열망의 눈길로 바라본다. 그제야 비로소 저 세계와 인간은 '세계다운' 것이 된다. 또 다른 의미에서 인간은, 예컨대 '**다른 어떤 것으로부터 만들기***fabricare ex aliquo*'나 [신의] '**창조 직물 속에 거주함***habitare*

하시며 그분의 행위가 피조물로부터 거두어진다면 그것이 사라질 것이라는 점을 믿고 가능하면 함께 이해하도록 하자."

in fabrica'과 같은 세계사랑의 표현들과 무관하게 자신이 저 세계에 속한다는 사실도 깨닫는다. 인간은 저 세계와 함께 창조되고 그곳에 사는 유일한 자로서 그 '세계의' 일부인 것이다.[87] 세계는 인간의 [세계 내] '만들기'와 [세계를] '사랑함'이 자신의 순전한 피조성과 무관하게 일어날 때 비로소 세계다운 것이 될 수 있다.

어떤 세계가 존재한다는 것만으로도 인간은 그 세계의 불가피한 일부로서 존재하는 상태에 놓일 수 있다. "저 세계에 속한 모든 것은 저 세계의 다음 [순서]이다. 왜냐하면 저 세계가 먼저 생겨났기 때문이다. 그렇기 때문에 인간은 저 세계의 일부이다. 그러나 그리스도가 먼저였고 그 다음이 저 세계였다."[88] 이 깨달음에는 인간이 그 세계의 '다음'이라는 사실도 포함된다. 인간이 자기 스스로 자신을 세계 속으로 창조해 넣지 않고 그 속에서 자신을 발견하는 한, 그는 근본적으로 '다음'이다—그는 그가 살고 있는 저 세계의 다음이며, 또한 이 특수한 의미에서 그 자신의 실재의 다음이기 때문이다.[89] 그러나 그가 세계 속으로 태어나고 그로써 저 세계의 일부가 되었으므로, 이 선재하는 세계는 그에게 모종의 현전하는, 접근 가능한 세계인 것이다. 더욱이 그를 현재의 모습으로 만든 그 자신의 실재인 '영원한 이성the eternal reason'은 심지

87 같은 책, V, 23, 45: "세계는 하느님이 모든 것을 동시에 창조하신 이래 그 안에서 그와 더불어 만들어진 모든 것을 동시에 담고 있다고 간주되어야 한다."

88 《요한복음에 대한 논고》 XXXVIII, 4.

89 인간이 자신을 발견한다는 사실은 인간이 아이를 낳음으로써(이는 "자신으로부터 만듦이지 다른 무엇으로부터의 만듦"이 아니다) 그러한 선재하는 사물이 된다는 의미에서도 증명된다.

어 그가 '세계의 일부'로서 속해 있는 저 세계보다도 앞선다.[90] 그의 실재는 자신을 선행하며 오직 현전화된 과거로서, 기억 속에서만 접근이 가능하다. 그가 자기 자신을 발견하고자 하는 모든 탐색 노력과 자신에 대한 모든 발견 사항은 그가 창조되었다는 사실에 근거하고 있다. 그러므로 인간은 자기 자신의 실재보다 '나중'에 있게 된 셈이다. 원칙상 인간의 실재는 그가 창조된 사실에 '선행'한다. 〔A:033303〕 피조물이 현재의 모습인 것은 이 '선행하는' 실재에서 비롯되었으며, 그는 이 '전방'을 탐색하는 방식으로 자기 자신을 찾아 나선다. 그러므로 그가 '세계의 일부'라는 사실은 저 세계에 대한 그 어떤 명시적인 세계사랑[의 표현]에 선행하며, 그것은 저 창조된 사물들의 왕국에 소속되어 있다는 의미이다.

세계의 피조성은 피조물에게 이중적 의미를 가진다. 첫째, 피조물은 세계 속으로 창조되었으며 그렇기 때문에 '**세계의 다음***post mundum*'이다. 이 '다음'임에, 저 세계에 대한 그의 의존 관계, 즉 세계다운 것으로 되어갈 가능성이 기초하고 있다. 저 세계는 어떤 의미에서 보면 잘못된 '전방'이다(이 점에 대해서는 추후 상술할 것이다. 제2부 2장 참조). 둘째, 신의 창조 작업의 일부임으로 인해 저 세계가 그것의 참된 원천을 거꾸로 가리키는 한, 피조물은 세계의 일부이다. 우리는 그 '전방'이 이러한 피조물-세계 맥락에서 파생된다는 점을 분명히 알 수 있다. 피조물은 세계 속으로 창조되기 때문에 그의 '세계 속에 있음'의 유일한 원천으로서의 그 자신을

---

90 《고백록》 I, 2, 2, and I, 6, 9.

추구한다. 이 '세계 속에 있음'은 피조물 자신의 실재보다 나중에 생긴 일이다. 자기 자신의 실재와 관련하여 이런 식으로 철두철미한 조사를 하는 일은 인간실존에 국한되며, 저 세계라는 신성한 직물에는 해당되지 않는다. 그 조사는 행복해지고자 하는 소망에 기초하고 있는데, 이는 다시 기억 속에서 거꾸로 전거하는 방식으로 창조주를 가리킨다. 창조주의 실재로 인해 직물로서의 세계는 의심할 바 없는 것이 된다.[91] 이 세계만이 인간의 이전과 이후에 현존한다. 그리고 비록 창조된 것이 맞더라도 이 세계는 자신의 실재에 대해 어떠한 엄격한 조사의 필요성도 유발하지 않는다. 저 세계라는 직물은 가변적일지언정 소멸 가능성이 없으므로 그러한 조사의 필요성과 무관한 것이다.

그 자신의 실재에 관한 질문을 제기하면서 그리스의 '있음being' 개념에 이끌리게 된 인간은 영구적인 있음에 관해 질문하게 된다. 정확히는 저 하늘과 땅으로서의 세계에 대한 그의 경험들을 배경으로 그 질문을 던지는 것이다. 그의 우선적인 경험은 신이 영구적이라는 것이 아니라 저 세계가 영구적이라는 것이다. 우리는 이 사실을 바로 〔A:033304〕 '저 세계의 다음'이라는 구절을 통해서 알게 된다. 앞에서 살펴본 것처럼 '다음에' 존재하는 어떤 것은 항상 그것의 '전방', 즉 그것의 결정하는 **기원***fieri*에 의해 구별되기 때문이다. 아우구스티누스가 저 세계의 한시성을 언급할 때 그는 항상 인간들로 구성된 세계를 생각했지, 결코 [그리스적 개념인]

91 《신국론》 XII, 1: "모든 피조물이 행복해질 능력을 가진 것은 아니다. 짐승, 나무, 돌, 그리고 그러한 것 들은 이 능력을 선물로 받거나 가지고 있지 않다."

저 하늘과 땅으로서의 세계를 생각하지 않았다. '세계의 시간화the temporalization of the world'를 설명하기 위해서 그가 구성된 세계를 '**시대***saeculum*'(일례로 이 시대*hoc saeculo*라는 표현 속의 시대)[92]로 지칭하는 데서 이 점이 가장 명시적으로 드러난다.[93] 그러나 이는 피조물이 저 세계보다 '나중'이라는 의미에서 세계의 시간화가 아니라, 인간 자신이 스스로 '세계에 있음'을 통해 수립한 것으로서 세계의 시간화이다. (저 세계를 인간의 한시성 [범주]에 포함시키는 것에 대해서는 제1부 1장 참조). 이 세계의 **종언***terminus saeculi*은 저 인간 종족의 종말과 일치한다.[94] 그 자신의 실재를 탐색하는 가운데 피조물은 그의 '전방', 즉 창조주와 조우한다.

그러나 이 이중의 '전방'을 이해하기 위해 우리는 피조물의 삶의 양태에 대해 더욱 깊숙이 그리고 구체적으로 파고들어야만 한다. 당장은 이 해명 작업의 일환으로 다음 문장 정도만을 말할 수

---

92 《요한일서에 대한 설교》 I, 5: "이 유혹 많은 세계에 산다는 것vivere in hoc saeculo inter tentationes."

93 《설교집》 76, 9: "세계는 어떻게 세계의 애호자를 삼키는지 알 뿐 그들을 책임지지 않는다." 《고백록》 IX, 4, 10 참조: "세속적인 것을 삼키는 것과 그것에게 먹히는 것." 또한 《창세기에 대한 충실한 논평》 V, 19, 38: "모든 피조물은 세계로부터 왔으며 그것 이전으로부터 온 것이 아니다Omnia creatura non ante saecula sed a saeculis. 이 세계의 기원은 피조물이며 피조물의 기원은 세계다. 피조물의 시작은 세계의 시작이기 때문이다. 그러나 그를 통해 세계가 존재하게 한 독생자는 세계 이전에 계셨도다."

94 《결혼의 유익함The Goodness of Marriage》 10, 10: "가령 그들이 이렇게 묻는다고 치자. '모든 사람이 성교를 삼가고자 한다면 어떻게 인류가 생존할 것인가?' …… 저 신의 나라는 훨씬 더 빠르게 채워질 것이며 세계의 종말이 더 빨리 찾아오게 될 것이다."

있다. 요컨대 앞에서 논의한 (저 세계가 '전체' 혹은 '우주'를 의미했던) 맥락에서의 세계 개념, 즉 세계의 영원성을 그것의 불변성이라는 구조적 맥락에서 찾고 그 세계 속의 인간을 어떤 피조물이 아니라 그 구조의 일부분으로 간주하는 세계 개념은, 지금 우리가 논의하려는, 인간들로 구성된 세계라는 개념의 의미와 관련된다. 그 까닭은, 첫째로는 이 세계 개념이 '저 세계의 일부'라는 말로 이해되어야 할 원래 가설, 다시 말해 인간이 세계와 동시적으로 창조되었으며 세계 속으로 창조되었다는 원래 가설에서 이탈하기 때문이다. 둘째로는 '세계'가 변경이 불가능한 '**전방***prius*'으로 이해되고 있기 때문이다. 이러한 관점에서 인간의 〔A:033305〕 삶은 다시금 세계와 동시적인 것이라기보다는 저 세계에 의해 포섭된 것으로 보인다. 이는 죽음 이후에 연속될 삶이 '저 세계의 다음' [순서인 인간의] 탄생과 조응하기 때문이다.

창조되었다는 사실은 **생성***fieri*의 구조, 즉 있게 되었음의 구조를 가지며, 따라서 이같이 한시성의 구조를 가진다. 모든 피조물은 '**아직 없음***nondum*'에서 오며 '**이제 없음***iam non*'으로 나아간다. 가령 인간이 '아직 없음'에서 와서 자기 자신의 실재에 관한 탐색을 감행해야 한다면 그는 '전방'에 관한 질문을, 이 선재하는 관계에 바탕을 두는 자기 자신의 원천을 거꾸로 전거하는 표현으로 하게 될 것이다. 피조물은 '이제 없음'으로 나아가면서 **자신 앞에 놓인 죽음을 전거한다***se refert ad finem*.[95] 삶은 '아직 없음'에서 '이제 없음'에 이

95 《신국론》 XIX, 10: "〔덕목〕 자체는 우리의 평화가 너무 완벽하고 너무 훌륭하게 되어서 더 이상의 개선이나 증대를 허용하지 않는 완결점을 가리킨다."

르기까지 세계 안에서 전 과정을 거친다. 자신의 있음과 관련하여 앞뒤로 조사를 수행하면서 인간은 저 세계 너머에 대해서도 문의한다. 단 여기서의 전제는 저 세계가 부분적으로는 인간에 의해 수립된 것으로 보이며, 그렇기 때문에 그것은 어떤 이중적 성격을 지닌 산물이라는 것이다. 질문하는 피조물로서 인간은 그 자신이 아닌 바로 그것, 즉 무엇이 창조됨에 선행하는지에 대해 묻는다. 이렇게 저 세계 너머에 관해 질문하는 일은 삶이 놓인 위치에 대한 이중의 부정에 의거한다. 그리고 이 이중의 부정('아직 없음'과 '이제 없음')은 세계의 '전방' 및 '후방'과 정확히 같은 것을 의미한다. 우리는 세계 속으로 태어나며 죽음으로 인해 우리가 살던 세계를 떠난다. 그러므로 **스스로 질문하는 일***se quaerere*은 이중의 질문 방식으로 이끌릴 수 있다. 이는 인간이 자신의 현존이 '어디에서' 왔으며 '어디로' 갈 것인지를 자문할 수 있기 때문이다.[96] 비록 두 질문이 모두 삶에 대한 부정에 관해 묻는 것이더라도 그 두 가지 부정은 유형 면에서 서로 다르다.[97] '아직 없음'이라는 부정은 삶의 원천을 지시하며, '이제 없음'은 죽음을 함축한다.[98] 비록 이 둘이 표면상으로 동일하게 부정성을 띠고는 있지만, 과거에 대한 부

96 한 번은 삶이 거꾸로 창조주를 전거한다. 다른 때 삶은 자신이 죽음에 규정된다고 본다.

97 《고백록》 XI, 21, 27, 그리고 XI, 14, 17.

98 같은 책, XI, 14, 17: "시간이 존재하는 원인은 그것이 존재하기를 그치게 될 것이라는 사실인데 어떻게 우리가 시간이 존재한다고 말할 수 있는가?" '아직 없음'에 대한 부정은 곧 '아무것도 아님에서 만들어짐'이다. 또한 같은 책, XI, 13, 15~16.

정과 미래에 대한 부정은 같은 것이 아니다.

피조물은 무無에서 만들어지므로 과거의 최종 한계는 사실상, 있지 않음non-being이다.[99] 〔A:033306〕 그럼에도 피조물의 있음이 성립된 지점이 거기이기 때문에, 그것이 자신의 올바른 실재와 만나게 되는 지점도 바로 그 최종 한계이다. 결국 피조물은 정확히 무에서 온 것이 아니라 **제1원칙***summe esse qua principium*의 부수물로서 저 최고 존재the Supreme Being로부터 온 것이다.[100] 그러므로 그 피조물이 현존하기에 앞서 절대무absolute nothingness는 물론이고 저 최고 존재도 있었다.[101] 신은 무에서 만들어진 그 피조물을 위한 '전방' 그 자체이다. 신을 제외한 그 어떠한 '전방'도 단지 훨씬 더 뒤편에 놓여 있는 것으로서 저 세계의 '전방'을 가리킬 뿐이다. 이에 대한 대안은, 피조물이 저 신의 독생자The Only-Begotten처럼 신에게서 날 것, 신과 본질적으로 다르지 않을 것, 그리고 실질적으로 신과 유사할 것이라는 조건을 설정하는 것이다.[102] 저 독생자도 역

99 《신국론》 XII, 8.

100 《요한복음에 대한 논고》 XXXVIII, 11: "존재가 무엇인가를 보라! 제1원칙은 변할 수 없노라. 제1원칙은 자신 안에 머무르며 모든 것을 새롭게 만드느니라."

101 《선의 본질》 XXVI: "그러므로 신은 자신이 스스로 낳지 않은 모든 것을, 이미 현존했던 것이 아니라 전혀 현존하지 않았던, 즉 아무것도 아님에서 만들었기 때문이다. 〔사도 바울로는 '그분이 현존하지 않은 것을 탄생시킨다'고 말했다(〈로마인들에게 보낸 편지〉 4장 17절).〕"

102 《율리아누스에 대한 반론》(미완성작) V, 31: "여기에서, 그분에게 속함으로써 그들은 그분이 있는 바처럼 있다—〔그리스도는〕 세상에 태어났고, 〔성령은〕 앞으로 나아간다. 그리고 그들은 그분이 결코 그들에 앞서 존재한 적이 없던 방식으로 그분에게 속한다."

시 '신에 속한' 자이지만, 신은 그 독생자와 관련해서는 어떠한 우선권도 가지지 않는다. 또한 그 독생자는 결코 무가 아니었으므로 그 어떠한 시발점도 가지지 않는다. 제1원칙은 영구적이며 피조물에 앞서 현존했다. 그러나 피조물이 이 영구성과 맺는 관계는 확실히 '~에서 나오는'의 부류이다.

'아직 없음'을 통해 삶을 부정하는 일에는 어떤 긍정적 의미가 있으며, 이는 '아직 없음'에 따라붙는 것과 관계가 있다. '아직 없음'의 긍정적 의미는 창조이다. 창조는 오직 '아직 없음'과의 연결고리가 그것의 '어디에서'[즉 기원]가 담지한 영원성을 그것[창조]에게 보증하기 때문에 현존하는 것이다. '아직 없음'으로부터 나온 삶은 존재하려는 '경향을 띤다.'[103] 이 경향은 삶이 무에서 나와 존재하게 되었다는 단순한 사실로써 설명된다. 그러나 '**존재하려는 경향***tendere esse*'이 발생하는 장소로서의 삶은 어떤 시발점을 가졌기 때문에 어떤 종결점도 가지게 된다. 바꿔 말해서 삶은 "완전하게 존재하는 것도 아니고, 또한 완전히 무인 것도 아니다."[104] 그러므로 '존재하려는 경향'을 지니고 그것의 종결점을 향해 살아가면서 삶은 처음 것과는 다른 있지 않음a non-being으로 이행한

---

103 《고백록》 IV, 10, 15: "그래서 그들이 일어나 존재로 나아가려고 할 때 그들이 존재하기 위해 점점 더 빨리 자라려고 할수록 그들은 점점 더 신속하게 비非존재로 가는 것을 재촉한다. 그것이 그들의 양태이다." 또한 《마니교도의 삶의 방식》 II, 6, 8.

104 《고백록》 VII, 11, 17: "나는 당신 밑에 있는 다른 것들을 보았는데 그것들이 완전히 현존하고 있는 것도 아니며, 또 완전히 무도 아님을 깨달았다. 그것들은 당신에게서 나왔으므로 거기에 있고, 당신의 실재가 아니므로 거기에 있지 않다."

다. 이 '존재하려는 경향'은 〔A:033307〕 그것 자신의 '아직 없음'을 거꾸로 전거하는 방식을 통해 발생한다. 삶의 기원 역시도 그 최초의 부정에 있기 때문이다. 그러므로 삶의 '아직 없음'은 무가 아니라 삶을 그것의 있음이라는 긍정성으로 규정하는 바로 그 원천인 셈이다. 이런 견지에서 삶은 그 자신의 '아직 없음'을 거꾸로 전거해야만 한다. 왜냐하면 이 세계 속의 삶은 결국 끝날 것이기 때문이다.

삶의 시발점은 우리가 세계 속으로 들어온 것을 의미하고, 삶의 종결점은 우리가 반드시 세계를 떠나야 한다는 것을 의미한다. [기원으로의] 전거는 저 세계의 전방과 저 세계 내 삶의 전방으로 거슬러 올라간다. 그러므로 '역전거함'이 전달하는 바는 죽음의 완전한 '이제 없음'과 무관하다. 저 죽음의 '이제 없음'이 원래부터 어떤 특수한 기독교 신학의 맥락으로도 해석된 바가 없기 때문에, 이 '이제 없음'은 피조물을 모종의 선재하는 관계 속에 위치시킬 수 있을 어떤 있음a being을 가리키지 않는다. 저 죽음의 '이제 없음'은 단순히, 살아 있는 것들이 그들의 비영구성 조건 내에서 소유하고 있거나 현재의 모습으로 있는 모든 것의 최종적인 '이제 없음'을 의미한다.[105] 그럼에도 삶이 한시적이지 않다면 '역전거함'은 필요하지 않을 것이다. 우리의 삶은 (그것의 시작과 더불어 이미 주어진) 어떤 종결점을 갖기 때문에 우리 자신의 실재에 대한 탐색이 우리에게 역전거를 요구하는 것이다. 죽음은 우리의 원천,

---

105 이것은 제1부에서 보여주었던 대로 아우구스티누스적 의미에서는 지속적인 '**상실**amittere'이 삶의 기본 구조가 되어야 한다는 바로 그 논점이다.

즉 창조주로부터의 최종 철수를 말한다. 삶이 자신의 있음의 원천으로부터 물러났다면 삶은 자신의 있음을 죽음에게 넘기는 셈이다.[106] 인간이 처한 위험이란 것은, 이 없어서는 안 될 '존재하려는 경향'을 무시하는 일, 그리고 현실의 삶 속에서 역전거를 하지 못하는 일이다. 그리고 그 결과로서 일종의 죽음, 즉 절대적이며 영구적으로 **신과 소원해지는 일***alienatio a Deo*의 제물이 되는 것이다.

죽음은 인간의 관심을 자기 삶의 원천으로 돌려놓는다. 이것이 인간의 한시성의 의미이며, 이 장의 앞부분에서 논의한 바 있는, 저 피조물이라는 것이 의미하는 바다. 삶은 죽음에 의해 자기 자신의 있음의 원천으로 되던져진다. 이제 우리는 '귀환returning'의 온전한 중요성을 이해할 수 있다. 그것은 〔A:033308〕 모든 경우에, 그리고 모든 피조물을 위해서 의지를 가지고 어떤 관계를 수립해야 한다는 뜻이 아니다. 우리에게 존재Being로서의 창조주를 만나도록 허락하는 죽음과 관련된 질문을 통해서 우리는 죽음으로부터 귀환한다. 이 [죽음과 관련된] 질문 과정에서, 삶이 있음으로부터 와서 무로 질주한다는 것을 스스로 이해하게 된다. 저 죽음의 관점에서는 애초 '아직 없음'으로서 부정적으로 이해되었던

106 이 견해가 죽음이 죄의 대가라는 바울로의 관념에 대한 아우구스티누스의 해석에서 계속 나타나는 확신의 바탕이다. 죽음은 인간 자신의 결함, 즉 자연 사실이라기보다 그의 죄에 대한 처벌이다. 일례로《설교집》231, 2에서 보듯이 말이다. 또한《신국론》VI, 12: "모든 죽음 가운데 최고이자 최악의 죽음은 죽음 자체가 죽지 않는 경우다. 불멸하도록 창조된 영혼은 모든 종류의 삶을 박탈당할 수 없으므로 영혼의 궁극적인 죽음은 영원한 처벌을 통해 삶으로부터 영원히 소외시키는 것이다."

그 원천이, 절대존재absolute Being로서 완전히 긍정적인 성격으로 바뀌게 된다. 그와 동시에 저 '아직 없음'으로부터 오는 피조물의 '이제 없음'으로 처음 가정되었던 죽음은 그 성격이 바뀌어 절대무absolute nothingness가 된다.[107]

이 존재와 비존재의 중간에 낀 인간의 입장은 〔A:033309〕 이제 본질적으로 시간의 문제로 보인다. 실제로 그것은 시간 그 자체다.[108] 시간은 그저 한시성의 지표만이 아니다—시간 자체가 한시성이기 때문이다. 인간 삶이 그것이 가질 수 있는 긍정적인 측면을 전적으로 과거에 의존하는 한, 기억은 과거에 매달릴 수 있고 한시성을 제어할 수 있는 실질적 가능성이 될 것이다. 기억 속에서는 과거가 순전한 의미의 과거(단지 '이제 없음')가 아니라 현재로서 '현전화된' 과거이기 때문이다.[109] 죽음은 산 자들을 그들 자신의 원천을 향해 거꾸로 내던진다. 죽음은 산 자들을 세계의 전방과 그들이 세계 속으로 입장하기 이전으로 되돌려 보내며, 결과적으로 그들 자신의 '아직 없음'으로 되돌려 보낸다. 이 '아직 없음'—이것이 정말로 '전방'이다—에서는 모든 개별적인 차이가 다 사라진다. 다시 내던짐을 통해서 죽음은 그것을 다 **같은 것** *idem*으로 만든다.[110] 죽음은 '이제 없음'과 '아직 없음'이라는 이중

---

107 《신국론》 VI, 12.

108 시간은 '아직 없음'에서 와서 '이제 없음'으로 서둘러 나아가기 때문에 '존재하지 않으려는 경향'이 있다고 이해된다(《고백록》 XI, 14, 17).

109 같은 책, XI, 27, 35: "그러므로 나는 더 이상 현존하지 않는 이 구절을 판단하지는 않지만, 일종의 고정된 인상으로 내 기억 속에 남은 무엇인가를 판단한다."

110 《신국론》 I, 11: "더욱이 삶의 종결부가 장구한 인생과 단명한 인생의 차이를

의 부정을 명시화한다. 죽음은 최종적인 '이제 없음'과 더불어 우리 모두가 어떤 특정 시점에는 현존하지 않았음을 보여준다. 또한 본질적으로 죽음 지향적인 우리의 현존이 갖는 진실로 긍정적인 측면이 우리 존재의 '아직 없음'에, 즉 우리보다 시간적으로 앞선 것에 있다는 사실을 명시화한다. 우리는 단지 우리가 우리 현존의 '전방' 및 '아직 없음'과 직접적으로 관계를 맺는 한에서만 현존하는 것이다.

삶의 끝, 즉 삶과 연결되어 있고 삶을 되던지는 그것은 두 가지 의미에서 모종의 종결점이다. **삶의 끝***finis vitae*은 삶이 본질적으로 도달하는 완결점이다. 그러므로 삶의 한시성에 대한 최종적이고 가장 본질적인 표시로서의 끝이다.[111] 그러나 '끝'은 또한 삶이 존재하기를 그친 지점이자 삶이 영위되어 온 목적지로서 이해된다.[112] 이런 의미에서 '끝'은 삶이 영원과 만나는 지점으로 정의될 수 있고, 심지어는 영원 그 자체로 정의될 수도 있을지 모른다. 그렇다면 영원은 삶이 달성한, 삶의 목적인 셈이다. 첫 번째 의미에서 볼 때, 그 종결점(**삶의 끝**으로서)은 삶을 그것 자체의 '전방'과 함께 대면하며 이처럼 다소 도발적인 의미만을 가진다. 그 종결점 자체는 삶이 줄기차게 나아가는 지향점으로서의 무, 그리고 삶이

없앤다. 더 이상 현존하지 않는 두 가지 가운데 하나가 더 낫고 다른 하나가 더 나쁘다거나 하나가 더 길고 다른 하나는 짧다고 말하기는 어렵기 때문이다."

111 이 '삶의 끝'이라는 관념에 관해서는 《설교집》 306, 7과 《신국론》 I, 11.

112 《요한일서에 대한 설교》 X, 5: "그 자체로서 자유롭게 사랑받는 것은 그게 무엇이든 그 목적이 거기에 있다."

오직 '귀환함'을 통해서만 삶으로부터 자신을 구원할 수 있는, 완전하고 취소할 수 없는 무로 이해된다. 두 번째 의미에서 그 종결점은 본질적으로 어떤 긍정적인 의미에서의 정지 지점인 영원이 되며, 모종의 미련이 담긴 응시와 성찰적 평온을 얻기 위한 시도가 된다. 따라서 삶은 한때 그것의 있음을 그것의 원천으로의 '되던짐' 속에서 찾아냈지만, 이제 삶은 자신이 그것의 있음을 향해 경주하는 것으로 이해한다. 이 두 번째가 실제로 아우구스티누스가 **자신에 대해 끝까지 문의함***se referre ad finem*을 언급할 때마다 지속적으로, 그리고 배타적으로 나타나는 삶에 대한 의미이다. 그러므로 이 '끝'이 담지하는 모호성이 비록 두 개의 상이한 맥락과 조응하지 않더라도 반드시 우리의 '전거함'(또는 '귀환함')이라는 맥락에 의거해야만 한다.

'그것에게 그 종결점을 전거하는' 방식으로 우리는 있음을 다시금 우리의 '전방'에 위치시킨다. 내용 면에서 이 '미래의 전방'의 성격은 정확히 가장 먼 과거의 '전방'으로서, 즉 불변성으로서 규정된다. 그러나 피조물로서 우리 자신에 대한 성찰, 그리고 창조주인 신에 대한 우리의 성찰은 이 맥락 속으로 들어오지 않는다. 이 모호성이 또다시 드러내는 바는 〔A:033310〕 우리의 규준이 되는 현상, 즉 시발점과 종결점의 상호치환성이다(이 장의 앞부분 참조). 삶은 이중의 부정에 의해 가둬진 어떤 현존에 대한 미심쩍음과, 이 상호치환성이 현세의 삶에 대해 가지는 적실성에 비추어 이 현상을 파악한다. 이 현상을 독해하는 데 필요한 어떤 통찰은, 저 세계에 대한 어떤 상세한 설명 — 삶이 그것의 피안에 관해 문의한다—에 기초하고, 또한 시발점의 의미를 저 세계 속으로의 창조로서 그리고 종결점의 의미를 저 세계로부터의 철수로서 조명하는 방식에 기초하면 얻을 수 있다.

이 장의 도입부에서 우리는 아우구스티누스가 두 개의 측면을 가진, 사실상 이질적인 '세계' 개념을 사용하고 있음에 대해 알게 되었다. 삶을 그것의 실제적인 필멸성과 피조성이라는 시각에서 본다면, 삶은 저 세계와 더불어, 또한 그 속에 있는 어떤 것으로서 이해된다. 확언하건대 첫째로 삶은 ('귀환함'이나 저 세계로부터 원천으로 되돌아감이라는 관념이 보여주듯이) 세계와 무관한 것도 아니고, 또 세계가 삶과 무관한 것도 아니다. 그렇기는커녕 삶은 그것이 영위되는 장소인 저 세계를 정초하는 일에 한 발을 담그고 있다. 이 삶은 시발점과 종결점을 안다. 요컨대 삶은 그것이 세계 속으로 불러들여져 현존하게 된 점과, 그것들이 거두어지고 종국에는 상실된다는 점을 안다는 것이다. 이 견해에 따르면 우리가 '세계'라는 말로써 저 세계의 애호자나 신의 직물로서의 [물리적] 세계를 가리키더라도 아무런 문제가 되지 않는다. 비록 인간이 저 세계 정초하기에 한 발을 담그고 있다 하더라도, 이 정초 작업은 언제나 신의 직물이라는 토대, 즉 신의 창조 작업으로서 현존하는 저 세계라는 토대 위에서 일어난다. 이 사실 하나로도 그 세계를 훨씬 더 명시적인 의미로 다시금 수립하는 일이 가능할 것이다. 죽음은 인간으로 구성된 세계와 신의 직물[로서의 세계] 양자를 우리로부터 거두어간다. 인간은 한시적으로 세계에 머문다. 그러한 탓에 그는 결국 자신이 창조되어 일부가 된 저 세계와, 그가 저 세계에 대한 사랑을 가지고 자신을 위해 스스로 창조한 세계 양자를 다 잃는다.

전체의 일부로서의 부분은 가변적이고 상호치환적이다. 〔A: 033311〕 전체는 그 부분을 포함하는 동시에 그 부분에는 별로 관심이 없다. 그럼에도 전체는 그것의 동시성과 보편성 때문에 인간이 관계를 맺게 되는 어떤 불변의 있음이다. 이 있음 자체가 두 가지 해석을 허용한다. 그리스 전통 노선에 따르면, 있음은 당연히 창조주가 아니라 저 천지만물을 위한 영원한 구조이고, 인간의 본질은 **모방***mimesis*의 방식으로 영원한 있음에 참여하게 된다. 따라서 자기 자신으로의 귀환이 더 이상 저 세계와의 결별을 의미하지는 않을 것이다. 그보다도 신의 모방은 '질서 잡힌 인간'이 올바르게 세계 속으로 통합됨으로써 달성될 것이다(이 장의 각주 61 및 77 참조). 요컨대 그는 자신을 저 총망라하는 구조, 즉 그를 그 자신의 본질인 부분으로 만드는 전체 속에 끼워 넣는다는 것이다. 그러나 만약 저 불변의 있음이 세계 '전방'의 있음으로서 '세계에 속한 있음'과 본질적으로 분리된다면(가령 불변의 있음이 저 세계의 구상에는 일부로서 참여하지 못했지만 그것의 원천으로서 저 세계를 초월한다면), '귀환'은 다시금 '되돌아감'이라는 원래의 의미를 회복하게 된다. 그러나 그 전거점으로서 인간 자신의 실재가 계속해서 절대적인 불변성으로 이해되고 있기 때문에, 있음 역시도 계속해서 포괄하게 될 것이다. 이는 있음의 영원성이 시간성까지도 포함하기 때문이다. 시발점에 있었던 것은 종결점에도 있다. 그러므로 삶의 방향이나 목표는 삶의 원천과 동일하다.

이제 우리는 '끝'의 모호성이 지닌 의미를 이해한다. **'자신을 끝까지 참조하는 일***se referre ad finem*'은 오직 아우구스티누스의 논점이 '존재하려는 경향'일 경우에만 의미가 있다. 이 경향 속에서 그 끝은 동시적으로 그 원천, 저 총망라하는 있음, 그리고 영원 그 자체인 것이다. **'삶의 종결점***finis vitae*'으로서의 끝에 대한 통상적 의견은, 오직 있음을 〔A:033312〕 초월적인 동시에 삶과 저 세계를 포괄하는 것으로 인식하는 개념에 기초해서만 이 두 번째 의미를 가정할 수 있다. 죽음은 인간에게 그가 자신을 전체의 한 부분으로 이해하지 않는다면 그는 아무것도 아니라는 사실을 알려준다. 그런 한편, 죽음은 인간에게 그의 무無를 보여 줌으로써 그의 원천을 특정하는 동시에 무, 즉 죽음으로부터의 도피 가능성을 적시한다. 이 도피라는 것은 죽음이 스스로 되어가는 바, 즉 그 불변의 있음이라는 개념이다. 저 영원에 포괄되는 삶이라는 것은, 그것의 종결점에서는 물론 시발점에서도 영원을 접하고 있다. ('아직 없음'과 '이제 없음'의 한계들로서) 시작과 끝이 지닌 원래의 경계적 성격이 저 자문自問 충동을 불러일으켰다. 이제 인간이 자기 자신의 실재를 탐색하는 과정에서 상황은 뒤집어지고 그 [두 개의] 경계들 자체가 영원과 접하게 된다. 바로 그 경계들로서의 성격이 이 이중적 삶의 한계 규정과 봉인 작용에 의해 무효화된다. 그러므로 '무에서 옴'과 '무로 내달음'은 더 이상 아무런 의미도 없다. 죽음 자체가 그 의미를 상실했다. 이것이 바로 삶이 자신을 둘러싸고 있는 실재the being의 관점에서 추정하는 특수하게 한정된 상황적 특성이다.

그러므로 저 이중의 '전방'은 '끝'이 지닌 모호성의 관점에서 이해되어야 하며, 또한 '있음being'을 '영원한 있음being forever'으로 보는 원래의 가정에 따라 이해되어야만 한다. 그러나 죽음이 '먼저' 오려면, 죽음은 첫째로 산 자들에게 삶의 무효성을 밝히는 기능으로서 제시돼야만 하며, 그와 동시에 저 원천을 거꾸로 가리켜야만 한다. 이 역할을 통해 죽음은 산 자들로 하여금 '세계 속에 있음'의 무효성을 인식하도록 해서 그들을 세계로부터 떼어 놓는다. 정확히 말해서 이 무효성은 있음에서 있지 않음으로의 변화 속에 있다. 만약 죽음이 삶을 배태하고 있는 저 영원의 시발점이 된다면 삶 자체에 특수한 무효성은 취소될 것이다. 그럴 경우에 죽음은 〔A:033313〕 긍정적 정지점으로서 성취되어야 할 그 [삶의] 종결점이다.

그러나 이 ['끝'에 대한] 재정의와 더불어, 삶의 실제적인 과정이 있음에서 있지 않음으로 나아가는 단독적이고 일정하며 되돌릴 수 없는 성격이라는 인식이 중지된다. 그 대신에 삶은 이제 있음에서 있음으로, 영원에서 영원으로의 진행 과정을 밟는다. 이 '끝'에 대한 평가 절하 방식과 더불어 삶의 과정 자체의 차이가 사라지게 된다. 왜냐하면 그것의 시작과 끝은 더 이상 절대적으로 분리되지 않으며 저 포괄하는 것the encompassing이라는 개념을 통해 동일한 것이 되었기 때문이다. 그럼에도 인간 자신의 있음에 관한 질문은 논쟁거리로 남는다. 비록 삶이 모종의 무효성으로 보일지라도 삶 속에서의 특수한 있음은 대단히 결정적으로 중요하기 때문이다. 삶의 구체적인 과정은 더 이상 중요하지 않다.

만약 죽음이 단지 우리에게 모종의 새로운 있음(사실상 우리의 근원적 있음)을 가져다준다면, 그리고 그 결과 현존의 차별성이 제거되었다면, 인간 삶이 길고 짧은 것은 별로 중요하지 않을 것이기 때문이다.

> 그래서 저 삶의 과정은 단지 죽음을 향한 경주일 따름이다. 이 경주에서는 어느 누구도 정지하거나 한순간도 속도를 늦출 수 없으며 모두가 반드시 같은 속도로 그리고 결코 변치 않는 보폭으로 뛰어야만 한다. 짧게 산 사람이든 오래 산 사람이든 각자의 하루는 변함없는 보폭으로 지나간다. …… 죽음으로 가는 도정에서 시간을 더 취한 인간이라고 해서 약간 더 천천히 여행을 하지는 않는다. 비록 그가 더 넓은 땅을 밟고 지나가기는 하겠지만 말이다.[113]

저 삶의 시발점과 종결점의 상호치환성이, 삶 자체를 어떤 질적인 중요성이 없어진 단순한 거리로 보이게 만든다. 현존 자체는 그것의 자율적 의미를 상실한다. 그것은 단지 시간 안에서의 연장 상태일 따름이기 때문이다. 일단 우리가 삶을 더 이상 '죽음 이전'의 것이 아닌 '죽음 이후'의 것으로 보는 관점을 채택할 경우, 죽음은 삶 그 자체를 평가 절하함으로써 평준화한다.

---

113 《신국론》 XIII, 10.

2
자애와 탐욕

〔A:033314〕 우리는 '창조주로의 귀환'이 피조물의 있음을 그것의 근원적 구조에 따라 정의한 것임을 살펴보았다. 그러나 귀환은 인간이 죽음을 인식함으로써 자기 자신에게 그 구조적 연계성을 인식시키기 전까지는 어떤 쟁점도 되지 않는다. 인간이 귀환을 긍정적으로 채택해야만 비로소 '전방'으로서의 '전방'이 존재하게 된다. 자신과 신의 관계라는 현실로의 긍정적인 선회旋回는 '**자애***caritas*'를 통해 이루어진다. 이 선회를 놓치는 일—인간의 이전과 이후에 현존하는 세계를 영원으로 오인하는 일—은 모종의 잘못된 '전방'으로의 선회이다. 이는 **탐욕스러움***concupiscentia* 혹은 **탐욕**의 특성으로 규정된다. **자애**와 **탐욕** 양자는 인간이 자기 자신의 실재를 영구적 있음으로서 탐색하는 일에 좌우되며, 이 영구적 있음은 매 순간 자신의 실체적이고 시간적인 현존을 총망라하는 것으로서 인식된다.

"사랑하지 않는 사람은 아무도 없다. 그래서 그는 '무엇을 사랑해야 하는가'라고 묻는다. 그러므로 나는 당신에게 사랑하지 말라는 대신에 우리가 무엇을 사랑해야 할지 선택하라고 권고하는 것이다."[1] **자애**와 **탐욕**의 구별에는 사랑의 대상뿐 아니라 그 선택 자체도 함께 포함된다. 저 세계에 대한 사랑은 결코 선택 사항이 아니다. 저 세계가 항상 거기에 있으므로 그것을 사랑하는 것은 자연스러운 일이기 때문이다. 거꾸로 전거함으로써 우리는 저 세계의 피안에 도달하며 세계가 자체적으로 제공하지 못하는 것을 손에 넣고 선택한다. 이 선택적 사랑을 통해서 창조주에 대한 개인적인 접근이 가능해진다. 인간이 **자애**를 통해 창조주를 선택할 때 그는 자신이 모종의 피조물임을 알게 된다. 그의 현존은 전적으로 인간의 선택에 선행하는 창조주에게 달려 있다. 바꿔 말해서 인간의 선택은 여전히 그가 선택하는 바의 우선권에 좌우되지만, 〔A:033315〕 그의 선택은 오직 저 창조주 자신이 결정한 모종의 선행된 선택에 근거해서만 가능하다. 아우구스티누스는 다음과 같이 적고 있다. "비록 우리가 사랑하는 일에 늑장을 부리게 되더라도 우리가 사랑으로 보답하는 일에는 늑장을 부리지 말자. 그분이 우리를 먼저 사랑하셨다. 우리는 그런 사랑을 하지 못한다."[2] 심지어 역전거함이 현실로 전환되는 **자애**의 선택조차도 그것에 선행하는 무엇인가를 필요로 한다. 창조주 자신이 인간의 의존 관계를 어떤, 실현될 수 있는 것으로 만들지 않는다면, 인간은 이 **자애** 안에서의 실현 과정

---

1 《설교집》 34, 2.

2 《요한일서에 대한 설교》 VII, 7.

에서 자신의 역할을 떠맡지 못한다.[3] 이러한 식으로 인간의 관계가 신성하게 실현되는 일은 저 '**세계 밖으로의 선택***electio ex mundo*'으로 나타난다.[4] 그것이 진정한 '하느님의 은총'이다. 신의 은총은 그 '귀환'에 선先규정된 바로서, 인간이 자기 자신의 실재로 선회하는 것을 허용한다. 가령 그의 실재가 신(과연 그것이 정말로 신이라면)으로부터 유래한 것이라면, 이는 '**하느님의 뜻에 부합하게 사는***secundun Deum vivere*' 능력이다.[5] 신의 은총을 공개적으로 수용함으로써 우리는 피조물로서의 우리 자신을 받아들이며, 우리 자신의 현존을 지금과 같게 만든 그 존재the Being에 대한 우리의 선재적 의존성을 깨닫게 된다. 이 현존은 저 세계 속에서 그것의 삶을 영위하기 때문에 그것은 여전히 저 세계의 완전한 외부이자 이전인 것에 의해 규정된다. 그러나 신의 은총은 인간을 저 세계 밖으로 데리고 간다. 그것은 저 세계 밖으로의 선택이다.[6] 인간은 이 선택을 통해서 자신이 저 세계에 속하는 것이 아니라 신에게 속한다는 사실을 파악하게 된다.[7]

이 사랑의 행위를 통해서 우리는 다시금, 그리고 더 온전하게,

---

3 같은 책, IX, 9.

4 《요한복음에 관한 논고》 CVII, 1: "그는 이제 세계라는 말로써 세계의 탐욕을 추구하며 사는 사람과 그분에 의해 선택되어 세계 밖으로 나가는 은총의 상태에 있지 않는 사람을 의미한다."

5 《율리아누스에 대한 반론》(미완성작) IV, 20.

6 《요한복음에 관한 논고》 LXXVI, 2: "사랑하는 사람은 선택된다. 사랑하기 때문이다. …… 한 가지 목적을 가진 자들을 한집에 함께 거주하도록 만드는 바로 그 사랑에 의해 거룩한 자들은 세계로부터 선별되는 것이다."

7 《고백록》 I, 13, 21: "현 세계의 우정은 당신에게 불충이기 때문이다."

죽음이 인간의 있음을 드러내는 것과 관련하여 수행하는 결정적인 역할을 이해하게 된다. 신을 제외하면 인간을 저 세계에서 제거하는 유일한 능력은 죽음이므로 죽음은 저 세계 밖으로의 선택을 가리킨다. 죽음의 공포는 저 세계에 대한 사랑에 근거한다. 죽음은 세계의 모든 소유권을 파괴할 뿐 아니라 우리가 미래에 〔A:033316〕 저 세계로부터 기대할 수 있는 어떠한 것에 대한 모든 애호적인 욕망도 파괴한다.[8] 죽음은 우리가 저 세계와 맺은 자연스러운 관계를 파괴한다. 이 관계의 표현 방식은 '세계사랑love of the world'이다. 어떤 순전히 부정적인 의미에서 볼 때, 죽음은 세계와 우리를 갈라놓는 일에 사랑만큼이나 강력한 힘을 발휘한다. 사랑은 신 안에 있는 자기 자신의 실재를 선택한다. 아우구스티누스는 다음과 같이 기록했다.

> 사랑 자체는 저 세계에 대한 우리의 죽음이며, 하느님과 함께하는 우리의 삶이다. 영혼이 육신을 떠나는 것이 죽음이라면, 우리의 사랑이 저 세계 밖으로 나갈 때 그것을 어찌 죽음이 아니라고 할 수 있겠는가? 그러므로 사랑은 죽음만큼이나 강하다.[9]

저 세계 밖으로의 선택은 신의 뜻에 따라 사는 일을 가능하게 한

---

8 1부 1장 참조.

9 《요한복음에 관한 논고》 LXV, 1

다. **자애**를 채택함으로써, 피하기 어려운 존재론적 근거를 가진 모든 사람의 모방이 **신으로의 명시적인 동화***sicut Deus*로 [그 성격이] 바뀐다. 동시에 '세계의 외부에 있음'은 저 세계로부터 파생된 인간의 개별화와 고립 경향을 파괴한다. 이 '세계의 외부에 있음'은 죽음이 그러한 것처럼 모든 사람을 같아지게 만든다. 저 세계의 실종이 자랑의 가능성을 제거하기 때문이다. 이 자랑의 가능성은 타인들과 자신을 비교하는 개인의 세계성worldliness[10]에서 나온 것이다.[11] 인간이 **자애**를 통해서 존재Being 자체로 나아감에 따라 그는 어떤 특수한 개인인 자신에게 속했던 모든 것들을 떨쳐내 버린다. 여기서 그 존재는 [신과] 동일한 절대적 일반성과 전능을 동시에 겸비한 자기 자신의 실재이다. 그래서 아우구스티누스는 "내가 나 자신을 거부하고 당신을 선택할지도 모르겠습니다"라고 기도한다.[12]

어떤 기본적인 존재론적 구조로서의 모방이, 그것이 정확한 것이었는지 혹은 왜곡된 것이었는지 상관없이 삶의 전체 맥락을 지배했던 것은 사실이다. 그럼에도 모방은 저 현세적 삶의 개별적 행위 각각을, 그것을 수행하는 인간 의지로부터 완전히 자유롭고 독립적인 것으로 놔두었다. 저 세계 속 인간의 삶과 행위들은 이 모방의 기능들이었지만 인간 자신은 그것의 법칙에 완전히 대놓고 의존하지 않았다. 〔A:033317〕 하나의 존재론적 구조로서 모방은,

---

10 [여기서는 세계 내에서 통용되는 세속적 처신 방식을 일컫는다. —옮긴이]

11 《신국론》 V, 17: "모든 자랑이 끝나면 누구라도 그저 또 다른 사람일 따름 아니겠는가?" 《설교집》 142, 3: "영혼의 귀환을 방해한 것은 [인간의] 교만이었다."

12 《고백록》 X, 2, 2.

모방에 대한 인간의 태도와 독립적이다. 그리고 인간이 그의 행위들의 옳고 그름에 대한 모방의 판단들에 종속되지 않음으로써 이 기능(그가 그 자신인)을 명시적으로 채택하지 않는 한, 모방은 인간을 그의 고유한 자유 속에 남겨 둔다. 비록 그것이 오직 자신을 위한 것이며 신을 위한 것은 아닐지라도, 모방의 구역 안에서 그는 자유롭다. 인간이 모방을 객관적으로 놔두는 한, 즉 그가 확실히 모방을 채택하지 않고 그로써 다시금 자신의 외부에 있는 무언가에 대한 자신의 의존성을 확인하지 않는 한, 모든 인간 행위와 부작위不作爲의 결정자인 신은 발견될 수조차 없다.[13] 오직 모방이 명시적으로 이루어질 때에만 '신으로서 있음being as God'에 대한 요구가 나타나기 때문이다.[14]

이 동화同化 과정의 영원한 한계는 '동등'이다.[15] 이는 피조물 자

---

13 아우구스티누스의 역사 구축에서 이 '발견됨'과 상응하는 것이 '법 이전에 있음'이다. 《바울로가 로마인들에게 보낸 서신의 명제Propositions from Paul's Epistle to the Romans》 13~18 참조: "그러므로 우리는 이러한 4가지 인간 유형을 구분한다. 법 이전에 있는 자, 법에 종속되는 자, 은총에 종속되는 자, 평화 안에 있는 자가 그것이다. …… 법 이전에 있게 되면 우리는 투쟁하지 않는데 이유는 우리가 경쟁하고 죄를 짓는 동시에 죄를 허용하기 때문이다. 법에 종속되면 우리는 투쟁하지만 진압된다."

14 《요한일서에 대한 설교》 IV, 9: "그분은 심지어 그분처럼 순수하게 우리를 정화하신다." 같은 책, IX, 3: "만일 이것이 하느님이 우리를 초대한 그 완전성이라면 우리는 그분이 자신의 원수를 사랑하는 것처럼 우리의 원수를 사랑한다. '그분이 존재하시므로 우리 또한 이 세계에 존재한다'는 것이 저 심판의 날을 맞는 우리의 배짱이다. 그러므로 그분은 태양을 선한 것과 악한 것 모두에게 다 같이 비추도록 만드시며 정의로운 것과 부당한 것 모두에게 다 같이 비를 내리시는 방식으로 그분의 적을 사랑하신다. 우리가 태양과 비를 그들에게 부여할 수 없기 때문에 우리는 눈물로써 그들을 위해 기도할 따름이다."

체의 한계이다. 그가 자기 자신의 실재로 나아감에 있어, 그는 항상 정해진 선로에 남아 있다. 저 세계의 외부로 선택되었다 할지라도 그는 여전히 저 세계에 속한다. 인간은 원래 저 세계 속으로 창조되었으며, 그가 신에게 선택되었음에도 불구하고 저 세계 속에 있음이라는 사실이 그를 신, 즉 순수 존재pure Being와 분리시킨다. 이는 인간이 자신을 하나의 **전체***totum*로서 소유할 수 없는 이유가 된다. 만일 그가 자신을 하나의 전체로서 소유했다면 그는 여기서 이해된 개념으로서 그 자신의 실재도 소유할 것이다. 그러나 그가 창조된 까닭에 그의 실재는 그를 위해 오직 모종의 원천으로서만 현존할 뿐이다. 따라서 인간의 실제적인 현존은 그가 결코 자신을 온전히 파악할 수 없는 시간성의 통제를 받는다.[16] 그러나 동시에, 목표는 동등, 결코 획득할 수 없는 완전의 상태이다. [결국] 인간에게 가능성으로 남은 것은 점점 더 신을 닮아가는 것뿐이다.[17] 여기서 동화의 대상은 저 최고 존재로서의 신이자 순전한 존재로서의 신

---

15 《요한복음에 관한 논고》 XLII, 10: "확실히 창조주는 창조주이며 피조물은 피조물이다. 그리고 피조물은 창조주와 동등해질 수 없다." 《요한일서에 대한 설교》 IX, 3: "인간이 하느님과 같게 되는 것이 가능한가? 나는 이미 당신에게 설명한 바 있다. '같게'라는 것의 의미는 항상 동등성과 동일하다고는 할 수 없지만 어떤 특정한 유사성을 가진다고는 할 수 있다."

16 《고백록》 X, 8, 15: "기억은 내 정신의 능력이며 나의 본질에 속한다. 나는 나의 실체 전부를 파악하지 못한다. 그러므로 정신은 너무 협소하여 스스로 지탱하지 못한다."

17 같은 책, VII, 16, 22: "그들(사악한 자)이 당신(하느님)과 같지 않은 한 그들은 하급의 창조물들과 조화를 이루지만, 그들이 더욱더 당신과 같아지면 그들은 보다 상급의 창조물들과 조화를 이룬다."

이며, 동화는 모든 [피조물의] 개별적 차이들을 사라지게 만든다. 〔A:033318〕 그들은 피조성의 부속물이기 때문이다. 자기거부는 더 신과 같이 되는 것과 동일한 의미이다. 모방의 현실은 저 세계 속에서 찾은 자아를 절대적인 방식으로 부인하는 것인데, 인간은 이 모방 작업의 수행을 통해서 자신의 현존을 저 신과 완전히 정반대적인 것으로 이해하게 된다. 이는 인간과 신 사이의 동등 불가능성을 말한다. 인간은 이 대립 관계를 (존재로서의) 창조주와 피조물 사이의 연계성이 적시하는 것, 즉 저 세계와 인간이 그 신성한 것에 대해 어떤 영원한 모방 관계를 성립시켰다는 사실보다 훨씬 더 본질적인 의미로 파악한다. 피조물은 오직 여기서만, 즉 자신이 선택한 창조주에 대한 사랑을 통해서만 자신의 한계들을 깨닫고, 또한 신에 의해 창조됨이라는 사실에 근거한 요구에 대해서도 자신의 전적인 부적당성을 깨닫는다. 이는 필시 저 '신에 대한' 요구의 부적당성도 함께 의미할 것이다. 이 요구는 그것의 달성이 불가능하다는 사실과 더불어 신에 대한 인간의 의존 관계를 암시하며, 그것은 저 [신의] 법과 [인간의] **순종***implere* 불가능성처럼 구체적인 표현으로 나타난다.

"그 법은 인간의 마음속에 쓰여 있으며 심지어 부정행위조차도 그것을 지우지는 못한다."[18] 그 법은 창조주인 신이 그의 피조물을 위해 고안한, 영원히-현전하는 요구이다. 그 법은 인간이 자기 스스로 달가워하지 않는 바를, 즉 자기 자신의 실재로 나아가고 자기

18 같은 책, II, 4, 9.

자신이 창조되었음을 인식하도록 요구한다. 이는 자신을 단순히 현존하는 자로서가 아니라, 저 세계 속으로 창조됨으로써 자기 자신의 실재에 관해 특수한 의심들을 품고 살아가는 자로서 인식하라는 요구를 수반한다.[19] 그 법은 **죄에 대한 지식**_cognito peccati_을 제공한다.[20] 그 법의 실제적 요구는 '탐내지 말라'는 것이다.[21] 우리가 그 법으로부터 얻는 지식은 **탐욕스러움에 관한 지식**_cognitio concupiscentiae_이다. 탐욕스러움은 잘못된 '전방'으로의 선회이다. 저 세계가 그것 속으로 창조된 〔A:033319〕 인간에 선행하기 때문에 인간은 저 세계 다음에 왔다. 저 세계는 그에게 모종의 비소멸적 특질을 가진 것으로 보인다. 죽음이 비록 그는 저 세계로부터 거두어 가더라도, 저 세계는 건드리지 않고 그대로 놔둔다. 그의 탐욕스러움이 그로 하여금 이 세계로 관심을 돌리게 하며 그것을 갈망하게 한다. 그리고 저 세계를 그 자체로 애호함으로써 창조자가 아니라 창조물을 사랑하게 한다.[22] 탐욕스러운 인간은 자기 자신의 실재에 대해 거꾸

---

19 같은 책, X, 16, 25: "그러나 나 자신에 대해 나보다 더 가까운 것이 무엇이겠는가? 생각해 보라. 나의 기억의 힘은 내가 이해하는 바가 아니다. 그럼에도 그것이 아니라면 심지어 내가 나를 무엇이라 지칭할 수조차 없지 않은가."

20 《영과 문자The Spirit and the Letter》 52: "죄에 대한 지식은 그 법을 통해서 〔전해진다〕." 아우구스티누스는 여러 다른 문건에서도 이와 동일한 관점을 진술하고 있다.

21 《요한복음에 관한 논고》 XLI, 12: "선을 완전하게 만든다는 것은 무엇인가, 악의 제거와 악의 종언? 그리고 악을 없앤다는 것은 어떤 의미이며, 그 법이 말하는 바, 즉 '탐내지 말라'는 것의 의미는 무엇인가? 결코 육욕에 빠지지 않는 것은 악의 제거와 같으므로 선을 완전하게 하는 방법인가?"

22 《삼위일체론》 IX, 8, 13: "피조물이 그 자체로서 사랑받는 이유는 **탐욕**cupiditas 때문이다."

로 문의하고 자신의 영속성을 추구하는 방식으로 저 세계를 만나지만, 세계의 우선성으로 인해 신의 절대적 우선성을 망각한다.[23] 이 과정에서 인간은 자기 자신의 현존—죽음이 결정된, 그리고 명백히 자기 자신의 실재에 대해 무력한—이 후방을 가리키고 있다는 사실을 알게 된다. 그러나 그는 모든 창조물, 즉 절대존재absolute Being가 아닌 모든 현존물이 비록 필멸적이거나 한시적이지 않을 경우에조차도 후방을 가리킨다는 점을 깨닫지 못한다.

창조된 모든 것은 그것이 창조주와의 근원적 관계 속에서 보이고 이해될 때가 좋다.[24] 그럼에도 가령 우리가 창조주 대신에 피조물을 사랑한다면 그 피조물은 분리된 모종의 독자적인 있음으로 간주된다. 마치 그것이 스스로 만들어졌다는 듯이 말이다. 신이 창조한 세계를 탐욕의 대상으로 바꿔 놓는 것은 세계로 관심을 돌린 세계 애호자들이다. 탐욕스러움은 인간에 의해 최초로 만들어진 것을 애호하는데, 그것이 인간의 실질적인 죄인 셈이다. 인간이 저 세계에 대한 자신의 사랑을 통해 세계를 새롭게 수립할 때, 그는 동시적으로 자기 자신을 그 세계에 속하는 자로 새롭게 정립한다. 이와 유사하게 인간은 신을 사랑함으로써 자신의 창조주인 신에게 속하게 된다. 인간은 자신의 세계사랑을 통해서 그가 스스로 만든

23 《고백록》 II, 3, 6: "그(아우구스티누스의 부친)는 중독 때문에 그것에 대해 즐거워했습니다. 저 세계가 … 창조주인 당신을 망각하고 당신의 피조물을 당신보다 더 사랑하게 만드는 그 중독 때문에."

24 같은 책, VII, 14, 20: "당신의 창조 작업에서 어떤 부분이 맘에 들지 않는다는 자들은 결코 건강하지 않습니다."

것에 전적으로 소속되는 한편, 신에 대한 사랑을 통해서는 그를 처음 만든 신에게 속하게 된다. 이는 인간의 교만을 신의 위엄에 대한 그릇된 모방으로 간주하는 이유가 된다. 교만이 인간으로 하여금 자신을 모종의 창조주인 양 착각하도록 만들기 때문이다.[25] 탐욕스러움의 바탕은 인간 자신의 의지, 즉 자기 스스로 무엇이든 할 수 있다는 바로 그 가능성이다.[26] 인간이 자신의 의지에 따라 자신을 사랑할 경우, 그는 신이 창조했다고 〔A:033320〕 알고 있는 것을 사랑하지 않고 자신의 힘으로 스스로 만든 것을 사랑할 것이다. 인간은 자신을 현존하게 할 수도 없으며 그 어떤 것도 무無에서 창조할 수 없다. 바꿔 말해서 그는 참된 창조력을 결여한다. 그 창조력은 동시에 순수 존재pure Being이기도 하다. 그 결과 그는 오직 자신이 '저 세계에 속한다'는 사실에서 출발하여 세계를 '**그 자신의 본향** *patria*'으로 바꾸고 그곳이 모종의 사막이라는 사실을 부정함으로써 자신을 한 사람의 세계 애호자로 만든다.[27] 그렇게 함으로써 그는

---

25 같은 책, II, 6, 13: "교만은 정신의 고상함을 모방합니다." 또한 같은 책, II, 6, 14: "인간들은 어떤 그릇된 방식으로 당신을 모방하면서 자신들을 당신으로부터 멀리 떼어놓으며, 당신에게 반란을 일으킵니다."

26 《자유의지론》 I, 11, 21: "정신 자신의 의지와 자유로운 선택을 제외하고는 그 어떤 것도 정신이 욕망에게 양보하도록 하지 못한다."

27 《요한복음에 관한 논고》 XXVIII, 9: "자신을 이 세상에 잠시 머무는 자라고 이해하는 그 사람은 장막帳幕[옛 유대의 이동식 신전神殿 — 옮긴이] 안에 머문다. 그 사람은 자신이 자기 고향을 위해 한숨지을 때 자신이 외지를 여행하고 있다고 이해한다. …… 황야에 있는 것이란 무엇일까? 버려진 사막 한가운데 있음이다. 왜 버려진 사막에 있는가? 이 세상에서는 우리가 물이 없어 목말라 하기 때문이다." 또한 《요한일서에 대한 설교》 X, 5. "너는 하느님의 손을 단단히 잡았는가? 그렇다면 너는 그 길을 끝마쳤다. 너는 너의 나라에 갈 자격이 있을 것이다." 한 발 더

자신이 창조되었다는 사실이 지닌 원초적 의미, 그에게 저 세계 너머로 뻗어 있으며 그의 올바른 원천으로 가는 길을 정확하게 보여줄 그 원초적 의미를 왜곡했다.

아우구스티누스에 따르면 이 길을 놓치게 하는 유혹은 **습관***consuetudo* 속에 있다. "죄의 법칙은 습관의 힘인데 그것에 의해 정신이 질질 끌려가고 심지어는 정신의 의지에 반해서까지 굳어지게 된다. 그러나 그 습관에 빠져든 것은 그것의 의지에 따른 것이기 때문에 여전히 그럴 만하다고 인정되는 점이 있다."[28] 습관은 죄로 하여금 몇 번이고 삶을 통제하도록 허용한다. 그가 저 세계에 속하는 한 습관이 그를 이미 세계에 넘겨준 것과 다름없다. 바꿔 말해서 그 사람은 습관을 통해서 저 세계를 이미 그것을 사랑하는 자들이 정의한 바로서의 세계로 바꾸려는 유혹에 굴복했다. 그러므로 습관은, 인간이 자신의 실제 원천을 회상할 경우에만 스스로 멀리할 수 있는 '제2 천성'이 실현된 것으로 이해할 수 있다.[29] 탐욕스러움은 습관을 통해 인간이 '세계의 일부'라고 역설하면서 이 실제 원천을 덮어 감출 방도를 지속적으로 모색함으로써 저 세계 자체를 그 원천으로 바꿔 버린다. 그러므로 인간 자신의 천성이 그를 그의 조물주가 아니라 '만들어진 것들'에 복무하도록 유도한다고 볼 수 있

나아가 《시편 주해》 141, 15에서는 다음과 같이 말한다. "건물에 거주하는 것을 좋아하지 말고 건물을 짓는 자 속에 머물라."

28 《고백록》 III, 5, 12.

29 《음악론》 VI, 19: "왜냐하면 거저 주어지는 것이 아닌 게 두 번째의 그리고 일종의 길들여진 천성이라고 불리는 습관이기 때문이다."

다.[30] 그 자신의 원천으로의 선회는 죽음과 함께 묶이게 되며, 죽음의 기능은 한시성을 암시하는 것이다. 습관은 이 한시성과 죽음에 대한 견해의 대척점에 서 있으며, 죽음 못지않게 이 견해도 두려워한다.[31] 습관은 이 죽음에 대한 견해를 〔A:033321〕 차단하고 우리를 저 세계 속으로 끌어내림으로써 훨씬 더 확실하게 죽음으로 인도한다.

자애를 통한 귀환의 실현은 자유의지와 묶인 선택이다. 인간은 이 의지함willing이라는 행위를 통해 그 자신의 실제 원천을 동시적으로 의지한다. 그 원천은 과거와 미래의 최대 한계이다. 그에게 과거와 미래는 영원에 대한 전거라는 점에서 일치한다. 일단 습관을 들이면 그것은 인간으로 하여금 그릇된 '전방'에 매달리게 만듦으로써 과거와 미래 양자와 대립한다. 습관은 영원한 어제일 뿐 그 어떤 미래도 없다. 습관의 내일은 오늘과 동일하다. 현존에 대한 이러한 시간적이고 한시적인 평준화의 기저에는 가장 먼 미래, 즉 죽음에 대한 두려움이 깔려 있다. 죽음은 인간이 자기 자신의 의지로 구축한 그의 현존을 파괴한다. 저 미래의 최대 한계로서의 죽음은 동시에 삶의 힘이 죽음에 미칠 수 있는 최대한도이기도 하다. 인간 삶이 저 세계로 관심을 돌렸다면, 일단 그것이 신이 결정한 바에

30 《요한일서에 대한 설교》 II, 11: "네가 만들어진 물건을 사랑하고 그것을 만든 자를 저버리는 것에 화 있을진저."

31 《고백록》 VIII, 7, 18: "말로 다 할 수 없는 두려움이 남았으며 나의 영혼은 그것이 마치 죽음 자체를 두려워하듯, 죽음에 이를 때까지 쇠약해져 가는 그 습관의 흐름에서 벗어날까 두려웠다."

따라 자신이 창조되었다는 사실을 부인했다면, 그때부터는 습관에 매달리게 된다. 습관은 한때 저 세계를 사랑했다는 사실 하나만을 정당화할 수 있다. 습관은 과거에 저 세계로 관심을 돌린 일과 부득이하게 관련될 위험들을 가려 버리는데, 그 이유는 그것이 피조물 자체의 의미와 배치되기 때문이다. 죽음은 인간이 자기 자신의 원천에 의존한다는 사실이 드러나지 않은 곳에서만 모종의 위험이 될 뿐이다. 이 의존 관계를 밝히는 것이 죽음의 기능이다.

저 세계의 그릇된 '전방'에 애착을 보이는 습관은 삶으로부터, [즉] 저 세계와 그것의 비소멸성에 굴복하는 삶 그 자체로부터, 비소멸적인 무엇인가를 만들어 내려고 한다. 마치 이 세계가 그 비소멸적인 것의 선례라도 되는 것처럼. 삶은 항상 습관을 통해서 그것이 이전에 채택한 것에만 속할 뿐이다. [이를테면] 삶은 스스로를 그 자신의 과거에게 넘겨주기로 맹세했는데, 그것이 바로 삶의 죄과이다.[32] 그러나 이 죄의 법칙에 대항하여 버티고 서 있는 것이, 〔A:033322〕 죄는 우리가 우리 자신의 의지를 고집하는 데서 발생한다는 사실이다. 아우구스티누스는 "인류가 그것의 죄들을 평가하는 성향은 열정 그 자체보다는 오히려 습관 때문"[33]이라고 주장한다. 죄로 기우는 성향은 열정 그 자체보다 습관에서 연유한다고 볼 수 있는데, 이는 인간이 탐욕스러움으로 세운 저 세계는 습관을 통해서 공고해지기 때문이다. 피조물은 그것 자신의 실재를 탐색하는

---

32 《율리아누스에 대한 반론》(미완성작) IV, 103: "습관의 힘으로 의지와 상관없이도 죄를 짓는다."

33 《그리스도교 교양》 III, 10, 15.

방식으로 자신의 현존에 필요한 안전을 추구하며, 습관은 현존 그 자체의 최대 한계를 가려버림으로써, 또 오늘과 내일을 어제와 동일한 것으로 만듦으로써 피조물이 그릇된 과거에 매달리도록 하며 결과적으로 그것에게 그릇된 안전을 제공한다.[34] 이러한 성향 자체는 삶이 '저 세계의 다음'에 생겨났다는 사실에 의거한다. 저 세계가 그것의 최대 한계인 그것 자신의 원천을 보여주었으므로, 인류는 저 그릇된 '전방', 즉 그릇된 과거—이것은 그 현존의 '기원'이 아니기 때문에 그릇된 과거이다—를 수용하는 경향을 띤다. 습관은 항상 과거에 매달리는 것, 바로 그것을 통해서 인간 자신의 의지에 수반되는 원죄성original sinfulness을 입증한다. 이 의지가 일절 다른 것의 도움 없이도 습관을, 죽음이 인간에게 창조된 인간 삶의 의존관계를 상기시키지 않을 어떤 천국으로 확립했기 때문이다.[35]

[신의] 법은 습관의 안전과 견줄 수 있는 양심을 불러들인다.[36] 양심은 '신에게 속하는' 것으로서 피조물보다는 창조주를 가리키는 기능이 있다.[37] 양심은 신에게 속한 것이므로 우리로 하여금 직

---

34 《요한일서에 대한 설교》 I, 7.

35 《율리아누스에 대한 반론》(미완성작) IV, 103: "그의 의지 없이는 그 어떠한 습관도 존재할 수 없을 것이라고 하면, 그가 습관의 힘에 의해 자신의 의지를 박탈당한 경우 그는 자기 일 때문에 자기 일을 잃는 셈이 아닌가? …… 실제로 당신은 의지와 필연성이 일치할 때도 충돌할 때도 그 둘이 동시에 존재할 수 없다고 말했다."

36 《고백록》 III, 7, 13: "나는 그것의 판단 근거를 관습이 아니라 저 전능하신 하느님의 최고로 의로우신 법에 두고 있는 참된 내부의 정의正義에 대해서도 알지 못했습니다."

37 《요한일서에 대한 설교》 VI, 3: "너의 양심이 너를 증거하게 하라. 양심은 하느님에게 속한 것이기 때문이다."

접적으로 창조주를 역전거하도록 만든다. "탐내지 말라"는 그 법의 명령은 인간이 모든 창조된 것으로부터 — 넓은 의미로는 저 세계로부터 — 거리 두기를 요구한다. 탐냄은 창조주와 무관해져 버린, 인간에 의해 만들어진, 습성에 젖은 저 세계를 필요로 한다. 인간이 세운 저 인간 세계에서 개인은 더 이상 자기 자신의 '기원'과 고립된 상태로 서 있지 않으며, 〔A:033323〕 도리어 다른 사람들과 합작해 만든 어떤 세계 속에서 살아간다. 그는 자신의 정체가 무엇인지 알기 위해 더 이상 신에게 속한 양심을 경청하지 않고 "**또 다른 이의 말** *aliena lingua*"을 통해 듣는다.[38] 그는 세계 속에 사는 한 사람의 거주자로 변했고 더 이상 신에게만 속하지 않으며, 그것을 세울 때 자신이 힘을 보탰던 이 세계로부터 자신의 정체성을 끌어낸다. 또 다른 이의 말은 인간의 외부로부터, 그리고 인간이 정초한 세계의 관점에서 인간의 있음이 선인지 악인지를 규정한다. 양심은 내부에서 이 또 다른 이의 말에 대해 반대 의견을 말한다.[39] 그것을 들은 자가 도망칠 수 없게 하기 위해서다. "나쁜 양심은 그 자신으로부터 도망칠 수 없다. 딱히 갈 곳이 아무 데도 없기 때문이다. 그래서 그것은 자신을 좇는다."[40] 우리가 도망칠 수 있는 저 세계와 세계를

---

38 같은 책. VI, 2: "또 다른 이의 혀가 그의 증인이 될 때가 아니라, 그 자신의 양심이 증인이 될 때."

39 《요한복음에 관한 논고》 LXXIV, 5: "그러므로 하느님은 보이지 않는 방식으로 보인다. 우리는 하느님이 우리 속에 있지 않는 한 그분의 있음을 알 수 없다. 하느님은 우리 안에 계시다. 우리는 그것을 우리 안에 양심이 있음을 알게 되는 것과 같은 방식으로 알 수 있기 때문이다."

40 같은 책, XLI, 4.

향한 우리의 습관이 바로 우리의 양심에게 비난받는 것들이다. 양심에게 저 세계는 여전히 모종의 사막이다. 양심은 인간을 이 세계 너머로, 습관화에서 벗어나도록 이끈다. 양심은 창조주의 목소리이기나 한 듯이 신에 대한 인간의 의존 관계를 인간에게 분명히 인식시킨다. 양심은 그 법이 명령하는 바를 이미 습관에 젖어 세계에 굴복한 자에게 얘기한다. 그 법의 목소리는 그에게 "습관이 이전에 자신을 꾐에 빠뜨렸던"[41] 것에 대항하도록 권면한다. 저 세계와 멀어지는 것은 본질적으로 습관에서 멀어지는 것이다. 습관 속에서 사는 동안 인간은 세계를 염두에 두고 살며 세계의 판단에 종속된다. 양심은 그를 **신의 현전***coram Deo* 상태로 진입시킨다.[42] 양심의 증언에서는 신이 유일한 선악의 판단자이다. 이 증언은 신에 대한 인간의 의존성의 증거를 담고 있고, 그는 그 증거를 자신 속에서 발견한다.[43] 저 세계와 그것의 판단은 이 양심의 내부 증언 앞에서 무너진다. 양심으로부터의 도망이란 있을 수 없다. 저 세계 속에는 양심의 무거운 짐을 덜어줄 수 있는 함께함togetherness과 편안함being

---

41 《마태복음에 관한 17개의 질문들Seventeen Questions on the Gospel of Matthew》 III.

42 《갈라디아인들에게 보내는 바울로의 서신에 관한 논평》 57: "만약 우리가 우리의 영혼을 검사하고 우리의 양심을 살펴보며 하느님의 현전에서 확실히 우리가 사랑으로 그 일을 한다고 우리 자신에게 답한 경우가 아니라면 결코 다른 사람의 잘못을 꾸짖는 일을 해서는 안 된다."

43 《신국론》 XII, 8: "인간에 대한 칭찬에서 자랑은 잘못된 것이 아니며, 다른 사람들의 칭찬을 정도에 벗어나게 사랑하며 양심의 증거로서 아무것도 배려하지 않는 것은 영혼의 결함이다." 같은 책, XIV, 28: "인국人國은 인간의 칭찬을 구하는 반면, 신국을 위한 영광의 절정은 양심의 증언에서 하느님의 음성을 듣는 것이다."

at home이 그 어디에도 존재하지 않는다.[44]

〔A:033324〕 신법에 추동된 양심이 저 세계와 뒤엉킨 인간의 삶을 향해 발언하며, 인간이 자신의 원천과 대면하도록 그를 신의 현전 상태로 진입시킨다. 인간은 인간관계 속에서, 그 관계의 실현과 별개로, 자기 삶의 시발점과 종결점의 차이를 없애 버린 저 이중의 '전방'으로 인식된 바를 전거한다. 이 지점에서 인간은 처음으로 이 관계를 인식하도록 일깨워지며, 이 인식은 아마도 신 자신으로부터 도출된 [즉 양심의] 증언에 근거해서만 가능할 것이다. 게다가 이 인식은 습관의 먹잇감이자 불가피하게 죽음으로 인도되는 삶의 실제 과정 속에서 **자애**를 통해 수행되도록 되어 있다.[45] 여기서 모든 것에 선행하는 창조주에게로의 귀환과 삶의 종결점의 전거라는 이중의 의미를 지닌 저 '전방'은 신의 임박한 현전을 위해서 옆으로 제쳐진다. 결국 신의 현전은 인간이 구조적으로 자신의 '전방'과 연계되어 있다는 사실에 근거해서만 가능해지는 것이다.

그러나 귀환의 실현 과정에서 [인간의] 원천 자체는 더 이상 '영원', 그리고 총망라하는 것으로서 규정되지 않으며, 피조물에게 요구사항들을 제시하는 창조주로서 규정된다. 이런 견지에서 신에 대한 모방은 더 이상 인간의 있음에 대한 결정요인이 아닌 것이다. 그것은 이제 양심 속의 법을 통해 표현된, 매 순간 인간에게 들이대어지는 신의 분부分付이다. 총망라하는 영원한 존재Being로서 저 창

---

44 《갈라디아인들에게 보내는 바울로의 서신에 관한 논평》 59: "칭찬하는 사람들은 우리 양심의 무거운 짐들을 덜어주지 못한다."

45 이 장의 각주 31, 32 참조.

조주는 더 이상 피조물의 삶의 시발점과 종결점만 규정하지 않는다. 가령 인간이 그의 세속의 정박장에서 풀려나 자유롭게 되며 저 세계 속에 자신의 안식처를 만드는 일로부터 방면된다면, 그가 자신의 실재로 선회할 가능성은 아마도 신의 위풍당당한 현전 속에서 발생할 것이다. 오직 이런 맥락에서만, 창조주이자 최고 존재로서의 신이라는 순전히 존재론적인 개념이 특수하게 기독교적이며 신학적인 것으로 바뀌게 된다. 〔A:033325〕 저 신이라는 개념의 존재론적 실체가 망각된다는 것이다. 이는 이른바 저 신의 명령이 인간의 실제적이고 한시적인 삶 속에 진입했기 때문이다. 창조주는 이제 다만(그가 [바로] 그 창조주이기 때문에), 자신의 피조물에게 피조물 자신의 의지가 제시한 모든 실존적 가능성들을 상대로 모종의 권리를 주장하는 전지전능하고 인격적인 신으로서만 이해된다.

그런데 어떻게 이 **이전***ante*에서 **현전***coram*으로, '전방'에서 '현전으로'의 국면 전환이 가능해지는 것일까?[46] 그를 영원으로서 그 자신의 실재로 데리고 가는 실제의 역전거함을 통해서, 그는 자신이 이전에 알지 못했던 의미의 있음과 직면한 사실을 깨닫는다. 요컨대 그 [자신의] 실재로, 즉 영원으로서의 있음으로 자기 혼자의 힘만으로는 선회할 수 없다는 것이다. 실제로 이 무능은, 항상 현존해

46 아우구스티누스는 '**신의 현전 속에서**coram Deo'와 '**신의 이전**ante Deum'이라는 용어를 상호치환적으로 사용한다. 나는 '신의 현전 속에서'라는 문구를 우선적으로 선택했다. 그렇게 하는 첫 번째 이유는 그것과 '전방'을 상당히 다른 〔시간적〕 의미에서 구별해야 할 필요가 있기 때문이고, 두 번째 이유는 '신의 현전 속에서'는 히브리어는 물론 그리스어의 전통적 번역 방식을 따른 것이기 때문이다. 이 장의 각주 58 참조.

왔으며 모방의 형식으로 표현된, 신에 대한 의존성에 근거해서만 이해가 가능하다. 그럼에도 모방 자체는 우리의 의존성을 아직 긍정적인 의미로 인식하지 못하는 무능력, 즉 우리가 의존하는 것에 대해 명시적으로 확신을 갖지 못하고 또 자신이 의존하고 있는 것을 전유하지 못하는 무능력을 의미했다. 간단히 말해서 모방은 인간이 자기 자신을 생겨나게 하지 못했다는 사실을 의미했다. 그것은 인간이 자력으로 자신의 창조됨의 '기원'을 찾아낼 수 없었다는 것을 뜻하지 않았다. 결국 그것이 의미하는 바는, 있음에 대한 그의 관계를 실행하는 것은 인간에게 고유한 어떤 요구라는 사실이다.[47] 그러나 인간이 습관에 젖어 저 세계에 굴복한다면 그 요구는 외부로부터 와서 그와 직면하게 된다.[48] "탐내지 말라"는 명령을 포함하는 그 [신 또는 양심] 법의 개별적인 계명들은 인간에게 고유한 그 기본적인 요구의 표현들이다. 그러므로 그 법의 완수는 곧 '선을 완전하게 하는 일'과 '악을 없애 버리는 일'인 것이다.[49]

---

47 《고백록》 II, 4, 9: "확실히 주님, 당신의 법은 도둑을 벌하십니다, 그 법은 인간의 마음에 쓰였기 때문에 심지어 사악함마저도 지워버릴 수가 없습니다." 또한 《자유의지론》 I, 15, 32. "그러므로 영원법은 우리에게 세속적인 것에서 우리의 사랑을 거둬들여 그것이 순전하게 되었을 때 영원한 것에 되돌려 주라고 명령한다."

48 《시편 주해》 57, 1: "'너 자신에게 하지 않았을 듯한 일을 다른 사람에게 하지 말라.' 심지어 그 [신의] 법이 주어지기 이전에도 이 진리에 무지해서 고통을 받은 자는 아무도 없었다. [그럼에도 이 진리는] 그 법이 주어진 바 없는 자들도 더불어 판단할 수 있는 어떤 규칙이 존재할 수 있게 하기 위해서였다. 하지만 인간이 영원한 것을 갈망하였고 심지어 자기 자신으로부터 도망치게 되었기 때문에 성문법까지도 주어졌던 것이다. 그것이 우리의 마음속에 주어진 것이 아니기 때문이 아니라 네가 너의 마음에서 도망친 자였기 때문이다."

49 《요한복음에 관한 논고》 XLI, 12.

선의 완성은 부정적 의미로 정의되는데, 그 이유는 〔A:033326〕 저 세계로부터의 자기방면이 이미 창조주의 어떤 선택이나 매한가지이기 때문이다. 이 부정적인 정의는 다른 게 아니라 바로 이런 뜻이다. 인간은 자신의 실재를 탐색하는 과정에서 자신에게 열린 모든 가능성을 다 가지는 것이 아니라, 창조됨이 규정하는, 그리고 저 세계에 속함이라는 조건을 충족시키는 대안에 종속된다. 인간은 그 법을 완수할 수 없다. 요컨대 '저 세계에 속함'이라는 조건에 따라붙는 유혹들로부터 자신을 순전하게 지키는 일을 성취할 수 없다는 말이다. 여기서 '저 세계에 속함'은 부득이하게 '저 세계보다 나중에 있음'이다. 게다가 인간이 비록 그 법을 완수할 수 있다손 쳐도 그는 여전히 자신만의 올바름에 따라 살아갈 것이다. 신의 법은 피조물이 '신에게 속함'이라는 조건과 함께 부여된 것이다. 이 '신에게 속함'은 신이 최고 존재이며 인간 자신의 올바른 있음이라는 의미를 내포한다. 이것은 그의 대척점에 있는 있음이 아니라, 바로 인간 자신의 실재로서 인간을 무력하게 만드는 요구를 담고 있는 있음이다.[50] 여기서 죄가 되는 것은 독립성 그 자체이다. 그것은 전체에 대한 부분의 반란으로서의 독립성이 아니라, 독자

---

50 《은총과 자유선택Grace and Free Choice》 24: "〔성 바울로는〕 그들이 그들 자신의 올바름을 구축하기를 원한다고 말한다. 이 올바름은 그 하느님의 법이 그들에 의해 세워졌기 때문이 아니라 그들이 그들의 올바름을 하느님에게 속한 그 법 안에서 이룩하였기 때문이다. 그들은 하느님의 올바름에 무지하면서도, 즉 하느님이 더불어 스스로 정당해지는 그러한 올바름에 대한 무지가 아니라, 인간이 가진 하느님에 속한 것의 올바름에 대해 무지하면서도 자기 자신의 힘으로 그 법을 완수할 수 있다고 가정했을 때 그렇게 했다."

적으로 복종을 수행하는 독립성이다. 이런 맥락에서 신은 더 이상 영원법을 그것의 여러 부분에 동시다발적으로 제시하는 영원으로서의 최고 존재로 이해되지 않으며, 인간이 삶을 통해 자기 인생의 길목에서 계속 마주치는, 언제나-현전하는 권위로서 이해되는 것이다.

그 법에 따르지 못하는 인간의 무능력은 의지의 부족이 아닌 권한의 부족 때문이다. 왜냐하면 저 세계보다 창조주를 추구하면서 그는 이미 탐내지 않는다는 법의 명령을 준수하기로 선택했기 때문이다. 이 부적합성에 대한 인식은 '의지하는 것to will'과 '할 수 있는 것to be able' 사이의 큰 간극을 몸소 체험하는 것과 같다.[51] 신의 경우에는 의지와 권한이 일치한다.[52] '의지하는 것'과 '할 수 있는 것' 사이의 큰 간극이 자기 자신의 실재에 대해 아무런 권한도 갖지 못한 피조물의 특징을 설명한다. 피조물의 권한 부족이 그 피조물로 하여금 또다시, 보다 더 확실하게, 그의 창조주에게 의존하도록 만든다. 그러므로 이미 자신의 실재에 관해 면밀한 탐색에 착수한 인간이, 즉 이미 저 세계로부터 돌아선 인간이 자기 스스로 요구한 목표에 도달하게 될지 여부, 그리고 그가 세계와 거리 두기에 성공할지 여부는 〔A:033327〕 신에게 달려 있다.[53] 인간이 **그 법***sub*

---

51 《신국론》 V, 10: "그것이 선택한 것을 실행할 권한이 없이 단순한 의지만이 있는 곳은 어디든 좀 더 강력한 의지에 의해 방해를 받게 될 것이다. 설사 그렇다 해도 애초에 단순히 다른 사람의 의지뿐 아니라 선택하는 사람의 의지가 없다면 아무 의지도 존재하지 않을 것이다. 비록 그가 자신의 선택을 실행할 수 없다 하더라도 말이다."

52 《고백록》 VII, 4, 6: "하느님의 의지와 하느님의 권한은 하느님 자신이다."

*lege*을 의식적으로 인정하는 경우라도 그는 단지 죄에 관한 모종의 지식만을 얻게 된다.[54] 그의 죄 자체는 의지와 권한 사이의 불일치 상태 속에 남겨진다. 그 법은 피조물로 하여금 그가 새롭게 감지한 의존성과 부합하는 방식으로 창조주를 다시 한번 체험하고 그와의 관계를 새로이 할 수 있게끔 피조물의 콧대 꺾기 작업을 완수한다.[55] 만약 양심을 통한 귀환을 실현하려던 시도가 그 피조물로 하여금 그것 속의 고유한 요구(이 요구는 바로 그 귀환의 실현에 의해서 구체적으로 충족될 수 있다)를 창조주가 부여한 어떤 법으로 감지하게 했다면, 그 법에 따를 수 없는 피조물의 부적합성이 그 피조물로 하여금 다시 한번 창조주가 그 권한을 부여한다고 느끼게 할 것이다. 이러한 과정을 통해서 인간은 신의 은총을 경험한다.

---

53 《바울로가 로마인들에게 보낸 서신의 명제》 40: "각각의 사람은 자신이 올바르다고 인식한 가르침을 완수할 수 없을 때 죽은 것이나 다름없다고 인정한다." 같은 책, 61: "믿고 의지하는will 것은 우리이고, 믿고 의지하는 자에게 성령을 통해 선한 일을 수행하는 능력을 주는 이는 그분이다. 성령을 통해 하느님의 사랑이 우리의 가슴으로 밀려들어 오며, 우리를 은총으로 넘치게 만든다." 《서간집》 177, 5: "그 법과 은총 사이에 구분이 있어야만 한다. 그 법은 명령하는 법을 알고 은총은 돕는 법을 안다. 그 법은 자유로운 의지가 전혀 없다면 명령하지 못할 것이며 은총 역시 의지가 충분치 않다면 돕지 못할 것이다."

54 《바울로가 로마인들에게 보낸 서신의 명제》 13~18. 또한 같은 책 30: "그러나 그 법은 죄의 사슬이자, 신의 재량권을 가지고 올바름을 행한다고 생각했던 사람들을 얼마나 단단히 묶어 매고 있는지를 보여주려고 주어진 것이다." 또한 《갈라디아인들에게 보내는 바울로의 서신에 관한 논평》 26: "보다 더 심각하게 병이 난 것을 아는 것이 의사에 대한 갈망을 더 강렬하게 하기 때문이다."

55 《갈라디아인들에게 보내는 바울로의 서신에 관한 논평》 24: "비천한 자만이 **자애**의 은총을 수용하고 이 은총 없이는 그 법의 명령을 완수할 방도가 아무것도 없기 때문이다. 인간은 은총을 구하려고 죄를 지어 비천해진다."

> 하느님은 모든 천지만물의 창조주이시므로, 또한 모든 권한을 부여하는 분이시다. 비록 그분이 모든 선택을 다 하지는 않을지라도 말이다. …… 그러므로 우리의 의지들에게는 하느님이 의도한 만큼의 의지 능력만이 주어진 것이다.[56]

마치 우리가 솟아나온 저 존재Being가 우리의 외부에 있는 것과 마찬가지로, 이 권한은 의지 능력에만 주어져 있다.[57] 우리의 원천인 저 존재로 돌아가라는 명령이 양심의 형태로 우리의 내부에 있다 할지라도, 그렇게 하도록 그 권한을 부여하는 신의 은총은 우리의 외부로부터 오는 것이다. 우리는 우리를 현재의 모습으로 만드는 저 존재, [즉] '우리 자신의 외부'를 영원의 이중 '전방'으로 정의했다. 심지어 그 법이 신의 것이라 하더라도 그 법은 또한 우리 현존의 내부에 있는 고유한 명령으로서 우리들 속에 존재한다. 이 법이 인간의 불완전성을 폭로하며 인간을 다시 한번 창조주로 향하게 한다. 이 새로운 방향이 인간의 유죄성을 드러낸다. 〔A:033328〕 이 유죄성은 '저 세계에 속하는' 자이자, 그렇기 때문에 습관을 통해 잘못된 '전방'을 이미 선택한 자에게 불가피하며 깊이 새겨진 것이다. 유죄성을 아직까지 신에 의해 창조되었다는 사실과 그에 뒤따르는 귀환에서 찾을 수는 없다. 그보다는 이 발견이 인간을 새로이

---

56 《신국론》 V, 9.

57 같은 책, V, 10.

신에게 종속시키는데, 이번에는 한 사람의 죄인으로서 종속되는 것이다. 이렇듯 죄스러운 신과의 대면이 곧 신의 현전 속에 있음이다. "모든 것들 이전에 계셨던 그분에게로의 귀환"은 인간이 그에게 고유하며 불가피한 요구를 따르기에 부적합하다는 사실이 폭로되는 순간 **신의 현전** 상태로 전환된다.[58] 그리고 이러한 신의 현전 속에서의 부적합성은 그 법이 법으로서 요구하고 명령한다는 단순한 사실에 있다. 의지와 권한 사이의 간극은 "의지하는 것to will"과 "의지하지 않는 것to nill"(**부분적으로 의지하고, 부분적으로 의지하지 않음***partim velle, partim nolle*)의 불확실성과 조응한다.[59] 그 법 속에서 명령하는 것은 우리의 양심이며, 동시에 우리의 의지이기도 하다.[60] 가령 의지가 완전한 것이라면 그것이 명령할 필요는 없을 것이다.

> 그 의지는 거기에 어떤 의지가 존재하라고 명령하고, 이것이 의지 그 자체여야 하며 다른 것이어서는 안 된다고 명령한다. 그러나 완전한 의지는 그러한 명령을 내리지 않는다. 때문에 의지가 명령하는 바는 있음 속에 없다. 가령 그 의지가 완전한 것이라면 의지는 자신에게 존재하라고 명령하지 않을 것이다. 의지

---

58 이는 아우구스티누스에게서 찾아볼 수 있다. 셉투아긴트Septuagint 원문(히브리어의 번역본)은 신의 현전 그리고 일관되게 현전하는 신의 권위가 이미 인간의 조건 안에 현존한다는 점을 보여준다. 아우구스티누스는 이를 '그 법에 종속되어 있음'으로 특징짓는다.

59 《고백록》 VIII, 9, 21

60 《신국론》 XIV, 6.: "의지는 이러한 모든 애착 현상에 관여한다. 실로 그것들은 다름 아닌 의지의 성향일 뿐이다."

> 는 이미 존재할 것이기 때문이다. 그러므로 어떤 것을 부분적으로 의지하고to will 또 부분적으로 의지하지 않는다는to nill 것을 괴상하다고까지 말할 수는 없다 해도 그것이 어떠한 정신의 병인 것만큼은 틀림없다. 비록 그 정신이 진실의 지원을 받는다 해도 그것은 온전히 솟아오르지 못한다. 습관의 무게가 [진실을] 내리누르기 때문이다.[61]

의지 자체 안에서 발생하는 불일치는 습관에서 연유한다. 그 사실이 우리로 하여금 그 법이 어떤 외부로부터의 계율이라는 사실과 의지가 동시적으로 그 법을 따르는 데 무능력하다는 사실 양자를 이해하도록 한다.[62] 그 의지로는 충분하지 않다.[63]

그 법은 의지가 제거할 수 없는 어떤 유죄성을 지적하는 방식에 의해, 창조주로의 새로워진 선회를 완수한다.[64] 이 선회는 더 이상 〔A:033329〕 신에 대한 어떤 단순한 관계가 아니며 그분의 도움을 직접적으로 요구하는 모종의 간청이다. 이에 따라 신의 기능은 창조주의 소임에서 기여자이자 도우미의 소임으로 바뀌게 된다. 신의 도움은 은총이며, 이는 **겸손해진***humiliatus* 자, 즉 그 [법의] 명령에

---

61 《고백록》 VIII, 9, 21

62 같은 책, X, 40, 65: "그러한 것이 습관의 무게다! 내가 비록 그럴 수 없더라도 나는 여기에 머문다. 나는 거기에 있고 싶지만 그럴 수가 없다. [그래서] 두 경우 모두 나는 불행하다."

63 《서간집》 177, 5.

64 《바울로가 로마인들에게 보낸 서신의 명제》 13~18: "그 법은 선하다. 그러나 그 법은 은총이 아니라면 죄를 제거하지 못한다는 사실을 보여 줄 뿐이다."

대한 그 자신의 무능력과 열등함을 유죄성으로 인식한 자만이 얻을 수 있고 수용할 수 있다.[65] 신의 은총은 그분 자신이 만든 피조물을 다시 새롭게 받아들이는 것이며, 피조물이 그의 새로워진 선회를 위해 도움을 간청하는 것에 상응한다. 이 받아들임은 신이 피조물을 인정한다는 사랑의 표시이며 어떤 새로운 창조에 비견될 만하다.[66] 그것은 겸손해진 자만이 〔A:033329〕 알 수 있고 수용할 수 있는 유형의 **사랑***dilectio*이다. 이 사랑 안에서 신과의 화해가 발생하는데, 이것은 항상 피조물 자신이 신으로부터 도출한 그리고 [그의] 고유한 요구와 화해하는 형태이다.[67] 인간은 그의 유죄성에서 방면되고, 그로써 저 '세계에 속함'의 상태에서도 해방되는 방식으로 재창조된다.[68]

비록 인간의 해방이 인간으로 하여금 저 세계를 또 다시 모종의 사막으로 온전히 이해하도록 허용한다고 할지라도 그는 더 이상

---

65 《서간집》 217, 12: "그러므로 하느님의 은총은 펠라기우스파가 착각하여 그릇되게 주장하듯, 자유의지의 본질이나 그 법 혹은 강령에서 발견되지 않으며, 저 의지의 갈라진 행동들에게 주어진다."

66 《신앙편람》 31: "하느님이 우리의 형태를 잡아주실 때, 즉 우리를 형성하시고 새로이 창조하실 때 (그분은 이미 그 일을 하신 바 있으므로) 인간으로가 아니라, 그분의 은총이 지금 수행하고 있는 것처럼 좋은 인간으로 새롭게 창조하시면, 우리는 진정으로 자유롭게 될 것이다."

67 《요한복음에 관한 논고》 CX, 6: "우리는 이미 우리를 사랑했지만, 우리가 죄로 인해 적의를 품었던 분과 재결합하였다." 또한 CXI, 1: "그러므로 [새로] 화해한 세계는 적대 관계에 있던 저 세계로부터 해방될 것이다."

68 같은 책, CVIII, 1: "이것이 갱생을 통해서 그들에게 부여되었다. [먼저는] 자연적인 생성을 통해 그들이 저 세계에 속하게 되었기 때문이다." 또한 CXI, 1: "그러므로 저 세계는 그 세계로부터 해방될 것이다."

이 사막에서 길을 잃고 헤매지 않는다. 그는 저 세계 속에서 잘 살 수 있다. 왜냐하면 그가 이제 **자애**를 통해 그의 '기원'을 가지게 되었고 그로 인해 이 생에서의 삶의 의미도 가지게 되었기 때문이다.[69] 이는 또한, 신이 그 법을 통해 멀리서 자신을 보여주며, 은총을 통해서는 마치 가까이에 있는 것처럼 자신을 보여준다는 것을 의미한다.[70] 이 근접성이 바로 그리스도의 지상의 삶과 강생降生이 의미하는 바이다. 그러므로 **자애**는 '존재하려는 경향'을 완성하는 반면, **탐욕**은 '무無로 다가감'을 성취한다. 그러나 이 무로 다가감은 피조물에 대한 신 자신의 [창조자로서의] 이전 성향에 좌우된다. 이제 이 피조물은 신과 화해한 자인 동시에 그 자신이 창조되었다는 사실과도 화해한 자로서 **재창조된 자**_nova creatura_이다. 피조물인 인간은 자신을 포기했다. 이제 피조물은 단지 신의 사랑의 대상일 뿐이다. 〔A:033330〕 신의 사랑은 모종의 피조물로서의 인간에게로 확장되지만, 그가 자력으로 될 수 있는 어떤 것으로까지는 확장되지 않는다. 인간은 신의 현전 상태에서 늘 자신이 유죄라고 생각한다. 이 점은 그가 탐욕스러움에 깊이 빠져들든, 자신의 의지에 따라 자기 자신의 기원을 탐색하는 과정에서 모종의 피조물로서의 본성

---

69 《요한일서에 대한 설교》 VII, 1: "그러므로 네가 이 광야에서 목말라 죽지 않으려면 **자애**를 들이켜라."

70 《설교집》 171, 3: "우리는 필멸할 자이며 죄인이기 때문에 비록 불멸의 독생자가 우리로부터 너무 멀리 떨어져 있더라도 그가 우리에게 내려온 까닭에 그처럼 멀리 있던 분이 우리에게 매우 가까워질 수도 있을 것이다. …… 매우 가까워지기 위해서 그는 우리의 죗값을 지불하셨다. 그러나 그가 우리의 죄의식까지 가져간 것은 아니다."

을 넘어서려고 노력하든 별반 다르지 않다. 다음과 같은 경우에 창조주는 정말로 잊힌다. 첫째는 저 세계를 우선시할 경우이고, 둘째는 인간 자신이 가질 수 있는 독립심을 우선시할 경우이다. 인간의 독립심 또는 교만으로 인해 그는 바로 [귀환의] 실현 기회를 놓친다. 인간은 자신을 우선시함으로써 '기원'을 망각한다.[71] "결국 영혼의 귀환을 방해한 것은 바로 [인간의] 교만이었다."[72]

신의 은총에 대한 이해와 선택은 **자애**를 통해서 일어난다. 거꾸로 전거함의 필연성에 조응하는 자애 또한 '**거꾸로 사랑함***redamare*'으로 정의된다. 인간은 이 사랑의 귀환을 통해서만 거꾸로 전거할 수 있고, 그 결과로 그의 현존에 대한 진실에 이르게 된다("진실에 의해 들어올려지고 습관에 의해 내리눌린다"). **자애**만이 인간으로 하여금 '모든 권한의 부여자'인 창조주의 도움을 받아들이는 방식으로 그 법을 완수하도록 허용한다. 이는 [인간에게] 받아들여진 신의 은총을 통해서만 저 세계가 정말로 포기되기 때문이다. 아우구스티누스는 바울로의 〈고린토인들에게 보낸 첫 번째 편지〉 1장 27~28절을 인용한다. "당신은 이 세상 속에 있는 비천한 것들을 택하셨고, 멸시받는 것들을 택하셨으며, 존재하지 않는 것들을 택하여 마치 그들이 존재하기라도 하는 양 무naught로 데려가려 하셨다. 무가 곧 그들이기 때문이다."[73] 신에 대한 선택, 순서상으로는 저 [신의]

---

71 《신국론》 XIX, 25: "육신과 육체의 욕망을 통제하면서 정신이 긍지를 느끼는 덕목, 그리고 신보다 다른 것을 소유하려는 목적 지향적 덕목은 사실의 관점에서 볼 때 덕목이라기보다는 악덕이다. …… 그것은 결딴났고 긍지로 부풀려졌다."

72 《설교집》 142, 3.

창조 작업보다 나중에 일어났지만 그것과 무관하지 않게 일어난 그 선택을 통해서만 저 세계는 창조 시점에 실재했던 모습으로 되돌아가며, 또 인간이 저 세계로부터 만들었던 모든 것들이 무無로 돌아가게 된다. 자애는 그 법을 완수한다. 자애에게는 그 법이 더 이상 어떤 명령도 아니며, 그 법은 은총 그 자체이기 때문이다.[74] 신을 사랑하게 되자—이것은 신으로의 새로운 선회이다—그 법이 요구를 하거나 두려움을 자아내지 않게 되었다. 〔A:033331〕 세계는 [다시] 어떤 사막이 되었고 탐욕스러움은 그것의 의미를 잃었다. 이 자애로운 수용이 피조물을 그것의 창조주와 화해시킨다. 인간이 저 세계로부터 신에게로 귀환했다. 그가 저 세계에 속하는 한, 그는 자기 자신은 물론 저 세계를 부인했다. 인간은 이 자기부정을 통해서 그의 피조성에 대한 사실적 진실과 의미를 획득한다.

> 인간이 자기 자신에 따라 산다면, 즉 하느님의 의지가 아니라 자신의 방식대로 산다면 그는 확실히 허위虛僞에 따라 사는 것

---

73 《고백록》 VIII, 4, 9. (예컨대 바울로가 인용한 바 있는) 원시기독교에서조차 이 '아무것도 아님으로 데려가고자 하는 것'이 비천한 자와 멸시당한 자를 선택하는 유일한 이유다. 그것은 모든 인간적 처신의 폐지—그 반대가 아니라—를 의미한다. 이 점은 특히 니체가 분개resentment로부터 도출한 심리학적 설명(이것이 각 개별적 상황에 얼마나 타당했든지 간에)에 대비되는 적실성을 갖는다. 이 점은 또한 귀족들이 비열함에 기우는 성향을 지적한 셸러Scheler의 이론과 반대되는 적실성을 갖는다. (〈도덕의 형성에서의 원망(또는 르상티망)〉, 《논문 및 강연문 모음집》 제2권 참조.)

74 《심플리키아누스께 드린 다양한 질문들에 관하여Various Questions for Simplicianus》 I, 17: "그러므로 두려워하는 자들에게 그 법은 곧 명령이지만 애호자들에는 은총이다."

> 이다. 인간 자신은 물론 거짓이 아니다. 그의 원저자이자 창조주인 하느님은 거짓을 창시하거나 만들 분이 아니기 때문이다. 그보다 인간은 진리 안에서 지어졌기 때문에 자신의 뜻이 아니라 그를 만든 분의 뜻에 따라 살게끔 되어 있었다. 요컨대 그는 자기 자신의 의지보다는 하느님의 의지를 실행하게 되어 있었다는 것이다. 인간은 살아가도록 창조되었으므로 살지 않는 것은 모종의 거짓이 되는 셈이다.[75]

이 자기부정은 오직 **자애**를 통해서만 성취된다. 다른 어떤 것도 그 희생을 설명하는 어떤 이유도 내놓지 못하기 때문이다. 오직 사랑을 통해서만 인간은 자기 자신의 의지를 포기할 수 있고, 이 사랑에 근거한 포기야말로 은총을 선택하는 선결 조건이다. 이런 이유로 사랑은 "자연이 우리 속에 심은 의지"와 비교했을 때 "훨씬 더 강한 의지"[76]라고 할 수 있다. 인간은 자기부정에 입각하여 자기 자신에게 "신처럼" 행동한다. 그는 신이 자신을 사랑하는 방식으로 자신을 사랑하며, 기본적으로 자기가 만든 모든 것을 혐오하고 자신이 신의 창조물이라는 측면에서만 자신을 사랑한다. 자신 속에 있는 것 가운데 그가 사랑하는 것은 오로지 신의 정수, 즉 창조주이신 그분이다.[77] 인간은 [자신의] 자유의지가 그로 하여금 그가 저 세계에 속해 있다는 사실에 어떤 독자적인 중요성을 부여하도록

---

75 《신국론》 XIV, 4.

76 《삼위일체론》 XV, 21, 41.

77 《요한복음에 관한 논고》 LXXXVII, 4.

허용하는 한 자신을 혐오한다.

> 그분은 우리가, 그분이 우리를 지으시지 않았다는 듯이 그렇게 있는 것과 우리의 불법함이 그분의 공적을 구석구석 다 써버리지 않은 것을 싫어하셨습니다. 그분은 우리 각자가 〔A:033332〕 우리가 만든 것을 어떻게 단번에 싫어할 수 있는지, 또 그분 자신이 지으신 것을 어떻게 단번에 사랑할 수 있는지 알고 계셨습니다.[78]

78 같은 책, CX, 6.

3
이웃에 대한 사랑

〔A:033340〕 아우구스티누스의 견해에 따르면 자기부정은 저 세계에 대한 인간의 태도로 표현된다. 인간은 저 세계를 신의 창조물로서 사랑한다. 저 세계 속에서 피조물은 신이 세계를 사랑하는 것과 같은 방식으로 세계를 사랑한다. 이것이, 그 자신을 포함하여 모든 사람이 신에게 부여받은 자기 자신의 중요성을 동시적으로 다시 얻게 되는 어떤 자기부정의 실현이다. 이 실현이 바로 '이웃사랑'인 것이다.[1] 이제 우리는 이 신에게서 받은 그리고 자기를 부인하

1 카를 홀(《아우구스티누스의 내적 발전》, 프로이센 학술원, 1928, 47)의 다음 진술들에는 확실히 부인하지 못할 논점이 있다. "이 짧은 요약은 우선적으로 성 바울로의 영향력이 아우구스티누스의 궁극적인 심층부까지 확장해 들어가지 못했음을 확인시킨다. 그것은 그의 윤리학의 기본적 행복 지향성을 언급하지 않으며, **자애**에 관한 모든 논의에도 불구하고, 자아에게 집중된 [논의 전개] 수고도 언급하지 않는다." 홀은 다음과 같이 주장한다. "이는 아우구스티누스가 저 산상수훈의 계명들을 어떻게 부정적 측면에서만 파악할 수 있는지 잘 알고 있다는 사실과 관

는 이 이웃사랑에서 '이웃'이 어떻게 이해되고 있는지 살펴보기로 하자.

이웃에 대한 사랑은 인간이 자기 이웃에 대해 가지는 태도이며 이는 **자애**에서 기인한다. 그 이웃사랑은 두 가지 기본적인 관계로 거슬러 올라간다. 첫째로 개인은 자신의 이웃을 **신이 하는 방식***sicut Deus*으로 사랑해야 한다. 둘째로 그는 자신의 이웃을 그가 **자신을 사랑하듯이***tamquam se ipsum* 사랑해야 한다. 이 기본적인 관계 노선에 따라 우리는 두 개의 질문을 제기한다. 첫째, 자기를 부인하는 사람이 어떻게 자신의 이웃을 만나는가? 둘째, 이 만남에서 이웃의 역할은 무엇인가?

그 [신의] 법은 우리에게 서로 사랑하라고 명한다. 이것이 그 법의 본질이며, 모든 다른 법들은 그것을 지향한다.[2] 그 법은 저 세계 안에서 세계를 모종의 사막으로 간주하며 자기 자신의 원천에 대한 관계를 의식하며 살아가는 인간이 그 세계 속에서 수행하는 바를 조절하고 결정한다. 이 세계는 항상 인간에 의해 구성되어 왔으므로 그 법은 인간이 서로에게 어떻게 행동해야 하는지를 규정한

련된다. 이웃사랑의 가장 심층적 본질은 모종의 자기희생적 공동체에 대한 의지라는 그 의미가 그에게 감추어진 채 남아 있다."(같은 책, 29). 그러나 성 바울로의 경우에서조차 (비록 예수 자신의 말은 아닐지라도) 이웃사랑은 견고하게 개인과 묶이고 있다. 즉 예수가 명한 바대로, 이웃사랑에 대한 이해를 위한 근본적인 질문은 다음과 같이 읽힌다. '하느님께 사로잡혀 저 세계와 멀어진 자인 내가 어떻게 아직까지 이 세계에 살 수 있단 말인가?'

2 《신앙편람》 XXXII, 121: "그러므로 모든 계명의 목적은 **자애**이다. 요컨대 모든 계명은 사랑을 그것의 목표로 삼는다."

다. 사랑은 몇몇 계명들 전체의 본질이다. 그 자체의 의미에 따라서 각각의 계명은 사랑에 의해 성취된다. 사랑의 완수는 신의 은총에 달려 있고, 자신의 이웃을 사랑하는 능력은 신에 대한 사랑에 달려 있다.[3] 〔A:033341〕 신의 사랑을 받아들이면서 인간은 자신을 부인했다. 이제 그는 신이 하는 대로 사랑하고 증오한다. 인간은 자신을 포기함으로써 저 세계 내 모든 관계들도 함께 포기한다. 그 결과로 그는 자신을 온전히 신에 의해 창조된 자로 보며 자기 자신이 만든 것은 무엇이든 거부하고, 자신이 수립한 관계도 어떤 것이든 전부 거부한다. 이런 방식으로 이웃은 그의 특수한 세계적 현존의 의미, 예컨대 친구 또는 적으로서의 의미를 상실한다. 신이 사랑하는 것처럼 사랑하는 어떤 애호자에게 이웃은 신의 피조물이 아닌 다른 어떤 것이기를 중지한다. 그 애호자는 신의 사랑에 의해 간단히 신의 창조물로서 정의된 한 인간과 만난다. 모두가 자신을 부인하고 그들의 상호적 유대 관계를 부인하면서 이 사랑 안에서 만난다. 이 만남을 통해 모든 사람들은 각자 그들 자신의 실재에 대해 비록 매우 미미한 정도일지라도 어떤 동등한 적실성을 가진다. 인간은 그 자신의 원천과 묶여 있는 상태이므로 그는 자기의 이웃을 위해서 혹은 그 자신을 위해서 이웃을 사랑하는 것이 아니다. 이웃에 대한 사랑은 애호자 자신을 절대적 고립 속에 남겨두며, 저 세계는 모종의 사막으로 남아 있다. 피조물이 역시 고립 상태로 살고 있는 저

---

3 《갈라디아인들에게 보내는 바울로의 서신에 관한 논평》 45: "만일 그가 그의 이웃을 사랑할 수 있도록 그에게 명령하고 능력을 주시는 하느님을 사랑하지 않는다면 누가 그의 이웃을, 즉 모든 사람을 자신과 같이 사랑할 수 있겠는가?"

세계와 관련해 설명하면, 이 고립 상태가 깨지지 않고 실현되는 것은 그가 자신의 이웃을 사랑하라는 계명에 순종할 때이다. 인간은 신이 아니며 결코 신과의 동등을 확보할 수 없으므로, '신처럼'이라는 전제는 그에게서 그의 이웃을 선택할 어떠한 기회도 다 앗아간다.[4] 그리고 이 '신처럼'이라는 전제는 모든 인간적 기준을 무너뜨리고, 이웃에 대한 사랑을 그 어떤 세속적 사랑과도 분리시킨다.[5]

그러나 이 자기부정에 대한 계명으로서의 이웃사랑이라는 견해는, 절대적으로 고립된 사람이 어떻게 이웃을 가질 수 있는지를 설명하지 못한다. 우리는 앞에서 인간이 자기 자신의 원천을 탐색하는 과정에서 저 세계 너머에 대해 문의한다는 사실을 살펴보았다. 이 과정을 통해서 인간은 [그의] 절대적 '전방'인 창조주와 만나고, 〔A:033342〕 실현된 '신의 현전' 속에서 확실하게 그에게로 선회한다. 그런 한편, '저 세계 너머'에 대해 문의함을 통해 원천에 대한 탐색 역시도 저 세계 속의 역사적이고 내재적인 모든 원천을 넘어선다. [물론] 인간의 역사적 원천은 바로 그의 세계성worldliness의 징표일 것이며 그가 저 세계에 속한 일부라는 사실과 부합할 것이

4 《시편 주해》 25, ii, 2: "너는 각 사람을 비록 그가 기독교인이 되기 이전이라도 네 이웃으로 간주해야 한다. 왜냐하면 너는 그가 하느님과 어떤 관계에 있는지를 모르기 때문이다. 게다가 너는 하느님이 그를 먼저 알고 계셨을 수도 있다는 사실을 알지 못한다."

5 《요한복음에 관한 논고》 LXV, 1: "왜냐하면 그것은 진실로 그것을 경청하는, 또는 차라리 복종의 의미로 동의하는 자를 새롭게 만드는 유형의 모든 사랑이 아니라, 주님이 그것을 모든 세속적인 사랑과 구별하기 위해 그것에다 '내가 너희를 사랑한 것처럼'이라는 수식어를 덧붙이신 사랑이기 때문이다."

다. 심지어 가장 광범위하게 영향력이 미치는 승화 방식으로 표현하더라도, 그 역사적 원천은 단지 **탐욕***cupiditis*의, 즉 그릇된 '전방'의 선택[결과]일 따름이다. 이것은 어쩌면 그릇된 '이전'일지도 모르지만, 바로 그 **탐욕**의 요점을 '저 세계의 다음'에 있음이라는 사실에서 찾을 수 있으므로 무의미한 것은 아니다. 신의 현전 속에서 귀환을 실현시키는 인간의 절대적 고립은, 신성하게 제정된 사랑이 어떻게 자기부정의 실현에 복무하게 되는지를 설명한다. 그 이유는 사랑이 그 어떠한 독자적 선택도, 또 저 세계와 독창적으로 수립한 그 어떠한 관계도 포기하도록 하기 때문이다.

그러나 우리가 이해할 수 없는 것은 비록 이 사랑을 통해 우리 자신과 세계를 부인한다손 쳐도 어떻게 다른 사람이 여전히 이웃으로, 즉 우리에게 특수한 방식으로 연결된 사람으로 간주될 수 있는지 하는 것이다. 제3부에서는, 인간들이 아담으로부터 그들의 공통된 역사적 유산을 받았다는 이유로 서로에게 속하기 때문에 우리가 '사회적social' [성격을 띠는] **자애**를 통해서 타인을 우리의 이웃으로서 만나게 된다는 사실을 확인하게 될 것이다. 비록 이 '속함'이 저 세계에 속하는 것일지라도, 그것은 심지어 자기를 부인하는 사랑 속에서도 이웃에게 모종의 명확한 적실성을 부여한다. 하지만 우리는 이 대목에서 신의 현전 속에 있는 인간의 절대적 고립에서 발생하는 모순을 [잠시] 무시할 것이다. 우리가 아우구스티누스의 관점을 채택하면 저 이웃의 적실성은 오로지 '저 세계에 속하는' 것으로서만 이해할 수 있을 것이며, 그런 점에서 아우구스티누스의 사유 방식으로는 이웃의 실제적 원천이 지닌 적실성을 올바르게 이해할 수 없을 것이기 때문이다.

자기를 부인하는 사랑이란 자신을 포기하는 방식으로 사랑하는 것을 의미한다. 그리고 이는 〔A:033343〕 곧 모든 사람을 차별 없이 완전하게 사랑함으로써 애호자에게 세계가 모종의 사막이 되도록 만드는 것을 뜻한다. 더욱이 그것은 그들을 '자신처럼' 사랑하는 것을 의미한다. 거꾸로 전거한다는 사실에 의해 인간은 피조물로서 자기 자신의 실재를 획득한다. 인간은 '신으로부터' 나오고 '신으로' 가는 있음이기 때문에 자기 자신의 실재를 신의 현전 속에서 포착한다. 자기 자신의 실재를 재탈환하는 방식으로서의 귀환과, 그것 안에서 성취한 고립이 이웃에 대한 사랑의 유일한 원천이다. 내 이웃에 대한 올바른 이해가 나 자신에 대한 올바른 이해의 선행 조건이다. 나 자신이 나의 있음의 진실에 관해 확신을 가질 수 있는 곳에서만 나는 내 이웃을, 나와 마찬가지로 창조됨이라는 조건 아래에 놓인 그의 진정한 있음으로서 사랑할 수 있다. 저 세계에 속하는 방식으로 내가 만든 자아를 내가 사랑하지 않는 것처럼, 나는 실제의 세계다운 만남 속에서 맞닥뜨리는 내 이웃 역시 사랑하지 않는다. 오히려 나는 창조됨이라는 조건 아래에 있는 그를 사랑한다. 나는 그 속에 있는 어떤 것, 즉 그에게 속하지만 그가 아닌 바로 그것을 사랑한다. "너는 그의 속에 있는 어떤 것을, 그의 있는 그대로의 그가 아니라 네가 그였으면 하고 바라는 그것을 사랑한다."[6] 이것이, 애호자가 다만 사람들 속에 있는 신을 사랑하는 한,

6 《요한일서에 대한 설교》 VII, 10.

그 자신에게 가장 가까이 있는 사람들을 걱정하는 그의 고립 상태를 보전시킨다.[7] 또한 그것은 이웃에게도, 사랑이 단지 고립으로 불러들이는 초대이며, 신의 현전 속으로 들어오라는 소환장이라는 의미이다.[8] 애호자는 피애호자를 자신과 동등한 자로 전환시킨다.[9] 그는 피애호자가 이것을 이해하든 말든 상대가 자신과 동등해지는 것을 좋아한다.[10] 자기를 부인하는 사랑의 방식으로, 나는 나 자신은 물론 다른 사람도 부인하지만 그를 잊어버리는 것은 아니다(제1부 3장 참조). 이 부인[이 의미하는 것]은 '네가 있어 주기를 원함' 그

---

7 《설교집》 336, 2: "그가 그의 친구 속에 계신 하느님을 사랑하는 어떤 친구를 진정으로 사랑한다면, 이는 하느님이 그의 안에 계시거나 또는 계실지도 모르기 때문이다."

8 《서간집》 130, 14. ("우리의 한시적 삶은 오직 삶이 영원한 삶을 획득할 수 있는 덕목을 얻는 일에 사용될 때에만 유익하게 살아진다. 그러므로 이득이 되고 올바른 방식으로 갈구된 다른 모든 것은 물을 것도 없이 우리가 하느님과 더불어 살며 그분의 삶에 의해 인도되는 삶을 참조해야 한다. 우리가 하느님 안에서 우리 자신을 사랑하는 한, 가령 우리가 정말로 그분을 사랑한다면, 그래서 또한 우리가 진실로 우리의 이웃을 우리 자신과 같이 사랑한다는 계명에 순종한다면, 우리의 능력이 닿는 한 우리는 그들을 하느님의 사랑과 유사한 어떤 사랑으로 이끌 것이다. 그러므로 우리는 하느님을 하느님이기 때문에 사랑하며, 우리 자신과 우리의 이웃은 그분을 보아서 사랑한다. 그럼에도 우리가 그렇게 살아갈 때조차 마치 우리가 기도할 목적이 아무것도 남지 않은 것처럼, 우리가 행복해졌다고 생각하지 말라. 만일 좋은 삶에 대한 그 한 가지 유인誘引이 우리에게 여전히 결핍된다면 우리가 어떻게 삶 속에서 행복을 발견할 수 있겠는가?)

9 《요한일서에 대한 설교》 VIII, 8: "너는 모든 사람이 너와 동등한 자가 되기를 바라야만 한다."

10 《요한복음에 관한 논고》 LXXXVII, 4: "그러므로 우리는 그것(저 세계) 안에서 그것이 본질적으로 사랑하는 것에 대한 사랑을 금지당했으며, 그것이 본질적으로 혐오하는 것, 즉 하느님의 솜씨와 그분의 선하심으로 빚은 다양한 위안물들을 사랑하라는 명령을 받았다."

리고 '신에게로 데려감'에 해당한다. 마치 내가 나 자신을 탐색하는 과정에서 나를 부인한 것처럼, 상대를 부인함으로써 나는 그의 진정한 있음에 닿게 된다.

여기서 나 자신의 기원과 관련된 적절한 경험이 〔A:033344〕 자기부정에 녹아 있다는 점이 지적되어야 한다. 자기부정은 원래의 맥락에서 의미에 가중치를 둔 나 자신의 현존에 대한 이해방식이다. 그런 한편, 상대를 부인하는 것이 거꾸로 탐색하는 과정의 종결을 의미하지는 않는다. 그것은 오히려 시작이다. 상대에 대한 부인은 자기부정을 위한 자극제를 제공하려는 의도이다. 더욱이 그 상대에 대한 부인, 즉 그의 있음에 대한 이해 과정에서 이웃의 근원적 있음이 적시된다. 그래서 이웃에 대한 사랑은 저 세계 너머로 역전거함의 구체적인 실현이며, 그렇게 하는 과정에서 그 사랑이 상대를, 그가 자신의 있음의 의미로 간주하는 저 세계에서 밀어낸다. 영원한-있음being-forever으로서의 있음이라는 의미에 부응하여, 이웃에 대한 사랑은 필멸할 자인 상대를 사랑하는 것을 의미하지 않는다. 그 안의 영원한 것, 바로 그의 '기원'에 대한 사랑을 의미한다.[11] "만약 영혼들이 즐거움을 준다면 그것들이 하느님 안에서 사랑받도록 하라. 그것들도 변하기는 매한가지지만 하느님에게 고정시킨다면 안정될 것이다. 그렇지 않으면 그것들 역시 지나가고 소멸할지니라."[12] 이 안정화는 우리가 사랑하는 바의 근원적 의미

11 《고백록》 IV, 4, 7~9, 14

12 같은 책, IV, 12, 18.

를 담고 있다. 애호자는 피애호자 너머의 신에 닿고자 한다. 오직 신의 품 안에서만 그의 현존과 그의 사랑이 의미를 얻기 때문이다. 죽음은 이웃에 대한 사랑에 관한 한 무의미하다. 그것은 내 이웃을 저 세계로부터 제거하는 과정에서 사랑이 이미 달성한 바를 수행할 뿐이기 때문이다. 요컨대 나는 그 [이웃] 안에서 그의 [있음의] 원천으로서 살고 있는 그 존재를 사랑한다. 죽음은 이 사랑에 부적합하다. 왜냐하면 사랑받는 사람 각각이 오직 신을 사랑하기 위한 모종의 계기를 제공할 뿐이기 때문이다. 각각의 인간 속에 있는 동일한 원천이 사랑을 받는다. 어떤 개인도 이 동일한 원천과는 비교 대상이 될 수 없다. 그러므로 기독교인은 모든 사람을 사랑할 수 있다. 각 사람이 단지 신을 사랑하는 모종의 계기일 뿐이며, 또한 그 계기는 각 사람에게 다 해당될 수 있기 때문이다. 사랑은 심지어 원수와 죄인조차도 〔A:033345〕 다만 사랑의 계기로 간주하도록 하는 데서 그 저력을 입증한다. 이 이웃에 대한 사랑에서 사랑을 받는 것은 실제의 이웃이 아니다 — 그것은 사랑 그 자체이기 때문이다.[13] 결국 하나의 이웃으로서 이웃의 적실성은 (이는 앞에서 어떤 모순으로서 설명된 바 있다) 극복되며, 개인은 고립 속에 남겨지게 된다.

---

13 《요한일서에 대한 설교》 IX, 10: "누군가가 그의 형제를 사랑하면서 그 사랑Love 자체를 사랑하지 않을 수 있을까? 그는 필연적으로 사랑을 사랑해야만 한다. …… 사랑을 사랑하는 방식으로 그는 하느님God을 사랑한다." 또한 《신국론》 XI, 27. 참조

3부

사회적 삶

〔A:033348〕 우리는 기독교적 개념인 '**자애**'가 이 세계 속에서 신에 대한 사랑과 묶여 있다는 사실에서 출발하여, 신과 인간의 유대 관계를 각각 다른 방식으로 보여준 아우구스티누스의 사상에 나타나는 두 개의 상이한 사유의 맥을 추적해 보았다. 이 과정에서 나온 부정적인 결과는 이웃에 대한 사랑을 실제적인 적실성 면에서 불가해한 것으로 남겨둔 점이었다. 저 전통적인 계명에 따르면 이웃에 대한 사랑은 신의 사랑은 물론이고 상대를 '그 자신처럼' 사랑하는 일과도 함께 묶인다. 이웃에 대한 사랑에 관해 언급할 때마다 아우구스티누스는 특별히 '그 자신처럼'이라는 어구를 명확하게 제시한다. 그 결과 영원으로부터의 귀환을 통한 갈망함에 대한 자기망각은 그로 하여금 그 자신은 물론 그의 이웃을 어떤 절대적 거리를 둔 상태에서 보게 할 것이다. 이는 각각의 원래적 관계가 그 자신과 함께 다 잊혔기 때문이다. 피조물이 자신의

온전한 의미를 [그 자신의] 자기부정의 출발점인 완전한 고립에서 발견하는, 그 거꾸로 전거하는 자기부정을 통해 그 상대도 자신과 함께 부인되어야 했다. 이 대목에서 한 가지 질문이 남는다. 그렇게 반복적으로 모순을 일으킴에도 불구하고 왜 이웃에 대한 사랑은 이러한 아우구스티누스 저작 본래의 이질적인 맥락들 속에서조차 그렇게 큰 역할을 담당하는 것인가? 거기에 혹시 기원은 다르다 할지라도 이웃에게 어떤 특수한 적실성을 부여하는, 우리가 앞서 말한 바로 인해 외관상으로는 이론적 유효성이 없어졌지만 이 기독교 전통의 측면에 관한 아우구스티누스의 관심을 설명해 줄 수도 있는, 어떤 실제적인 영향력을 지닌 또 다른 경험적 맥락이 있는 것일까?

〔A:033349〕 초기 그리스도의 추종자들을 언급하면서 아우구스티누스는 다음과 같이 적고 있다. "그들은 깨달았다. 우리가 공통 신앙을 가진 까닭에 서로 만난 일은 없어도 동지라는 사실을."[1] 동지애는 공통 신앙을 가졌다는 사실에 바탕을 둔다. 그러므로 우리는 관찰한 바에 따라 신자 사회를 두 가지 구별되는 특징에 의해 정의할 수 있다. 첫째, 신자 사회는 원칙상 세속적이지 않은 것에 의해 세워지므로, 세계 안에 선재하는 어떤 현실이 아닌 특수한 가능성에 토대를 둔 타인들로 이루어진 모종의 공동체이다. 둘째, 이 가능성은 인간실존에 주어진 모든 가능성들 가운데 가장 본질적인 것이기 때문에, 서로 사랑하는 일을 통해 실현된 신

---

1 《요한일서에 대한 설교》 I, 3.

앙 공동체는 각각의 인격체로부터 어떤 절대적인 답을 필요로 하고 또 요구한다. 그 공동체가 모종의 공동체이기 위한 조건과 관련해서 항상 오직 한 가지 있음의 정의만을 따로 떼어 적용하는 모든 세속 공동체들과 대조적으로, 신앙 공동체는 그 사람의 온전한 전체를 요구한다. 신 역시 그 사람의 온전한 전체를 요구하는 대로 말이다.[2] 따라서 신앙은 '각자 자신만의 신앙을 가진다'고 말해지는 동시에 본질적으로는 공통의 신앙이기 때문에, 각각의 다른 개인은 그를 동료 신자로 만들어줄 잠재적 신앙의 관점에서만 보게 된다.[3] 그와 동시에 (제2부 2장에서 보여준 것처럼) 이 신앙은 인간됨의 가장 마지막이자 가장 본질적인 어떤 가능성으로 이해되고 있다.

그러나 우리가 앞에서 살펴보았듯이, 바로 이 신앙이 신의 현전에 임한 개인을 그의 동료들로부터 고립되는 상황으로 밀어 넣는다. 심지어 모두가 같은 것을 믿는다 해도 이러한 신앙의 일치는 저 ('각기 자신만의 신앙을 가진') 개인의 존재방식에 부적절하다. 그들 모두가 믿는 하느님의 꾸밈없는 동일성이, 아직까지 신앙인들로 이루어진 모종의 신앙 공동체를 생겨나게 한 것은 아니기 때문이다. 신자들의 단순한 신앙의 일치가 어떻게 하나의 공통 신앙으로, 즉 모든 사람이 다 내 이웃인 까닭에 심지어 〔A:033350〕 비

---

2 《설교집》 34, 7: "너를 만드신 그분은 너를 온전히 요구하신다."

3 《삼위일체론》 XIII, 2, 5: "그러므로 이 신앙은 모두에게 공통이다. …… 인간의 표정이 모두에게 공통 이라고 말하는 것처럼 말이다. 그럼에도 각자는 확실히 자신만의 표정을 가지고 있다."

신자들조차도 형제로 간주하는 하나의 신앙 공동체 자체로 전환되는가? 오직 이런 방식으로 질문을 제기함으로써만 우리는 기독교 공동체가 개별신자들에게 결정적으로 중요한 의미를 가지는 공통 경험의 토대를 확보하게 된다. 그래서 우리는 계속해서 다음 질문도 제기한다. 신앙의 내적 변증법에 의해서 더 이상 추적될 수 없는 이 경험적 토대는 어디에서 만들어지는가?

갈망함과 역전거함 양자는, 그 실현이 오롯이 신의 은총에 달려 있는 어떤 인간적 가능성에 대한 처신과 선택 양식들이다. 그러나 여기서 신앙으로서의 신앙은 어떤 독특하고 구체적으로 역사적 사실과 묶여 있다. 내 이웃을 사랑의 계명이 요구하는 적실성을 지닌 자로 보이게 만드는 것은 "내가 나 자신에게 문젯거리가 된"[4] 그 사실이 아니다. 오히려 그렇게 보이게 만드는 것은 모종의 역사적으로 선재하는 실재reality이다. 그것은 그 자체로, 심지어 대속代贖하기 위한 그리스도의 죽음에 대해 감사한 마음을 가지게 하며, 또한 그것을 어떤 유사한 현실로 전환시키는 데 필수적이다. 그러므로 우선 신앙이란 것에 대한, 두 가지 가능한 개념의 관점 차이는 분명하다. 첫째, 신앙은 개인이 자기 자신의 실재his own being에 관한 질문에 접근하는 방식이다. 둘째, 신앙은 역사의 사실성과 묶여 있으며 또한 과거 그 자체와도 묶여 있다.

그리스도의 대속하는 죽음은 어떤 개인이 아니라 인간이 만든 세계로서 이해된 저 **세계***mundus* 전체를 대속한다. 그러나 신앙은

4 《고백록》 X, 33, 50.

개인을 고립시킬 수 있으며, 신앙의 대상(그리스도에 의한 대속)은 모종의 주어진 세계 안으로, 그리고 결과적으로는 어떤 주어진 공동체 속으로 들어왔다. 신앙은 인간을 저 세계 밖으로, 즉 사람들로 이루어진 모종의 공동체인 **지상의 도시***civitas terrena* 바깥으로 데려간다. 이 지상의 도시는 항상 모종의 사회a society이기도 하다. 요컨대 이것은 사람들이 함께 삶을 영위하며 단순히 서로의 곁에 있기보다 서로를 위해 존재하는 하나의 사회적 유기체로서 정의되는 것이다.[5] 이 **지상의 도시**는 〔A:033351〕 임의로 세워진 것도 아니고 임의로 해산되지도 않는다. 오히려 그것은 두 번째의 역사적 사실에 근거하여 건설되었다. 신의 구원 계획상으로는 이 역사적 사실 하나로도 그리스도를 모종의 역사적이고 효과적인 현실로 만들 수 있다.[6] 이 두 번째 사실은 아담에게서 공통으로 상속된 유산이며, 모든 사람 사이의 확실하고 의무적인 평등의 토대다.[7] 아우구스티누스가 적고 있듯, 이 평등은 "인간 족속이", 마치 **뿌리를 내린 듯이***tamquam radicaliter*, 아담 속에 "제정되었기" 때문에 현존한다.[8] 이 '뿌리를 내린'이라는 표현은 어느 누구도 이 유산으로부

5 《신국론》 XIX, 17: "물론 어떤 공동체적 삶이라도 사회관계를 강조해야만 하기 때문이다."

6 그리스도와 아담의 유사성에 대해서는 바울로의 〈로마인들에게 보낸 편지〉 5:12~21 참조. 또한 《곡직曲直과 죄의 사면에 관하여On the Merits and Remission of Sins》 I, 16~19 참조.

7 《요한일서에 대한 설교》 VIII, 8: "너는 모든 사람이 너와 동등하게 되기를 바라야만 한다."

8 《창세기에 대한 충실한 논평》 VI, 9, 14.

터 도망칠 수 없으며, 이 상속을 통해 인간실존에 대한 가장 중요한 결정 요인이 영구적으로 제정되었음을 뜻한다.[9] 그러므로 모든 사람을 하나로 묶는 것은 어떤 우연한 **유사성***simultudo*이 아니다. 오히려 그들의 유사성은 불가피하게 그리고 역사적으로 그들이 아담으로부터 계승한 공통 유산과, 단순한 유사성을 초월하는 모종의 친족 관계라는 토대 위에서 수립되며 그것에 고정된다.[10] 이 친족 관계가 생김새나 재능의 평등이 아니라 상황의 평등을 창출한다. 모두가 같은 운명을 공유한다. 개인은 이 세계 속에 혼자 있는 것이 아니다. 그에게는 **숙명의 동반자***consortes*가 있다. 이는 단순히 이런저런 상황에서뿐 아니라 평생 그러하다. 그의 생애 전체가 어떤 독특한 숙명의 상황으로, 즉 [인간의] 필멸성의 상황으로 간주된다.[11] 그 [필멸성의 상황] 속에 모든 사람의 친족 관계가 위치하

9 《설교집》 96, 6: "만약 네가 저 세계를 사람들의 구성체로 간주한다면 처음 죄를 지은 자는 저 세계 전체를 나쁘게 만들었다고 봐야 한다."

10 《신국론》 XIV, 1: "나는 앞서 이미 다른 저서들 속에서 하느님이 한 사람[즉 아담]으로부터 모든 사람이 나오게 한 데는 두 가지 목적이 있다고 말했다. 그분의 첫 번째 목적은 본성을 같게 함으로써 인간 족속에게 일체감을 부여하려는 것이었다. 그분의 두 번째 목적은 혈연관계를 통해 모든 사람을 평화적인 유대관계로 편입시켜 모종의 조화로운 총체로서 함께 묶으려는 것이었다. …… (그런데) 그들이 저지른 죄가 너무 중대하여 모든 인간 본성을 손상시켰고, 이런 맥락에서 죄를 짓는 버릇과 죽음의 불가피성이 후대에 전수되었다." 또한 같은 책, XII, 22: "하느님이 단 한 사람의 인간만을 창조하셨다. 이는 그에게서 다른 인간과의 동무 관계를 박탈하려는 뜻이 아니라, 사회의 일체성과 조화로운 유대 관계가 인간에게 더 중요한 의미일 수 있다는 것을 뜻한다. 모든 사람은 본성의 유사성뿐 아니라 친족 관계의 애정을 통해 한데 묶이게 될 것이기 때문이다."

11 《고백록》 X, 4, 6: "그러한 것이 바로 내 고백이 주는 혜택이다. 나는 내가 지금까지 지내온 것에 대한 고백이 아닌, 지금 내가 어떤 사람인지에 대해 고백하고

며 동시에 그들의 **사회적 동료 관계***societas*도 함께 존재한다.

비록 이 평등이 단지 저 지상의 도시에만 암시된 것이라 하더라도 이는 우리에게 세속 공동체의 사회적 삶을 본질적으로 정의하는 상호의존성을 이해하게 만든다. 이 상호의존성은 사람들이 더불어 살며 서로 주고받는 가운데 나타난다.[12] 여기에서 서로에 대한 개인들의 태도는 모든 실제적이거나 잠재적인 지식과 구별되는 **믿음***credere*을 특징으로 한다.[13] 우리는 〔A:033352〕 믿음을 통해서 — 즉 **이해함***intelligere*을 통해서가 아니라 신뢰함을 통해서 — 모든 역사, 즉 모든 인간적·시간적 행위들의 의미를 파악한다는 것이다. 이 타인에 대한 믿음은 타인이 우리의 공통된 미래 속에서 스스로 증명해야 할 믿음이다. 지상의 도시 각각[의 운명]은 이러한 증명에 좌우된다. 그런 한편으로 우리의 상호의존성에서 기인하는 이 믿음은 그 어떤 가능성 있는 증명에 선행한다.[14] 인류의

있다. 나는 이전에 전율을 동반한 비밀스러운 환희와 희망을 동반한 비밀스러운 슬픔 속에서 당신뿐 아니라, 믿는 이의 아들들의 귀에 대고 이 점을 고백할 수도 있다. 이들은 내 기쁨에 참여하며 나와 필멸성을 공유하는 자이자 내 동료 시민이고 나와 함께 가는 순례자이며 나보다 먼저 갈 자이자 나를 따를 자이고 내 [인생] 여정의 동행이다."

12 《심플리키아누스께 드린 다양한 질문들에 관하여》 I, 16: "상호적인 주고받음에 의해서 인간 사회가 함께 묶이기 때문이다."

13 《83개의 상이한 질문들》 48: "믿음의 대상에는 세 가지 유형이 있다. 어떤 것은 항상 믿어지지만 결코 이해되지 못하는데, 모든 역사가 그런 것이며 이는 시간과 인간의 행위들을 관통한다. 또 어떤 것은 믿어지기 위해서 이해되어야만 하는 것으로서 모든 인간의 추론들이 그런 유형이다. 셋째로는 먼저 믿고 나중에 이해하게 되는 하느님과 관련된 유형을 들 수 있다."

14 《볼 수 없는 것에 대한 믿음Faith in Things Unseen》 2, 3: "확신컨대, 네가

지속적인 현존은 그 증명에 근거를 두지 않는다. 그보다 그것은 없어서는 안 될 믿음에 근거하고 있는데 이러한 믿음 없이는 사회적 삶이 불가능해질 것이기 때문이다.[15]

평등은 언제나 세속의 상호의존성을 위한 선행 조건이었지만 결코 지구상에 사회를 건설하는 작업의 주제로서 파악되지는 않았다. 죽음이 유죄성의 표시가 아니라 단지 어떤 자연적 사실로서 이해되는 한, 즉 평등이 실제로 의미하는 바가 무엇인지를 개인이 알지 못하는 한, 인간이 처한 상황은 명백히 평등하지 않다. 평등의 적실성이 알려져야만 비로소 인간의 상호의존성은 개인이 자신의 실재를 탐색하는 고립으로 대체될 수 있을 것이다. 평등의 은폐 상황이 아우구스티누스를 다음 질문으로 인도한다. "내가 그대에게 묻습니다, 그대는 그대를 향한 그대 친구의 의지를 어떤 눈으로 보는지 말해 보십시오. 그 어떠한 의지라도 육신의 눈에는 보이지 않는 법입니다."[16] 여기서 상호 신뢰에 대한 상응물은 보지 못하는 무능력이며(이 장의 각주 15), 다른 곳에서는 이해할 수 없는 무능력으로 나타나고 있다(이 장의 각주 13). 보는 것은 앎에

만약 믿지 않았다면 너의 친구를 시험하기 위해 너 자신을 위험 속에 방치하지는 않을 것이다. 그러므로 네가 너 자신을 내놓는 것으로써 너는 그분을 증명할 수 있을 것이므로, 너는 증명 이전에 믿는 것이니라."

15 같은 책, 2, 4~3, 4: "만약 저 인간사에 대한 이러한 신앙심이 제거된다면 도대체 누가 그 무질서가 얼마나 커질지, 또 얼마나 무시무시한 혼란이 뒤따르게 될지를 주목하지 않겠는가? 그러므로 우리가 볼 수 없는 것을 믿지 않을 때 의견의 일치는 사라질 것이며 인간 사회 자체가 굳건하게 서 있지 못하게 될 것이다."

16 같은 책, 1, 2.

대한 모종의 가능성이자 앎을 얻는 어떤 확실한 가능성이다. 그러나 나를 향한 다른 사람의 의지를 아는 것은 오직 상호의존 상태에서만 적실하다. 이웃에 대한 사랑이 주제로 수립한 바로서 모든 사람이 신 앞에서 평등하다 함은, 이 (다정하거나 적대적일 수 있는) '나 자신을 향한 의지'가 내가 유형의 시간적 〔A:033353〕 형태인 다른 사람을 친구나 적으로 만나는 것과 동일한 사안일 뿐이다. 그에 대한 나의 모든 질문은 저 세계와 관련된 타인의 유의미성을 겨냥하지 않는다. 그것은 신 앞에 있는 그 '있음'에 주목한다. 그럼에도 신 앞에 있는 '있음'으로서 모든 사람은 평등하다. 요컨대 모두가 평등하게 유죄라는 것이다.

인류의 공통 유산은 원죄를 공유한다는 사실이다. 이 원죄성은 태어나면서부터 주어졌으며 불가피하게 모든 사람에게 달라붙어 있다. 그것으로부터 도망칠 방도는 없다. 그 점은 모든 사람이 다 똑같다. 이 상황의 평등이란 곧 모두가 유죄임을 뜻한다. "아담 이래로 저 세계 전체가 유죄인 상황이었다."[17] 이 평등은 모든 차이를 없애는 현저한 사실이다. 그러므로 비록 저 세계 속에 여러 국가와 공동체가 있을 수 있다 해도 그곳에는 오직 두 개의 도시만이 존재할 뿐이다. 요컨대 선한 도시와 악한 도시, 다시 말해서 그리스도에게 바탕을 두는 도시와 아담에게 바탕을 두는 도시가 그것이다.[18] 이와 유사한 의미에서 오직 두 개의 사랑만이 존재한다.

---

17 《펠라기우스파인 율리아누스에 대한 반론Against Julian the Pelagian》 VI, 5.

18 《신국론》 XIV, 1: "이제 죽음의 세력은 인류에게 만약 그들 중 일부가 하느님의 과분한 은총에 의해 구제되지 못할 경우 그들이 받아 마땅한 처벌처럼 결코 끝나

자아(또는 저 세계)에 대한 사랑과 신에 대한 사랑이 그것이다.[19] 각각의 개인은 모방이 아니라 생식生殖을 통해 이미 아담(즉 인간 족속)에게 속해 있다.[20] 모방의 가능성과 그것을 통해서 신의 은총을 자유롭게 선택하는 일은(제2부 2장 참조), 그리스도가 자신의 역사적인 지상 체재滯在를 통해 이 은총을 모든 사람에게 드러냈을 때 비로소 현존하게 되었다. 비록 선택의 자유가 개인을 저 세계로부터 불러들이며 그가 인류와 맺고 있는 본질적인 사회적 유대를 끊는다고 할지라도, 모든 사람의 평등이 일단 상정되었다면 그것은 제거될 수 없다. 이 과정에서 평등은 어떤 새로운 의미—이웃사랑이라는—를 획득한다. 이 새로운 의미는 그들이 공동체

지 않을 두 번째의 죽음으로 모두 곤두박질치도록 완전한 지배력을 행사한다. 그 결과는, 비록 저 세계 전역에 상이한 종교와 도덕 관습 아래 사는 여러 훌륭한 사람들이 존재할지라도 …… 인간 사회에는 우리가 분파라고 부를 수 있는 두 개의 분파만이 출현했다. 그리고 우리가 경전의 지침을 따르는 것(〈에페소인들에게 보낸 편지〉 2장 19절과 〈필립비인들에게 보낸 편지〉 3장 20절 참조), 즉 그 분파를 두 개의 도시로 지칭하는 것은 정당화된다."

19 같은 책, XIV, 28: "그래서 두 개의 도시는 두 종류의 사랑으로 만들어졌다. 지상의 도시는 하느님을 경멸할 지경에 이르는 자기애에 의해 만들어졌고 천상의 도시는 자신을 경멸할 정도의 하느님에 대한 사랑으로 만들어졌다."

20 《율리아누스에 대한 반론》(미완성작) II, 190: "사도는 모방에 대한 모방이 아닌 생식에 대한 재생식을 설정했다." II, 163의 다음 구절도 참조. "우리 모두가 이것을 한 (그가 그것을 했을 때) 아담에게 속했고 그의 범법 행위가 그러한 태도와 규모였으므로, 모든 인간의 본성이 그에 의해 망가졌다. 그런데 그것은 모든 인간의 비참함을 설명하기에 충분했다." 또한 《결혼과 육욕Marriage and Concupiscence》 II, 45도 참조하시오. "그는 우리에게 원죄가 생식에 의해 모든 인간에게 계승되었음을 보여주기 위해서 '한 사람에 의해'(〈로마인들에게 보낸 편지〉 5장 12절)라는 구절을 사용했다. 물론 인간의 생식은 그로부터 시작되었다."

속에서 공존하는 데 있어 모종의 변화를 표시하는데, [이를테면 저 공동체 속에서] 불가피하고 당연시되었던 인간의 있음이, 이제는 자유롭게 선택되지만 의무를 수반하는 있음으로 바뀌게 되는 것이다. 개인이 이러한 의무들을 떠맡는 이유는 저 인류 공통의 특성에 근거한 것이며, 그 공통의 특성은 모종의 유죄성을 띤 공동체로서 명시화된다. 이 공통된 상황이 각각의 개인을 서로에게 속하게 만든다. 〔A:033354〕 그 결과 자신의 환경과 그 평등의 새롭고 결정적인 중요성에 대한 개인의 태도 속에서 어떤 갑작스런 선회가 발생한다. 이 선회는 심지어 저 세계로부터 거리를 두고 있는 기독교인들에게까지 확대된다. 우리가 이 선회를 좀 더 그것에 근접해서 한층 구체적으로 이해하려면, 아담이 세운 종족의 동료의식과 그리스도의 새 법이 규정한 사회적 관계의 유형을 검토해야만 한다.

모든 사람이 그들 사이에 세운 공동체는 아담으로 거슬러 올라가며, 그것이 저 세계를 구성한다.[21] 그것은 항상 신의 도시에 선행한다.[22] 그것은 모종의 선재하는 공동체이며 개인이 태어남과

---

21 이어지는 논의에서 우리는 카인과 아벨로 거슬러 올라가는 아우구스티누스의 다른 두 공동체 이론을 의도적으로 무시할 것이다. 이 다른 이론을 고려하는 일이 현재의 해석에 불필요한 방해가 될 것이다. 아벨을 의인화한 좋은 공동체는 신국의 전조로서 나중에 그리스도가 모종의 사실적이고 효과적인 현실로 정초하게 된다. 우리의 논의 속에서 이어지는 내용은 모종의 철학적 해석을 충족시켜야만 한다. 아우구스티누스는 주로 카인과 아벨에 관한 이론을《신국론》XV, 1에서 논의했다.

22 《신국론》XIV, 1: "인간 족속에 속한 양친에게서 태어난 첫 번째 사람은 카인이었다. 그는 지상의 도시에 속했다. 다음에 태어난 자가 아벨이었고 그는 신의 도

동시에 들어가는 곳이다. 그러므로 인간은 생명을 얻는 것과 동시에 유죄 상태가 된다. 인간의 있음은 그 어떠한 자유 선택보다도 앞선다. 인간 평등은 그저 어쩌다 보니 함께 살아가게 된 사람들 사이에 존재하는 어떤 평등이 아니다. 그것은 가장 먼 역사의 과거로 거슬러 올라간다.[23] 피조물이 자신의 참되며 신이 부여한 있음을, 제일 멀리 떨어지고 비세계적인 과거인 자신의 기원에서 끌어내듯이, 역사적 실체인 인간도 이 세계 속에 현존하면서 자신의 있음을 역사적으로 수립된 가장 오래된 과거—저 최초의 인간으로부터—에서 도출하는 것이다. 그러므로 이 역사적 세계, 즉 **속계***saeculum*는 모두가 그 속에서 사는 것을 당연시하며 모두가 다함께 삶을 영위하는 저 세계이다.

아담의 죄 위에 건설된 저 사회 속에서 인간은 창조주와 무관해졌다. 이제 인간은 신이 아니라 다른 인격체들에게 의존한다. 인간 족속 자체는 창조주가 아니라 아담에게서 기인한다. 인간 족속은 생식을 통해 존재하게 되고 그것의 모든 세대들을 통해서만 그들의 원천과 관계를 맺는다. 이처럼 친족 관계에 기초하기 때문에 인간공동체는 사자死者로부터 생겨나고 사자와 더불어 존재하는 사회인 셈이다. 바꿔 말해서 이 공동체는 [성격상] 역사적 실체라

시에 속한 자였다."《펠라기우스파인 율리아누스에 대한 반론》 VI, 4: "그리스도 안에는 아무 죄도 없었다. 이것은 모두가 처음에 하느님에게로 태어나지 않고 저 세계로 태어나는 것에 대한 이유이다."

23 《율리아누스에 대한 반론》(미완성작) II, 163: "우리 모두는 이것을 했던 (그가 그것을 했을 때의) 아담에게 속했으므로 …… 그의 가계를 이어받아 태어난 모든 사람이 그에게 속한 것은 분명하다."

는 것이다. 저 세계가 신으로부터 독립적이라 함은 역사성에 근거한다는, 즉 인류 자체의 기원에 근거하고 있다는 뜻이다. 기원은 그것 자체의 정당성을 보유한다. 저 세계의 〔A:033355〕 유죄성은 신과 무관한 그것의 기원에서 파생된다. 그럼에도 이 기원은 인간이 존재하려고 한다면 없어서는 안 될, 저 존재the Being로부터의 직접적인 추출물이라는 사실을 가리키지 않는다. 그보다도 그것은 생식을 통해 개인들에게 간접적으로 전수된 저 족속 전체의 기원이다. 최초의 인간, 즉 그 원천은 역사적으로 수립된 저 세계를 통해 모든 사람을 경유하여 이 간접성을 후세에 대물림한다. 간접성 하나만으로 모든 사람의 평등을 처음 수립한 것이다. 하나에서 다른 하나로 전수됨으로써 그 내리받이(그로 인한 원죄의 공유)가 개인에게 그의 원천으로서 현존한다. 내리받이의 간접성이 숙명적인 친족 관계를 수립하고 그것을 통해 사회의 기초인 저 인간 족속 전체의 상호의존성을 확립한다. 그러므로 이 사회는 모종의 자연적 사실일 뿐 아니라 어떤 역사적 산물이기도 하다. 인간이 본래 모종의 사회적 있음이라는 사실은, 그것을 인간의 기원이라는 독특한 관점에서 본다면, 인간이 천성 면에서, 그리고 역사적 생성 면에서 저 세계와 친숙하다는 사실 둘 다를 의미한다.[24] 인간의 천성은 천성으로서의 역사적 기원을 아담에게 두고 있다. [물

---

24 《신국론》 XII, 28: "사람처럼 태생이 사회적이며, 또 죄로 인해 반反사회적인 [성격으로 변하는] 사물은 아무것도 없기 때문이다. 그리고 만약 누군가에게 이견異見의 해악에 반대하는 논증의 필요가 생긴다면 …… 하느님이 모종의 고독한 개인으로 창조하신 우리 인간 족속 전체의 단일한 아버지인 아담을 상기하는 일보다 나은 것은 없을 것이다."

론] 저 세계에 대한 이 이중의 친숙함은 천상의 도시the heavenly city 속에서 극복된다.

여기서 우리는 아우구스티누스가 '사회적 있음으로서의 인간man as a social being'이라는 모종의 독창적 정의에 이르고자 시도했음을 알게 된다. 이것의 있음의 원천 자체는 우리가 제2부에서 제시하고 논의한 저 기원과 완전히 다르다. 모종의 피조물로서 인간의 있음에 관한 아우구스티누스의 질문은 개인의 그 있음과 관련되었으며, 바로 그 질문 자체가 완전한 고립 상태에서 기술되었다. 인간들 가운데서의 인간의 있음에 관한 질문은 〔A:033356〕 인간 족속 자체로서의 있음과 관련된다. 저 있음에 관한 질문은 각기 과거의 최대 한계를 가리킨다. 그러나 개인은 자신이 '이전부터 죽 세계 바깥에' 있었다고 느끼는 한편으로, 인간 사회의 일원으로서는 심지어 한참을 거슬러 올라가더라도 자신이 줄곧 세계의 일부였다고 느낀다. 인간의 기원은 아담의 원죄로 인해 인간이 만들게 된 세계의 시발점인 동시에, 그가 신으로부터 떨어져 나오게 된 기원이기도 하다. 그의 [혈통] 상속은 창조가 아니라 생식에 의해서 정의된다. 저 세계는 더 이상 개인이 창조되어 보내진 어떤 완전히 낯선 장소가 아니다. 오히려 저 세계는 생식으로 맺어진 친족 관계를 통해 언제나 친숙했던 곳이며 그에게 속해 있는 곳이다. 이 인간의 있음에 대한 개념에서 우리는 평등의 의무 기능을 이해할 수 있다. "그러므로 인간 족속 가운데, 상호 간의 애정 교환에서의 보답으로든 우리가 공통으로 소유하는 자연에서 그가 가진 몫 덕분이든 간에, 사랑받지 못할 자는 단 한 명도 없다."[25]

이 사랑은 단지 상호의존성의 한 표현일 따름이다. 그런데 기독교적인 의미의 죄에 기초하고 있는(즉 제2부 2장에서 우리가 분석한 그릇된 '전방'에 기초하는) 그들[우리 이웃들]의 동등이 어떻게 신앙에 사로잡힌 자에게 의무적인 것이 될 수 있는가? 피조물은 스스로 자신이, 세계 바깥에 있음의 축도縮圖인 그 원천, 즉 창조주와 의존 관계인 것을 알고 있다. 그렇다면 완전히 지워지게 될 어떤 과거로부터 어떻게 의무들이 파생될 수 있는가?

실제로 그 사람을 자기 자신의 원천과, 즉 피조물과 창조주로서의 관계를 맺게 하는 것은 어떤 역사적 사실, 즉 하느님이 그리스도를 통해 계시啓示된 사실이 그것이다. 모종의 역사적 사실로서 이것은 어떤 역사적 세계 속에서 함께 살아가는 인간들에게 드러난다. 마치 신앙, 즉 **신의** 〔A:033357〕 **현전 속에 있는***coram Deo esse* 그 있음이 저 세계와의 뒤얽힘으로부터 개인을 불러내는 것처럼, 지구원의 메시지도 자신들이 정초한 이 세계에 있는 모든 이에게 당도했다. 아우구스티누스는 다음과 같이 적고 있다. "그리스도는 너의 형제이니, 그분이 너를 산 것과 마찬가지이다. 그분은 너를 위해 지불된 대가이며 두 사람 다 그리스도의 피로 대속되었다."[26] '마찬가지'라는 말, 즉 몸값 지불에 한몫을 담당했다는 점에서 서로 같다는 말은 그리스도가 저 세계에 있는 모든 사람들을 같은 지위에 있는 것으로 본다는 사실을 가리킨다.[27] 이 동등은 원죄에

25 《서간집》 130, 13.

26 《요한일서에 대한 설교》 V, 12.

27 《신국론》 I, 9: "둘 다 징계를 받았다. 그 둘이 어떤 나쁜 삶을 영위하기 때문이

참여했음을 의미한다. 저 세계는 정말로 이 공통의 상속에 근거를 둔 참여에서 구제되었다. 하지만 그 구제는 어떤 개인의 편에서 보더라도 이득이 없는 방식으로 일어난다. 마치 전부 똑같은 상황에 있는 것처럼 모두가 함께 구제되기 때문이다. 이 평등의 상황은 구원과 동시에 처음으로 사람들에게 명확해지고 투명해진다. 그들이 구원을 받은 새로운 상황에서 평등이 현시된 것은 그들의 죄 많은 과거에 대한 지식과 동일한 것이다. 신 앞의 평등은 죄의 실제성과 조응하며, 똑같은 유죄의 과거에 바탕을 두고 있다. 심지어는 그리스도 안에서 수립된 삶들의 한가운데에서도 말이다.

유죄의 과거가 **지상의 도시**를 수립했고 저 세계를 인간 상호의 존성의 본거지로 만들었다. 인간이 저 세계 속에서 편안함을 느끼는 것은 당연하다. 기독교인들에게도 그들이 저 세계에서 모종의 이방인으로 지내는 일은 단지 어떤 가능성일 뿐이며, 응당 그들도 저 세계 안에서 편안함을 느껴야 할 것이다.[28] 그래서 저 유죄의 과거는 모두에게 공통되며, 다른 그 어떤 것도 한 공동체 내에서의 사회적 삶을 그것처럼 안정시킬 수는 없을 것이다.[29] 그럼에도 그

아니라 모종의 세계에 속한 삶을 영위하면서, 실제로 똑같은 정도는 아니더라도 둘이 함께였기 때문이다."

28 같은 책, XV, 1: "처음 태어난 것은 이 현세의 시민 중 한 사람이었고, 단지 나중에야 지상의 도시에서 이방인인 그 사람이 왔다. …… 이는 사악한 모든 사람이 선해진다는 것을 의미하는 것이 아니라, 사악한 적이 없었던 자가 선해지는 경우란 결코 없다는 것을 의미한다."

29 같은 책, XV, 1: "경전에는 우리에게 카인이 도시를 세운 반면에 아벨은 마치 자신이 단지 지나가는 지상의 순례자인 양 도시를 세우지 않았다고 전해진다."

과거는 간단히 지워지지 않는다. 마치 그러할 것처럼 보였더라도 말이다. 도리어 그것은 과거의 유죄성이란 이유로 인해 절대적 의무로서 인식된다. 과거는 순수한 과거로 남지 않고 구원받은 인간의 상황에서 새롭게 경험되며 재해석된다. 오직 이 재해석을 통해서만 앞서 현존했던 과거가 독립적으로, 새롭게 〔A:033358〕 경험된 있음의 곁에 계속해서 머물 수 있다. 그러므로 이웃이 그의 특수한 적실성을 끌어내는 것은 오직 바로 이 '앞선 현존pre-existence'으로부터이다. 이웃은 자기 자신의 죄를 계속 환기시키는 자이며, 그 죄는 신의 은총이 그것을 과거지사로 만들었다고 해도 결코 죄이기를 그치지 않는다. 이웃은 인간의 교만에 대한 살아 있는 경고이다. 이웃은 결코 어찌어찌 해서 세계 속에 있게 된 사람으로 보이지 않기 때문이다(제1부 3장과 제2부 3장 참조).[30] 이웃은 신이 이미 은총을 베푼 자이자, 우리가 사랑해야 할 이유뿐 아니라 은총에 대한 감사를 드릴 수 있는 모종의 계기이다. 또는 이웃은 여전히 죄의 구렁텅이에 빠져 허우적거리는 자로서 나타나는데, 이는 기독교인이 이전에 그러했고 신의 은총이 아니었다면 여전히 그런 상태에 있을 모습이다. 두 번째의 경우, 이웃은 우리 자신의 과거를 상기시키는 자일 뿐 아니라 우리 자신의 위험을 알리는 신호이다.[31] 그러므로 동등은 구원의 메시지에 의해서 무효화되기는커녕

30 《요한일서에 대한 설교》 VII, 8: "그래서 기독교인이 반드시 되어야 하는 바는 다른 사람보다 자신을 영광스럽게 하는 것이 아니다. …… 그런 이유로 나는 인간이 과거의 경계들을 가진다고 말하는 것이다. 그는 자신이 감당할 수 있는 것 이상을 탐낼 만큼 욕심이 있고 인간 그 이상이 되기를 원한다. 그는 저 짐승들 상부에 있도록 만들어졌다. 그리고 그것이 그의 자부심이다."

어떤 분명한 의미로서 명시화된다. 이웃사랑이라는 계명에는 동등의 명시성이 담겨 있다. 사람이 자신의 이웃을 사랑해야 하는 이유는, 이웃은 근본적으로 그와 동등한 자이며 그와 이웃 모두 저 유죄의 과거를 공유하기 때문이다.[32] 이는 사랑이 저 과거를 단순한 믿음의 동일성에서 **공통 신앙**으로 전환시킨다고 말하는 또 다른 방식이다.

더욱이 사람은 사실상 평등의 원천이었던 자신의 죄를 생각해서 자신의 이웃을 사랑해야 하는 것이 아니라, **너 자신과 같이***tamquam te ipsum* 그의 안에서 스스로 드러난 신의 은총을 생각해서 그렇게 해야만 한다. 평등은 명시적인 것이 됨으로써 새로운 의미를 획득하는데, 이는 그것이 은총에서의 평등이기도 하기 때문이다. 그럼에도 이 평등은 더 이상 동일한 평등이 아니다. 그리스도 이전의 모든 사람의 친족 관계는 생식의 방식으로 아담에게서 얻어진 반면, 사람들 각각은 이제 〔A:033359〕 그들이 똑같이 유죄의 과거를 공유한다는 사실을 명백하게 드러내는 신의 계시된 은총에 의해 평등하게 된다. 비록 유죄의 과거를 볼 수 있게 되려면 은총이 요구된다손 쳐도 그 평등 자체는 과거에 바탕을 둔다. 그

---

31 《갈라디아인에게 보낸 바울로의 서신에 관한 논평》 56: "자기 자신의 위험에 대한 생각만큼 그를 동정하게 만드는 것은 아무것도 없다. …… 그렇기 때문에 우리가 마음속으로 우리의 공통 위험에 관해 성찰하므로써 평화와 사랑이 보전된다." 같은 책 57; "네가 의지will하는 것을 사랑하고 말하라. 어떤 저주처럼 들릴 수 있는 것이라도, 네가 만약 하느님의 말씀의 칼날이 너를 겨누고 있음을 스스로 기억하고 느낀다면 결코 저주가 될 수 없을 것이다."

32 《기독교의 기율Christian Discipline》 3: "너 자신이 그와 동등한 자equal로 드러났기 때문에 너의 이웃으로부터 너를 위한 법칙이 발견되었다."

러므로 우리가 심지어 신의 현전 속에 있을 때조차도 우리에게 모든 사람을 구속하는 평등 [개념]을 이해하도록 만드는 것은 과거의 그 사실뿐이다(이는 가장 넓은 의미에서 '세계'를 뜻한다).

그러나 신앙을 통해서 세계와 세계를 향한 욕망들에 거리를 두는 것이 단순히 인간들 간의 함께함togetherness을 상쇄하는 것이 아님을 가리키는 또 다른 사실이 존재한다. 이는 동일한 유죄의 과거가 은총의 상태를 구성하는 모종의 요인으로서 남아 있다는 사실이다. 과거의 권리들은 세계의 지속적인 현존 속에 보전되어 있다. 구원의 메시지는 단순히 저 세계의 바깥에서가 아니라 저 세계에 대항해서 모든 사람에게 도착했다. "가령 저 세계가 여전히 그 구성원을 제압할 수 있었다면 그분이 저 세계를 제압할 수는 없었을 것이기 때문이다."[33] **자애**를 통해서 저 **지상의 도시** 자체는 철폐된 상태지만 신자는 여전히 그것에 맞서 싸우라는 요청을 받는다. 신자의 완전한 고립이 불가능하므로 과거는 남아 작동한다. 그는 **개별적으로***separatus* 행동할 수 없고, 오직 타인들과 함께해서만 혹은 그들에 대항해서만 행동할 수 있다. 신자는 저 세계와 멀어지더라도 계속 그 안에서 살아간다. 더군다나 그리스도가 저 세계에 강림한 이래로, 그리스도와 함께하는 인간의 있음은 세계가 그리스도의 기관으로 변형되는지 여부에 좌우된다. 그것이 신자와 그리스도 사이의 연결 표시이기 때문이다.[34] 구원 자체는 저 세계의 관리,

---

33 《요한복음에 관한 논고》 CIII, 3.

34 《요한일서에 대한 설교》 X, 3: "그리고 사랑함으로써 그 스스로 모종의 구성원이 되고 사랑을 통해 저 그리스도 몸의 틀 내에 있게 된다. 그 결과 그리스도를

아니 정확히는 세계의 정복에 좌우되게 되어 있다. 그러므로 저 세계는 여전히 적실하다. 그 이유는 그리스도인이 아직, 어느 정도까지는 무심코, 그곳에 살고 있어서가 아니라 그가 항상 과거에 매이고 그래서 그 근원적인 친족 관계에 늘 매인다는 사실 때문이다. 이 친족 관계는 원죄 그리고 죽음에서의 동등한 〔A:033360〕 부담에 의해 존립한다. 여기서 죽음은 결코 어떤 자연적인 사실로서가 아니라 죄에 대한 처벌로서 아담에게서 비롯된 모종의 숙명적 사건으로 인식된다.[35] 죽음은 그리스도의 구원에도 불구하고 과거가 없어지지 않았음을 보여준다. 필멸성은 여전히 공통된 숙명으로 남아 있다. 그러나 죽음이 저 자연의 법칙으로서 지배적이지 않게 됨으로써 죽음은 신자에게도 어떤 새로운 의미를 가지게 된다. 모종의 이해될 수 있는 사건으로서의 죽음은 다음 두 가지 중 하나로 해석될 수 있다—저 선한 자들에게는 좋은 것으로, 저 사악한 자들에게는 나쁜 것으로 말이다.[36] 여기서 저 인간 세계는 그것 자체의 과거에 대한 단독의 적실성을 취하게 된다. 인간 세계 자체의 과거는 저 세계 속에서 존속한다. 그리고 저 세계를 상대로 벌이는 싸움과 저 세계에 대한 관심 양자는 오직 이 세계에 속하고 있다는 사실에 의해서만 이해될 수 있다.

사랑하는 하나의 자신이 존재하게 될 것이다."

35 《신국론》 XIII, 15: "하느님은 인간을 위해 불멸의 본성을 창조했기 때문에 인간이 육신의 죽음에 종속 되는 것은 자연의 법칙이 아니라 죄의 처벌 때문이다." 《설교집》 231, 2도 참조.

36 《신국론》 XIII, 2: "육신의 죽음인 첫 번째 죽음에 대해서 말하면, 거룩한 자에게는 좋은 것이고 죄인에 게는 나쁜 것이라고 일컬어질 수 있다."

새로운 삶은 오래된 것과 싸우는 데서, 그리고 죽음에 이를 때까지 끝나지 않고 지속될 모종의 투쟁을 통해서만 쟁취될 수 있다. 개인이 저 세계 속에서 살아가는 한 그는 그것들에 굴복하거나 아니면 전투를 벌이거나에 상관없이, 저 세계 및 그것에 대한 욕망들과 묶여 있다.[37] 저 세계가 현존하는 동안 과거도 함께 현존한다. 아우구스티누스는 다음과 같이 적고 있다. "네가 그리스도를 사랑할 생각이라면 너의 사랑[*caritas*]을 지구 전체로 확장시켜라."[38] [이는] 이웃의 적실성은 기독교와 묶여 있지 않기 때문이다. 그러므로 그리스도를 믿는 공통의 신앙이 가진 구속력은 이차적인 성격이다. 그리스도에 대한 신앙은 과거를 대속하며 오직 저 공통 과거만이 그 신앙을 공통 신앙으로 만들 수 있다. 이 과거만이 모두에게 공통적이다. 저 세계에게 과거는 당연지사일 뿐이며, 오직 기독교적 경험들만이 그 과거를 죄로서 이런 명시적인 방식으로 경험한다. 자신의 이웃을 그의 실재being의 명시성 속으로 불러들이는 것, 즉 "**그를 신에게 데리고 가는 것***rapere ad Deum*"은 기독교인이 그의 과거 죄로부터 추정하는, 그의 이웃에 대해 지고 있는 의무이다. "그는 너와 동일한 본질로 이루어져 있다. …… 이 모든 점에서 그는 과거의 너와 같으니라. 그를 너의 형제로 인정하라."[39] 이것이 어떤

---

37 《설교집》 151, 7: "그것은 나쁜 욕망들을 일으키기 때문에 악이다. 하지만 그것은 나를 악행으로 끌어 들이지 않으므로 악을 완수하지는 않는다. 그래서 거룩한 자의 전 생애는 이 투쟁 속에 놓인다."

38 《요한일서에 대한 설교》 X, 8.

39 《설교집》 56, 14.

〔A:033361〕 혼자만의 삶으로 도망치는 것이 죄가 되는 이유이다.[40] 그것은 상대가 변할 수 있는 기회를 앗아간다.[41] 그래서 저 세계와 멀어지게 되면 신의 은총이 인간의 함께함human togetherness에 새로운 의미를 부여한다—저 세계에 대한 방어라는 의미가 그것이다. 이 방어가 바로 저 새로운 도시, 즉 신국의 토대이다. 그래서 [저 세계로부터] 멀어지는 것 자체는 모종의 새로운 [유형의] 함께함, 즉 옛 사회와 나란히, 그리고 그것에 대항하여 현존하는, 서로 함께하고 서로를 위하는 어떤 새로운 있음a new being을 발생시킨다.[42] 그리스도에 바탕을 둔 이 새로운 사회적 삶은 **상호 간의 사랑***diligere invicem*에 의해 규정되며, 그것이 상호의존성을 대체한다. 신앙은 인간들을 저 지상의 도시라는 원래적 의미에서의 세계에 묶어주는 유대 관계들을 해체시키며, 결과적으로 인간의 상호의존성을 분해시킨다. 그러므로 한 개인의 다른 사람에 대한 관계 역시 이전의 상호의존 상태에서 그러했던 것처럼 당연한 것이 될 수 없다. 그것이 더 이상 당연하지 않다는 사실은 한편으로는 저 사랑의 계명에

40 《고백록》 X, 43, 70.

41 《요한일서에 대한 설교》 VIII, 2: "그분은 우리가 무엇인가 좋은 일을 할 때 사람의 눈에 띄지 않게 해야만 하고 그것이 눈에 띄는 것을 두려워해야만 한다고 말한 것인가? 가령 네가 관찰자들을 두려워한다면 너는 어떤 모방자도 갖지 못하게 될 것이다. 그러므로 너는 보여야만 한다." VIII, 9의 다음 문장. "네가 그것을 사람의 눈에 띄지 않게 감춘다면 그들이 모방하지 못하도록 그것을 숨기는 것이 된다. 그렇게 함으로써 너는 하느님의 칭찬을 거두어들인다."

42 《무식자의 교리 내용On Catechizing the Uninstructed》 19, 31: "그러므로 인간 족속의 시발점에서 시작되어 시간의 종결점까지 연장되는, 사악한 도시와 정의로운 도시라는 두 도시가 이제 육신 안에서 서로 섞이는 것이다."

의해, 다른 한편으로는 이 사랑의 특수한 간접성에 의해 표현된다.

내가 신앙을 통해 내 자신의 있음에 대한 명시성을 획득한다면, 상대방의 있음 역시도 평등의 조건상 명시적인 것이 된다. 그런 이후에야 상대방은 내 형제가 될 것이다(이웃을 가리키는 '형제'와 '형제애'라는 용어들은 아우구스티누스의 저술 전체에서 발견되고 있다). 이 형제애라는 명시적인 유대 관계들로부터 **자애**가 자라나는데, 그것은 동시에 모종의 필수 사항이다.[43] 그 형제애가 필수 사항인 이유는 과거의 죄들이 심지어 신앙을 위한 고립 속에조차도 [신자가] 저 선재하는 세계로부터 도망치는 것을 막아주기 때문이다. 그리스도 공동체는 그 안에 모든 개별 구성원들을 다 담고 있는 하나의 기관으로 이해된다.[44] 그 구성원들 각각은 다른 사람들과 함께 고초를 겪는다.[45] 여기에, '있음은 모두에게 공통적'이라는 관념에 대한 궁극적인 과장법이 개입한다. 개인은 〔A:033362〕 이 공동체의 우선성 탓에 완전히 망각된다. [또한] 개인은 한 명의 구성원 말고는 결코 다른 어떤 것도 될 수 없게 되었을뿐더러, 그의 총체적 있음은 그리스도 안에서 모든 구성원들과 연결된 상태에 있다.[46] 이러한 상호 간의 사랑은 자기애로 변한다. 그 이유는

43 《신국론》 XIX, 19: "그러나 일단 〔정의로운 활동 참여 의무가〕 부과되면 그것은 **자애**의 필연성 때문에 수행되어야만 한다." **자애**의 필연성과 명상의 자발적인 실천이 구분되는 이 장 전체를 참조.

44 아마도 스토아학파가 기원인 이러한 초기 기독교적 견해에 관해서는 《요한일서에 대한 설교》 X, 3과 8, 그리고 《요한복음에 관한 논고》 CX, 5 참조.

45 《요한복음에 관한 논고》 LXV, 1: "가령 한 구성원이 고초를 겪는다면 다른 구성원들도 모두 함께 고초를 겪는다."

그 자신의 자아의 있음이 그리스도의 있음, 즉 자기가 그것의 구성원으로서 공유하는 그 기관의 있음과 동일하기 때문이다.[47] 드물게 나타나는 경우지만 아우구스티누스는 저 세계 내 인간의 애매성을 제거할 목적으로 그 두 개의 도시, 즉 신의 도시와 지상의 도시의 서로 섞임으로 표현된 과장법을 사용한다.[48] 그러나 우리가 이 과장법을 무시하더라도 **자애**의 필연성은 신자를 완전히 고립시키려는 그 어떤 경향을 상대로도 유지된다.[49]

---

46 《설교집》 24, 5: "그리스도의 구성원 사이에 아무런 불일치도 존재하지 않는다면 그의 의무가 그의 육신을 구성하는 모든 자를 채우도록 하라. 높은 곳에 위치한 그의 눈으로 하여금 그 눈에 합당한 것을 하게 하라." 또한 《요한복음에 관한 논고》 XVIII, 9; 《설교집》 267, 4: "임무는 다르지만 삶은 공통적이다. 그러므로 그것은 하느님의 교회와 함께 존재한다. …… 한 사람은 어떤 일에 매이고 다른 이는 다른 일에 매인다. 그들은 개별적으로 사적인 관심사를 수행하지만 동등한 자로서 산다." 《시편 주해》 32, 21.

47 《요한일서에 대한 설교》 X, 2: "구성원들이 서로 사랑한다면 이는 그 기관이 그 자신을 사랑하는 것이다."

48 《신국론》 XI, 1: "천상의 도시와 지상의 도시는 각각 현전하며, 내가 말한 것처럼, 서로 분리할 수 없을 정도로 섞여 있다."

49 같은 책, XIX, 19. ("세 가지 삶의 종류란 여가를 향유하는 삶, 활동하는 삶, 그리고 이 둘을 결합한 삶의 유형이다. 분명 누구라도 자신의 신앙을 손상하지 않고 이 세 가지 중 어느 한 가지 방식으로 생을 보낼 수 있을 것이며 그로 인해 영원한 보상을 얻을 수 있을 것이다. 중요한 것은 다음 질문들에 대한 대답이다. 진리에 대한 사랑의 결과로 인간이 소유하는 바는 무엇인가? 기독교적 사랑의 의무에 응해서 그가 지불하는 것은 무엇인가? 어느 누구도 자기 이웃의 이익을 위해 아무런 생각을 하지 않아도 될 정도로 유유자적해서는 안 되며, 하느님에 대한 명상을 하지 않아도 된다고 느낄 정도로 활동적이어서는 안 된다. 여가를 향유하는 삶의 매력은 나태한 비활동적 전망이 아니라 진리 탐구와 발견의 기회가 되어야 한다. 각자가 이 삶을 통해 약간의 진보를 이룩하며 자기가 발견한 것을 다른 사람들과 나누는 것에 인색하게 굴지 않는다는 이해를 바탕으로 그러해야 한다.")

이 **자애**의 필연성은 애호자에게 저 세계와 관련된 중요성을 가진다는 점에서, 그 자체로서 좋을 수도 나쁠 수도 있는 이 사람 또는 저 사람과 더 이상 관계되지 않는다. 이 **자애**의 필연성은 인간 자신의 실재에 대한 명시성을 통해서 모종의 피조물로서의 인간에 대해, 즉 인간 족속 전체에 대해 관심을 가지게 된다. 그것의 유일한 결정요인은 인간들 모두에게 공통된 무엇이다. 이 공통성 하나만이 신앙 속에서 채택된다. 인간들 모두에게 공통인 것은 인간 족속의 공통된 과거인 원죄이다. 과거는 단지 원죄로서만 신자와 관계된다. 그러나 저 공통의 과거가 **자애**를 동시에 규정한다. 그리고 일반적으로 다른 사람에 대한 누군가의 의무는 저 원죄라는 공통의 과거로부터 발생하며, 구체적인 이웃사랑의 충동은 그 자신의 위험에 대한 염려에서 일어난다. 이 염려가 과거로부터, 즉 아담의 [원죄] 상속에서부터 모종의 영속적인 시험 과정으로 보인 현세의 삶 속에서 부단히 자각되고 있다.[50] 아우구스티누스는 다음과 같이 적었다. "자기 자신의 위험에 관한 생각만큼 누군가로 하여금 자신을 불쌍히 여기도록 자극하는 것은 아무것도 없다. …… 그러므로 평화와 사랑은 우리 마음속에서 공통의 위험에 관해 성찰하는 방식으로 보전된다."[51] 그러므로 사랑은 저 공통의

---

50 《고백록》 X, 32, 48: "그것 전체가 모종의 시련이라고 일컬어지는 현세의 삶에서는, 그 누구도 더 나쁜 것에서 더 좋은 것으로 이행할 수 있는 자가 더 좋은 것에서 더 나쁜 것으로 이행할 수는 없다고 확신하는 것은 금물이다. 한 가지 희망, 한 가지 신뢰, 한 가지 확고한 약속 — 그것은 당신의 자비뿐입니다."

51 《갈라디아인에게 보낸 바울로의 서신에 관한 논평》 56.

위험에 관한 공통의 앎에 기초한다. 기독교인들이 '세계 속에 있다는 것'은 동시에 그들과 그들 〔A:033363〕 자신의 과거와의 연결고리를 표시하며, 또한 '위험에 처해 있다는 것'을 의미한다. 심지어 신앙인들로 통일된 공동체조차도 이 위험에 대한 모종의 표시인 셈이다. 그러므로 저 숙명의 동반자 관계, 즉 모두가 지상의 도시 속에서 함께 사는 근거 역시도 새롭게 명시적으로 규정된다. 이 숙명의 동반자 관계, 즉 그 공통의 위험에 뿌리를 둔 이것은 다시금 죽음이라는 또 다른 계기를 맞는다. 오직 기독교 내에서만 죽음은 어떤 자연적 사건이자 모두에게 공통된 위험이라기보다 '죄의 대가'(성 바울로의 표현)로 비춰진다. 그러나 지상의 삶에 종지부를 찍는 것은 육신의 죽음이 아니라 죄에 대한 처벌인 영원한 죽음이다. 이 영원한 죽음은 아우구스티누스가 '제2의 죽음'이라고 부른 그것이다.[52] 이에 덧붙여 제1의 죽음, 즉 삶의 종결점이 존재한다는 사실은 옛날 우리의 유죄의 과거가 계속 현존한다는 표시이며, 그 과거 하나만을 끝내기 위해서 제1의 죽음이 현존했던 것이다. 이 죽음은 그리스도의 대속을 통해 극복될 수 있다. 이 죽음은 우리가 영원으로 가는 다리가 되어줄 수 있기 때문이다. 같은 죽음이라도 선한 자에게는 좋은 죽음이 되고 악한 자에게는 나쁜 죽음이 된다. 그러므로 우리가 처한 위험은 우리가 유죄의

52 《신국론》 XIII, 2; XIV, 1: "이제 저 죽음의 세력은 인류가, 만약 그들 중 일부가 하느님의 과분한 은총에 의해 구출되지 못할 경우에 그들이 받아 마땅한 처벌로서 저 결코 끝나지 않을 두 번째 죽음으로 모두 곤두박질치도록 완전한 지배력을 행사한다."

과거로 되돌아가는 것이다—이는 영원한 죽음과 매한가지의 퇴보이다. 이 대목에서 이전에 모종의 필연성으로 존재해온 인간의 필멸성이 어떤 위협으로 그 성격이 변한다. 그래서 저 **지상의 도시**에 필수적인 공존은 자신과 똑같이 위협 상황에 처해 있는 상대를 향한 어떤 자유로운 **성향***inclinare*이 된다. 위험에 관한 소박한 성찰이 개인을 옛날의 숙명의 동반자 관계로부터 떨어져 나오게 했다. 한때 생식에 의해 불가피했던 그 관계가 이제는 그 개인에 관한 이러저러한 결정에 관여하는 모종의 위험요인이 된 것이다. 인간 족속에 속한다는 순전한 사실은 더 이상 결정적이지 않다. 이제 선한 자들에게는 죽음이 영원한 구원을 뜻할 수 있기 때문이다. 그리스도 이전에는 바로 이 동일한 죽음이 모든 삶에 부여된 불가피한 저주이자 한결같은 〔A:033364〕 불행이었다.

그러므로 사람들이 서로에게 속한다는 사실은 더 이상 생식이 아닌 모방에 의해 결정된다.[53] 모방을 통해서 각자 자신의 이웃을 구하려는 충동을 창발할 수 있다. 모방은 상호 간의 사랑에 기초한다. 그러나 이는 사랑이 저 세계와 떨어져서는 불가능하다고 보는 우리의 [통상적인] 의미상으로는 결코 사랑이 아니다. **상호 간의 사랑**은 선택적 요소를 결여하는데, 이는 우리가 '사랑의 대상'을 선택할 수 없기 때문이다. 이웃은 우리와 동일한 상황에 있기 때문에 그는 어떠한 선택들이 이루어지기 이전에 이미 거기에 있다. 마치 상호의존성이 저 **지상의 도시**에 있는 모든 사람에게 확장되

53 《요한일서에 대한 설교》 VIII, 2와 9.

는 것처럼, 사랑은 저 **신의 도시**에 있는 모든 사람에게 확장된다. 이 사랑이 인간관계들을 확정적이고 명시적인 성격으로 만든다. 이 **상호 간의 사랑**은 절대적인 고립 상태에서, 즉 신의 현전 속에서 양심을 통해 경험되는 그 자신의 위험에 대한 염려로부터 나와서 상대를 절대적 고립 속으로 밀어 넣는다. 그래서 [저 신의 도시에서] 사랑은 인류로 향하는 것이 아니라 개별자로 향한다. 비록 모든 개인이 다 대상이기는 하지만 말이다. 그 새로운 사회 내 공동체 속에서 인간 족속은 무수한 개인들로 분해된다. 그러므로 인간 족속 자체가 위험 속에 있는 것이 아니라 각각의 개인이 위험 속에 있는 것이다.

그럼에도 신자는 사랑을 통해 그 개인과 관계를 맺는다. 오직 신의 은총이 저 인간 족속 가운데서 선택받고 그것으로부터 분리된 개인 안에서 작동하는 한 그렇다. 나는 내 이웃을 결코 그 자신으로서 사랑하는 것이 아니라 신의 은총을 위해서만 그렇게 한다. 이웃에 대한 사랑만의 독특함인 이 간접성이 저 지상의 도시에 함께 산다는 자명한 사실에 훨씬 더 본질적인 성격의 마침표를 찍는다. 이 간접성이, 내가 저 이웃과 맺고 있는 관계를 신과의 직접적인 관계 설정을 위한 모종의 단순한 통로로 전환시킨다. 타자 자체가 나를 구원할 수는 없다. 그는 오로지 신의 은총이 그의 안에서 작동하기 때문에 나를 구원할 수 있는 것이다. 우리는 우리의 이웃을 사랑하라는, 요컨대 상호 간의 사랑을 실천하라는 명령을 받았다. 이는 우리가 오직 〔A:033365〕 그렇게 해야만 그리스도를 사랑하는 것이 되기 때문이다. 이 간접성은 사회적 관계들을 잠정적인 성격으로 바꿈으로써 결과적으로 그것들을 파괴한다. 저 지상의 도시에서 암묵적인 형태로 작동하는 상호의존적 관계들 역시 잠정적인데, 그 이유는 죽음이 그것을 끝내기 때문이다. 그런 한편으로 이러한 관계들의 잠정적 성격은 변함없이 최종적이다. 최종적인 것을 상대화하는 영원성은 그 어디에도 없었다. [그러나] 저 신의 도시에서 이러한 관계들은 영원에 의해서 본질적으로 상대화된다. **자애**가 얼마나 필수적인 것이 될지는 몰라도, 이는 영원이 최후의 최종적인 구원으로서 수반되는 **이 현세에서***in hoc saeculo*만큼은 필수적이다. 아우구스티누스가 '사랑은 결코 실패하지 않는다'라는 바울로의 언명을 빈번히 인용할 때 그는 오로지 신의 또는 그리스도의 사랑을 의미했다. 그 사랑을 위해서 모든 인간의 이웃에 대한 사랑은 단지 기동력만 제공할 수 있으며, 우리는 이 기동력을 제공해야만 한다는 명령을 받는다. 신자 상호 간의 관계들이 지닌 간접성이 바로, 각자로 하여금 신의 현전 속에 놓인 저 타자의 총체적 있음을 파악하도록 만드는 요소이다. 이와 대조적으로, 어떠한 인간공동체라도 인간 족속의 있음을 상정하지만 개인의 있음을 상정하지는 않는다. 개인 자체는 단지 신자가 신 앞에 출두하는 그 고립 속에서만 파악될 수 있다.

이웃의 적실성에 관한 질문을 제기함으로써 우리는 인류의 기원에 관한 질문이 아우구스티누스에 의해 이중적으로 제시되고 답해진다는 것을 깨닫게 된다. 첫째로 아우구스티누스는 한 사람의 개인으로서 인간의 있음에 관해 문의한다. 이 문의에서 있음에 관한 질문은 이 있음이 어디서 온 것인지, 즉 그것의 원천이 무엇인지를 묻는 질문과 동일하다. 이 질문에 대한 답은 신이 각각의 개인들 모두의 근원이라는 것이다. 바로 이 대목에서 저 개인the individual [개념]이 〔A:033366〕 발견되고 있다. 그 개인 [개념]은 타자의 구원을 위한 관심의 초점으로서의 이웃사랑에 결정적으로 중요해진다. 그러나 타자는, 그저 우리와 같은 세계에 있으면서 같은 신을 믿게 된 것이 아닌, 우리의 이웃으로서 그가 가진 능력을 통해 이 비전의 영역에 결코 진입하지 못한다. 둘째, 아우구스티누스가 인간 족속의 기원에 대해 질문할 때, 그 대답은 [신이 인간의 기원이라는 의미에서의] 신의 자기동일성self-sameness과 구별된 것으로서, 그 기원이 우리 모두의 공통된 조상에게 있다는 것이다. 이와 유사하게 첫 번째 의미에서는 인간이 고립되어 있고 모종의 사막으로 비춰진 저 세계 속으로 우연하게 들어오는 것으로 이해되고 있다. 두 번째 의미에서는 인간이 인류에 속하며 생식을 통해 이 현세에 속하게 된 것으로 이해된다.

그 [인간의 있음에 관한] 질문의 다양한 문제 제기 방식은 이 이중의 기원 이론에 나타난 모순이 명백함을 암시한다. 인간은 [기본적으로] 타자the other이다. 그가 자신을 모종의 고립된 개인으로 이해하거나, 아니면 인간 족속에 속한다는 사실에 조건화되고 본질적으로 그 사실에 의해 구성된 자로 이해하거나 간에 말이다. 그럼에도 두 질문이 서로 연결되어 있다는 사실은, 그것들의 특수한 결합에 관한 통찰을 통해 한결 명확해진다. 그 통찰은 이웃사랑의 교의教義에서 도출된다. 그것은 어떤 이중의 결합 방식이다. 우리가 타자를 만날 수 있는 것은 단지 양자가 공히 저 인간 족속에 속하기 때문이지만, 오로지 신의 현전 속 개인의 고립 상태를 통해서만 그는 우리의 이웃이 된다. 이 신의 현전 속에서의 [개인의] 고립 덕분에, 우리의 타자는 모든 사람이 서로 더불어 사는 자명한 의존 관계로부터 들어올려진다. 그러고 나면 우리와 그의 관계는 친족의 명시적인 의무의 지배를 받게 된다. 그러나 둘째, 고립의 가능성은 인간 족속의 역사 속에 모종의 사실로 기입되며, 그로 인해 역사적인 것 자체가 된다. 아우구스티누스의 역사철학에 따르면 그리스도의 구원 이전에는 오직 아담에 의해 정해진 인간 〔A:033367〕 족속만이 존재했다. 또한 우리가 인간 역사와 생식에 의해 묶이게 된 돌이킬 수 없는 족쇄로부터 우리 자신을 분리할 수 있게 하는 것은 바로 그 고립의 가능성이다.

그 이중의 기원에서 유래한 이 연결 방식을 통해서만 우리는 이웃의 적실성을 이해할 수 있다. 타자는 인간 족속의 일원으로서 우리의 이웃이며, 이 권한 안에서 개인이 실현시킨 고립의 결과인 그 명시성과 더불어 타자의 입지 역시도 뚜렷해지게 된다. 자기동일성을 지닌 신에게 바탕을 둔 신자들의 소박한 공통의 현존이 공통의 신앙이 되고 이윽고 그 신자들의 공동체가 된다. 이러한 사실을 고려할 때 인간의 있음은 어떤 이중의 원천에서 파생한 것으로 이해된다.

한나 아렌트의
재발견

인간은 회상을 통해서 인간실존에 대한 이중의 '전방'을
발견한다. … 이는 자기 기원으로의 귀환이 동시에 그의
종결점을 예상하는 전거로 이해될 수 있는 이유가 된다.
(B:033191)

인간실존에 통일성과 총체성을 부여하는 것은
기억이지 (예컨대 하이데거의 접근 방식에서처럼
죽음에 대한 예상으로서의) 기대가 아니다.
(B:033192)

1
서론: 새로운 시발점들

'새' 논문

우리는 이 책에서 아렌트가 1929년 하이델베르크 대학에 제출한 박사학위논문 〈사랑 개념과 성 아우구스티누스〉의 첫 번째 영역본과 해석을 제시할 목적에서 그의 근대성 비판의 토대가 되는 아우구스티누스적 뿌리로 돌아간다. 이 박사학위논문의 영문 판본은 아렌트가 번역을 의뢰했던 E. B. 애슈턴의 판본을 전재轉載하고 있을 뿐 아니라 본인이 1964년~65년 출간을 예상하면서 스스로 추가한 수정 사항들을 담고 있기 때문에, 아렌트의 지적 여정의 어떤 이정표로서 특별한 의미가 있다.

이와 관련하여 미국 의회도서관이 소장한 아렌트의 수정본은 삼중의 의미로 중요하다. 첫째, 이 수정된 박사학위논문은 영역이 되지 않아 영어권 독자들이 접근할 수 없었던 아렌트 학문 세계에 결정적으로 중요한 연결고리를 제공해 준다. 둘째, 아렌트 자신이 수정 사항들을 편입시킨 이 새 판본은 아렌트의 아우구스티누스로의 회귀와 더불어, 그가 미국의 정치이론 분야에서 이룩한 '새로운 시발점들'이 동시적으로 이루어졌다는 사실을 포착해서 알려준다. 셋째, 이 수정된 논문은 한나 아렌트에 의해 완성된 유일한 단행본 형태의 원고이며 그가 출간을 결정하고도 지금까지 미출간 상태로 남아 있었던 것이기도 하다.

아우구스티누스는 아렌트의 '오랜 친구'였다.[1] 아렌트는 1933년 독일에서 도피할 때 엉망이 된 이 논문의 원고를 가지고 나왔으며, 7년 넘게 프랑스에 체류한 후 1941년 미국으로 영구 망명할 때 함께 가지고 왔다. 우리의 연구는 아렌트의 박사학위논문을, 그것이 처음 완성된 1929년부터 그가 아우구스티누스에 대한 재발견 작업을 하던 와중에 동시적으로 저술하거나 수정 작업을 진행시킨 '아렌트의 미국산 고전들'—《전체주의의 기원》(1951, 1958, 1963), 《인간의 조건The Human Condition》(1958), 《혁명론》(1963, 1965), 《예루살렘의 아이히만》(1963, 1965), 《과거와 미래 사이》(1968. 1954년~68년 사이에 처음 출간된 논문집 후미에 두 개의 논문을 추가 편집한 판본), 《어두운 시대의 사람들Men in Dark Times》(1968. 본래 1955년~68년 사이에 쓴 논문을 모은 책)—이 나온 시기까지를 연결시키는 모종의 교량 역할을 하는 문건으로 제시하고

1 이 아우구스티누스에 대한 묘사는 아렌트 생전에 학생이었고 조교이기도 했으며 현재 뉴욕 소재 뉴스쿨의 한나 아렌트 연구소 소장직을 맡고 있는 제롬 콘이 기억해낸 것이다.

자 한다. 아렌트 특유의 담론 양식은 원래의 번역본에 처음부터 등장하지만 그 자신이 거기에 수정 사항들을 추가하게 되면서 한층 강화된 측면이 있다. 아렌트의 핵심 주제어 중에는 **자애***caritas*, 기억memory, 탄생성natality, 정초들foundations, 자유의지free will, 서사narrative, 사회society, 세계world 등이 포함된다.

우리는 이 수정 논문을 통해서 초기 기독교철학에서 20세기 독일 실존주의의 (야스퍼스의 '현존' 개념인) 엑시스텐츠Existenz에 이르기까지, 아렌트의 하이델베르크 시절의 관점들로부터 훨씬 더 공공연한 정치적 관심사들에 이르기까지 '이웃의 적실성the relevance of the neighbor'에 관한 그의 지속적인 탐구 노력이 관통하고 있음을 알게 된다. 이 아렌트 박사학위논문의 영어본인《사랑 개념과 성 아우구스티누스》는, 그의 여러 저서들 속에서 암시되었으나 좀처럼 명료하게 기술되지 못했던 아렌트 현상학의 맥락—공영역에서 수행되는 행위의 사회적 원천 및 도덕적 근거—을 잠깐 일별할 수 있는 특별한 계기를 제공한다.

대체 한나 아렌트는 몇 명이나 존재하는 것일까? 아렌트는 저 [서구 철학의] '전통'을 공격함으로써 엑시스텐츠의 전도사가 된 독일 실존주의의 주창자인가? 정치적 혁명들과 공적 행위의 '특장'을 설파하려고 미국으로 이주한 정치이론의 챔피언인가? 저 세계를 사랑했지만 자신의 국가도 세계도 가지지 못한 유대 혈통의 현상학자인가? '탄생성'이라는 용어를 창안한 반反여성주의 이론가인가? 도덕 공동체들의 정초에 관한 논문을 작성한 까닭에 미국의 자유주의, 강단 정치이론, 도덕적 행위를 손상시키라고 보내진 저 하이데거주의의 '두더지'인가? 아렌트의 박사 논문은 오직 한 명의 아렌트만이 존재함을 입증하지만, 아렌트의 미묘한 어감이 더해진 엑시스텐츠 개념이 여러 가지 다양한 방식의 독해를 가능하게 한다. 이 모든 '아렌트들'에 대한 이해는 그의 기원적 탐구 주제로 돌아가면 풍요로운 설명이 가능해진다. 그 탐구 주제는 인간들에 의해서 '구성된' 것이면서도 그 인간들이 진정성 있는 공동체와 개별적인 도덕적 판단을 유지할 수 있는 역량을 파괴하는 어떤 세계라는 것의 역설이다.

설명을 목적으로 하는 이 논평은 아렌트와 [서구] 철학 '전통' 간의 관계, 그리고 아렌트와 정치적 경험의 이론화 사이의 관계에 관한 새로운 대화들을 자극하고자 기술한 것일 뿐, 기존의 설명들에 사망선고를 내리려는 의도는 전혀 없다. 여기서는 아렌트가 어떤 종교의 영향, 즉 기독교 또는 그의 모태신앙인 유대교에 영향을 받았는지, 그리고 어느 정도나 받았는지는 논외로 할 것이다. 그 주제와 관련해서는 벌써 다른 여러 사람들의 연구결과가 나와 있다(예를 들어 Canovan 1992, 9, 106~107, 180~181; Isaac 1992, 76~78; Barnouw 1988, 30~134). 우리 연구는 아렌트가 자신의 사적인 생활과 공적 인격 사이에 악명 높게 엄격한 구분을 했었다는 점을 감안하여 그가 아우구스티누스에게 접근했던 방식대로—종교성에 관한 연구보다는 '우리가 무엇을 하고 있는가에 관해 사유하는' 철학 연습으로서—그의 박사학위논문에 접근하는 방식을 택할 것이다.

아렌트가 기독교 신학에 관해 관심을 키우게 된 계기는 베를린 대학에서 몇 년간 독학하던 시절에 있었다. 아렌트는 그곳에서 1924년 [독일의 대학 입학시험인] 아비투어Abitur를 위한 시험들을 통과했고, 그리스어와 라틴어를 공부했으며, 저명한 기독교 실존주의의 전파자인 로마노 구아르디니Romano Guardini의 강의를 수강했다. 구아르디니는 아렌트를 키르케고르의 저작들로 인도했고, 그로 하여금 대학에 가면 신학을 전공하겠다는 결심을 하게 만들었다. 아렌트는 16세에 이미 칸트의 《순수이성비판Kritik der reinen Vernunft》과 《이성의 한계 안에서의 종교Die Religion innerhalb der Grenzen der bloßen Vernunft》를 완독했고, 18세였던 1922년에는 카를 야스퍼스의 《세계관의 심리학Psychologie der Weltanschauungen》도 독파한 상태였다(Young-Bruehl 1982, 33~36).

그러나 아렌트가 평생 아우구스티누스에게 매료되었던 데는 우선적으로 하이데거의 영향이 있었고, 그것은 나중에 야스퍼스로부터 받은 영향으로 인해 한층 강화되었다. 하이데거에 관한 회고 논문 〈80세의 마르틴 하이데거Martin Heidegger ist achtzig jahre alt〉에서 아렌트는 자신이 독일 지성사에서 하이데거라는 존재가 점유한 아우라와 실재에 매혹된 사실을 밝혔다(Arendt 1978a). 아렌트는 하이데거의 '명성'을 자신이 1919년 프라이부르크에서 들었던 첫 번째 강의들과 결부시킨다. 하이데거의 평판은 '이상한' 방식으로 확산되었다. 출판물의 결과로서가 아니라 선생으로서의 영향력이 당시 학생들 간에 널리 유통된 그의 강의록을 통해 전파되었기 때문이다. 그 글에서 아렌트는 하이데거는 물론 야스퍼스의 가르침 속에 들어 있었던 저 '반항적 요소'에 대한 독일 학생들의 강한 감수성을 상기시킨다. 아렌트는 옛 기억을 떠올리면서 1920년대 독일 대학의 학창생활을 지배했던 '학교', '회합', '세계관', '당파주의자들'에 대한 모종의 반란에 대해 묘사한다. 당시에 철학은 모든 '철학에 관한 강단의 언설言說'에도 불구하고 '엄밀한 학문'은 아니었다. 왜냐하면 철학이 '학문 대상對象과 사유 소재素材'를 구별해야 한다는 하이데거의 도전에 응수하지 않았기 때문이다. [당시의 분위기는] 마치 철학계 내에서 새로운 '학파들'—신칸트주의자들, 신헤겔주의자들, 신플라톤주의자들—과 노후한 학과들—인식론, 미학, 윤리학, 논리학—이 '어떤 권태의 바다에서 익사해 버린' 듯했다.

저 권태와 부적실성의 무력감 속으로 후설, 야스퍼스, 하이데거가 걸어 들어왔다. 하이데거의 유명세가 확산되면서 아렌트의 눈에는 그만이 "사유함의 영역the realm of thinking을 통치한 숨겨진 왕"이라는 점이 명확해졌다. 실제로 하이데거의 반란에 관한 '소문'이 때맞춰 아렌트에게 찾아왔다. 권태의 늪에 빠진 자들 역시도 "전통의 붕괴와 이제 막 접어들기 시작했던 '암흑기'"에 대한 어떤 불안감에 휩싸였다. 때마침 하이데거가 모종의 탈출구를 약속하는 듯이 보였다. 하이데거의 비밀에 싸인 통찰은 "전통의 끈이 끊어졌기" 때문에 "과거를 새롭게 발견하는 일"이 가능하다는 것이었다(Arendt 1978a, 295). 아렌트의 아우구스티누스에 대한 재발견은 이러한 반反전통적 사유 여정의 일부였다. 그러나 아렌트의 행로는 저 '물物 자체the things themselves'를 넘어서 사유와 사회적 삶의 관계, 그리고 그것과 '이웃의 적실성' 문제로 인도되었다.

아렌트는 마침내 하이데거의 강의에 출석했다. 그 강의들이 《존재와 시간Sein und Zeit》의 출판 원고가 되었다. 아렌트는 또한 야스퍼스를 사사했으며, 그는 아렌트의 관심을 엑시스텐츠의 '한계 조건들the boundary conditions'로 돌려놓았다. 그러나 아렌트는 독자 노선을 구축하고 아우구스티누스를 자신의 안내자로 삼아 자기 스승들의 그리스 철학 강의에 나오는 '존재Being'를 '창조주Creator'로 전환시켰다. 그와 유사한 방식으로 아렌트는 1960년대에 이르러 자신이 박사학위논문에서 기억memory 또는 **정지된 현재** *nunc stans*라고 정의했던 과거와 미래 사이의 '공간'을 다양한 긍정 및 부정의 양태들로 재등장시킨다. 요컨대 카프카적인 사유자思惟者의 위치 지정, 시민들 '사이에' 놓여 있는 공적인 공간, 그리고 1914년부터 제2차 세계대전이 끝나는 기간까지 유럽의 '재앙'으로부터 빚어진 서구 전통의 '텅 빈 공간'과 같은 것들이 그것이다.

1946년과 같은 이른 시기에 아렌트의 초기 글 중 한 편이 어느 비非유대계 저널에 게재되었다. 그때 아렌트는 브로흐Hermann Broch의 《베르길리우스의 죽음Der Tod des Virgil》에 관한 서평을 쓰면서 자기 박사학위논문의 문체와 개념들을 직접 차용하였다. '이제 없음 그리고 아직 없음No Longer and Not Yet'이라는 서평 제목은, 자신의 논문으로부터 빌려온 그 '공간'에 대한 아렌트의 여러 가지 은유들 가운데 하나이다.

> 역사의 연속성은 단절되었으며 어떤 텅 빈 공간, 즉 역사적으로 어느 누구의 땅도 아닌 일종의 역사적 공간이 오직 '이제

없으며 아직 없다'는 말 외에는 달리 표현할 수 없는 저 표면 위로 떠오른다. 그처럼 절대적인 단절이 유럽에서 제1차 세계대전 중에, 그리고 그 이후에 발생했다(Arendt 1964a, 300).

같은 해 아렌트는 뉴욕의 명망 있는 저널《파르티잔 리뷰Partisan Review》에 게재할 기고문에 자신의 논문 주제들을 이동시켰다. 그 글은 자신의 아우구스티누스적 **문제의식***quaestio*, 즉 '실존철학이란 무엇인가?'에 답하는 기회로 활용되었다. 이는 아렌트가 하이데거로부터의 독립을 선언하며, 또한 인간 자유가 위치하는 지점과 그것의 잠재력을 묻는 야스퍼스에게 경의를 표시하는 계기가 되었다.

엑시스텐츠는 본질상 결코 고립되어 있지 않다. …… 혹자의 동료 인간들은 (하이데거의 경우에서처럼) 비록 구조적으로는 필수적이지만 엑시스텐츠를 파괴하는 그런 요소가 아니다. 그와 정반대로 엑시스텐츠는 공통으로 주어진 어떤 세계 속에 함께함togetherness으로써 발전할 수 있다. …… 이것이 혹자의 엑시스텐츠를 위한 조건으로서의 어떤 새로운 인류 개념이다. 어떠한 경우가 됐든, 인간들은 이 존재Being의 '환경' 안에서 함께 움직인다. 그들은 자아the Self의 환영幻影을 찾아 나서지도 않으며 일반적으로 존재Being가 될 수 있다는 교만한 환상 속에서 살지도 않는다(Arendt 1946b, 55~56).

우리의 연구는 아렌트의 사유가 아우구스티누스 저술의 각주로 축소될 수 있다고 주장하지 않는다. 또는 아렌트가 독일에서 [정치적 망명을] 떠나고 새로운 정치적 고향을 선택한 사실이 그의 엑시스텐츠 개념의 발전에 그 어떠한 영향도 미치지 않았다고 주장하지도 않는다. 공적인 세계에 대한 생각들은 어떤 진공—정치적 경험의 진공이나 학술 담론의 '전통들'에 관한 이전 성찰의 진공—에서 나오지 않는다. 이 연구가 주장하는 바는 아렌트 박사학위논문의 역사적·개념적 맥락에 대한 이해 없이는 아렌트의 사유가 완전히 또는 진정성 있게 전유될 수 없었을 것이라는 점이다. 박사학위논문은 아렌트가 전前정치적인 [철학도 시절] 독일에서의 과거로부터 나온 모종의 역사적인 인공구조물로서뿐 아니라, 특히 미국에서 [발전시킨] 그의 정치적 사유와 일치하는 어떤 측면으로서도 중요하다. 비록 직접적인 설명이 될 수는 없을지라도 말이다.

아렌트가 박사학위논문을 출간할 의향을 가지고 있었다는 증거는 충분하다. 의회도서관의 문서들은 번역 진행 과정, 크로웰-콜리어 출판사와의 접촉, 그가 저작권료를 제때에 지불하도록 요청했던 흔적들을 보여준다(의회도서관문서 33228~022234). 또 다른 징표는 아렌트가 매케너George McKenna에게 보낸 1964년 1월 13일자 서신에 담겨 있다. 아렌트는 거기서 박사학위논문의 사용 가능성에 대한 질문에 이렇게 대답했다. "내 학위논문의 영역본은 현재 사용이 가능한 상태입니다. 올해 출간되거나 늦어도 1965년까지는 나오게 될 것입니다. 미처 검토할 시간적 여유는 없었지만 상태가 아주 좋다고 생각합니다."(Arendt 1964) 아렌트가 애슈턴 번역본의 수정 작업을 위해 시간을 확보했던 것은 사실로 드러났지만, 그것과 관련하여 어떤 전략적 수정 계획을 세웠는지를 암시하는 기록은 의회도서관에 소장되어 있는 그의 문서들 가운데 전혀 남아 있지 않다. 아렌트가 매카시Mary McCarthy와 주고받은 서신에는 박사학위논문 수정 작업에 관한 간략하면서도 감질나는 언급만이 담겨 있다. 1965년 10월 20일에 뉴욕의 이타카에서 발신된 이 편지에서 아렌트는 최근 이탈리아, 스위스, 네덜란드 여행 경유지에서 친구들과 친지를 만난 기억을 하나하나 열거하고 있다(Arendt & McCarthy 1995, 189~191). 그러나 그 서신을 쓰게 된 주요 동기는 스위스 바젤에 갔을 때 방문한 자신의 논문 지도교수이자 친구였던 야스퍼스의 건강 악화에 대한 우려였다. 한 가지 긍정적인 소식은 칸트의 정치철학에 관해 '완전히 독창적인' 논문을 완성할 것으로 확신하는 야스퍼스의 학생 한 명과 그가 만난 것에 대한 언급이었다.

아렌트는 이 유럽 여행에 관해 말하는 와중에 자신이 박사학위논문 수정 작업을 계속 진행할 계획임을 밝혔던 것이다. 그리고 코넬 대학에서 강의하기 위해 뉴욕과 이타카를 오가게 되면서 그 자신의 말대로 "자신을 위해 쓸 시간이 전혀 없음"에도 불구하고 다시금 아우구스티누스에게 몰입하게 되었던 것이다. 아렌트의 논평들은 그의 전형인 산문체로 쓰였으며, 어떤 냉소적이며 거리를 둔 집필자의 관점과 어떤 열정적인 지적 개입 방식을 함께 결합한 형태였다.

> 내가 뭔가 불합리한 상황에 빠져 버렸어 — 맥밀란 출판사에서 수년 전에 내 아우구스티누스 논문의 출간 의사를 물어왔는데 돈이 필요해서(반드시 그런 건 아니었지만 쓸 데가 있기는 했기 때문에) 승낙했어. 번역본은 벌써 2년 전에 넘겨받았고 이제 변명거리도 다 떨어져서 검토를 시작해야만 해. 이건 일종의 외상 후 증후군의 경험이지. 논문 전체를 다시 쓰면서 짜깁기 작업을 하고 있어. 새로운 것을 더하지 않으려고 노력하면서 내가 스무 살에 생각했던 것을 (라틴어가 아닌) 영어로 설명하는 거지. 이건 아마도 가치 없는 일일지도 모르고 받은 돈은 그냥 돌려주면 그뿐이지 — 그런데 이상하게도 이 [작업과의] 조우에 희열을 느끼고 있어. 거의 20년간이나 이것을 읽지도 않았었는데 말이야(Arendt & McCarthy 1995, 190).

아렌트는 매카시에게 쓴 그 편지에서 자신처럼 미국에 망명한 폴 틸리히Paul Tillich의 죽음을 알리며 다음과 같은 슬픈 각주를 다는 것으로 끝내고 있다. "내가 두려움을 느끼는 것은 다른 사람들도 곧 죽음을 맞이할 것이라는 확실성 때문이야. 아마 야스퍼스와 하이데거도 마치 기다렸다는 듯이 모든 사망 기사에 언급되겠지." 어쩌면 독일 시절부터 알아왔던 스승과 벗이 머잖아 세상을 등질 것이라는 우려와, 1963년에 발간돼 전 세계적으로 비상하게 부정적인 파장을 일으킨 '아이히만 보고서'로 인한 당혹감에서, 아렌트는 특히 자신의 초기작인 아우구스티누스의 **자애** 개념에 다시금 관심을 기울이게 됐을지도 모른다. 아우구스티누스가 이해했던 습성화된 **탐욕***cupiditas*로서의 악evil이 1929년 그의 박사학위논문이라는 다리를 건너, 그 자신의, '평범한' 것으로서의 아이히만의 악이라는 악명 높은 분석으로 이어졌을 것이다. 역설적인 생각이지만 저 아이히만 사건 자체는 그가 자신의 박사학위논문과 마주할 필요성을 강화시킨 반면, 그 원고의 출간 작업에 할애할 수 있는 시간과 노력을 그에게 허락지 않았을 수도 있다.

1995년에 편집되어 출간된 두 사람의 서간집에는 박사학위논문에 관한 매카시의 생각이 무엇이었는지에 대한 기록이 나오지 않는다. 다음 편지인 매카시의 1966년 9월 8일자 답신에 아렌트와 함께 바젤을 방문한 일에 대한 언급이 있다. 10월 11일자에서는 아이히만 논쟁에 관한 언급이 등장했다. 이 논쟁은 1963년 9월 이래 그들이 교환했던 서신 대부분에 지속적으로 언급되었다. 매카시의 예리한 비평가적 시선은 이미 《전체주의의 기원》(1951년 4월 26일자)과 《혁명론》(1962년 1월 11일자)에 꽂혔던 바가 있었지만 매카시는 그 박사학위논문 원고에 대해서는 침묵했다. 만일 매카시가 그것을 보았더라면, 혹자가 추측하듯이 그것에 대한 반응이 기록되었을 것이다. 이 두 사람 사이의 상호적인 존경과 경애는 일종의 업무 분장이라는 토대 위에서 구축되었다. 매카시는 아렌트의 철학적 기개를 기꺼이 인정했고, 아렌트는 매카시의 영어 구사 능력과 문학적 소양에 경의를 표했다. 매카시는 때로 아렌트의 라틴어와 프랑스어 번역을 자유롭게 비판하기도 했다. "리비우스Livius를 옮긴 게 맞지요? …… 내가 보기에 당신의 'les malheureux sont la puissance de la terre'의 번역은 어색해요.

좀 더 나은 표현을 쓸 수도 있으리라 봅니다."(1962년 1월 11일자 서신, Arendt & MacCarthy 1995. 122)

미국 의회도서관에 소장된 서신들 가운데 상당량은 저 아이히만 논쟁과 관련된 것이며 그 내용 대부분이 아렌트 개인에 대한 인신 공격과 위협을 담고 있다. 이는 아렌트가 거의 전면적으로 그 논쟁에 대한 반격에 몰두해 있었음을 암시한다. 아렌트 문서를 정리해 놓은 사건 파일을 보면 그가 의회도서관에 최초로 위탁한 문서가 아이히만 관련 문건들임을 알 수 있다. 1964년 12월과 1965년 12월 사이에 아렌트는 이스라엘 법정의 재판 관련 서류 및 증거 자료, 그 자신의 재판 참관 일지, 연구 노트, 서신, 신문기사 수집물, 다섯 개의 각기 다른《예루살렘의 아이히만》원고 판본을 포함한 아이히만 사건 관련 서류철 89개를 의회도서관으로 송부했다.

아우구스티누스와의 새로운 재회가 아렌트로 하여금 그 자신의 악에 대한 역설, 즉 악은 '본질적'인 것이 아니라 평범하며, 부르주아적이고, 일상성에 뿌리를 두고 있다는 고찰을 이론적으로 풍요롭게 하기 위해 저 '**자애-탐욕**' 모델을 아이히만 연구로 옮겨 놓게 했다는 것은 아마도 사실일 것이다. 아우구스티누스의 습성화된 세계성에 갇혀 무력화된 [인간의] 의지라는 패러다임은 어쩌면 아이히만에게 적용될 수 있을 것이다. 아이히만은 기계적으로 교화된 관료가 도덕 판단에 필요한 비판적 거리를 두지 못하는 상황의 전형이기 때문이다. 아렌트는 1920년대 후반에 이미, **자애**를 단순히 하이데거와 키르케고르의 '결연성resoluteness'이나 '용인letting be'으로 간주하지 않았으며, 선행된 자기성찰을 통해 가능해지는 '이웃'에 대한 모종의 적극적인 개입으로 간주했다. 이러한 학문의 여정은 **'나는 나 자신에게 문젯거리가 되었다'**는 아우구스티누스의 방법론적 요청에 부응한 결과였다.

만일 아렌트의 편집 작업들에서 어떤 패턴을 끄집어낸다면 그것은 박사학위논문 중 저 [서구 철학의] '전통'과 관련된 부분들이, 아우구스티누스의 자애 이해 방식에 내재하는 긴장의 원인으로 아렌트가 제시한, 욕망/불안, 창조주/기억이라는 기본적인 이분법 전개 방식보다 훨씬 강도 높게 개작되었다는 점일 것이다. 예를 들면, 논문의 제3부(〈사회적 삶〉)는 아우구스티누스가 플로티노스에게 진 지적인 부채 또는 그와의 이견을 텍스트에서 해명하고 입증하는 정도가 박사학위논문의 다른 부분들에서보다 덜하였으므로 거의 변경이 필요치 않았을 것이다. 그런 반면 아렌트는 나중에 [미국 대학에서의] 연구와 강의 경험을 통해 제1부와 제2부에 풍부한 수정을 가했고, 마지막 제3부에서는 지상의 도시와 신의 도시에 대한 이해 방식을, 한편으로는 세계의 소여성givenness의 원형으로, 다른 한편으로는 도덕 공동체의 '새로운 시발점들'로 완성시켰다. 아렌트는 수정 작업을 통해서 신자가 인간공동체와 맺는 관계에 관한 문제의식을 중심으로 자신의 '전통적' 주제를 독자적으로 재구축하였다. 아렌트가 아우구스티누스를 해석한 방식은 다음과 같다.

> 모방의 가능성과 그것을 통해서 신의 은총을 자유롭게 선택하는 일은, 그리스도가 자신의 역사적인 지상 체재滯在를 통해

이 은총을 모든 사람에게 드러냈을 때 비로소 현존하게 되었다. 비록 선택의 자유가 개인을 저 세계로부터 불러들이며 그가 인류와 맺고 있는 본질적인 사회적 유대를 끊는다고 할지라도, 모든 사람의 평등이 일단 상정되었다면 그것은 제거될 수 없다. 이 과정에서 평등은 어떤 새로운 의미—이웃사랑이라는—를 획득한다. 이 새로운 의미는 그들이 공동체 속에서 공존하는 데 있어 모종의 변화를 표시하는데, [이를테면 저 공동체 속에서] 불가피하고 당연시되었던 인간의 있음이, 이제는 자유롭게 선택되지만 의무를 수반하는 있음으로 바뀌게 되는 것이다(A:033353).

제1부와 제2부에서 아렌트는 아우구스티누스의 기독교적 **자애**에 대한 '독창적' 정의라는 프리즘을 통해서 신플라톤주의적이며 그리스적인 전통들을 비판했다. 그리고 논문의 제3부 말미에 이르면 자신이 아우구스티누스의 '창조주'로서의 신을 신플라톤주의와 헤겔주의가 상정하는 죽음과 욕망의 신보다 선호한다는 사실을 분명히 밝힌다. 저 창조주-피조물의 연계성은 **자애**를 존재Being의 '이중 전방' 탐색 과정에 뿌리박게 하며, 또한 저 세계로의 '귀환'을 명령한다. 그러므로 아우구스티누스의 **자애**는 공통의 도덕 판단 및 공유된 역사의 실존적이며 결정적인 '사실' 위에 새로운 공동체들을 정초하기 위한 기초인 셈이다. 바꿔 말해서, 아렌트의 1929년 박사학위논문의 종결 부분에서 그의 후기 정치적 저술들의 주요 주제 한 가지가 모종의 전前정치적·개념적 맥락에서

처음으로 등장하고 있다는 것이다. 아렌트는 이 논의를 1960년대 초 자신의 수정 작업 과정에서는 전혀 손대지 않고 그대로 놔둔다. 그리고 같은 시기 자신의 정치이론 텍스트들 속에서는 인간 사회의 경험 속에서 바로 이 '다수성plurality'의 공통된 토대가, 그리고 공적인 삶 속에서는 '탄생성natality' 개념이 저 서구 철학 전통 속에서—아우구스티누스와 자신처럼 서구 철학의 '비체계적인' 초보자들에게는 아니지만—상실되었다고 역설한다.

아렌트는 박사학위논문(A본)의 서문에서 자신의 의도들을 분명하게 밝히고 있으며 이는 수정되지 않고 그대로 남아 있다. 그는 아우구스티누스가 자신이 계승한 철학 '전통'과 바울로적인 기독교적 세계관 사이의 모순들과 씨름했던 사실에 관심을 가졌다. 1929년에 아렌트의 호기심을 자극했고 또 그의 사유가 명백히 정치적인 성격으로 변했을 때도 지속적으로 그의 사유를 지배했던 질문은, '이웃의 적실성'이 과연 기독교처럼 자아성찰에 대해 유아론적唯我論的으로 접근하는 현상학에 어떤 함의를 가지는가라는 것이었다. 아우구스티누스에게 인식되지 않았던 모순들 대부분이 아렌트에게는 아우구스티누스 작업의 본질처럼 보였던 듯하며, 그것들이 그를 독해하는 초점이 될 예정이었다. 이웃사랑으로서의 자애에 관한 그의 '단 하나의 질문'이 '아우구스티누스 자신의 저작이 지닌 비정합성'의 한가운데서 모종의 '연결고리'로 작용하며 '아우구스티누스가 단지 암시하기만 했던 것을 명시화한다.' 바꿔 말해서 그 연계 작업은 아렌트의 몫이지 아우구스티누스의 몫은 아닌 것이다.

> 아우구스티누스의 병렬적 사유의 맥들은 이런 점에서 체계적으로 결합될 수 없는 것처럼 보인다. 그것들은 심지어 반정립의 형태로조차도 결합될 수 없다. 아우구스티누스가 결코 보여준 바 없는 어떤 체계적이고 논리적인 정합성을 우리가 아우구스티누스에게 부과하지 않는다면 말이다. 이 박사학위논문의 여러 부분들은 오직 다른 인간들의 적실성에 관한 문제를 통해서만 서로 연결되고 있다. 아우구스티누스에게는 이 적실성이 그저 당연한 일처럼 여겨졌다(A:033242).

사실상 '아우구스티누스 철학에 특별한 풍요로움과 매력을 부여하는 것'은 바로 그의 기독교화된 그리스-로마 철학 내부에 존재하는 갈등이다.

아렌트가 이 성자에게 쏟는 관심은 단연코 비非신학적인 성격이다. 아렌트는 자신이 니체, 키르케고르, 칸트, 마르크스와의 지적 만남에서 반복적으로 적용하는 모종의 전유專有 양식에 따라 아우구스티누스의 사유로부터 자신의 이론 구축에 유용한 측면만을 추출해서 옮겨오며 그 나머지는 남겨둔다. 로마가톨릭의 주교이자 이단의 처벌자로서의 아우구스티누스는 아렌트의 관심을 끌지 못하지만, 《고백록》, 《신국론》의 저자이자, 요한과 바울로의 서신들, 즉 〈요한의 복음서〉, 〈고린토인들에게 보낸 첫째 편지〉 및 〈창세기〉, 〈시편〉 등에 관한 주석자로서의 아우구스티누스는 그의 관심을 사로잡는다.

아렌트는 1930년 《프랑크푸르터 차이퉁Frankfurter Zeitung》의 12

월 4일자에 기고한 아우구스티누스와 프로테스탄티즘에 관한 짧은 논고에서 자신의 해석 패러다임에 관해 좀 더 직접적으로 견해를 밝힌 바 있다. 아렌트는 거기서 "기독교도인 아우구스티누스의 지적인 안목과 윤택함"은 오직 "우리가 그의 존재를 한 사람의 로마인으로서, 그리고 한 사람의 기독교인으로서 그의 입장이 갖는 모호성이란 관점에서 숙고할 때"에만 파악될 수 있다고 적었다. 아우구스티누스는 두 제국의 탄생에 일조한 모종의 '선조先祖'이다. [우선] 가톨릭교회 안에서 저 로마제국의 재탄생에 기여했고, 또 "다른 기독교 제국, 즉 저 내적인 삶의 제국을 아우구스티누스가 …… 장차 다가올 수백 년을 위해서 개국했다."(Arendt 1994, 23) 독자의 입장에서는 놀라운 일이 틀림없었겠지만 아렌트는 아우구스티누스를 어떤 '정통' 방식은 물론 모종의 '이단' 방식을 병행하여 독해함으로써 저 가톨릭교회가 그것의 공식적인 교의를 통해서 "그를 배타적으로 징발徵發하려는" 노력들에 대해 반론을 제기하는 방식으로 논의를 전개했다. 아렌트는 루터를 자신의 증인으로 인용하면서 아우구스티누스가 '이단과 정통', 즉 '종교개혁가와 반反종교개혁가'에게 "동일한 비중을 가진다"고 주장했다.

이러한 아우구스티누스 독해상의 이중성은 아렌트가 비록 그 연계성을 명시화하지는 않더라도 앞서 언급한 두 제국의 탄생과 관련된 정초적定礎的 역할에서의 이중성에 필적할 만한 것이다. 이단적 독해와 정통적 독해가 그러한 것과 마찬가지로, 고백적 담론 양식과 보편주의적 담론 양식도 나란히 현존한다.

> 그[아우구스티누스]는 저 세계를 철학적·우주론적 용어상으로 이해하고 해석하려는 노력을 결코 멈추지 않았고, 초창기 가톨릭교회에 그러한 요소들—위계질서, 수사학적 변론, 보편성에 대한 요구—을 전부 도입했으며 이 때문에 오늘날에도 우리가 여전히 저 가톨릭교회를 로마제국의 계승자로 간주할 수 있는 것이다. 아우구스티누스는 《신국론》을 통해 어떤 세속적인 기관으로서의 가톨릭교회에 그것 자체의 역사를 제공함으로써 이 로마적 유산에 정당성을 부여했다(Arendt 1994, 23).

아우구스티누스는 자신의 경건하고 고백적인 담론의 흐름을 통해 영혼에 대한 관념을 이성적 '본질'로 재구성할 뿐만 아니라 "[저] 내적 세계 속 신비로운 미지의 영역들을 멀리 떨어진 저 외계의 영역들 못지않게 감추어진 것들"로서 재구성함으로써 저 서구 사상 전통과 결별했다(Arendt 1994, 23).

어떤 의미에서 《프랑크푸르터 차이퉁》에 기고한 아우구스티누스의 중요성에 관한 아렌트의 개략적 설명은 박사학위논문에서 제시된 '이질적' 독해 방식의 초점을 재차 강조한 것이다. 박사학위논문에서는 '죽음에 기초한 자애'와 '탄생성 및 기억에 초점을 맞춘 자애' 사이의 잡아당기기가 아렌트 해석의 축으로 작용한다. 그러나 다른 의미로 아렌트의 선택적 논의 방식에서 비롯된 역설도 매우 두드러진다. 이웃에 대한 새로워진 사랑을 통해서 새로운 공동체들을 정초하는 것이 1929년 박사학위논문의 중심을 이루는 문제의식이었다. 아렌트는 아우구스티누스가 창조주로 향해

가는 개인의 여정이라는 고백적 담론과 인간공동체 속에 있는 이웃에 대한 의무를 어떤 방식으로 결합시켰는지를 보여주고 싶어 했다. 그러나 그의 박사학위논문은 아우구스티누스가 가톨릭교회의 보편성을 정당화할 목적으로 맡은 역할에 대해서는 침묵했다. [로마가톨릭 사제로서] 수사修辭를 통해서건 교회 행정업무의 수행을 통해서건 아우구스티누스가 기독교 공동체의 한계를 방어하고 확장시키는 데 기여한 그의 공적인 역할은 아렌트의 '철학적 탐구'의 관심사가 되지 못했다. 그러나 1930년에 이르자 아렌트는 아우구스티누스가 후기 로마와 기독교의 철학적 사유를 융합시킴으로써 서구 유럽에 모종의 공공성을 띤 제국의 정신상태mentalité를 등장시킨 책임이 있다는 쪽으로 주장을 바꿨다.

사유와 행위의 연결고리에 관한 질문, 즉 철학적 관찰자의 입장과 공적 세계 내 판단의 근거들 사이의 연결고리 문제는 이후 아렌트의 삶과 저작에서 그 자신의 문제의식이 되었다. 1929년 논문에서 아렌트가 아우구스티누스의 모순적인 사유를 다루는 방식이 암시한 것은, 하이데거가 처음으로 논증한 [서구 철학] 전통 속의 '단절'에 대한 그 자신의 반응이었다. 이단과 정통 양자는 제도들과 신념 체계들의 무기력함에 의해 드러난 '공간'에서 공존할 수 있었다. 아렌트의 관점에서 볼 때, 아우구스티누스의 공적 세계 내 질서와 권위를 강조하는 '교조적' 주장보다는 그가 계승한 그리스-로마 철학 전통에 대항하는 도전 속에 내재한 급진적 정신이, 장차 역사의 변곡점에 서게 될 공적 행위자들에게는 훨씬 더 중요한 것이었다. 아우구스티누스는 수백 년의 시간의 강을 건너 루터에게 [그 정신을 기억하라고] 말을 건넸고, 또한 근대성의 위기들에 의해 창출된 정신적 진공 속에서 출현하고 있던 독일 현상학 운동에게도 그랬던 듯하다.

아렌트는 박사학위논문의 서문에서 자신의 선택적 논의 방식의 원칙들에 대해 상세히 설명했다. 요점은 아우구스티누스가 표준적인 '종교적 저술가'는 아니라는 것이다.

> 성경과 교회의 권위에 대한 아우구스티누스의 교조적인 추종은 우리의 분석들과 대체로 별개의 사안이 될 것이다. 우리의 분석은, 원칙상 [아우구스티누스의 교조적 추종의] 본질과 의의에는 부응하지만 교의에는 매여 있지 않다. 우리가 의도적으로 모든 교의적 요소와 거리를 두면 한 사람의 종교적 정체성을 지닌 저자를 해석하는 데 방해가 되겠지만, 아우구스티누스의 경우에는 비교적 용이하게 정당화된다.⋯⋯ 아우구스티누스는 키케로의 《호르텐시우스》에서 빅토리누스의 플로티노스 번역서에 이르기까지, 자기 삶의 다양한 시기에 섭렵한 고대와 고대 후기의 철학적 사유 중 그 어느 것도 자신의 사유함의 과정에서 완전히 제거한 적이 없다. 예를 들어 철학적 자기 성찰과 종교적 신념에 대한 복종 사이에서 청년 루터가 수행했던 것과 같은 급진적인 선택은 아우구스티누스와 무관한 일이었다(A:033243~033247).

처음에는 계속할 생각으로 시작했지만, 아우구스티누스를 자신의 안내자로 채택하게 된 아렌트는 죽음 개념에 의해 추동된 스승 하이데거의 현상학을 즉각 포기한다. 그리고 자신이 출간한 저서 중 스승에 대한 몇 안 되는 직접적인 비판물 중 하나에서 아우구스티누스를 무기로 사용한다. 아렌트의 스승 하이데거는 가톨릭 가정에서 성장했고, 가톨릭 학교에서 교육을 받았으며 후설의 요청에 따라 아우구스티누스에 관한 과목을 가르친 바 있었다(Krell 1956, 20~21; Caputo 1993, 272~273). 아렌트는 아우구스티누스를 하이데거와 병치시키면서 "인간실존에 통일성과 총체성을 부여하는 것은 기억이지 (예컨대 하이데거의 접근 방식에서처럼 죽음에 대한 예상으로서의) 기대가 아니다"(B:033192)라고 역설한다.

아렌트는 자신의 삶을 다른 이들의 삶들 중에 속하는 모종의 기억된 이야기로 풀어내기를 좋아했으며, 그렇게 함으로써 삶의 경험에 고유한 우발성에 어떤 총체성과 연속성의 의미를 부여하고자 했다. 《사랑 개념과 성 아우구스티누스》는 아렌트 자신의 이야기의 시발점이며, 나중에 그가 스스로 수정 사항들을 더함으로써 텍스트와 이야기가 통합된다. 아렌트의 이야기 속에서 하이데거의 다자인Dasein(현존재)은 아우구스티누스의 순례자의 영혼이 되는데, 그 순례자의 자기발견 여정은 우선적으로 "인간을 저 세계 밖으로, 즉 사람들로 이루어진 모종의 공동체인 지상의 도시 바깥으로 데려간다."(A:033350) '이웃'의 중요성은 어떤 역사적 '사실'이자 지상의 도시라는 저 세계의 유산인 동시에, 창조주인 신을 공통의 기원으로 가짐으로써 동등해진 사람들로 이루어진 저 세계와 사회적 삶으로 그 순례자가 귀환할 때 자유롭게 선택할 의지의 사안이 된다.

아렌트의 박사학위논문에서 'societas'(사회)라는 용어는 라틴어의 어원적 함의들을 보유한다. 이는 아렌트가 나중에 철저히 거부했던 근대의 '사회영역'이 아니다. 아렌트가 특별히 아우구스티누스적인 용법을 따르고 있는 'societas', 'gemeinschaft', 'civitas'는 자본주의 거래들이 이루어지는 장소, 파비뉴parvenue의 문화나 통상성의 상태가 유지되는 장소가 아니며, 독일 낭만주의로부터 파생된 근본적이고 유기적인 공동체도 아니다. 아렌트는 이후 《인간의 조건》에서 'societas'의 어원을 자세히 설명하게 된다. 그 책과 박사학위논문에서 기존의 세계는 개인들에게 도전장을 내민다. 기존의 세계는 개인들로 하여금 종교적 양식에 따라 세계로부터 퇴각한 다음 도덕적 설득이라는 복음 전파의 목적을 위해 세계로 재진입하거나, 아니면 세속적 양식에 따라 공적인 '사이의in-between' 공간들을 구성하는 방식으로 응수하도록 자극한다. 사회나 공동체 중 어느 것도 물질주의와 죽음에 대한 두려움에 의해 추동되는 부정적 의미에서의 '세계적인' 성격은 아니다. 그러나 양자는 어떤 전前정치적 영역과 확실하게 묶여 있다(Arendt 1958a, 34~35, 53~56).

박사학위논문과 아렌트 학문 규범

역설적이게도 아렌트의 정치적 사유는 자신이 깨부수려고 나선

듯이 보였던 바로 그 '전통' 속에서 표준적 지위를 얻게 되었다. 미국, 서유럽, 벨벳혁명 이후 생겨난 동유럽의 신생 국가들, 일본의 정치학과 등에서 아렌트 연구를 위한 모종의 군소 강단講壇 학파들이 발흥했다. 그와 동시에 아렌트가 공적인 삶과 관련하여 그것의 실존적 맥락의 범위와 본질에 관해 모호하게 침묵한 것에 대해서는 찬양자들과 비방자들에 의해 대동소이하게, 그것이 내용이 부재하는 엑시스텐츠에 대한 증거이며, 그러한 엑시스텐츠 개념은 보수주의 또는 급진 좌파 정치 어젠다에 이용당할 가능성을 자초한다고 확대 해석되었다(Kateb 1983).

[보수주의 경향의] 독설가이자 아렌트의 지명도 높은 지인이었던 이사야 벌린Isaiah Berlin은 [만일] '비코Giambattista Vico가 오늘의 세계 상황 속에서 살았다면 아마도 자신이 이전에 역사의 주요 대리자의 관점에서 행위를 보았던 방식으로 기술에 관해 연구했을 것 같다'는 아렌트의 견해에 대해 냉소를 보였다. 아렌트는 벌린에게 항상 "언어도단의 한나 아렌트"였으며, 비록 "많은 저명인사들이 그의 저작에 감탄을 표시하곤 했더라도" 벌린은 아렌트의 생각을 "별로 존중하지 않았다." 그는 아렌트가 "어떠한 논점도 제시하지 않고 진지한 철학적 또는 역사적 사상에 대해 그 어떠한 증거도 제시하지 않는다"고 주장했다. 오히려 아렌트의 저작은 "모종의 형이상학적 자유 연상聯想의 흐름"에 지나지 않으며, "한 문장에서 다음 문장으로, 논리적 연계성도 없이, 그것들 간의 이성적이거나 상상력에 바탕을 둔 연결고리도 제시하지 않은 채로 그냥 흘러간다."(Berlin & Jahanbegloo 1991, 82; 또한 81~85) 벌

린이 이처럼, 바로 아렌트가 아우구스티누스에 대해 칭찬해 마지 않았던 그 비체계적인 사유법이라는 동일한 특성을 콕 집어 아렌트를 비난한다는 점은 역설이 아닐 수 없다. 그 특성은 아렌트가 아우구스티누스를 한 사람의 신학자라기보다는 철학자로 규정한 이유였기 때문이다.

[아렌트에 대한] 벌린의 반응은 철학적 가치 이슈들 못지않게 시오니즘을 둘러싼 [두 사람 사이의] 불화에 기초하고 있었으므로 어떤 이성적인 평가보다는 오히려 [감정적] **여성 비하**ad feminem에 치중한 것이다. 그런 한편, [아렌트에 매료된] 군소 강단학파 자체에는 정통성 문제가 제기된다. 그들의 연구는 아렌트의 학문 세계를 현재 허용 가능한 텍스트들과 논의의 범위를 넘어 진전시키고자 한다. 이와 관련해서 제기되어야 할 질문은 아렌트의 아우구스티누스 사용 방식이 기존의 아렌트 학문의 틀에 포섭될 수 있는지 여부이다. 아렌트는 아우구스티누스를 "로마인들이 보유했던 유일한 철학자"라고 지칭한 바 있다. 본래 그 박사학위논문은 유대인 대학살Holocaust 이전에 쓰였지만 아렌트가 그 사건 이후에 발전시킨 생각들의 상당 부분과 담론 양식의 배아들을 이미 가지고 있었다는 사실은, 아렌트에 대한 '정통' 독해 방식에 집착하는 사람들의 귀에는 달갑지 않은 얘기로 들릴 것이다. 그 정통 독해 방식에서는 아렌트를 유대인 대학살에 대한 반동으로 전체주의에 관해 저술한 이론가, 어떤 포스트모던적인 그리스 [양식의] 폴리스Greek polis를 재발명해 내려는 한 사람의 집요한 고전주의자, 혹은 계급, 인종, 젠더를 무시하면서 저 공영역에 관해 연구한 한 사

람의 현상학자 정도로 규정하고 있다.

아렌트의 경우와 비교되는 '학문 규범'의 문제들은 사실 플라톤에서부터 발터 벤야민에 이르기까지의 다른 주요 이론가들에 대한 연구를 통해서 문서상으로 잘 정리되어 있다. 그러나 아렌트 관련 문건들의 경우는 아직도 명확히 처리해야 할 숙제로 남아 있다. 아우구스티누스를 아렌트가 다루었던 방식으로 진지하게 숙고하는 일도 현 시점 이전에는 주류 아렌트 연구자들에게 수용될 수 없는 접근 방식이었다. 그들 대부분은 아렌트 스승들의 독일 현상학을 매개로 아우구스티누스의 영향을 받았던 '초창기 아렌트'와 후기의 '성숙기 아렌트'를 구분하며, 후기 아렌트는 저 기독교적 엑시스텐츠 개념보다 아리스토텔레스, 칸트, 토크빌Tocqueville의 영향을 받아 말과 행위를 주축으로 하는 모종의 공공철학a pubic philosophy을 위해 젊은 시절의 지적 낭만을 한쪽으로 밀어 놓았다고 생각한다. 그 구분에 따른 초창기와 성숙기 아렌트의 차이는 역사적이고 문화적인 성격이며, 미국 학계의 상당한 오만이 곁들여진 탓에 발생한 것이다.

아렌트는 그의 소싯적 연애 사건으로부터 구출되어야 할 필요가 있다. 그렇지 못하면 자신이 연루된 죄로 인해 하이데거의 독일 '정치적 실존주의'를 그리는 붓이라는 오명을 뒤집어쓰거나, 저 공적 세계를 망각으로부터 구출하려는 그의 가치 있는 노력 자체가 수포로 돌아가게 될 것이다. 마틴 제이Martin Jay, 뤽 페리Luc Ferry, 토머스 팽글Thomas Pangle과 같은 비평가들은, 비록 관점상의 차이는 상당할지라도 행위와 탄생성에 초점을 맞춰 기술한 아렌트의 그리스-로마적 정치이론의 표면적 고상함 이면에 니체적·자코뱅적 유혹이 도사리고 있다고 이구동성으로 지적하였다(Jay 1985, 237~256; Ferry 1992, 5~30, 59~62, 76~78, 83~93; Pangle 1988, 48~52). 팽글은 심지어 아렌트가 은밀하게 하이데거의 현상학을 미국 대학의 정치학과들에 보급했다고 주장하면서 그것은 위험천만하게 비非미국적인 성격이라고 암시하기도 했다.

그 정통적인 아렌트 학문 규범을 유지하는 데 관심이 있는 사람들의 입장에서는 아렌트의 덕목을 방어하는 일이 우선적 의제이다. 그들에게는 저 유대인 대학살 이전과 이후의 아렌트 저작들을 명확히 구분하는 것은 근본이면서도 필수적인 일이다. 이 계획의 중심에 있는 것이 바로 아렌트 박사학위논문의 주변화 작업과 그의 라헬 파른하겐Rahel Varnhagen 연구에 대한 새로운 관심이다. 아렌트가 1930년대에 쓴 파른하겐에 관한 책은 또 다른 '조우' 기획의 일환으로서 1958년에 영어판이 출간되었다. 이 책은 독일계 유대인 중산층의 맥락에서 본 패리아-파비뉴pariah-parvenu[2] 주제와 관련된 것이므로 그의 유대인 대학살에 관한 연구들 및 자유주의적 부르주아 문화 비판에 대한 일종의 예상도豫想圖로서 아렌트의 학문 규범에 쉽게 포함시킬 수 있다. 박사학위논문 역시도 세계성과 탈脫세계성 사이의 긴장을 주요 관심사로 다루었다. 그러나 그 논문이 그 주제를 하이데거의 '프로젝트'에 큰 학문적인 빚을 지

2 [전자는 기존 사회에 동화하지 않았으므로 유대인의 정체성을 유지하고 있는 부류를 지칭하며, 후자는 전자보다 부유한 유대인 계층으로서 기존 사회에 동화해 유대인의 정체성을 상실한 부류를 일컫는다. — 옮긴이]

고 있는 기독교철학과 연계해서 탐구하기 때문에 그 것은 [정통 학문 규범론자들에 의해] 특색 없이 관념론적이라는 이유로 고려 대상에서 제외되었다.

아렌트를 한 사람의 독일계 유대인 사상가로 조명하는 중요한 지적知的 평전인 다그마 바노우Dagmar Barnouw의 《가시적 공간들: 한나 아렌트와 독일계 유대인의 경험Visible Spaces: Hannah Arendt and the German-Jewish Experience》에서는 선택적 강조 효과가 명확하게 드러난다. 바노우는 거기서 아렌트와 하이데거, 카를 슈미트Carl Schmitt, 에른스트 윙거Ernst Jünger, 알프레드 보임러Alfred Baeumler의 연계성에 관한 마틴 제이의 노골적인 표현에 이의를 제기했다. 바노우는 아렌트가 정치적으로 어리숙하지 않았음을 증명해 보이기 위해서 "아렌트는 라헬 파른하겐 전기傳記 이래 모든 저술에서 자신이 심오한 정치적 관심사들을 지닌 저술가임을 입증했다"고 주장했다(Barnouw 1990, 254 n. 28).

이러한 정치적 관심사들은 우익계 독일 허무주의, 주의설主意說, voluntarism, 역사 및 사회적 관습들과 관련된 제약들을 무시하는 태도 등을 포함하지 않는다. 바노우는 아렌트가 "역사를 자유에 관한 모종의 정당치 못한 제약들의 원천으로 보았다"(Jay 1985, 243)는 제이의 주장을 거부한다. 바노우는 자신이 독해한 바에 따르면 아렌트의 정치사상은 "〈전통과 현대Tradition and the Modern Age〉(1954)와 같은 논문을 필두로 자신의 정치철학적 모델들을 고대의 (초)정치학적 규범들에 의해 이루어진 어떤 전통 속에 위치시키려는 일반적인 경향"을 보인다고 주장했다(Barnouw 1990, 254

n. 17). 이에 덧붙여 아렌트가 "바이마르 시대 지식인들 대다수가 가졌던 공동체에 대한 긍정적인 패러다임과 대중 및 '집합적 군중'에 대한 부정적인 모델이라는 이분법적 편견을 공유했음"도 인정했다(같은 책, 255 n. 32).

그럼에도 패리아-파비뉴 그리고 **신의 도시-지상의 도시**라는 두 가지 주제를 포함하는 아렌트의 기본적인 초初정치적 패러다임이 최초로 공식화公式化된 박사학위논문에 관해서는 간략히 언급하는 것에 그쳤다. 그가 파른하겐 연구를 분석한 장章의 모두에서 바노우는 아렌트의 박사학위논문에 관해 단 두 문장으로 일축했다. 하나는 아렌트가 파른하겐 전기를 쓰기 1년 전에 야스퍼스의 지도로 논문을 완성했다는 것이고, 다른 하나는 야스퍼스가 《철학적 탐구Philosophische Forschungen》 시리즈의 일환으로 그 논문을 출간하기에 앞서 아렌트가 교정 작업에 좀 더 시간을 할애하도록 당부했다는 문장이다. 한 각주에서 바노우는 아우구스티누스의 의지 능력에 관해 간단히 언급하지만 그것의 원천을 단지 《정신의 삶》으로 표기하고 있다(같은 책, 256 n. 13).

박사학위논문을 주변화하려는 담론 전략은, 그것만 뺀다면 매우 균형 잡힌 문맥적 접근을 하고 있는 바노우의 책에서 분명하게 드러나고 있으며, 1982년 한 편의 철두철미한 아렌트 평전을 출간한 영-브루엘에 의해 선도되었다. 그의 《한나 아렌트: 세계사랑을 위하여Hannah Arendt: For Love of the World》는 아렌트 연구의 표준이 되었다. 영-브루엘은 박사학위논문을 부록으로 취급했으며, 아우구스티누스에 관한 아렌트의 관심을 초기의 낭만적 열정으로서, 그때 이후로 공적 세계에 초점을 맞춤으로써 오랫동안 한쪽으로 밀어둔 어떤 것으로 그 의미를 축소했다. 영-브루엘은 아우구스티누스를 아렌트의 탄생성과 필멸성이라는 주제들의 발원지로 인정하면서도, 아렌트가 후기작에서는 "강조점을 박사학위논문에서 두드러진 실존적 결정 요소들의 신학적 측면으로부터 '정치적 측면'으로 이동했다"고 주장했다. 그리고 "아렌트는 결코 한 사람의 신학자가 아니며, 또한 아우구스티누스주의자도 아니다"라고 덧붙였다(Young-Bruehl 1982, 494, 366~370, 499).

물론 우리 논문에서도 분명히 밝히고 있듯 아렌트 박사학위논문의 주안점은 신학이 아니다. 아렌트는 아우구스티누스를 매우 일관적이거나 교조적인 신학자라고 생각하지 않았으며, 그런 까닭에 그의 자애 개념에 관한 '철학적' 연구가 정당하다고 생각했다. 영-브루엘은 아렌트가 자신의 초기 관심사와 후기 정치적 관심사들 사이에 선을 그었다는 점을 입증하기 위해서《인간의 조건》의 다음 문장들을 부분적으로 인용한다.

> 저 세계를 대체하기에 충분할 정도의, 공고한 어떤 유대 관계를 사람들 사이에서 발견하는 것이 초기 기독교 철학의 주된 정치적 임무였으며, 기독교적 형제애뿐 아니라 자애에 바탕을 둔 모든 인간관계들을 정초하자고 제안한 사람은 아우구스티누스였다. …… 자애에 기초한 사람들 사이의 유대 관계가 그것 자체로서는 모종의 공영역을 정초할 수 없을지라도, 핵심 기독교 원칙인 무세계성worldlessness에 꽤 잘 들어맞으며 또한

저 세계를 통해 어떤 본질적으로 무세계적인 사람들의 집단을 유지하는 데 감탄할 만큼 적합하다.

그러나 이 인용문의 생략 부분은, 그것이 아니었다면 자애가 현대적 세계의 공공성 정치public politics에 적실하지 않다는 모종의 부정적 평가로 보일 수 있는 점을 상당히 보완해 준다. 사실 아렌트는, 다른 두 개의 문장들과 함께 고려할 때 박사학위논문의 핵심 주장을 직접적으로 풀어 설명하는 듯이 보이는 한 문장을 통해서 자신의 논평들을 부연한다.

> 이 자애는, 비록 그것의 무세계성이 일반적인 사랑에 대한 인간 경험과 명백히 조응한다고 할지라도, 동시에 저 세계처럼 사람 사이에 존재하는 무엇이기 때문에 [일반적인] 사랑과는 확실히 구별된다. "모든 강도들조차 **그들 간에***inner se* 그들이 박애charity라고 부르는 것을 가지고 있다."(Arendt 1958a, 53)

아렌트는 자신이 '기독교적 정치 원칙'이라고 부르는 아우구스티누스의 놀랍고도 매우 잘 선택된 강도 비유에 주목함으로써 논의를 확장한다. 아렌트가 인용한 강도 비유는 아우구스티누스의 《번창하는 마니교에 대한 반론Contra Faustum Manichaeum》에 나오는데, 그것이 기술되는 맥락은 모종의 명운이 다했거나 적의에 찬 세계로부터의 고립이다.

모종의 정치 원칙으로서 무세계성은 저 세계가 지속되지 않는다는 가정 하에서만 가능하다. 그러나 이 가정 하에서는 무세계성이 이런 또는 저런 형태로 정치의 장을 지배하기 시작하리라는 것은 거의 피할 수 없는 사실이다. 이러한 현상이 로마제국의 멸망 이후에 일어났다. 그러나 상당히 다른 이유에서 필경 훨씬 더 불온한 형태로 우리 시대에 재발할 것 같다는 생각이 든다. …… 현대의 공영역 상실에 대해 다음보다 더 명확한 증언은 아마 존재하지 않을 것이다. 불멸성에 대한 진정성 있는 관심이 거의 완전히 상실됐다는 것, [요컨대] 영원에 관한 형이상학적 관심의 동시적 상실의 그늘이 드리워졌던 그 상실 말이다(Arendt 1958a, 54~55).

박사학위논문은《인간의 조건》전체를 통해 아렌트의 공적, 사적, 사회적 삶의 현상학의 배후 설명의 형태로 현전한다. 그것은 기독교적인 정치 원칙에 대해 어떤 역설을 발생시킨다. 사실 그 원칙이 "수도회들 …… 즉 자애 원칙이 어떤 정치적 고안물로서 시험되었던 유일한 공동체들"에서처럼 어떤 "비정치적이며, 공적이지 않은" 사회 집단들이나 "집단 체제"를 생기게 하기 때문이다(같은 책, 54). 그러나 영혼이 신과 맺는 관계를 통해서, 또는 공통의 신앙생활을 통해서만 불멸성이 성취될 수 있다는 가정에 의거한다면, 공영역은 그것의 의미성을 잃게 되는 것이다. 이러한 상황 하에서 자애는, 정치에서의 탄생성에 비견되는, 시민사회 내부의 도덕적 등가물로서 기능한다.

아우구스티누스와 아렌트의 연계성을 거부하는 영-브루엘식 접근법의 또 다른 예는 아렌트가 《전체주의의 기원》의 '급진적 악radical evil' 개념[3]으로부터 《예루살렘의 아이히만》 연구에서 악을 '평범성banality'으로 정의하는 쪽으로 방향을 선회한 사실과 관련된 논의에서 나타난다. 아우구스티누스에 대해 연구하기 시작한 사람들은 그가 자신의 사상 속에서 아렌트와 유사한 모종의 이행 과정을 보여준다는 사실을 곧바로 눈치 챌 것이다. 요컨대 그의 《자유의지론》에 나타난 대로 마니교도였던 시절[4]에 가졌던 악의 물질적 실재를 믿는 입장에서 그의 '성숙한' 입장, 즉 악을 습관적인 죄에 대한 예속으로 보는, 다시 말해서 악은 자유의지가 타파하기에 역부족인 모종의 세계성과 묶여 있다고 보는 입장(《자연과 은총De Natura et Gratia》)으로 이행했던 것이다. 영-브루엘은 아렌트의 접근법 속의 입장 전환을 둘러싼 논쟁에 상당한 지면을 할애하면서도 아렌트와 아우구스티누스 사이에 유사성이 존재할 가능성은 일축한다.

---

3 [이 'radical evil'이라는 용어는 본래 칸트가 《이성의 한계 안에서의 종교》에서 제시한 것으로, 인간의 이기적 본성을 악의 발생 원인으로 지목한다는 점에서 인간의 '본질적'인 또는 '근본적'인 악으로서 설명된다. 반면에 아렌트는 이 'radical evil'이라는 용어를 채택하면서 칸트의 '본질적'이라는 의미보다, 저 전체주의 정권의 '탈脫인간적' 범죄는 이전에 누구도 경험해본 일이 없기 때문에 기존의 철학 용어상으로는 불가해한 악이라는 의미에서 '급진적'인 악이라고 설명하고 있다. 이에 덧붙여, 아렌트가 아이히만에 관한 기술에서 '악의 평범성'을 설명할 때 그가 다시 칸트의, '인간'에게서 원인을 찾는 '본질적' 악, 즉 '근본악'의 개념으로 회귀하고 있음도 함께 기억할 필요가 있다. — 옮긴이]

4 [아우구스티누스는 386년 암브로시우스 주교에게 세례를 받고 로마가톨릭으로 개종하기 이전 약 10년간 마니교도로 지낸 바 있다. — 옮긴이]

> [칸트의] 근본악radical evil이라는 관념은 선과 악이 원초적이라는 마니교 또는 영지주의靈知主義 교의를 환기시킨다. …… 한나 아렌트는 이 관념을 거부하면서 '악은 모종의 선의 결핍 상태에 불과하다'는 저 서구 [철학] 전통 속의 주요 대안적 강령 쪽으로 옮겨 갔다. …… 그러나 전前 마니교도 중 가장 위대한 인물인 아우구스티누스에 대한 존경심에도 불구하고, 아렌트는 결코 신학자도 아니었고 심지어는 아우구스티누스주의자도 아니었으므로 세속적인 용어상으로 악의 결핍성을 설명했다(Young-Bruehl 1982, 369; 또한 505 n.43).

아렌트의 박사학위논문을 그의 저작과 별개로 취급하는 것은 아렌트가 정치사상에 공헌한 바에 관한 학문적 담론의 범위와 성격을 축소시킬 뿐만 아니라 왜곡한다. 도덕 판단, 전前정치적 공동체들의 형성, 종교적 담론과 정치적 담론의 접합이라는 항목을 제외시킨 '정치 일변도'의 아렌트는 진정한 아렌트가 아니다. 바노우 역시 영-브루엘이 펴낸 아렌트 평전의 한계로 그것의 실종된 연결고리들과 문화적 맥락을 꼽았다.

> 영-브루엘의 평전은 풍부한 문건들에 기초하여 기술되었으며 아렌트에 관한 궁금증을 푸는 데 아주 유용하다. 그러나 이 평전은 여러 가지 심각한 결함이 있으며 아렌트의 유럽-독일적 측면을 잘 처리하지 못했다. 특히 그것과 아렌트의 미국적 경험들이 어떤 관계에 있는지를 간과했다. 그 결과 현재 아렌트

의 지적 위상이 무엇인지를 밝혀주지 못한다(Barnouw 1990, 258 n.46).

아렌트 연구자들 사이에서 영-브루엘의 평전에 깊이가 부족하다는 생각이 움트고 있는 반면, '아렌트 [지지] 당黨의 노선'은 여전히 아렌트 탐구의 범위를 안전한 경계선 너머로 확장시키는 데 망설임을 보인다. 그런 와중에도 근래 여성주의적 성향의 아렌트 독해자들이 그의 텍스트 자체의 성격에 맞지 않는 연구를 노골적으로 수행하면서 의미 있는 위험부담을 기꺼이 떠맡아 왔다. 그들의 노력은 반은 성공이고 반은 실패이다. 그들의 아렌트 담론 확장은 문맥적이기보다는 포스트모던적이며, 아렌트의 규칙에 따라 진행된 것이 아니라 신세대 학자들이 고안한 규칙에 따라 진행되었다. 그들은 아렌트가 자신에 앞서 존재했던 아우구스티누스를 위시하여 서구 철학 전체의 '전통'에 대해 별 무리 없이 적용했던 방식을 아렌트에게 적용한다(Honig 1992).

최근 정치학계 내부에서는 정통 주류 학자들이 아렌트의 삶과 저작의 편린들을 재결합시키는 또 하나의 감탄할 만한, 바노우식의 시도를 하였다. 그러나 이것 역시 그의 박사학위논문과 기독교 철학을 대체적으로 주변화시키는 데 초점을 두고 있다. 마거릿 카노반Margaret Canovan의 《한나 아렌트: 아렌트 정치사상의 재해석》(1992)은 정치사의 중요성을 옹호한다. 카노반이 재해석한 바는 자신이 아렌트 연구물들 속에 나타나는 모종의 역효과적인 양극화 현상이라고 판단하는 것에 비추어 자기 자신의 1974년 연구인

《한나 아렌트 정치사상의 모순들》을 재해석한 것이다. 그러나 카노반조차도 아렌트가 아우구스티누스에 대해 무無정치적 관심을 가졌다는 규범적인 해석을 고수한 결과, 아렌트의 박사학위논문은 그의 후기 공공철학에 적실성이 없다고 평가한다.

역설적인 것은, 카노반이 아렌트 연구 공동체가 정치적 텍스트와 현상학적 텍스트를 서로 연계시킴으로써 아렌트 저작의 문맥을 재구성할 필요가 있다는 주장을 한다는 사실이다. 그러나 카노반이 제안하는 바는 단지 아렌트가《인간의 조건》에서 제시한 정치적 엑시스텐츠가《전체주의의 기원》의 역사현상학에 재통합되어야 한다는 것일 뿐, 그가 미국에서 작업한 저작들이 그의 박사학위논문과 재통합되어야 한다는 것이 아니다. 게다가 카노반은 아렌트의 전체주의 연구가《인간의 조건》의 추상적인 엑시스텐츠를 위한 현실 세계적인 동력을 제공하고 있으며, 두 텍스트가 그의 다른 '정치적' 담론들과 함께 독해되어야만 한다고 주장한다(Canovan 1992, 7~12, 63, 154, 279).

또한 카노반은 아렌트의 논의와 언어에 존재하는 모든 독창성이 유대인 대학살이라는 아렌트의 개인적 경험에 대한 직접적인 대응방식으로 등장했다는 전제를 수용하는 듯하다. 카노반은 비록 아렌트가 "일생동안 그[아우구스티누스]에 관해 사유하였을지라도" 자기 당대의 위기들에 대해서는 "그[아우구스티누스]의 접근법과 유사한 어떤 것도 철저히 거부"했다고 인식하고 있다(Canovan 1992, 8). 그러나 이 주장과 관련하여 그 어떠한 참고문헌이나 각주도 제시하지 않는다. 카노반은 아우구스티누스의 사유에 있어 이웃의 적실성이라는 아렌트 박사학위논문의 연구 주제를 은연중에 소개하기는 하지만, 그는 단지 아렌트의 박사학위논문과 후기의 정치적 사유 사이에 보이는 분명한 간극을 극화하는 모종의 부정적인 독법讀法을 제공할 뿐이다.

> 그[아렌트]의 [미국 저작에 나타나는] 후속 정치적 신념들에 비춰볼 때 '성 아우구스티누스의 사랑 개념'에 관해 쓴 박사학위논문이, 현세와 그것의 관심사에 대한 거부를 신에 대한 사랑의 중요한 선결 조건으로 간주하는 모종의 기독교적 형식과 관련되어야 했다는 사실이 특이하다(Canovan 1992, 8).

카노반은 의회도서관의 소장 자료를 참고해서 작업을 진행했으며 아렌트의 박사학위논문을 읽은 몇 안 되는 학자들 가운데 한 사람이다. 그러나 박사학위논문을 인용하면서(Canovan 1992, 8 n.3) 그는 자신의 입장을 뒷받침하기 위해 어떤 부분적 실수를 하게 되었고, 결과적으로는 독자들로 하여금 다른 방식의 독해 가능성을 고민하게 했다. 카노반은 아렌트가 자주 인용하는 아우구스티누스의 탄생성에 관한 진술들이 "인간이 창조되었기에 하나의 시발점a beginning이 수립되었다"라는 문장으로 옮겨진 것을 인지한 다음, 아렌트가 단지 어찌해볼 도리가 없는 상황만을 가리킬 의도였겠지만 나중에 영문판 출간을 위해 수정 작업을 생각하게 되면서 거기에 '탄생성natality'을 모종의 개념어로서 "박사학위논문 원본에" 추가해야만 했다고 주장한다(같은 책, 8).

카노반의 독해 방식이 내는 효과는, 첫째로 아우구스티누스의 '탄생성' 개념을 신학적 문맥 이외의 것으로도 적용할 수 있는 가능성을 축소시키며, 둘째로 아렌트가 논문의 원본에 불만이 있었기 때문에 '생각은 하면서도' 실제로 출간을 위한 수정에 돌입하지 않았다고 넌지시 알려주는 것이다. 그러나 박사학위논문 텍스트는 아렌트가 비록 1960년대 초 크로웰-콜리어의 텍스트를 다시 편집하면서 '탄생성'이라는 바로 그 용어 및 그것과 연관된 서사敍事 부분을 더했다고 할지라도, 첫 번째 번역본(A본)의 제2부 1장이 '시발점'에 관한 직접적인 논의를 담고 있다는 사실을 분명히 보여준다.

> 저 세계 그리고 어떤 창조물이라도 반드시 어디에선가 유래되어야 하기 때문에 그 창조물의 있음은 그것의 **기원***fieri*에 의해 규정된다—그것의 있음은 무엇인가로 되어가며, 어떤 시발점을 보유한다. 그러므로 그것의 있음은 가변성에 종속된다. …… 창조물은 특정 시점에 무엇이 되었다는 사실에 의해 다스려진다. 창조물의 변경 가능성과 함께 시간이 창조되었다. 오직 기억과 기대에 의해서만 창조물은 과거와 미래 사이에 현전하는 그것의 있음을 시간적으로 확장함으로써 모종의 총체를 만들 수 있으며, 영원한 오늘, 즉 영원의 절대현재에 접근할 수 있다(A:033293~033294).

이 인용구를 B본에 나오는 그것의 수정문과 비교해 보면 수정된 글은 기본적으로 용어와 초점의 명확성으로 드러난다. 그 시점부터 아렌트는 '시발점beginning'보다는 '탄생성natality'을 이야기하게 된다.

> 달리 표현하자면, 인간을 어떤 의식하고 기억하는 있음a conscious, remembering being으로 규정하는 결정적인 요소는 출생birth 혹은 '탄생성natality', 즉 우리가 출생을 통해 저 세계 속으로 진입했다는 사실이다. 인간을 모종의 욕망하는 있음a desiring being으로 규정하는 확실한 요소는 죽음 혹은 필멸성이다. …… 죽음에 대한 두려움을 궁극적으로 가라앉히는 것은 희망이나 욕망이 아니라 회상과 감사이다(B:033187).

아렌트는 나중에 작업한 B본의 세 페이지 분량에서 아직까지 용어들을 첨가하고 아우구스티누스의 근본적인 '독창성'에 관한 자신의 통찰을 정교화하는 방식으로 텍스트 정돈 작업을 수행한다. 아렌트에게 아우구스티누스는 흥미로운 대상이었다. 이는 그가 명백히 신플라톤적이며 스토아적인, 신의 추상적인 영원이라는 정태적 개념이 지닌 제약 사항들에 짜증을 내기 때문만이 아니라, 자신이 계승한 전통의 외피 속에서 모종의 완전히 모순적인 노선을 논의하려 시도할 정도로 대담했기 때문이다. 죽음이 추동한 갈망 대 관조적 단절이라는 이분법이 불만스러운 아우구스티누스는 [인간이] 자유롭게 결의한 새로운 시발점들을 정당화하기 위해 모종의 창조주이신 하느님을 찾아 나선다. 시간의 **시초***initium*

로서의 탄생성과 연계된 모종의 '이야기'로서 삶의 경험이라는 주제 역시 아렌트의 1960년대 수정 작업 속에 삽입되었다.

> "한 처음에 하느님께서 하늘과 땅을 지어 내셨다(〈창세기〉 1장 1절)." 그러나 시간의 시초는 '영혼들', 즉 살아 있는 피조물의 영혼뿐 아니라 인간 영혼의 시발점을 전거한다. "이 시발점은 그 어떤 형태로든 이전에 현존한 적이 없었다. 그러한 시발점이 있기 위해서는 인간이 그의 이전, 아무도 존재하지 않았을 때 창조되었어야만 했다"고 아우구스티누스는 적었다. …… 그러므로 인간이 창조된 것은 어떤 면에서 **새로움**_novitas_을 위해서였던 것이다. 인간은 자신의 '시발점' 또는 자신의 기원을 알 수 있고, 또 그것을 의식하며 기억하기 때문에 모종의 시발자始發者로서 행동할 수 있고 인류의 이야기도 제정할 수 있다. 모종의 시발점을 가진 모든 것은 그것(물론 이것은 **세계의 시초**_principium_가 아니라 **시간의 시초**_initium_이다)과 더불어 어떤 새 이야기가 시작된다는 의미에서, 반드시 어떤 종결점도 가지게 된다(B:033190).

카노반은 원래의 [애슈턴] 영역본과 아렌트의 수정 사항들 사이에 존재하는 중요한 주제의 연속성에 대해 탐구하지 않았다. 또한 그 수정 사항들과 아렌트의 나중 저작들 사이의 연결고리들도 제시하지 않았다. 그 연결고리들이 서구 철학 '전통'의 기원 및 한계에 관한 아렌트의 접근 방식을 명료하게 밝혀 줄 가능성이 있었을

지도 모르는데 말이다. 카노반의 해석이 결정적인 것이라고 십분 양보한다 치더라도, 왜 아렌트의 중요한 수정 사항들이 아렌트의 저작 속의 '새로운 시발점들'이라는 개념 전체에 대해서 어떤 부차적 지위를 가리킨다고 해야만 했던 것일까? 어떤 주제가 반복적으로 나타났다면, 그것은 필경 [아렌트의 초창기와 성숙기를 잇는] 더 튼튼한 가교 역할을 할 수 있었을 텐데 말이다.

카노반의 기획은 모종의 통합적 성격을 보여준다. 그는 조지 케이텁George Kateb과 같은 학자가 아렌트의 '시민복을 입은 고대 그리스 남성' 패러다임이 추상적이라고 비판한다는 점에 주목하면서, 케이텁이 공적인 삶을 활성화시키는 아렌트의 실질적 논점들과 도덕적 관심사들을 간과하고 있는 듯하다고 지적한다. 카노반은 가령 아렌트의 전체주의에 관한 저작[즉《전체주의의 기원》]과 그의 [정치]행위 현상학[즉《인간의 조건》]이 합해진다면 아렌트의 정치사상이 "좀 더 일반적인 적실성을 가지게 될 것"이라고 제언한다(Canovan 1992, 197, 279). 바꿔 말해서 카노반은 아렌트에 대한 '정통적 접근'의 전형인 전략적 움직임들 중 하나에 반대되는 주장을 제시하고 있는 셈이다. 후자인 행위 현상학 속에서 아렌트 정치사상의 '아르키메데스의 점the Archimedean point'은《인간의 조건》혹은《전체주의의 기원》이지 둘 다는 아니다. 시간적으로 먼저 출간된《전체주의의 기원》은 그것이 역사의 세부 사항에 주의를 기울이지 못한 점 때문에 비판받을 수 있다. 한편, 그 저작의 핵심 통찰들, 즉 공적인 삶에 대한 위협들이 전체주의에 내재한다는 것과 같은 핵심 통찰들은 보전되어《인간의 조건》의 **활동적 삶**

*vita activa*과 **관조적 삶***vita contemplativa*에 관한 '성숙한' 논의 속으로 옮겨진다. 우리의 연구는 카노반의 도전을 수용하는 한편 좀 더 확장된 시각으로 접근한다. 카노반은 다음과 같은 주장을 통해 아렌트에 대한 정통적 접근법을 비판한다.

> 아렌트 연구에서 그 전통적인 전략이 역효과를 낸다. 만일 우리가 (일반적 관심이 주어진 관념들을 탐색하는 방식으로) 《인간의 조건》에서 출발한다면, 우리가 발견할 수 있는 것은 이색적이지만 주변적인 어떤 것일 듯하다. 우리가 아렌트 생전의 구체적인 사건들에 관한 성찰 속에서 발견되는 그의 사상의 뿌리들로 거슬러 올라갈 경우에 우리는 그가 전하고자 했던 중요한 것들을 파악하게 될 것이다 …… [그럼에도] 가령 우리가 아렌트의 사유의 맥들을 그것들의 원천까지 되짚어 올라갔을 때 우리가 발견할 수 있는 첫 번째는 …… 아마도 민망한 어떤 것일 수도 있음을 반드시 인정해야만 한다(Canovan 1992, 279).

그 박사학위논문이 민망한 것인지 아닌지 여부는 사전에 결정된 포섭과 배제의 원칙들에 좌우된다. 유감스럽게도 카노반의 원칙들은 영-브루엘의 원칙들과 마찬가지로 아렌트 정치사상의 맥락을 복원시키기에는 지나치게 제한적인 성격이다. 여기서 누락되어 있는 것은 비단 전체주의와의 연결고리뿐 아니라 아렌트의 명백히 정치적인 사유방식을 설명하는, 어떤 중요하지만 실종된 맥락으로서 박사학위논문과의 연결고리이다.

그럼에도 아렌트의 박사학위논문은 카노반 자신에게도 의미 있는 영향을 끼쳤던 듯하다. 그가 아렌트의 용어들과 표현법에 대해 비교했다는 사실이 그 증거이다. 카노반은 아렌트 관념들에 대한 자신의 해석에 관해 "아렌트 자신이 구축한 적도 없는 체계를 제공하려고 하기보다는 저 구불구불한 길들을 따라가서 그의 사유 속에 있는 연관 관계들을 추적해 밝히려는 시도"(같은 책, 12)라고 주장한다. 아렌트는 박사학위논문에서 자신의 아우구스티누스에 대한 접근법에 관해 설명하면서 자신의 "체계적인 접근법"은 "아우구스티누스에게 그 자신과 무관한 일관성"을 부여하려는 것이 아니라 "겉보기에 이질적인 아우구스티누스의 진술들과 사유의 맥들조차 어떤 실체적인 공통 토대가 가리키는 방향으로 해석하려는 시도"라고 말한 바 있다(A:033243).

첫 저작과 마지막 저작:
《사랑 개념과 성 아우구스티누스》와 《정신의 삶》

박사학위논문의 관점에서 보면, 아렌트가 1973년 스코틀랜드의 아버딘 대학에서 했던 기포드 강의와 그 강의들을 정리하여 유작으로 출간한 《정신의 삶》은 [아렌트 학문의] 제1원인들로의 회귀였다—이는 아렌트의 저작 내에서 발생한 그것의 '새로운 시작들'로의, 어떤 하이데거적인 그리고/또는 니체적인 의미에서의 '되던짐throwback'에 비견될 만하다. 1974년 아렌트는 전체주의 내부에서 일어난 정신의 죽음과, 폴리스라는 공간 속에서 발견된 행위의 현시顯示적 특장을 풍요롭게 병치하는 작업을 통해서 수십 년의 시간을 보낸 이후에 이 회귀의 드라마로 자신의 청중들을 충격에 빠뜨렸다. 아렌트의 애초 관심사들이 사실상 잘 알려지지 않았으므로 그 충격은 강렬했다. 강단 학자들과 식자층이 섞여 있는 아렌트의 청중들에게 《정신의 삶》은 모종의 수수께끼였고, 그 심상치 않은 결론을 향해 가는 내부로의 신비로운 여행이었다. 아렌트에게는 정신의 삶이, 침묵시킨 사유와 분열된 의지가 머물고 있는 어떤 논쟁의 장 그 자체였다.

비록 기포드 강의[시리즈]를 자극했던 '문제의식'이 아리송한 악의 현상학이었다 하더라도 아렌트의 표현 양식은 저 [서구 철학] 전통에 대한 모종의 그저 그런 옹색한 '비판'이다. 또한 그것은 고전들에 한정될 뿐 아니라 정신이 저 세계와 담을 쌓고 자기 자신과 벌이는 일종의 내부적 대화 형식이기도 하다. 분명 그 분열된 의지와 정신에 관한 기술적 논의들은 박사학위논문으로부터 도입된 것이었다. 그러나 박사학위논문의 주된 구성 요소인 공동체 속에서 자애가 위치하고 있는 풍요로운 맥락인 '탄생성'과 (인간들로) '구성된 사회'는 기포드 강의 내용에서 빠져 있다. 《정신의 삶》의 제2권인 〈의지함〉은 의지를 이해하는 전통적 방식의 취약점에만 초점을 맞춘다. 그러나 그 맥락에서조차도 아렌트는 자신의 아우구스티누스 사용법을 "의지하는 것과 할 수 있는 것이 동일하지 않다"는 "기괴함"을 탐구하는 일에만 한정시키고 있다. 저 [독일 실존주의의] 엑시스텐츠를 거의 완전히 뒤로 제쳐둔 채 아렌트는 그 [고대 철학의] **관조적 삶***bios theoretikos*으로 복귀한다. 아우구스티누스는 "최초의 기독교도 철학자이며 …… 로마인들이 보유한 유일한 철학자"로 지칭되지만(Arendt 1978b, 2:84), 그를 저 세계 '속'에 있으면서 동시에 그것의 '일부가' 아닌 있음의 역설에 대한 통찰을 제공한 원천으로서 인용하지는 않는다.

[그러나 책의 제2권] 〈의지함〉에서 아우구스티누스는, 주로 무력화된 의지를 자애를 통해서 느닷없이, 뜻하지 않은 방식으로 치유하는 주술사로서 소환된다. 또한 아우구스티누스는 그의 기억과 과거와 미래가 만나는 장소로서 **정지된 현재**(같은 책, 2:75~78, 85~87)에 관한 논의 그리고 카프카 메타포(2:202~211)에서 암묵적으로 현전하게 되는데 이 모두는 기본적으로 박사학위논문에서 가져온 것들이다. 이러한 아우구스티누스로의 특수한 회귀 양태들은 오직 제1권 〈사유함〉에서만 일어나고 있다. 제2권 〈의지함〉에서 그에게 맡겨진 역할은 기독교의 공식적인 섭리 질서와 초창기 그리스-로마 철학의 결정론, 이 둘의 결정주의적 함의들로부터 자유의지를 지키기 위한 방벽을 세우는 것이다. 아렌트는 〈의지함〉의 서문에서 자신의 논의 말미에 하이데거가 고대 철학으로 '선회'한 일과 의지 능력에 대해 '부인'한 일에 관해 언급하겠다고 공표한다. 그럼에도 아렌트가 취한 탐구 방식의 전체적인 틀은 두드러지게 아우구스티누스적이다.

> 여기서 문제시될 것은 행위의 원천으로서의, 즉 자발적으로 시작하는 능력으로서의 의지the Will이다. …… 분명 모든 사람

> 은 자신이 탄생한 덕분에 모종의 새로운 시발점인 것이며, 그의 시작하는 능력은 이 인간의 조건이라는 사실과 상응할 것이다. 의지가, 비단 아우구스티누스의 경우에서뿐 아니라, 때때로 개별화 원칙the principium individuationis의 실현으로 검토되어 왔다는 것은 이러한 아우구스티누스적 성찰들과 맥을 같이 한다(《정신의 삶》, 2:6).

이와 동시에 관건은, "어떻게 뭔가 새로운 것을 생겨나게 할 수 있는 능력이 …… 정의상 낡은 것인 어떤 사실적 환경에서도 기능할 수 있는가"의 문제라고 아렌트는 말을 잇는다. 아쉽게도 아렌트가 그 서문에서 한 약속은 지켜지지 못했다. 박사학위논문으로부터 거의 직접적으로 가져온 이 문제는 판단에 관해 만족스럽게 완성되어야 했을 부분[5]이 부재하게 되어《정신의 삶》에서 답변되지 않은 채로 남았다.

아렌트는 아우구스티누스가 스스로 자신의 주장들을 극단적인 맥락과 분리하며, "철학적 추리를 하고 바울로가 기술한 바 있는 그 이상한 현상, 즉 '의지하는 것과 할 수 있는 것이 동일하지 않다'는 현상의 결과들을 명료하게 진술"하고자 노력한 자발성을 거듭 칭찬한다(《정신의 삶》, 2:87; 또한 2:86~93). 그러나《정신의 삶》에서 아렌트의 자유의 드라마가 펼쳐지는 장소는 '저 내부 제국'이다. '나는 의지한다I will' 대 '나는 할 수 있다I can'의 문제는

---

5 [아렌트 사후《정신의 삶》제3권〈판단함〉으로 편입된 부분. ―옮긴이]

양심에 의해 고무된 자유로운 선택을 가능하게 하기 위해서 사회 영역으로부터 습관화된 탐욕의 차원을 제거함으로써 부분적으로만 해결된다. 외부의 욕망들, 법칙들, 그리고 인간의 의존 관계에 대한 속박을 떨쳐 버리는 일은 여전히 상반된 충동들에 둘러싸여 있고, 그 때문에 행위를 수행할 수 없게 무력해져 버린 어떤 의지라는 내적 딜레마를 남긴다(일반적으로 B:033191~033198 참조). 이처럼 아우구스티누스는《정신의 삶》에서 처음부터 끝까지 비판적 거리, 판단, 자유와 같은 문제들에 관한 아렌트의 확장된 강연 원고를 위해 실질적 내용과 형식을 제공하고 있는 것이다.

아렌트는 아우구스티누스가 습관에 묶인 의지의 '기괴함'과 씨름하는《고백록》과《자유의지론》에 나오는 유명한 구절들을 인용하는데, 이것들은 그의 박사학위논문에도 언급된 바 있다.

> 의지가 명령한다면 거기에 반드시 하나의 의지만 있어야 한다. …… [그러나] 의지는 완전한 방식으로 명령하지 못한다. 그러므로 의지의 명령은 성취되지 않는다. …… 따라서 어떤 사물을 원하는 동시에 부분적으로 그것에 반대하는 것은 어떤 기괴한 일이 아니다. 그것은 차라리 진리에 의해 고양되는 동시에 습관의 무게가 내리누름으로써 완전히 기립할 수 없는 정신의 병이다(Arendt 1978b, 2:93).

자유의지, 판단, 인간공동체는 부단한 위험 속에 있다. 〈의지함〉에서 그 분열된 의지에 대한 아렌트의 아우구스티누스적 처방은 여전히 **자애**이다. 그러나 박사학위논문 속의 **자애**가 **신의 현전** *coram Deo* 속에 서 있는 피조물에게 부여된 신의 은총 및 그것에서 초래되는 이웃에 대한 사랑과 직접적으로 연계되었다면, 〈의지함〉 속에서의 사랑은 명백한 외적 중개를 통하지 않는 내적 결속력으로서 기능한다. 자애는 효능이 있는 의지의 내적 증거이지만 그 기원과 외적 표현은 명기되지 않은 채로 남아 있다. 아렌트는 아우구스티누스를 인용하면서 단지 "자연이 우리에게 심어준 의지와 비교했을 때 사랑은 한결 더 강한 의지"라고 규정한다. 〈의지함〉에서 아우구스티누스에 관한 아렌트의 설명은 외부와의 얽힘으로부터 자유의지를 구출하려는 협애한 목적에 무리하게 초점을 맞춘 결과 신의 은총과 섭리에 의한 질서를 버릴 뿐 아니라 공적인 삶 및 판단과의 연결고리도 포기한다. 아렌트는 아우구스티누스 연구자들을 놀라게 할 것이 명백한 어느 진술에서 그 [아우구스티누스라는] 성자에게 있어 "의지의 치유력, 그리고 결정적인 것은 이것인데, 그 능력은 신의 은총으로부터 발생하지 않는다. …… 그는 인간의 행동을 최종적으로 결정하게 되는 그 궁극의 동일화 의지를 사랑이라고 진단한다"라고 역설한 바 있다(같은 책, 2:95).

그리고 서둘러서 다음 문장을 덧붙인다. '영혼의 무게'로서의 사랑이라는 개념은 필경 "《고백록》의 대단원의 막처럼 보일 수도 있겠지만 어떤 전적으로 다른 의지 이론으로부터 파생되고 있다."(같은 책, 2:96) 요컨대 아우구스티누스는 사랑 개념 한 가지를 제안하고 있는데, 그것은 자체로 독창성을 지녔을 뿐만 아니라 자발적이며 내부에서 생성된 결속력을 가진 매우 독특한 사랑 개념이다. 그 결과 **자애**는 그 분열된 의지의 '뜨거운 논쟁'을 끝내려는 합목적적 활동을 결정적으로 파열시키는 데 필요한 구성 요소가 된다. [자애의] 원조를 받지 못한 의지로는 외부적 행위를 수행할 힘을 획득할 수 없다. 왜냐하면 그것 자체는 통일된 선택에 요구되는 내부적 힘을 결여하기 때문이다. 아렌트는 저 세계 속에서 행위를 '[수행]할 수 있게 함'이라는 의미에서의 힘power의 문제를, 폭력 및 '주권'의 문제들이 수반되는 어떤 의심스러운 현상으로 치부하여 옆으로 제쳐 둔다. 그 대신에 힘은 아렌트로부터 저 '정신-의지-기억'이라는 삼총사 사이에서 생성된 '**자애**'라는, 그 것의 내부적 의미를 부여받는다.

자신의 박사학위논문에서 아우구스티누스의 순례자적 자아의 파노라마를 열광적으로 수용한 아렌트가 어떤 유아론적 세계에 갇힌 저 분열된 의지로 옮겨간 것은 정말로 인상적인 변화가 아닐 수 없다. 죽음과의 극적인 대면, 창조주의 탐색, 기억 및 공동체적 삶의 '거대한 진영들'로의 '귀환' 등은 기포드 강의[시리즈]에서 재론되지 않았다. 비록 악의 기원 및 효과들과 관련된 아렌트의 미응답 질문이 그것들을 다시 다룰 수 있는 계기를 마련해 주었을지라도 말이다. 물론 그 강의의 형식은 주제의 취사선택을 요구했고, 그것들에 관한 텍스트들도 그의 죽음 전에 완성되지 않았다. 그러므로 박사학위논문이 아니라면 아렌트의 마지막 저작인《정신의 삶》은 모종의 의문을 자아내는 부자연스러운 탐구 결과물로 남게 될 것이며, 판단과의 연계 가능성도 피상적인 것으로 남게 될 운명이었다. 이와 관련하여, 역시 유작으로 출간된 아렌트의 판단에 관한 강의록인 《칸트 정치철학 강의Hannah Arendt: Lectures on Kant's Political Philosophy》(Arendt, 1982)가 중요한 단서들을 제공하기는 하지만, 그것과 기포드 강의들 사이의 모든 간극들을 메우기에 충분한 수준의 직접적인 연결고리를 제공하지는 못한다.

[우리가 보기에는] 박사학위논문에 훨씬 더 많은 단서들이 존재한다—그것은 판단의 맥락 및 그것의 현상학적 역학에 관한 아렌트의 견해들뿐 아니라 의지와 인간 세계 간의 연결고리에 관한 견해들도 제공한다. 아렌트가 자신의 [《과거와 미래 사이》에 수록된] 논문 〈자유란 무엇인가?〉에서 지적했듯, 아우구스티누스의 로마적 정신상태가 "초기 기독교의 강력한 반정치적 경향을"을 중화시켰다. 그는 "고대 정치적 자유 관념에 담긴 철학적 함의들을 최초로 이론화한 사람이었다"(Arendt 1977, 167). 아렌트는 "만일 나사렛 예수의 가르침들이 지닌 철학적 함의들이 좀 더 진지하게 숙고되었다면" 종교적으로 고무된 사유가 공적 세계에 관한 철학적 통찰을 낳았다는 역설이 훨씬 덜 당혹스럽게 보였을 것 같다고 지적한다. 그리고 "우리는 …… 신약성서에서 자유에 대한 어떤 비상한 이해 방식, 그리고 특별히 인간의 자유에 내재하는 힘을 발견하게 된다"(Arendt 1977, 167~68)고 부연한다.

아렌트의 자유 관념은 아우구스티누스의 자애 개념에서 흘러나온 것이다. 그의 박사학위논문은 차후에 진행된 다양한 내적 자유와 외적 자유의 표현들 및 개인적 자유와 공동체적 자유의 현시 형태들에 관한 탐구에서 누락된 문맥들을 제공함으로써, 그가 침묵했던 부분과 선택적으로 강조했던 부분을 보충해 준다. 실제로 박사학위논문이 아니었다면, 저 아렌트의 탄생성이 신에게나 어울리는 방식으로 현시顯示되는 것과 **자애** 사이의 연계성, 그리고 그가 종종 완곡하게 지시하는 '어떤 완전히 상이하게 인식된 관념'으로서의 자유 개념 등은 뜻을 파악하기 어려운 상태로 남았을 것이다. 다음의 관찰은 그의 《과거와 미래 사이》에 수록된 논문 〈자유란 무엇인가?〉에서 발췌한 것이다.

> 우리는 …… 사도 바울로의 자유의지를 그것의 난제들과 함께 사실상 철학사에 도입했던 저 위대한 기독교 사상가 아우구스티누스에게서 …… 저 선택의 자유로서의 자유에 대한 논의—이 논의가 [서구의 사유] 전통에 결정적으로 중요한 것이 되었지만—뿐 아니라, 그의 유일한 정치적 저술인 《신국론》에 특징적으로 나타나는 어떤 완전히 다른 방식으로 인식된 [자유의] 관념도 발견하게 된다(Arendt 1977, 167).

아렌트의 관점에서 《신국론》에 나오는 아우구스티누스의 자유 관념은 그가 로마인으로서 경험한 실존적 토대에서 유래한바, 로마인들의 경험상 "자유로워지는 것은 시작하는 것과 서로 연결되어 있었다." 아렌트는 그 논문에서 인간이 자체적으로 독자적인 기원 및 역사를 보유하는 기존의 세계로 들어간다는 자신의 박사학위논문으로부터 도출한 중요한 인식을 포함해, 자신이 좋아하는, 아우구스티누스의 "인간이 창조되었기에 하나의 시발점이 수립되었다(initium) ut esset, creatus est homo, ante quem nemo fuit"(같은 책,

166, 167)라는 구절을 반복해서 기술하고 있다.

아렌트는 이 자유에 관한 논문에서 박사학위논문의 아우구스티누스를 데려와 저 세계 속에서 탄생성natality과 정초foundation의 예시例示 능력에 관한 토론을 하게 만든다. 아렌트는 "아우구스티누스에게 어떤 타당성 있는 정치적 자유 사상"이 존재한다는 것은 불가사의한 일일 것이라고 주장한다. 단 서구 사상사에 대한 표준 독해가 의심 없이 받아들여지는 한 말이다. 실제로 아렌트는 아우구스티누스가 로마인들의 자유 경험을 표현하기 위해 어떤 기독교화한 언어 공식을 만들었다고 주장했다. 자애가 주입된 자유의지를 "인간의 내적인 성향"으로 묘사한 사람도 아우구스티누스였고, 또한 가장 중요하게는, 그것을 "저 세계 내 인간실존의 특성"으로 묘사한 것도 그였다. 1929년 이래 죽음에 이르기까지 아렌트가 이해한 아우구스티누스는 그의 이중 시민권—로마인이자 기독교인—이 빚어낸 산물이었다. 그의 "사이에 낀" 삶은 그를 자신의 기독교 세계를 위해 "고대 로마의 핵심 정치 경험을 하나의 공식으로 정립시키도록" 이상적으로 준비시켰다. 그 공식은 새로운 시발점들이라는 의미로서의 자유가 "정초 행위the act of foundation"를 통해 제도화될 수 있다는 것이다(같은 책, 167).

끝맺음

아렌트가 어떻게 저 정신과 의지의 싸움터인 철학의 규범적 '전통'과, 자신의 공적인 작업들과 실행들에 대한 정언명령 사이의 간극을 메울 수 있었을까? 박사학위논문은 아렌트의 **정지된 현재** *nunc stans*라는 수수께끼, 즉 저술가로서 그의 시점視點은 어디에 있는가라는 수수께끼를 푸는 하나의 중요한 통로이다. 수십 년의 세월과 수많은 텍스트들 사이에 놓인 어떤 교량으로서 아렌트 박사학위논문의 수정본은 그의 저작에서 실종되었던 토대를 복원한다. 여기서 아우구스티누스의 기억 기능이 하이데거의 '나무꾼의 통로woodsman's path' 또는 '밝힘clearing'으로 대체된다. 의미상 그것은 1973년 기포드 강의에서 제시되었던 사유함과 의지함의 인식론(《정신의 삶》)보다 훨씬 더 광범위하고 한층 더 시간적인 성격의 환경이다. 박사학위논문에서 기억은 자기인식에 요구되는 '저 세계 외부'의 관점을 제공하는데, 나중에 아렌트는 카프카 은유들을 통해 이것을 다른 맥락에서 탐구하게 된다. 기억 역시 모종의 무시간적 현재 속에서 과거와 미래를 한데 묶는다. 자아가 더 이상 공적인 장에서 진정성 있게 행동할 수 없다고 느낄 때 기억의 '거대한 진영들'이 그것에게 들어오라고 손짓한다. 이 공간들은 응축될 운명이었으며, 1974년에 이르면, 결국 훨씬 협소해진 사유와 의지의 장들로 변한다.

1929년 아렌트의 세계는 곧 아우구스티누스의 세계였다. 아렌트는 《전체주의의 기원》를 통해 아우구스티누스의 제국의 쇠퇴라는 은유들로 회귀했고, 워터게이트Watergate 사건과 베트남전의 소용돌이에 휘말린 1960년대 말에서 1970년대 초의 미국에서 자신의 마지막 [아우구스티누스 제국의 쇠퇴] 사례를 발견했다. 아렌트

세대에게 저 '세계'는 이전 어느 때보다 더 극적으로, 인간에 의해 건설된 것으로 보였다. 하이데거의 인간das Man(여론의 주도자인 '그들')과 다자인Dasein(저 현존적 자아)이라는 이분법은 1920년대 '회색의 공화국Gray Republic'으로 불리게 된 좌익 및 우익 지식인들의 감각에 어울리는 하나의 은유였다. 이 세계는 확실히 아렌트가 미국에서 생산한 후기 저작들 속에 등장하는 저 강력한 '공영역'이 아니었다. 박사학위논문에서 아렌트는 피조물과 창조주 사이의, 그리고 '사람들 사이'의 관계망에 의해 구성된 모종의 현상학적인 '세계'를 탐구했던 것이다.

아렌트는 저 맥락과 초월 사이의 긴장 관계를 검토할 목적으로 아우구스티누스와 하이데거의 담론들을 의도적으로 결합시켰다. 인간들의 삶의 복잡성과 다양성('다수성')은 모종의 실존적 딜레마—저 존재Being의 본질—속에서 어떤 합일점을 발견한다. 정치 이전에 역사적으로나 현상학적으로 아우구스티누스의 문제의식('나는 나 자신에게 문젯거리가 되었다')을 담은 개인적인 목소리가 개인을 모종의 내적 여정 속으로 불러들인다. 아렌트의 '피조물'은 자신 너머에 있는 어떤 원천을 인식하며, 미래와 과거가 저 '영원한 현재'에서 만나는 그 기억의 정지된 현재 속으로 '되던져진다.' [자신의 있음의 원천에 대해 문의하면서] 불안감에 휩싸여 이 세계 속의 잡히지 않는 영구성을 좇는 인간의 욕망은 신의 현전 속에서 자애에 의해 대체된다. 신의 피조물인 자신에 대한 사랑은 창조주에 대한 사랑과 다른 모든 피조물들에 대한 사랑을 수반한다.

'이웃'은 적실하며 도의상 외면할 수가 없다. 그 이유는 첫째로 공통의 유산과 모종의 '구성된' 세계를 공유하기 때문이고, 둘째로 세계로 귀환한 이후에 이웃은 도덕적 행위의 대상이 되기 때문이다. 특수하게 기독교적인 성격의 '이웃을 자신과 같이 사랑하라'는 계명은 그것보다 선재하는 '인간의 마음에 새겨진' 자연법을 강화시킨다. 아렌트는 하이데거와 야스퍼스를 아우구스티누스의 담론 속으로 옮겨 놓으면서 사회적 맥락의 항상성을 재론한다. 인간의 집합성은 어떤 전前기독교적이면서 역사적으로 '주어진' 것이며, 이는 아우구스티누스가 로마의 공적 세계가 해체되는 시점에서도 결코 의문시하지 않았던 바였다. 로마제국의 말기 가톨릭교회의 사제들 가운데 오직 아우구스티누스만이 정신의 **자유***libertas*와 로마법이 미치는 경계 안팎의 관습들, 언어들, 통치 방법들의 복잡성 사이에 필수적인 연결고리가 존재한다는 점을 전적으로 수용했다는 사실에 아렌트는 놀라움을 금치 못했다.

그와 동시에 사회적 맥락의 소여성은 도덕적 구분들을 만들고 그것들에 따라 행동하는 의무를 없애지 않았다. 아렌트의 미국 저작들에 나타나는 도덕 판단에 대한 완곡한 언급들은 박사학위논문에서 직접적으로 맞닥뜨린 사항들이다. 1929년 원본과 1960년대 수정본에서 아렌트는 후설-하이데거-야스퍼스의 방법론을 그들이 인간의 조건들에 대한 이해를 위해서 사용했던 것보다 훨씬 더 강도 높게 적용할 태세를 갖추고 있었다. 아렌트는 삶으로부터 추상화한 존재Being에 관해 쓰는 대신에 저 '세계'를 상대로 개입과 불개입을 거행하는 모범 사례로서의 개인들—아우렐리우스, 아우구스티누스 그리고 얼마 후에는 라헬 파른하겐—에 초점을 맞추었다. 아렌트는 박사학위논문에서 "저 세계와 멀어지게 되면 신의 은총이 인간의 함께함human togetherness에 새로운 의미를 부여한다—저 세계에 대한 방어라는 의미가 그것이다"라고 적고 있다(A:033361).

> **자애**를 통해서 저 **지상의 도시** 자체는 철폐된 상태지만 신자는 여전히 그것에 맞서 싸우라는 요청을 받는다. 신자의 완전한 고립이 불가능하므로 과거는 남아 작동한다. 그는 **개별적으로** *separatus* 행동할 수 없고, 오직 타인들과 함께해서만 혹은 그들에 대항해서만 행동할 수 있다. 신자는 저 세계와 멀어지더라도 계속 그 안에서 살아간다. …… 구원 자체는 저 세계의 관리, 아니 정확히는 저 세계의 정복에 좌우되게 되어 있다(A:033359).

아렌트는 '종교와 지식인'이라는 제하의 심포지엄에서 발표하고 1950년에 《파르티잔 리뷰》에 실은 글에서, 하이데거, 스피노자, 데카르트 그리고 자신과 같은 철학자들은 결코 "전통적인 종교적 신념들을 공개적으로 거부하지도 않지만 그렇다고 수용하는 것도 아니다"라는 의견을 피력했다. 가령 믿음이 이해를 위한 필수적인 전제 조건이라고 한다면 "우리가 천 년 이상 지녀 온 철학적 사유를 던져 버리도록 강요받게 될 것"이다. 아렌트는 스스로 "지식인들을 과거 철학의 엄청난 축적물을 과거에 저지른 실수들의 집적물로 생각하지 않는 입장으로 인도하는 어떤 시대정신Zeitgeist에 전적으로 공감한다"고 선언한다(Arendt 1950, 113~116). 이 발언을 했던 당시 아렌트는 1929년의 모습이었고, 1964년의 모습이었으며, 그리고 1975년 죽음에 이르기까지 자신의 모든 '미래들' 속의 모습이기도 했던 듯이 보인다. 아우구스티누스의 '사유의 맥들'에 관한 아렌트의 설명은 그 자신의 사유의 맥들에도 쉽게 적용될 수 있을 것이다. 가령 "자기 **기원으로의 귀환**이 동시에 그의 **종결점을 예상하는 전거**로 이해될 수 있다"면 말이다(B:033191).

2
사유의 맥들

주요 주제들과 용어

아렌트가 자신의 박사학위논문에 도입한 담론의 주제와 양식들이 그의 후속작의 주요 '사상의 맥들'이다. 그 사상의 맥들 전부가 아렌트의 주요한 개념적 수단인 아우구스티누스의 **자애**를 통해서 하이데거 현상학의 복잡한 얽힘을 헤치고 그 너머로 나아가도록 돕는다. '사랑'은 [개인의] 개별화와 [집단의] 집합성 둘 다의 원천이며, 죽음에 대한 두려움을 사라지게 하는 수단이고, 과거와 미래 사이에 있는 어떤 실존적 연결고리이다. 아우구스티누스의 **자애**는 아렌트로 하여금 존재Being를 초월적인 창조주로 재정의하게 하며, 동시에 존재를 저 인간의 조건과 직접적으로 연관시킴으로써 하이데거 저작 속의 어떤 근본적 긴장 관계를 극복하게 한다. 아렌트가 아우구스티누스의 **자애**를 전유한 효과는, 야스퍼스의 '과정 속의 사실적 삶factual-life-in-process'과 하이데거의 '존재의 물음question of Being'이 합쳐짐으로써, 이 둘을 초월하게 되는 것이다.

아렌트의 손을 통해서 필멸성, 즉 저 본질적인 '한계 조건'은 창조주에 다가가는 모종의 개인적 탐색을 위한 계기가 된다. 아렌트 탐구의 초점은 죽음의 망각을 통한 그 원천에 대한 부정이 아니라 저 존재론적 원천으로 모아진다. 아렌트는 하이데거로부터 시간 개념을 전유하면서 저 창조주에 대한 개인적 탐색의 '되던짐'을 그 개념 안에다 위치시킨다. 그러나 아렌트의 시간에 대한 이해 방식은 가장 직접적으로 아우구스티누스에게서 통찰을 얻은 **기억***memoria*이다. 따라서 존재Being와 시간Time 양자는 개인의 경험적 차원으로 되돌려진다. 기억은 박사학위논문 속에서 모종의 정신 능력으로서 심층적으로 탐구되었으며, 미래가 과거와 그 정신의 [활동 공간인] **정지된 현재**, 또는 기억의 '공간'에서 만나는 수단을 제공한다. 아렌트의 나중 저작들에서는 외부로 기투企投된 이 만남의 지점이 '공적인 공간public space'으로 변형되는데, 거기서 말과 실행으로 이루어지는 불멸의 행위들이 발생한다. **자애**는 기억이 제공한 공간 속에서 이성과 판단을 결합시킨다. 하이데거의 불안에 떠는 '그들'을 저 세계 속에 있는 '이웃들'의 공동체로 변형시키는 것은 **자애**와 그것이 겨냥하고 있는 정신의 능력, 즉 자유의지이다. 그 공동체 안에서 이웃들은 그 자체로서 사랑받고 또 그들의 공통 원천their common Source[1]을 봐서 사랑받는다.

---

1 [여기서 '그들의 공통 원천'과 관련하여, 아우구스티누스의 관점은 창조주이신 신을, 아렌트의 관점은 인간이 함께 구성한 세계를 각각 가리키고 있다는 사실을

아렌트가 미국에 와서 자신의 개념적 무대를 모종의 명시적인 공적 공간으로 옮겨갔을 때, 그의 '인간들에 의해 구성된 세계' 속에 있는 아우구스티누스적 이웃들도 그와 유사하게 구성된 공화국 속의 시민이 되었다. 요컨대 그들은 자신의 공화국들과 그것들의 '정초' 시점에 사회적·정치적 계약들을 맺고 그에 따라 공화국 시민이 되었던 것이다. 또한 과거와 현재가 모종의 '영원한' 현재에서 만나는 정신적인 공간으로서 그 **정지된 현재**도 어떤 관찰자/행위자의 시점視點으로서 사유와 자유의지를 위해서는 물론이고 판단을 위한 토대로서 그의 미국 저작들에 등장할 예정이었다.

• 나는 나 자신에게 문젯거리가 되었다*Quaestio Mihi Factus Sum*

아렌트는 아우구스티누스의 《고백록》에서 가져온 이 구절을 박사학위논문의 철학적 분석을 개시하는 주제로 사용한다. 그는 논문의 서문에서 이 문제의식을 '자기를 성찰하는 인간실존'의 특징으로 설명하고, 그것을 중추적인 실존적 딜레마로 규정한다. 아렌트에 따르면 이 문제의식을 이론적으로 정립하는 일은 세계, 신, 다른 인간들에 대한 인간의 근본적인 관계들에 관해 충분히 고찰하는 평생의 임무에 착수한다는 의미였다. 이 문제의식은 [그에 앞서] 하이데거의 '부름call'이라는 모종의 신학적 맥락으로 번역된 바 있다. 일단 그것이 제기된다면, 이 문제의식은 아렌트가 이 세계 밖으로의 '이행transit'이라고 일컫는 것을 가동시킨다. 그 질문

기억할 필요가 있다. — 옮긴이]

자는 이 영적인 여행을 통해 자신의 참된 원천을 저 영원한 창조주 속에서 발견한 다음, 저 세계로 귀환하여 그것을 인간공동체로 구성한다. 이 문제의식 자체를 제기하는 일 자체가 어떤 근본적인 자유의 행위이다. 왜냐하면 그것은 모종의 '새로운 시발점'이기 때문이다. 동시에 저 '세계 밖으로의' 선택은 뜻하지 않은 은총을 통해 효력이 발효된다. 그러나 아렌트는 비록 아우구스티누스의 후기 저작들 속의 교조적 완고함을 박사학위논문의 서문에서 인정하고 있더라도 논문의 나머지 분석에서는 예정설 및 은총의 강제와 관련하여 발전시키고 있는 그의 견해들에 대해 침묵한다. 아렌트는 자신이 모종의 '철학적' 분석을 진행할 수 있을 것이라는 확신을 가지고 이 신학적 지뢰밭을 매끄럽게 통과해 버린다.

아렌트가 이 문제의식을 아우구스티누스를 이해하는 열쇠로 간주하는 것과 마찬가지로 그가 아우구스티누스의 문제의식을 사용하는 방식은 아렌트 자신의 저작을 이해하는 데 있어서도 핵심 요소가 된다. 이 문제의식은 《인간의 조건》(Arent 1958a, 10~11)과 그의 마지막 저작인 《정신의 삶》에서 특히 두드러진다. 아렌트는 《정신의 삶》 제2권 〈의지함〉의 2절에 '나는 나 자신에게 문젯거리가 되었다: 내부자의 발견'이라는 제목을 붙이고 있다(이 문제의식에 관한 좀 더 상세한 설명은 Arendt 1978b, 2:85~86 참조). 아렌트는 〈카를 야스퍼스는 세계시민인가?Karl Jaspers: Citizen of the World?〉에서 "최초로 인간이 (아우구스티누스의 표현상으로는) 자신에게 하나의 문젯거리가 되는 시점"을 '기축基軸 시대the axial age'로 설명했다(Arendt 1968, 88~89).

• **욕망***appetitus***으로서의 자애***caritas***와 탐욕***Cupiditas***(그리고 습관***Habitus***)**

아렌트의 아우구스티누스 독해 속에서 **욕망**은 저 근본적으로 고립된 개인과 현실의 나머지 부분을 연결하는 실존적 연결고리다. **욕망**이 아니라면, 그 문제의식을 제기하며 저 세계 밖으로의 이행에 돌입하는 인간은 데카르트의 **코기토***Cogito*, 즉 그 자신의 생각들을 응시하며 저 세계와 단절된 비물질적 성격의 '사유하는 사물 thinking thing'로 전락할 것이다. **자애**로 표현된 **욕망**은 공유된 가치들에 기초하는 세계의 재구성 작업으로 이끌리는 반면, **탐욕**으로 표현된 **욕망**은 저 물질주의와 무력이 팽배한 기존 세계를 강화시킨다.

탐욕은 습관으로 일상화되며 "죄로 하여금 … 삶을 통제하도록" 할 것이다. 인간은 습관을 통해서 "자신의 실제 원천을 회상"하는 일을 회피하려고 하며, 자신이 "저 세계에 속한다"고 역설한다 (A:033320). 어쩌면 이 사유함의 회피와 [자신의] 행동에 대한 책임 회피가 바로 《예루살렘의 아이히만》에서 아렌트가 수행한 저 '악의 평범성'에 관한 악명 높은 탐구의 패러다임일지도 모른다.

• **기억**Memory **/ 시간**Time **/ 정지된 현재***Nunc Stans*

기억은 아우구스티누스 철학의 가장 풍요로우면서도 복잡한 개념 가운데 하나인데, 그것이 바로 아렌트 박사학위논문의 중심에 위치하고 있다. 아우구스티누스의 '기억'이라는 관념을 저 내적인 삶의 거대한 '공간들' 및 과거와 미래의 무한성이 인식되고 보전되는 장場들로 채택하면서, 아렌트는 하이데거의 '공간'을 본래의

'존재Being'의 구역에서 저 영혼the soul의 내부 영역으로 옮기는 방식으로 재구성한다. 시간이 지남에 따라 강조점이 의미심장하게 바뀌었던 은총 및 자유의지에 관한 아우구스티누스의 이해와 다르게 아렌트의 **기억** 관념은 최초의 저작에서부터 최후의 저작에 이르기까지, 즉 《고백록》에서 《삼위일체론》의 저술 시점까지 비교적 변하지 않은 상태로 남아 있었다. 아우구스티누스의 관점에서 볼 때, 기억이 없다면 그 어떠한 **참회***compessio*도 불가능할 것이며, 결과적으로 저 창조주로의 여정도 부재하게 될 것이다. 아렌트가 아우구스티누스의 **기억**을 문자 그대로 원용한 일이 그로 하여금 저 세계로부터의 소외 및 세계와의 화해라는 드라마를 저 '무시간적 현재' 속에, 하이데거적 표현으로 바꿔 말하자면 인간이 '그들'로부터 떨어져 나왔지만 그 기억된 실존의 '세계'와 분리되지 않은 공간 속에 위치시키도록 허용했다. 그 결과 아렌트의 순례자적 영혼은 기억을 통해 **창조주의 이미지***imago Dei* 속에 담긴 자신의 기원을 성찰하며 공동체로의 '귀환'과 공동체의 구성을 준비한다. [요컨대] 기억은 인간이 자신의 참된 기원과 원천을 탐색하는, 즉 아렌트가 다른 맥락에서 "절대과거와 절대미래라는 이중의 '전방before'"(B:033193)으로 일컫는 것을 탐색하는 선결 조건이라는 것이다.

아렌트는 서구 형이상학 내 필연과 자유의 투쟁을 보여주는 어떤 본보기로 아우구스티누스를 활용한다. 아우구스티누스의 경우에 이 투쟁은 그리스의 불변으로서의 존재 관념과 무로부터의 창조라는 기독교적 관점의 변증법으로 표현된다. 창조 작업의 한 가지 산물로서 시간은 이행적이며 그것은 '탄생성'의 전형인 인간들에게 그런 성격으로 인식된다. 시간의 영원한 닻은 **기억**이며, 인간의 자아로의 여정은 기억을 통해서 후방과 전방, 양 방향으로 나아가며 결국 현존의 원천이자 최종 목표인 창조주로 인도된다.

1920년대의 저명한 현상학자들에게 수학한 아렌트는 근대성이 문화적 연속성의 '위기'로 규정될 수 있음을 배웠다. 그 위기의 가장 중요한 측면은 사유와 현존의 분리였다. 그는 나중에 미국에서 저 철학사 속에서의 '단절'을 직접적으로 거론하며, 특히 철학사가 정치행위를 폄하했다고 이의를 제기한다(특히 《과거와 미래 사이》의 서문, 《인간의 조건》, 《정신의 삶》 그리고 크리스천 가우스 강의 the Christian Gaus Lectures 참조). 그러나 1929년 박사학위논문에서 기억을 사유와 행위의 정신적 맥락으로 선택한 일은 저 독일현상학적 기획을 직접적으로 환기시킬 뿐, 추후 그의 정치적 사유 속에서 수행하게 될 역할을 암시하지는 않는다. 나중에 아렌트는 근대성이 **기억**을 위태로운 상황으로 몰아넣었다고 주장하게 되는데, 돌이켜 보면 아우구스티누스의 생애 동안 저 로마제국의 종언이 그와 같은 현상적 징후를 보인 바 있었다. 아렌트는 하이데거의 경험과 비교될 만한 '나무꾼의 통로'를 따라가지만 아우구스티누스의 풍요롭고 사유를 일깨우는 개념의 도움으로 어떤 상이한 '공간', 즉 **기억***memoria*에 도달한다.

그러나 아렌트의 작업은 향수鄕愁나 골동품 수집의 취미 속에서 이루어진 철학 연습이 결코 아니며, 그가 아우구스티누스 사상에 천착한 것은 결코 근대성의 위기에 대한 모종의 신新아우구스티누스주의적인 해법 또는 특수한 기독교적 해법을 제시하려는 시도가 아니다. 아렌트는 전혀 위축됨 없이 저 근대의 존재론적 의미들의 상실 현상을 응시한다. 그 자신의 지적 탐구는 상실된 전통에 대한 모종의 비판이자 요약 설명이었다. 필경 **기억**이 그처럼 핵심이 된 이유가 여기에 있을 것이다. 문화적 기억의 상실이 무의 심연을 열어젖히기 때문이다. 아렌트는 "어떤 신뢰할 만한 원인과 결과의 연쇄로서 설명될 수 없는 그 어떠한 행적 앞에 열린"(Arendt 1978b, 2:207) '무의 심연'과 마주하는 것에 덧붙여, 그 어떠한 과거도 가지고 있지 않다는 사실은 무척 견디기 힘들 것이라고 말한다. 모든 자유의 [실현] 행위에는 그 심연 속을 들여다 볼 필요성이 수반되며, 저 정치적 정초라는 거대한 [정치행위를] 수행할 경우는 더더욱 그러하다. 비록 일시적이지만 이전에 결코 본 적이 없는 새로움newness은 아마도 저 과거로부터 내려온 안내 패러다임들의 상실 없이도 충분히 버틸 만할 것이다. 이 대목과 관련해 아렌트는 자신의 마지막 저작인《정신의 삶》제2권의 마지막 절(그가 "자유의 심연과 **시대의 새 질서***novus ordo seclorum*"라고 제목을 붙인 절)에서, 자유로운 행위의 예측 불가능한 새로움과, 부단히 사라지는 전통의 퇴색적 외형 사이에 균형을 잡고 서 있다(특히 같은 책, 2:207~214 참조). 그러한 구도에서 **기억**은, 비록 허약하고 나약한 것일지 모르지만, 영웅적 행위들을 수행하도록 소환된다.

아렌트는 자신의 후기 저작들을 통해 계속 기억과 회상(특히《과거와 미래 사이》에 수록된 서문과〈권위란 무엇인가?〉라는 논문, 그리고 《정신의 삶》 제2권 〈의지함〉 참조)의 능력을 끌어들인다. 아렌트가 저 과거와 미래 사이의 간극과 그 간극에 '틈입한' 개인의 자유를 논한 부분에서는 항상 아우구스티누스가 소환되었다—그와 함께 카프카, 하이데거, 헤겔, 니체와 같은 일군의 중추적 사상가들도 소환되었다. "오직 그가 사유하는 한, 즉 그가 '불로不老 상태인' 한—카프카가 '어떤 사람'이 아니라 '그'라고 옳게 지칭한—인간은 자신의 유형의 있음이 완전히 실현된 상태로 저 과거와 미래 사이의 간극 속에서 산다고 말할 수 있다. 나는 이 간극을 어떤 근대적인 현상이라고 생각하지 않는다. 이 간극은 심지어 어떤 역사적 자료인 것도 아니지만, 인간이 지구상에 인간이 현존하기 시작한 시점과 동시에 생겨났을 것이다. 그것은 당연히 저 영혼의 구역, 아니 더 정확히 말하면 사유 활동이 닦은 통로일 것이다. 이 통로는 사유 활동이 필멸할 인간의 시공간 내에서 길을 낸 작은 비非시간적 궤도이다. 이 궤도 속에 사유의 맥들, [즉] 회상과 예상의 맥들이 저 역사적·생물학적 시간의 폐허 속에서 건져낸 것은 무엇이든 다 저장한다. 이 작은 비시간의 공간non-time-space은, 우리가 태어난 저 세계 및 문화와는 달리, 단지 암시되고 있을 뿐이다. 이 공간은 과거로부터 물려받고 대물림할 수 없다. 각각의 새 세대—사실상 어떤 무한의 과거와 어떤 무한의 미래 사이에 자신을 틈입시키는 모든 신참 인간—가 그것[비시간적 궤도]을 찾아내고 꾸준히 새롭게 닦아야만 한다"(Arendt 1977, 13). 아렌트는 각각의 세대가 근대를 상대로 벌이는 대결이 그것의 메타 이론적인 힘과 서사적 차원들 양 측면에서 설득력이 있다고 보았다. 이러한 사람들은 이야기꾼들로서 이성적 담론은 물론 시가詩歌도 곁들여 저 기억의 영역을 환기시킨다. 아렌트는 종종 이러한 이야기꾼이 사건들을 기억이라는 저 무시간적 영역 속으로 불러들이고 재구축함으로써 저 근대 세계의 신화를 창조한다는 견해를 피력했다. 나중에 카프카나 라헬 파른하겐 혹은 아이작 디네센Isak Dinesen을 인용하면서, 아렌트는 박사학위논문에서 얻은 통찰들을 활용했다. 《인간의 조건》에서는 디네센을 다음과 같이 인용한다. "모든 가슴 아픈 사연들은 당신이 그것들을 모종의 이야기로 만들거나 아니면 그것들에 관해 어떤 이야기를 할 때 생겨날 수 있다."(Arendt 1958a, 175)

• **탄생성**Natality

아렌트가 아우구스티누스로부터 전유한 바의 중추가 탄생성이다. 또한 그것은 아렌트 자신의 사유 활동에서도 중심에 놓이며 추후 그의 공영역에 관한 이해 방식에서도 특별한 중요성을 갖는다. 그 탄생성을 위한 맥락은 박사학위논문의 원본 속에서 수립되었다(A:033290~033292). 그리고 박사학위논문 원고의 재편집 과정에서 이 '탄생성'이라는 신조어를 만들어 내며 견실한 새 자료들을 보충하고 그것의 의미와 함의들을 더욱 세련되게 다듬는다(B:033187~033188; 033190). 아렌트는 아우구스티누스가 '태어남을 통해 저 세계 속으로 진입함'을 인간 창조성의 모델로서 그리고 자유의 전제 조건으로서 강조하는 사실에서 '죽음 혹은 필멸성'을 행위의 원천으로 보는 하이데거의 관념에 도전장을 내밀 수 있는 실마리를 찾았다.

B본의 제2부 1장에는 새로 삽입된 '탄생성'이라는 용어와 매우 근접한 표현들, 즉 "회상의 원천"으로서 "생이 주어진 것에 대한 감사"와 "모종의 시발자로서 행동할 수 있고 인류의 이야기를 제정할 수 있는" 상태의 원인인 회상에 대한 새로운 언급들이 나타난다(B:033187, 033190). 이러한 표현들이 바로 아렌트가 자신의 정치사상 속에서 더욱 완전하게 발전시킨 서사敍事와 새로운 시발점들 사이의 연결고리들에 관한 유일한 단서이다. 이는 아렌트가 '무엇인가가 된 그 사실'이라는 자신의 원래 주제를 확장시키기 위해 1960년대로부터 1929년으로 시간을 거슬러 올라가는 여행을 감행했음을 암시한다.

아렌트는《인간의 조건》의 '행위' 장에서 아우구스티누스의 탄생성이라는 현弦을 당김으로써 분석에 착수하며, 그 현이 그 책의 핵심부 전체로 울려 퍼진다. 자유, 그리고 탄생성이라는 자유의 근거가 아니라면, 그 어떠한 인간 행위도 세계 속에 존재하지 않을 것이며 정치영역('공적 공간public space')은 완전히 사라질 것이다. 그가 선호하는 '사유의 맥들' 대부분에서 그랬던 것처럼, 아렌트는 자신의 해석을 고무시켰던《신국론》(XII, 20)의 라틴어 텍스트를 종종 인용하면서 반복적으로 탄생성이라는 핵심 개념으로 복귀했다. "**인간이 창조되었기에 하나의 시발점이 수립되었다.**"(Arendt 1977, 167; 또한 Arendt 1973, 212~213, 215, 1958b, 177; 1978b, 2:108~110 참조) 그의 논문 〈자유란 무엇인가?〉—아렌트가 박사학위논문의 수정 과정 중에 있었던 1960년에 나온 최초의 판본

—는 이 용어의 전형적인 아렌트식 용례이다. "그가 하나의 시발점이므로 인간은 시작할 수 있다. 인간이 되는 것 그리고 자유롭게 되는 것은 한 가지이며 동일한 것이다. 신은 저 세계 속에 시작의 능력, 즉 자유를 소개하기 위해서 인간을 창조하셨다."(Arendt 1977, 167) 1958년《전체주의의 기원》재판 발행에 덧붙인 부분이자 주축이 되는 장인 '이데올로기와 테러'의 말미에서, 아렌트는 아우구스티누스로부터 차용한 탄생성에 관한 인용 구절을 다시 등장시킨다. 이때에는 그가 다른 곳에서 '기적들'이라고 이름붙인, 자유를 통한 '새로운 시발점들'의 수립은 항상 가능하며 심지어는 어떤 신종의 전혀 예상치 못했던 정부 형태, 즉 전체주의 체제 아래에서조차 가능하다는 점을 강조했다. "그러나 모든 역사의 종결점에는 필시 어떤 새로운 시발점이 담겨 있다는 진리 역시도 존재한다. 이 시발점은 [뭔가가 생성될 것이라는] 약속이며, 역사의 종결점이 창출할 수 있는 유일한 '메시지'이다. 시발始發은 그것이 모종의 역사적 사건이 되기 이전에 인간의 최고 역량이며, 정치적인 의미에서는 인간의 자유와 동격이다. **"인간이 창조되었기에 하나의 시발점이 수립되었다"**고 아우구스티누스는 말했다. 이 시발점은 각각의 새로운 태어남에 의해 보장된다. 그 시발점은 사실상 각각의 인간이다."(Arendt 1958b, 479)

의지the will를 연구한 최초의 철학자이자 로마인이 보유한 '유일한' 철학자라고 칭송했던 아우구스티누스에 관한 아렌트의 독해가 없었다면(Arendt 1978b, 2:84), 그의 자유에 관한 분석 그리고 그것이 정치와 맺는 관계성이 나타났음직한 맥락을 상상하기는 어려웠을 것이다. 아우구스티누스를 연구한 박사학위논문에서 최초의 악보가 연주된 이래로 그것은 실제로 아렌트의 최후 출간물인《정신의 삶》 제2권 〈의지함〉에 이르기까지 그의 저작 전체를 통해 계속해서 연주되었다.《정신의 삶》에서 아렌트는 신의 인간 창조를 이 세계 속에 새로운 시발점들을 창시하기 위한 것으로 간주하는 아우구스티누스의 동일 텍스트를 또다시 인용하는데, 그것이 그의 마지막 인용으로 드러난다. "바로 이 시발의 능력은 **탄생성**에 뿌리를 두고 있으며, 결코 창조성이나 어떤 재능이 아니라, 인간들이, 새로운 사람들이, 태어남을 통해 저 세계 속에 계속해서 출현한다는 사실에 뿌리를 내리고 있다." [그런 한편] 아렌트는 이 점에 관한 아우구스티누스의 논의가 모호하다고 지적한다. "그[아우구스티누스]의 주장은 우리가 세상에 태어난다는 사실 덕분에 자유로울 수밖에 없는 **운명을 타고난다**는 것 그 이상은 말하지 않는 듯하다. 우리가 자유를 좋아하든 아니면 그것의 자의성을 싫어하든 상관없이 말이다." 추측컨대 아렌트는 자신이《정신의 삶》 3부작의 마지막 권인 〈판단함〉을 완성한다면 이 모호함이 어느 정도 가셔질 것이라고 생각했던 듯하다. 아렌트는 인간의 판단 능력에 대해 "시발의 능력 못지않게 신비로운 것"이라고 규정한다(Arendt 1978b, 2:217). 비록 아렌트의 마지막 저작에서 이 신비로움이 해명되지는 않지만, 아우구스티누스에 관한 그의 첫 저작은 그것에 대한 중요하면서도 흥미를 유발하는 단서들을 제공한다.

• **양심**Conscience**과 판단**Judgment

아렌트가 아우구스티누스의 **자애**를 다루는 방식은 어떤 삼중의 '귀환'에 이어지는 '저 세계 밖으로'의 이동을 수반한다. 첫 번째는 죽음의, 그리고 창조주와의 재결합의 미래로 귀환하는 것이며, 두 번째는 신의 창조 작업 속에 있는 역사적인 삶의 기원으로의 귀환이고, 마지막 세 번째는 구성된 세계로의 귀환인데, 이 세계는 '탄생성'을 통해 새롭게 태어난다. 아렌트는 이 삼중의 귀환이 '이웃의 적실성'을 설명하는 데 특히 유용한 매개물임을 깨닫게 된다. 이는 또한 아렌트가 미국에서 쓴 후기의 정치적 성격의 저술들에도 적용될 수 있는 것으로 드러난다. 그 후기 저작들에서는 판단을 위한 입장의 문제가 전면으로 이동했다. 아렌트가 《정신의 삶》 제3권 〈판단함〉의 집필에 막 돌입한 순간에 죽음이 찾아왔다. 그것에 앞선 저작들 대부분(《인간의 조건》, 《예루살렘의 아이히만》), 특히 《정신의 삶》 제1권과 제2권에서 판단과 관련된 '사유의 맥들'은 비록 충분히 발전되지 않은 상태지만 이미 도입되어 있거나 암시되고 있다. 《과거와 미래 사이》와 《정신의 삶》에서 수행한 시간 및 비판적 거리에 관한 카프카와 하이데거의 견해들에 관한 논의들은 아우구스티누스 패러다임을 그대로 되풀이하는 듯하다. 칸트의 《판단력비판》에 관한 아렌트의 강의들은 암시적이긴 하지만, 박사학위논문이라는 교량이 제공하는 전체적인 관점의 맥락을 결여한다. 그 실종된 연결고리는 아렌트가 기억을 저 과거와 미래 사이의 '공간'으로 사용한다는 사실인데, 이것이 판단함이라는 정신 활동의 현존적 맥락인 것이다.

아렌트는 '양심'을 인간 내부에 있는 '신의' 음성의 이름으로 불러들인다. **기억**의 **정지된 현재**로의 여정은 '법이 양심에게 요구하기' 때문에 그리고 '습관의 안전망'을 깨뜨리기 때문에 개시된다. 그러므로 도덕 판단의 기초는 불안이 계기를 제공하는 저 하이데거식의 중립적인 '부름'이 아니다. 그보다 양심은 **자애**의 증거로서 피조물을 그것의 창조주에게 연결시키고, 이어서 그의 이웃들에게도 연결시킨다. 양심은 신의 언어로 말하지만 '우리들 속에' 있다. 저 세계의 언어는 '또 다른 이의 말'이다. 저 세계의 언어는 "인간의 외부로부터, 그리고 인간이 정초한 세계의 관점에서 인간의 있음이 선인지 악인지를 규정한다"는 한에서만 악으로 간주된다(A:033323). 저 내부로의 여정을 통해 창조주로 다가가는 과정에서 획득된 관점은 인간이 만든 세계를 습관과 무無사유의 사슬에 묶인 모종의 '사막'으로만 인식한다.

아우구스티누스의 판단 모델에 관한 아렌트의 분석은 모호성을 강조한다. 한편으로, 저 세계는 낯설고 멀리 있는 것으로 묘사된다. 왜냐하면 아우구스티누스의 **욕망**에 의해 추동된 사랑 모델은 욕망의 신성한 대상을 영원하다고 간주하며, 저 세계와 세계의 덜 중요한 대상들의 비영구성을 초월하는 것으로 간주하기 때문이다. 신을 향한 욕망의 행태적 효과는 저 '절대미래'에서 어떤 '전거점'을 획득하는 것이며, 그것은 저 순례자의 영혼으로 하여금 자신의 삶과 관계들을 '최고선'에 따라 '규율'하도록 허용한다. 다른 한편으로, 이것은 개인의 삶 자체를 규율의 대상, 즉 신의 계율을 통해서 **예외 없이***ad unum* 객관화된 어떤 실체로 만든다. "저 세계를 규율하기 위해 귀환한 그는 …… 그 자신의 현재 현존조차 모종의 '사물'에 불과하다는 것을 깨닫게 되며, 나머지 현존물들과 들어맞아야 함"을 깨닫는다(B:033167). 아렌트는 이 선택 사항을 제거하지 않는다. 대신 그것을 다른 사랑의 관념과 대비시킨다. 그 사랑 관념은 그것의 규제적 충동의 측면에서 그리스나 로마적인 사랑이 아니며, 기억된 창조주와의 사랑을 통한 결합을 강조한다는 측면에서 기독교적인 사랑이다. 그 여정의 두 가지 관념들—열정과 기억—은 죽음과 출생으로 구성된 아렌트의 일차적 변증법 속에 그것들의 대응물들을 가지며, 동시에 아우구스티누스의 엑시스텐츠 속에도 현존한다. 아렌트에게 아우구스티누스는 서구 철학 속에서 우연성과 결정론, 자유와 법 사이의 모호성을 보여주는 원천들 중의 하나로 남아 있다.

함축적으로 말하자면, 판단은 창조주와 피조물의 결합을 매개하는 **자애**로서의 기능보다는 어떤 영원하며 확정된 진리를 욕망하는 **자애**로서의 기능에 좀 더 가깝다. 후자의 경우에 어떤 전거점이 획득됨으로써, 판단들이 인간으로 구성된 '세계' 속에서 (사랑의 질서에 의해) 이루어진다. **욕망**에 의해 고무된 **자애**에 기초하고 있는 판단은, 저 자유의지의 효능의 표현인 **탐욕**으로 형성된 습관들과 대조적인 요소이다. 그러나 **자애**의 두 가지 형태 모두 저 세계로의 귀환을 수반한다. 저 세계를 규율할 목적이든 새로운 도덕 공동체들을 정초할 목적이든 말이다.

• **의지**The Will

아렌트는 아우구스티누스에게서 의지력의 철학뿐만 아니라 의지의 내적 분열과 무능에 대한 모종의 설명을 발견했다. 아우구스티누스는 "의지하는 것to will과 할 수 있는 것to be able은 동일한 것이 아니다"(《고백록》 VIII, 2, 20)라고 주장한다. 아렌트는 저 전통에 대한 분석과 탈근대적 사회 및 문화에 대한 비판을 통해서 이 역설에 천착함에 있어 결코 지친 흔적을 보이지 않았다. 아렌트는 〈자유란 무엇인가?〉라는 논문에서 이 '**자애**를 통해 치유된 무력감'이라는 아우구스티누스의 패러다임을 명시적으로 사용했다. 거기서 아렌트는 "나는 의지한다I-will와 나는 할 수 있다I-can가 일치될 때에만 자유가 발생한다"고 적었다(Arendt 1977, 160; 또한 1978b, 2:86~92). 의지가 선택한 바를 수행하는 힘은 **자애**로부터 나오며, **자애**는 은총의 [다른] 표현이다. 아렌트는 박사학위논문에서 아우구스티누스를 좇아 저 은총의 원천을 찾기 위한 '저 세계 밖으로'의 탐색을 강조했다. 〈자유란 무엇인가?〉와 《정신의 삶》의 제2권 〈의지함〉 같은 후기 저작에서는 자유의지라는 주제로 복귀하는 한편, 은총의 신학적 측면들과, 분열된 의지의 신성한 치유 양식의 중요성은 깎아내린다. 그 결과 함께 묶고 치유하는 의지의 기능으로서 사랑(**자애**)은 모종의 자생적인 내적 능력의 형태로 나타나게 되며, 그것은 행위의 형태로 외화된다. 이러한 분석 방식에서 아렌트는 아우구스티누스의 내적인 삶이라는 개념에 의존하고 있는데, 특히 이 개념은 그가 《삼위일체론》에서 발전시킨 것이다. 아렌트는 아우구스티누스가 기독교 신학을 발전시킨 그의 신학적 이론틀로부터의 추정 방식을 즐겨 사용한다. 그러나 아우구스티누스의 예정설과 관련해서는 구체적인 논의를 거부하며, 그의 예정설이 "그의 가르침들 가운데 가장 애매하고 형편없는 것"이라고 폄하했다(Arendt 1978b, 2:105~106). 그렇게 함으로써 아렌트는 자신의 특성인 선별적 재再독해 방식을 통해, 아우구스티누스의 저작들에 병렬적으로 현존하지만 그 자신은 그러함을 인지하지 못했던 사유의 맥들에 담긴 복합성을 강조하는 방향으로 아우구스티누스의 사유를 재구성한다. 아우구스티누스의 후기 저작은 펠라기우스 논쟁[2]의 제약을 받게 되었고, 펠라기우스파에 대한 논박의 근거로서 과분한 [즉 신의 의지에 따라 무상으로 주어지는] 은총과 자유의지의 무능을 강조했다. 아렌트는 자신의 담론적 목적을 위해 탄생성과 자유의지에 바탕을 두고 있는 아우구스티누스의 초기적 추론 노선을 부각시키고 싶어 한다. 그런 한편, 아렌트는 후기 아우구스티누스의 '교조적' 결론들을 거부하면서도 그의 참회적 담론 양식의 본질은 일관되게 보전시키고 있다.

• **세계** The World

아렌트는 아우구스티누스가 저 '세계'에 부여했던 이중의 의미를 분석한다. 첫째로 아우구스티누스는 신에 의해 창조된 물리적 우주("저 하늘과 땅의 구조")로서의 세계에 관해 설명한다. 둘째로는 인간들이 영구성과 의미를 탐색하는 과정에서 그 인간들에 의해

2 [원죄를 부정하고 인간의 자유의지를 지지하는 펠라기우스 교파와 벌인 논쟁. —옮긴이]

"구성된" 세계에 대해 검토한다(B:033193). 인간이 창조한 세계는 "사건들이 발생하는 장소"인 반면에, "저 세계의 외부"에는 "신이든 인간이든 그것들을 발생시키는 자가 서 있다." 이 분석의 전모는 박사학위논문의 원본에 담겨 있으며, 아렌트가 행위의 의미를 탐구한 최초의 문서임을 암시한다. 후기작의 내용 중 전형적인 아렌트의 면모를 보여주는 것은 역시, 그가 아우구스티누스를 인용하면서 "저 세계 내 사건들"은 오직 "부분적으로 그 세계의 거주자들에 의해 구성된다"고 상기시킨다는 사실이다(A:033299). 이처럼 [아렌트의 사유 속에서] 인과성은 부정되지 않는다. 그러나 그것의 작동방식들은 행위자인 인간에게 신비로운 것으로 남겨진다.

이것은 하이데거와 야스퍼스 두 사람에 대한 모종의 명시적인 논평이자 수정 사항이다. 역시 주목할 사항은 아렌트가 반복해서 야스퍼스의 용어인 '저 총망라하는 것the encompassing'을 사용한다는 점이다. 박사학위논문 속에서, 인간에 의해 구성된 세계는 애호되는 것인 동시에 소원해짐의 원인으로 등장한다. 아렌트가 저 '세계'를 다루는 방식은 비판적 거리와 개입 사이의 균형을 잡는데 있어서의 긴장관계를 암시하며 그것은 그의 후기 저작들 속에서도 중추적인 역할을 담당했다. 아우구스티누스의 용어들을 원용하면서 아렌트는 "인간이 세운 인간 세계" 속에서 양심의 소리는 "**또 다른 이의 말***aliena lingua*"에 의해서 중지될 수 있다고 애석해한다(A:033323). 수년 뒤 그는 아이히만의 양심의 경우에서 이것이 사실임을 확인하게 된다(Arendt 1965, 114~117).

[세계 외부로의] 이행을 수행하지 못한 개인은 그 '이중의 전방'

과 조우하지 못하고 습관 속에서 살게 되며, 즉 "저 세계의 관점에서 …… 그것의 판단에 종속"된 상태로 살아간다. 인간은 창조주로의 귀환을 통해 "**신의 현전**" 속에 서게 된다. 개인은 자유롭게 **자애**를 의지함willing으로써 양심에 매이게 되며, 선을 알 수 있을 뿐만 아니라, 인간들에 의해 구성된 저 세계로 귀환함으로써 선을 실천하고 타인들과 보조를 맞춰 행동한다. 자기 자신의 원천으로의 [탐구] 여정은 [인간의] 외부로 표출되는 '이웃사랑'의 예비 단계이다. 아렌트는 아우구스티누스가 있음being을, '저 세계 속에 있지만 그것에 속하지 않는 있음'으로 이해하는 것에 관해 다음과 같이 명료하게 설명한다. "저 세계 속에는 양심의 짐을 덜어줄 수 있는 함께함togetherness과 편안함being at home이 그 어디에도 존재하지 않는다."(A:033323)

박사학위논문 이후 삼십여 년 뒤에 출간된 《인간의 조건》에서 아렌트는 노동labor, 작업work, 행위action 개념을 구분하기 위해 저 세계 개념의 이중적 의미로 복귀한다. 노동은 자연 질서의 반복성과 주기성을 공유하기 때문에 물리적인 세계 영역에 속한다. 작업과 행위는 두 번째의 세계 개념, 즉 인간에 의해 구성된 세계라는 개념과 상호 관계에 있다. 작업은 어떤 준準영구적 성격을 지닌 인공물들을 생겨나게 한다. 행위는 [행위자의] 말과 행위를 공적인 공간public space에 끼워 넣음으로써 그것들이 타인들에 의해 판단되고 칭찬이나 비난을 받을 수 있게 한다. 아렌트의 다수성 개념, 즉 **다른 사람들 속에 있음***inter homines esse*과 공적인 공간 속으로 출현함을 가리키는 개념 또한 이 두 번째 세계의 의미로부터 발전되어 나온다. 이러한 것들이 전부 《인간의 조건》의 중심 사상들이다.

• **정초**Foundation

아렌트는 박사학위논문에서 인간이 "세계를 정초하는 일에 한 발을 담그고" 있는 것으로 간주한다(A:033310). 이는 **탐욕**에 의해 잘못 인도된 결과인, 저 세계에 대한 사랑을 통해서 성취되거나, 아니면 개인이 저 세계 밖으로의 이행을 수행하고 자신의 참된 원천을 신에게서 발견한 이후에 저 세계를 사랑하는 방식인 **자애**를 통해서 성취된다. 정초는 저 "신의 직물"—하늘과 땅—을 만드신 신의 창조 작업을 모방하는 것이다. 그러나 인간 삶은 스스로의 존재이유가 될 수 없으므로 그 인간 삶이 **탐욕**을 통해 영구성과 안정성을 얻으려는 의욕은, 이 세계에서 자신의 궁극적인 안식처를 발견하려는 노력이 허망한 것이라는 사실을 드러낸다. [이와 대조적으로] 인간을 신에게 묶어주고 사람들을 서로서로 묶어주는 **자애**는 참된 인간공동체의 토대를 놓고 그것을 본질적인 방식으로 상대화시키는 초세속적 원칙이다.

아렌트는 사랑의 본질과 특성으로부터 그것들의 상세한 성격을 끌어낸, '두 개의 도시'라는 구분에 바탕을 두고 있는 아우구스티누스의 기본 틀 안에서 작업을 수행한다. 미국에서 집필한 저작들 속에서, 아렌트는 맥락들을 전환하고 '시대의 새 질서'(《혁명론》, 《전체주의의 기원》, 《과거와 미래 사이》)로서의 정초foundation에 관해 탐구했다. 그러나 아렌트가 탄생성의 본보기로서 미국 '건국의 아버지들'이 공영역들을 창설하고 그것들의 영구성을 보증하기 위해 제도적 토대들을 만들어 냈다는 이유로 그들에게 대단한 중요성을 부여한 반면, 아우구스티누스에게는 그와 유사한 제도적 장치 마련과 관련된 요구들을 하지 않았다는 점은 눈여겨볼 만한 흥미로운 대목이다. 아렌트의 박사학위논문에는 북아프리카에서 사목 활동을 펼친 로마가톨릭의 '교부教父'로서의 아우구스티누스에 대한 언급이 잠깐씩 간단하게만 나올 뿐이다. 이는 아렌트가, 기독교적 시민권이라는 관념을 창시한 '최초의 철학자'로서 아우구스티누스의 정초적 역할을 훨씬 더 중심적인 것으로 보았기 때문이다.

• **만듦**Making, **창조**Creation, **노동**Labor

1929년 논문에서 아렌트는 저 창조주의 '창작물'을 존재Being의 어떤 확장체로 이해하는 방식과, 모종의 낯설어진 '세계'를 만들어 내는 인공구조물human artifice로 보는 방식 간의 구분을 강조했다. 이러한 구분 방식은 아렌트가 나중에 《인간의 조건》에서 한편으로는 [**활동적 삶***vita activa*의 세 가지 세부 범주로서] 노동, 작업, 행위를 구분하는 방식의 중요한 초기적 형태이며, 다른 한편으로는 [그것들과] **관조적 삶***vita contemplativa*을 구분하는 방식의 중요한 초기 형태이다. 박사학위논문의 원본(A본)은 1952년부터 1953년에 이르는 그의 구겐하임 시절에 수행한 마르크스의 노동 가치 이론에 대한 재평가 시점보다 앞서 있으며, 마르크스주의자보다는 헤겔주의자적인 시각에서 노동 개념에 접근하고 있다. 의미심장한 것은, 아렌트가 1960년대 초 박사학위논문의 영어본 출간을 염두에 두고 수정 작업을 진행할 때 그 원본 텍스트에서 가져온 이 자료의 전체 분량을 그대로 존치시켰다는 사실이다.

• **이웃**The Neighbor, **사회**Society, **공동체**Community

양심은 '부름'을 듣는다. 그리고 그 부름이 저 '세계 밖으로' 인도한다. 그러나 **자애**는 창조주와 '이웃' 양자 모두를 바라보며, 저 순례자의 영혼을 그 둘에게 묶어준다. 저 '이중의 전방'(과거이자 미래인 창조주)으로 귀환'한 이후에 이루어지는 **사회***Societas*로의 최종적인 귀환은 의존, 습관, **탐욕**을 통해서 성취되는 것이 아니라 평등, 자유, **자애**를 통해서 성취된다. '이웃의 적실성'은 박사학위논문 각 부의 마지막 장에서, **탐욕**으로서의 사랑과 **자애**로서의 사랑이라는 두 가지 패러다임을 통해 탐구되고 있다.

간략한 제3부 '사회적 삶'에서, 아렌트는 아우구스티누스의 종종 모순을 일으키는 담론 속에 나타난 **자애**와 관련된 상이한 접근방식들에 대해 최종적으로 해명하고 그것들을 화해시킨다. 아렌트는 다음과 같이 질문한다. 아우구스티누스가 개인을 저 세계로부터 불러들이며 인류와 자신의 사회적 유대를 끊게 하는 어떤 "선택의 자유" 개념을 설파하고 있음에도 불구하고, 어째서 "이웃에 대한 사랑"이 그의 작업에서 그렇게 큰 역할을 담당하는 것일까?(A:033348, 033353) 이에 대한 답은 인간의 사회적 삶이라는 [바로] 그 사실에 있다. "내 이웃을 사랑의 계명이 요구하는 적실성을 지닌 자로 보이게 만드는 것은 '내가 나 자신에게 하나의 문젯거리가 되었다'는 그 사실이 아니다." 그보다도 "모종의 역사적으로 선재하는 실재 …… [요컨대] 역사의 사실성"이 인간공동체, 아담의 계보, 그리고 예수의 죽음을 실존적으로 '주어진 것들'로서 제시하기 때문이다(A:033350).

개인이 인간공동체와 맺고 있는 관계라는 주제는 아렌트가 독일과 미국에서 집필한 모든 저작들에 고르게 나타나고 있다. 아우구스티누스의 사상을 개괄한 1929년 논문은 아렌트에게 '다수성 plurality'을 인간 사회의 '다양성multiplicity' 속에 착근시키는 모종의 방법을 제공했다. 즉 다수성을 집합적 공동 목표와 견주어 보면서 균형을 잡는 방법이 그것이다. 결코 예상치 못한 것은 아니지만 아렌트는 박사학위논문에서 자신의 이웃을 사랑하라는 저 기독교 계명의 틀 안에서 이러한 행보를 취한다. 제2부 3장의 각주에서는 "예수가 명한 바대로, 이웃사랑에 대한 이해를 위한 근본적인 질문은 다음과 같이 읽힌다. '하느님께 사로잡혀 저 세계와 멀어진 자인 내가 어떻게 아직까지 이 세계에 살 수 있단 말인가?'"(A:033340). 이 질문에 대한 대답은 '사회를 새롭게 [다시] 정초함'으로써만 가능하다는 것이다. 결과적으로 "새로운 사회적 삶은 상호 간의 사랑에 의해 규정된다." 그것이 '상호의존성'을 대체하게 됨으로써 "인간들을 저 지상의 도시라는 원래적 의미에서의 세계에 묶어주는 유대 관계를 해체시킨다."(A:033361) 그것[새로운 사회적 삶]은 '인간 족속'이 아닌 '개인, 즉 각각의 개인'을 다룬다. 그 집합체는 어떤 추상적인 '인간 족속' 그 자체가 아니라, '여러 유형의 개인들'을 한데 묶는 유대 관계들의 총합이다.

아렌트는 자신의 저작들 전체를 통해 이 딜레마를 지속적으로 탐구했다. 그의 접근법은 이미 1920~30년대 독일 사회학자들(예컨대 관료제를 연구한 레더러Lederer와 베버Weber)이 분석하고 있었던 '대중사회' 패러다임에 대한 어떤 암묵적인 대안으로 보일 수도 있다. 아렌트는 그 대중사회 개념을《전체주의의 기원》에 불쑥 집어넣었고, 추후《혁명론》에서 사적인 삶과 공적인 삶의 경계를 무너뜨리는 대중사회의 문제에 복귀했다. 아렌트의 우선적인 부정 모델은 사회경제적 성격의 '인간 권리들Rights of men'이 정치행위의 본령인 '공적 세계'를 위협했던 프랑스 혁명이었다. 아렌트의 긍정 모델은 미국 혁명이었는데, 그것은 공동체와 사회 속에 있는 개인들 사이에 '울타리'를 설치하는 동시에 공영역을 구성함으로써 다수성을 보존시켰다.

박사학위논문은《인간의 조건》에 매우 뚜렷하게 나타나는 **관조적 삶***vita contemplativa*과 **활동적 삶***vita activa* 사이의 구분이나 정치영역과 사회영역 사이의 구분 그 어떤 것도 담고 있지 않다. 아우구스티누스의 개념적 독창성이 반복적으로 주목을 받았으며, 그것은 적어도 철학적 창의성이란 측면에서는 암묵적으로 '탄생성'이라는 주제와 훨씬 직접적으로 묶여 있었다. 나중에 아렌트는 아우구스티누스의 **도시***civitas* 개념을 반복적으로 인용하고 칭찬하면서도, 그를 다른 [정치] 제도적 정초자들과 명시적으로 비교하거나 대비시키지는 않았다. 아우구스티누스가 사유에서 행위로 이행한 일은 아렌트에게 어떤 학문적 향상보다는 철학적 은총으로부터의 추락을 암시했을지도 모른다. 신학적 맥락에서 볼 때 그러한 논의 영역들의 전환은 아무래도 '교조적 완고함'으로의 하강을 의미하는 듯했을 것이기 때문이다.

아렌트는 지나가는 말로 슬쩍 **사회***societas* 내 **자애**의 외적인 현시들에 관해 언급한다. 행위의 발생 지점으로서 저 '세계'는 단지 "사건들이 발생하는 장소"로 아주 간단히 잠깐 그 모습을 드러낼 뿐이다(A:033299). 요컨대 가령 아렌트가 박사학위논문[의 영문 편집본]을 1964~65년 사이에 발간했더라면 그것은 인간 세계 내 엑시스텐츠에 관한 그의 저작(《인간의 조건》)과 역사 속 혁명의 현상학(《혁명론》)을 하나로 묶는 어떤 3부작의 일부가 되었을 것이다. 실제로 이 세 가지 텍스트가 전부 1950년대와 1960년대 초에 쓰였거나 수정되었다면 상호 간에 중요한 형성적 영향을 끼쳤을 것이고 또한 《예루살렘의 아이히만》에도 영향을 주었을 것이다. 그랬더라면 [영문으로] 출간된 박사학위논문이 아렌트가 '판단'의 문제와 씨름하면서 탐색했던, 저 실체가 없는 '세계 외부의 전거점'을 위한 모종의 패러다임을 제공했을지도 모를 일이다. 요컨대 1929년부터 아버딘 대학에서 기포드 강의를 했던 시점인 1973년까지 아렌트의 '사유의 맥들'은 궤도를 완전히 한 바퀴를 돌아 제자리로 돌아온 것이다.

1958~1965년에 걸친 아렌트의 박사학위논문 수정 작업

아렌트는 진공 속에서 자신의 박사학위논문을 개작한 것이 아니다. 그 자신의 지적인 발전과 1950년대와 1960년대 초 뉴욕에서 있었던 정치적·문화적 담론이 불가피하게, 박사학위논문의 영역본을 대하는 그의 생각들을 형성했다. 그럼에도 주목할 사항은 아렌트가 A본 행간에 적어 넣거나 신규 텍스트를 덧붙이는 방식으로 진행한 특별한 수정 스타일이나 실제 수정 사항들 그 어느 것도 그의 전반적인 분석 취지나 그것의 특수한 구성 요소들을 바꿔놓지 못했다는 점이다. 모든 변경 사항들은 저 탄생성-필멸성이라는 개념 쌍에 대한 아우구스티누스의 탐구 작업을 명료화하거나, 정교하게 설명하거나, 강조하거나, 아니면 사실 관계를 정확히 밝히려는 의도에서 비롯되었던 듯하다.

이 명백한 연속성은 아렌트가 현재의 맥락들 속에서 자신의 과거 저작에 대한 확신을 보여주는 증거로 주목할 만하다. 이 연속성이 중요한 또 한 가지 이유는 아렌트가 자신의 학문적 스승인 하이데거와 야스퍼스의 저작에 대해 가졌던 의식적이고 선별적이며 종종 비판적인 접근 태도가 1929년 이후에도 크게 변하지 않았다는 사실을 그 연속성이 입증하기 때문이다. 아렌트는 박사학위논문의 원본(A본)에서조차도 하이데거의 존재Being의 현상학과 야스퍼스의 엑시스텐츠Existenz를 아우구스티누스가 조우한 신이라는 지적知的 실험실에서 검증함으로써 새로운 지평을 열었다. 아렌트의 실험은 아주 대담한 시도였다.

아렌트가 엑시스텐츠 현상학을 아우구스티누스의 사유라는 사례 연구에 적용한 시도는 다층적 담론들로 이루어진 한 편의 박사학위논문으로 탄생했다. 아우구스티누스의 문제의식은 **선택의**

자유*liberum arbitrium* 대 **은총***gratia*, **자애** 대 **탐욕**, **지상의 도시** 대 **신의 도시**에 관한 어떤 논의가 이루어지는 계기였다. 또한 그 문제의식과 함께 야스퍼스의 엑시스텐츠 철학은 '개인에게 있어 존재의 의미는 죽음을 통해 돌이킬 수 없게 그것을 부정하는 방식으로 형성된다'는 하이데거의 논지를 공격할 탄약을 아렌트에게 제공했다. 결과적으로 자애는 어떤 대안적 현상학의 입장―'인간이 창조되었기에 하나의 시발점이 생겼다'는 아우구스티누스의 관점―을 위한 토대인 셈이다.

1960년대 초에 이르자 아렌트는 당시 집필 중이던 다른 저작의 내용 일부를 박사학위논문에 편입시키는 방식으로 옮기는 과정에서 자신의 본래 목적들을 훼손하지 않으면서 그것의 기본 주제들 및 논리 구조를 정교화시킬 만큼 영어 구사에 대해 충분히 편안함을 느끼게 되었다. 그런 까닭에 〈자유란 무엇인가?〉, 《인간의 조건》, 《혁명론》, 《예루살렘의 아이히만》의 주장들이 B본에 추가된 아렌트의 수정 사항들 바로 밑에 깔려 있는 듯이 보이는 것이다.

아렌트가 수정본의 제2부 1장의 말미에 있던 수정 사항들을 파기하고 원본에 있는 그 장의 마지막 몇 쪽으로 복귀한 이유는 여전히 수수께끼로 남아 있다. 한 가지 가능성이라면 아렌트가 그 시점까지의 작업 결과에 만족할 수 없어서 자신의 출판 계약상의 원고 마감 시한까지 원고를 마무리하려는 생각을 접었을지도 모른다는 것이다. 그러나 아렌트의 과거와 현재의 관심사들이 보여주는 연속성에 비춰볼 때 그러한 가능성은 거의 없어 보인다. 자유와 권위에 대한 아렌트의 논문들과 《인간의 조건》, 그리고 《혁명론》은 그가 박사학위논문에서 사용했던 용어들과 문제의식들로 채워져 있다. 또한 공동체들의 도덕적 토대, 자유의지의 한계들, 저 세계 내 습관들의 구속력, 그리고 선택의 전망과 같은 것들 전부가 1929년부터 1950년대와 1960년대 초까지 지속적으로 검토되었던 것이다.

미국 의회도서관에 소장된 자료들과 그의 친구 및 동료와의 면담 결과들을 주의 깊게 살펴봐도 아렌트의 영어 번역본 수정 계획에 대한 직접적인 증거는 확보되지 않았다. 단지 행간에 손으로 직접 써넣은 변경 사항들과 추가로 수기한 원문이 포함된 A본과 아렌트 자신이 직접 타자해서 더한 내용을 비롯하여, 원고용지의 훨씬 더 가장자리 부분까지 빼곡히 들어찬 주석과 수정 사항들이 포함된 B본의 새 텍스트만이 말은 없지만 생생한 증거물로 남아 있을 뿐이다. 현재 이 텍스트는 본문의 흐름을 매끄럽게 만들기 위해서 우리가 편집 과정에서의 변경된 부분들을 포함하여 [기존의] 모든 수정 사항들을 통합함으로써 아렌트의 변함없는 관심사들을 반영한 세 번째의 원고 판본이다.

의회도서관에 소장된 그의 수집 문건들 가운데서 박사학위논문의 타자본을 검토하면 아렌트가 애슈턴의 번역본을 강도 높게, 그리고 반복해서 수정했다는 명백한 사실을 알 수 있다. 타자기로 친 활자체와 수정 사항이 추가된 양태 등에서 나타나는 차이들이 이 사실을 증명한다. 그러나 아렌트가 재발견한 아우구스티누스에 관한 내용이 그가 1929년에 착수했던 연구 경로를 다른 것으로 대체하지는 않았다. 실질적인 강조점과 논법은 물론 담론의 어조와 양식에서도 그 박사학위논문은 원본대로 보전되었다고 할 수 있다. 그러한 결과로서 드러난 이 보전 기획의 중요한 의미는 그것이 1920년대 독일 실존주의 담론 속에서 아렌트의 위치가 어디인지를 알려주는 증거를 제공한다는 사실에 그저 부분적으로 담겨 있다. 아렌트가 의도적으로 논문에 달라붙어 새롭게 수정한 다음 1964~1965년 사이에 출판하겠다는 계획을 세운 일 역시 그것의 교량적 역할을 입증한다. 그 수정 과정은 그의 연구 이력에서 가장 생산적인 시기에 걸쳐 있었으므로 정치, 사회, 그리고 도덕 판단에 관해 집필한 그 시기 저작들의 영향을 받았을 뿐 아니라 그것들을 확실하게 반영하고 있었다. 아렌트가 박사학위논문으로 복귀한 것은 아우구스티누스를 한 사람의 급진적인 비판가로 사용한다는 신호였고, 아우구스티누스가 자신의 철학적 선조들에게 도전한 양식은 아렌트 자신이 그 [서구 철학] 전통을 비판하는 모종의 패러다임이기도 했다.

아렌트는 영역본 제2부 1장에서 논문의 수정 작업을 중단했다. 그 시점은 아렌트가 정초의 중요성에 관한 아우구스티누스적인 개념들, 즉 **탄생성**natality, **시초***initium*, **새로움***novitas*을 당시 자신의 저작에 이미 도입한 뒤였다. 이 편집된 절의 말미에서 아렌트는 인간들에 의해 구성된 인간 세계와 물리적 우주로서의 세계라는 아우구스티누스의 이중적 세계 개념을 통해 작업을 진행하고 있던 중이었다. 후자를 숙고하는 과정에서 아렌트는 주로 자신의 박사학위논문 원본의 각주들로부터 플라톤, 아리스토텔레스, 플로티노스의 텍스트를 발췌해 원용하면서 아우구스티누스의 우주 개념에 미친 그리스 철학과 기독교 신학의 영향을 분석했다. 또한 같은 절에서 (아리스토텔레스가 보여주는 것처럼) 영원하지만 창조된 것이 아닌 우주라는 그리스적 우주관과, 모종의 창조물이며 시간적으로 한정된 우주라는 저 기독교적 우주 관념 사이의 긴장 관계들을 첨예하게 대비시키는 방식으로 명석한 논평을 덧붙였다. 여기서 아렌트의 주안점은 '모방'이 비록 양 접근법을 공히 아우르는 개념일지라도 그리스 철학과 기독교 신학을 결합시키려는 아우구스티누스의 노력의 바탕에 깔린 모순들을 해소하는 데는 역부족이라는 사실을 입증하는 것이었다.

이것은 아렌트가 1929년에 완성한 자신의 논문에 추가한 변경의 유형을 보여주는 좋은 예이다. 요컨대 이 유형은 저 [아우구스티누스의] 긴장 관계들에 대해 해결이나 타협을 성사시키기보다, 그것들을 더욱 끝까지 몰아붙인 다음 훨씬 더 대담한 방면을 추구하는 전략이다. 안타깝게도 아렌트는 아우구스티누스의 다른 세계관, 즉 저 세계는 인간들에 의해 구성된다는 견해를 검토하기 위한 수정 작업들을 계속하지 못했다. '사건들이 발생하는 장소'로서의 세계와 **자애**를 매개로 한 유대 관계들에 의해 새로워지는 공동체에 관한 언급들은 있지만, '사회적 삶'과 저 현상학적 '세계'에 관한 논의들은 서로 연계되지 못했다. 이 점에 관해서 논문이 침묵하는 이유에 주목해볼 필요가 있다. 왜냐하면 이 현상학적 세계라는 관념이 저 물리적 우주라는 관념보다 아렌트의 변함없는 관심사들인 정초, 공동체, 정치행위와 훨씬 더 친근한 것이기 때문이다. 아렌트가 이러한 노선들을 따라 저 인간 세계에 대한 탐구를 계속 진행했더라면 야스퍼스가 하이델베르크 시절 아렌트에게서 보았던 그 '빛나는 진주들'이 아주 다르게 배열될 수 있었을지도 모른다.

다음은 아렌트가 논문의 영어 번역본에 추가한 수정 내용 및 첨부 사항들 가운데 몇 가지 실제적인 사례들이다.

• 제1부 1장(B:033131~033142)

아렌트는 자신이 아우구스티누스로부터 가져와서 1929년 박사학위논문 텍스트의 각주들로 배치했던 인용구들을 B본의 본문으로 삽입한다. 또한 박사학위논문 원본 텍스트의 제1장 부록으로 있었던 상당량의 자료를 B본의 본문에 직접 편입시킨다. 우리는 여기에서 이러한 변경 사항들의 그 어떤 것도 구체적인 방식으로 소개하지는 않을 예정이다. 그 이유는 그것들이 독일어 원본에 나타나고 있을뿐더러 실질적인 수정 사항들은 아니기 때문이다. 그러나 다음의 수정 사항들은 좀 더 의미가 크고 중요한 것들이다. 예를 들어, 아렌트는 아우구스티누스의 **갈망** 개념과 그가 그리스[철학] 전통을 활용한 방식에 관해 모종의 비판적이면서도 성찰적인 최종 판정을 내린다. B본에 추가한 다음 구절이 그것이다.

> 이러한 [개념상의] 불일치가 발생하는 원인은 아우구스티누스의 용어 사용 방식에서 찾을 수 있다. 이는 그가 그리스 철학 전통과 상당히 이질적인 경험들을 표현하고자 할 때조차도 그

> 전통 속의 용어를 가져다 썼기 때문이다. 이 점은 특히 **갈망**에 관한 성찰들에서 증명되는데, 이 갈망이라는 용어는 플로티노스를 경유해 아리스토텔레스로 거슬러 올라간다. 아리스토텔레스는 죽음을 "가장 두려워해야 할 악"으로 정의했다. 그러나 이 [죽음에 대한] 두려움이 자신의 인간 이해 방식을 설명한다고 주장하지는 않았다(B:033134).

그것 다음으로 텍스트에 더해진 부분은 아렌트가 아우구스티누스로부터 인용했던 구절들을 가져온 것으로, 원본에서는 본래 각주로 처리돼 있었지만 B본에서 아우구스티누스의 삶에 대한 구체적인 세부 설명들과 함께 본문에 편입되었다.

> 아우구스티누스의 생애에서 단지 죽음에 대한 두려움뿐 아니라 죽음 자체가 가장 결정적으로 중요한 경험이었음은 의심의 여지가 없다. 그는 《고백록》에서 친구를 잃은 사건의 의미가 무엇이었는지, 그리고 그 상실의 결과로 그가 어떻게 그 "자신에게 문젯거리가 되었는지"에 관해 유려한 문체로 기술했다. "사경을 헤매는 사람들이 생명을 잃은" 다음에 "살아 있는 자의 죽음"이 뒤따랐다. 애초 청년 아우구스티누스가 키케로의 《호르텐시우스》(철학 연구를 권유하는 책으로 키케로의 소실된 저작물 중 하나)를 읽고 19세의 나이에 처음 철학과 사랑에 빠졌을 때 자기 자신에게 되돌아가게 한 것이 바로 이 [상실의] 경험이었던 것이다(B:033136).

B본에서 아렌트는 아우구스티누스의 현상학적 문제의식의 촉매로서 그 상실의 경험을 강조하는 데 특히 관심을 가졌다. 경험은 저 '죽음에 대한 두려움'을 창출한다. 왜냐하면 다른 어떤 것도 그것과 같은 강렬함으로 '육신의 쾌락들'로부터 그를 소환하지 못했기 때문이다. 아렌트가 파악한 아우구스티누스의 [철학적 탐구] 경로는 신플라톤주의로부터 탈피해 바울로의 복음으로 인도되는데, 바울로가 궁극적으로 아우구스티누스에게 확신을 심어주었다고 아렌트는 강조한다. "신약성서의 다른 어디에도 죽음이라는 사실, 즉 삶에 임박한 최후통첩으로서의 '이제 없음no more'에 대해 그처럼 결정적인 중요성을 부여한 곳은 없었기 때문이다. 자신의 긴 생애를 통해 아우구스티누스가 기독교인이 되어가면 되어갈수록 그는 점점 더 바울로주의자가 되어갔다."(B:033136)

아렌트가 B본에서 죽음에 의해 추동된 아우구스티누스의 탐색을 축소하기보다 강조하기로 결정한 것은 매우 중요한 의미가 있다. 아렌트가 선택한 담론의 양식은 직접적으로 하이데거의 죽음에 추동된 불안이라는 전제와 야스퍼스의 '한계 조건들'을 환기시키는 동시에, 아우구스티누스의 **자애** 패러다임을 통해 1920년대 독일 실존주의적 엑시스텐츠 개념의 한계 너머로 진전된다. 아렌트는 아우구스티누스가 그리스와 로마의 철학 전통들을 변형시킨 점을 반복적으로 강조함으로써 그의 '독창성,' 그리고 또한 자기 자신의 독창성에 대한 독자들의 감수성을 고양하려는 분명한 의도를 표출한다.

일례로 아렌트는 그 전통을 변형시키는 데 있어 아우구스티누스가 담당한 역할을 설명하기 위해 그의 용어 사용상의 '비일관성'에 관한 여담 하나를 삽입한다. 죽음과 **갈망**은 저 세계 속 개인의 무력감을 설명하는 한편, 영구성과 소유권이 암시된 어떤 가능성—즉 '성취될 수 있는 무엇'으로서의 가능성—에 그 토대를 두고 있다. B본에서 부각된 이러한 긴장 관계는 [아렌트가] '아우구스티누스의 용어'에게 부여한 모종의 기능이다. 박사학위논문 전체에 걸쳐, 그러니까 원본은 물론 수정된 형태들에서도 아렌트는 아우구스티누스가 전통적인 그리스 철학 및 신플라톤주의의 언어를 통해 어떤 새로운 기독교적 감수성을 설명하는 방식에서 초래되는 모호성들을 반복해서 기술한다(B:033134). 1960년대가 시작되면서 아렌트의 아우구스티누스는 이제 그 자신의 전환기에 들어서서 자신이 계승한 철학적 언어와 기독교적 신앙의 속박에 저항하는 한 사람의 급진적인 철학자로서 규정된다.

그 다음에 추가된 것은 아렌트 정치사상에 결정적으로 중요한 어떤 주제를 담고 있다. 저 세계에 대한 인간의 사랑과 그것이 수반하는 반복적인 좌절이 그것이다. 저 세계에 대한 사랑은 죽음에 대한 공포로부터 발생하며 그것에 대항하여 어떤 안정적인 성채를 쌓으려는 긴박한 필요이다. 이 노력은 결코 성공하지 못한다. 그러나 이것은 동시에 인간이 세계를 자신의 거주지로 만들고자 하는 노력을 경주하는 이유가 된다. 아렌트는 그 장의 말미에 아우구스티누스의 **탐욕**과 **자애**라는 구분을 도입하면서 이렇게 부연한다. "아우구스티누스는 이러한 올바른 사랑을 자애라고 부른다. '모든 악의 근원은 탐욕이며, 모든 선의 근원은 **자애**이다.' 그러나 올바른 사랑(**자애**)과 그릇된 사랑(**탐욕**)에는 한 가지 공통점이 있다. 그것은 갈구하는 욕망, 즉 **갈망**이다. 그러므로 아우구스티누스는 '사랑하라. 그러나 네가 무엇을 사랑하는지 조심하라'고 경고하는 것이다."(B:033139)

끝으로, 아렌트는 A본 제1부 1장의 마지막 몇 쪽에 걸쳐 수기한 문안을 덧붙여 '아직 없음not yet'이 '이제 없음no more'에게 진로를 양보하는 저 영원이라는 '공간'의 위치에 관해 상세히 설명한다. B본을 위해 수정되고 다시 타자된 이 문안들은 모종의 중요한 하이데거적인 주제처럼 들리면서도 아렌트가 아우구스티누스적으로 각색한 그의 표현들을 담고 있다. 앞에서 언급한 죽음과 **갈망**에 관한 논의에서와 마찬가지로 아렌트는 아우구스티누스에 대한 자신의 분석에 아우구스티누스와 신플라톤주의자들, 특히 플로티노스와의 만남과 결별을 설명하기 위해 더 많은 예제들을 추가로 엮어 넣는다. 저 현재는 '실재적인' 듯이 보인다. 그런 한편, 아우구스티누스는 "현재가 어떤 '공간'도 갖지 않는다면 (내가 그것을 측정할 수 없을 텐데) 어떻게 내게 실재적일 수 있단 말인가?"라고 플로티노스[의 시간 개념]을 매개로 사색한다(B:033136). 그러나 경험은 시간과 삶의 명백한 비실체성이 허구임을 드러낸다. 왜냐하면 시간과 삶은 "항상 이제 없는 것이거나 아직 없는 것일 뿐"이기 때문이다. 인간들은 그들의 정신 속에 있는 그 '공간'에서 시간을 측정하는데, 아우구스티누스는 이 공간을 기억이라고 지칭했고 이것은 "삶과 시간 양자 모두"를 초월한다고 주장했다(B:033137).

아렌트가 B본에 추가한 시간에 관한 부연 설명은 하이데거의

'나무꾼의 통로' 또는 '밝힘'에서 아우구스티누스의 기억의 '공간'으로 자신의 위치를 재설정하는 기초가 된다. 이러한 추가 언급들 대부분은 《고백록》으로부터 추출되었다. 일례로 아렌트는 자신의 텍스트를 아우구스티누스의 것과 합친 후, 아래 결론을 도출한다.

> 따라서 나는 이제 없는 무엇을 측정하는 것이 아니라 내 기억 속에 새겨져 남아 있는 무언가를 측정하는 것이다. 시간은 과거와 미래를 현재의 기억과 기대 속으로 불러들임으로써만 현존한다. 그러므로 오직 타당성을 갖는 시제는 현재, 즉 '지금 the Now'인 것이다(B:033137).

이런 논의 및 담론상의 전환들은 아렌트가 **활동적 삶** 그리고 혁명 및 유대인 대학살의 현상학을 발전시키고 있던 바로 그 시점에 **정지된 현재**의 문제 또는 저 세계 밖의 관점에 관심을 가졌음을 보여주기 때문에 상당히 중요하다. "이 지금이 바로 아우구스티누스가 신플라톤주의적 은유들—**정지된 현재** 또는 **영원한 정지**—을 빌려 설명한 그의 영원성의 모델이다." 그러나 아우구스티누스는 우선 그 은유들을 유용하게 만들기 위해 "그 은유들만의 특수하고 신비한 의미를 제거"한 후에 사용한다(B:033137).

• 제1부 2장(B:033143~033165)

이 장에서 아렌트는 원래 자신의 1929년 박사학위논문의 각주에 나온 아우구스티누스의 저작에서 발췌한 인용구들을 본문에 편입시키는 방식으로 계속 분량을 늘려 간다. 또한 독일어 원본의 제1부 말미에 처음 등장했던 부록의 주요 부분들도 함께 편입시킨다. 이러한 아렌트의 변경 사항들은 A본과 동일한 초점과 의도를 유지한 가운데도 그것의 논의 범위와 깊이를 실질적으로 확장시키는 순전한 효과를 창출하게 된다.

첫 페이지에서 아렌트는 개인이 **자애** 혹은 **탐욕**을 통해 영원성의 세계 혹은 시간성의 세계로 이동하게 만드는, 고립과 자기충족성의 결여 상황이라는 주제를 다시 설명한다. 그는 이 역설을 한층 더 밀고 나가면서 아래의 문제의식을 새로 추가한다.

> 그렇다면 오히려 **탐욕** 안에서 저 세계를 사랑하고 거기서 안식을 얻는 쪽이 훨씬 더 낫지 않겠는가? 우리가 왜 이 세계를 사막으로 만들어야만 한다는 것인가? 이 특이한 발상의 정당성은 저 세계가 그것의 애호자들에게 줄 수 있는 바에 대한 어떤 심각한 불만족감에 의해서만 설명될 수 있다. [실제로] 그게 어떤 사물이든 아니면 어떤 사람이든 간에, 저 세계 속 대상을 욕망하는 사랑은 그것의 행복 추구 과정에서 지속적인 좌절을 겪는다(B:033143).

필경 아렌트는 '저 세계를 사랑하려는 자연적인 충동을 거부하는 것이 곧 인간들에 의해 구성된 세계에 대한 완전한 거부는 아니다'라고 강조할 것이다.

그러나 이 장의 다음 수정 사항은 아렌트가 아우구스티누스에게 명백한 '저 세계에 대한 경멸'이 스토아 철학에서 비롯된 것임을 재차 강조한다는 사실을 보여준다. 한편에는 스토아학파와 신플라톤주의의 영향들을, 다른 한편에는 바울로의 교시들을 담고 있는 저 긴장 관계는, 아우구스티누스가 **갈망**, 죽음, 저 존재의 본질을 이해하는 방식에서 볼 수 있는 [그 긴장 관계와] 상응하는 '부조화들'에 대한 모종의 설명으로서 정교해지고 있다. 아렌트는 A본의 말미에 자급자족과 세계로부터의 고립이라는 이상에 관해서 손수 써넣은 장황한 여담 한 가지를 본문에 편입한다. 이 주제는 아우구스티누스 이전에 존재했던 철학적 전통의 핵심 사항이었으며, 그 전통은 자유를 자급자족성, 그리고 저 상실에 대한 두려움의 극복과 동일시했다.

아렌트는 강조할 목적으로 원본에 없던 에픽테토스로부터 발췌한 어떤 단락을 B본에 추가한다. 여기서 그 스토아 철학자는 자신의 독자들에게 본인의 권한 내에 있지 않은 것을 경멸하도록 명한다. A본에서 아렌트는 다음과 같이 기술한 바 있다. "이 자급자족성은 경멸조로 표현되고 있는데, 이것이 아직까지 기독교적인 것일 필요는 없다." B본에서 이 문장은 다음 문장으로 교체된다. "그러므로 우리는 저 세계와 거기 속한 재화들에 대한 경멸이 기독교적 기원에서 비롯된 것이 아님을 알 수 있다. 이런 맥락에서는 신이 창조주나 최고재판관 또는 인간의 삶과 사랑의 궁극적인 목표가 아니다. 오히려 신은 최고 존재Supreme Being로서 존재의 정수精髓"인 것이다(B:033145). 여기서 아렌트의 수정 사항들이 노리는 효과는, 스토아주의와 신플라톤주의라는 전통과 함께 들어

온 저 '본질적인' 소외의 원천은 기독교가 아니라는 점을 강조하는 것이다. 이와 암묵적인 연장선상에 있는 것은, 아우구스티누스의 기독교는 아렌트가 1958년《전체주의의 기원》에 덧붙인 '이데올로기와 테러' 장에서 논의한 훨씬 더 본질적인 '외로움loneliness'의 원천도 아니라는 입장이다. 그 장에서 아렌트는 저 세계 혹은 '고립'에 대한 경멸이 반드시 전체주의적 지배 체제에서의 "테러 …… 그리고 이데올로기의 공통 토대"인 '외로움'과 동일한 것이 아니라는 논점의 수립을 위해서 다시 에픽테토스를 인용한다(Arendt 1958b, 174). 외로움은 "자기 자신이 접촉면을 가질 수 없는 타인들" 혹은 적대적인 타인들에 대한 의존성을 뜻한다. 아렌트가 이해한 아우구스티누스는 자신의 문제의식이 추구되어 결실을 맺게 되는 형태의 '고립'은 거부하지 않으면서도 저 존재에 대한 정태적 이해 방식과 인간공동체로부터의 고립은 둘 다 거부한다. 이 점에서 아렌트는 아우구스티누스가 그리스인보다는 훨씬 더 기독교인에 가깝다는 사실을 깨닫는다. 마치 아렌트의 '탄생성' 개념이 그를 모종의 독일 현상학의 전파자 그 이상으로 특징짓도록 하듯이 말이다.

이 논의 다음에 이어지는 몇 쪽에서 아렌트는 아우구스티누스의 사유에 대한 플로티노스의 막대한 영향력과 그가 플로티노스의 틀과 기독교의 틀을 융합시키는 작업에 수반된 어려움을 설명하기 위해 자신의 메모들과 [이전 판본의] 부록에서 가져온 새 자료를 계속 편입시킨다. 플로티노스에 대한 인용구들은 원래 부록에서 가져왔으며, 그것들을 통해 플로티노스의 언어와 집필 의도 및 아우구스티누스의 언어와 집필 의도 사이의 대조 사항들이 훨씬 더 정밀하게 기술되고 있다. 기독교는 저 최상위의 선으로서 창조주라는 전제 위에 수립되고 있는 반면, 플로티노스는 저 정신 또는 **누스***nous*가 인간의 내부에서 활성화된 상태가 인간성의 실현을 결과한다는 입장이다. 아렌트는 아우구스티누스가 비록 스토아학파와 플로티노스에게 영향을 받았을지라도 그가 자신의 경험과 신앙은 물론 철학적 성찰들을 통해 인간이 저 세계와 맺고 있는 관계, 생각보다 훨씬 더 복잡하고 미묘한 그 관계에 대한 모종의 분석을 수행했음을 깨달았다. B본에 편입된 문안에서 아렌트는, 아우구스티누스의 갈망으로서의 사랑 개념의 정의에서 엿볼 수 있는 스토아학파와 신플라톤주의 전통에 대한 의존뿐 아니라 그 스스로 경험한 "인간 조건의 개탄할 만한 상태"에 대한 관심도 발견된다고 덧붙인다. 적어도 처음만큼은 아우구스티누스가 "인류에게 스스로 자신을 드러낸 신" 속에서 어떤 출발점을 찾는 대신 자기 자신의 엑시스텐츠에 깊이 빠져 있다(B:033145~033146). 아렌트는 아우구스티누스가 세계성 속의 '분산'을 **자애**와 대비시키는 것이 아니라 도덕적 자급자족성에 바탕을 두고 있는 자유의지와 대비시키려는 열의를 보인다는 사실에서 그가 저 [서구 철학] 전통에 진 빚이 명백하게 입증된다는 관점도 함께 제시한다.

A본에서 아렌트는 아우구스티누스의 핵심 개념인 **분산**dispersion에 주목했는데, 인간들은 분산을 통해 저 세계로 빠져든다. B본에서는 다음과 같이 가필했다. "분산은 자아의 상실을 일으키기 때문에 두려움을 가시게 한다는 큰 장점이 있다. 이 두려움의 망실

이 자아의 상실과 동일한 현상이라는 점을 제외한다면 말이다.” (B:033148) 아렌트는 이제 ‘눈의 욕망’을 다른 감각적 쾌감과 근본적으로 다른 것으로 보기 시작한다. ‘눈의 욕망’은 앎을 그것 자체로 추구하는 어떤 호기심의 특징이며, 이 호기심 역시 자아 상실을 초래한다. 아렌트는 이 해석에 대한 기독교적 지원을 받기 위해 〈요한의 첫째 편지〉 2장 16절을 인용한다. 이런 종류의 욕망은 그 기원과 효과 면에서 몹시 자아自我 부재적인 성격이므로 인간들에게 모종의 특수한 위험과 매력을 함께 지닌다. 또한 이것은 자신의 최고선과 참된 정체성을 신에게서 발견하는 자아와 확실한 대조를 이룬다.

그러나 여기서도 아렌트는 ‘내가 나 자신으로 되었다는 문제’의 당혹성에 초점을 맞춘다. 이 문제에 대한 답은 결코 자명하지 않다. 이 지점에서 아렌트는 전혀 새로운 자료를 추가하여 아우구스티누스의 자아 발견 여정의 시발점을 극적으로 표현한다.

> ‘나는 있다I am’라고 말하고 싶고, 자기 자신의 통일성과 정체성을 불러내 세계의 다양성 및 이채로움과 한판 겨뤄보고자 하는 사람은 누구든 저 ‘외부’에서 제공하는 모든 것에 등을 돌리고, 자신 속으로, 즉 자신의 내부 구역으로 물러나야 한다 (B:033149).

아렌트는 저 아우구스티누스의 새로운 시발점은 그 [서구]철학 전통을 위한 모종의 이탈이기도 하다고 주장한다. 아우구스티누스는 "자기만의 길로 들어섰다." 그러나 에픽테토스나 플로티노스와 달리 이 자아의 내부 영역에서 자급자족성이나 평온을 발견하지 못한다. "그는 '자기 자신 안에서 잘 처신함으로써 그 결과가 실제의 행위로 연결되게끔 하는 사람들'의 무리에 속하지 않는다. 그와 정반대로, 신에게 '제가 있는 곳을 굽어살펴 주시고 …… 제게 자비를 베푸시며 치유해 주소서(〈시편〉 6장 2절)'라고 기도한다."(B:033149) 아렌트는 A본에 등장하는 그 '내가 [현재의] 나 자신으로 되었다는 문제'를 보유한 채 논의를 이어간다.

> 그러므로 아우구스티누스가 분산과 산란함으로 인한 자아 상실에 반대한 일은 단순히 자기 자신으로의 퇴각만을 의미하는 것이 아니다. 이는 그 문제 자체를 뒤집는 전회이며, 자아가 '자연의 숨겨진 작동방식'보다 훨씬 더 이해하기 힘들다는 사실의 발견이었다. 아우구스티누스가 신에게 기대한 바는 '자신은 누구인가?'라는 질문에 대한 답이다—이전의 모든 철학은 이 질문에 대한 답의 확실성을 당연시했다. 다른 방식으로 표현하자면 아우구스티누스는 이 새로운 자아 탐구 방식으로 인해 결국 신에게 관심을 돌렸다. 그는 신에게 우주의 신비나 존재Being의 난점을 자신에게 보여 달라고 요청하지 않았다. 대신 그는 신으로부터 '자신에 관해 듣기를' 그래서 '자신에 대해 알기를' 청한다(B:033149).

몇 문장 뒤에 아렌트는 다음과 같은 논평을 덧붙이고 있다. "어떤 면에서 그[아우구스티누스]는 이미 신에게 속한다. 그렇다면 그가 그 자신을 찾아 나설 때 왜 또 다시 신에게 속해야만 한다는 것인가? 그것은 어떤 관계인가? 아니, 자아와 신의 유사성은 무엇인가?"(B:033149~033150) 아렌트는 B본에서 다음 단락을 추가함으로써 원본보다 훨씬 충실하게 이 질문에 답하고 있다.

> 바꿔 말해서 **나의** 하느님, 즉 나의 욕망과 사랑의 올바른 대상인 이 신은 나의 내적 자아의 정수이므로 결코 나의 내적 자아와 동일한 것이 아니다. 실제로 이 관계는, 모든 아름다운 신체의 정수인 아름다움을 어떤 하나의 신체와 동일한 것이라고 말할 수 없는 것과 마찬가지로, 동일시할 수가 없다. 필경 신체는 소진되지만 아름다움은 그렇지 않으며, 등불은 꺼질 수 있지만 밝음은 그렇지 않으며, 소리는 났다가도 없어지지만 음악의 달콤함은 그렇지 않으며, 인간 마음속의 캄캄한 '심연들'은 시간의 지배를 받고 소진되지만 인간의 마음에 부착된 저 정수精髓적 존재는 그렇지 않다. 나는 사랑의 힘을 통해 이 정수적 존재에게 속할 수 있다. 사랑이 소속의 특권을 부여하기 때문이다. …… 인간은 신의 탐색 과정에서 자신이 결여하는 바, 즉 그 자신이 아닌 바로 그것, 즉 하나의 영원한 본질 an eternal essence을 발견한다. 이 영원한 본질은 '내부에서' 스스로를 드러낸다—그것이 영원하다는 점에서 그것은 내적인 것, 즉 **내적 영원***interum aeternum*이다. 이 내적 영원은 그것이 단지 인간 본질의 '구역'이기 때문에 영원할 수 있다. 모든 인간

의 눈에 보이지 않는 그 '내부인'이야말로 어떤 보이지 않는 신의 역사役事를 위한 올바른 장소인 것이다. 비록 지상에서는 이방인일지라도, 보이지 않는 그 내부인은 보이지 않는 신에게 속해 있다. 마치 내 육신의 눈이 자신의 올바른 선이 밝음이기 때문에 빛을 반기는 것과 같이, 그 '내부인'은 그의 올바른 선이 저 '영원한 것'의 추구이기 때문에 신을 사랑한다(B:033150).

다음으로 아렌트는 본질-현존essence-existence의 이중성을 시간의 본질과 연계시키는 새로운 문안을 추가함으로써 저 영원한 본질과 인간의 시간적 현존을 날카롭게 대비시킨다.

그러나 이 인간의 본질이 정의상 **불변의 것***incommutabilis*이라면 그것은 인간실존과 지독한 모순이 된다. 인간실존은 시간에 종속되고 매일매일 또는 매 시간마다 변하며, 비실재non-being로부터 탄생을 통해 출현했다가 다시 죽음을 통해 비실재로 사라진다. 인간이 현존하는 한 그는 사실상 **실재하지** 않는다. 그는 영원을 추구함으로써 자신의 실재를 예견할 수 있을 뿐이며, 그가 마침내 그것을 포착하고 **향유***frui*하게 될 때 비로소 **실재하게 될** 것이다(B:033151).

하이데거의 현상학에서 시간이 지닌 중심성의 영향을 받은 아렌트는 아우구스티누스의 탄생성과 **기억**의 맥락 속에서의 시간 개념을 눈에 띄게 강조하는데, 이는 기꺼이 하이데거에게 도전하겠다는 의사 표시이다. 아우구스티누스는 인간을 시간에 매인 동시에 '이행transit'의 방식으로 그것을 초월할 수 있는 존재로 이해한다. 이렌트는 B본에 아우구스티누스에 대한 중요한 해석 한 가지를 덧붙이고 있다.

> 이러한 예상, 즉 '인간이 저 미래에 그것이 마치 현재인 양 살아가며 미래의 영원을 **보유***tenere*하고 **향유***furi*할 수 있다'는 예상은 아우구스티누스의 시간성 해석에 근거하면 가능해진다. 우리 자신의 이해와 대조적으로 아우구스티누스에게는 시간이 과거로부터 시작해 현재로 또 미래로 진행되지 않고, 미래로부터 시작해 거꾸로 흘러 현재를 통과하고 과거에서 끝난다 (기왕에 약간 덧붙이자면, 이는 로마식 시간 이해 방식이었고 오직 아우구스티누스에게서만 그것의 개념틀을 찾아볼 수 있었다). 더욱이 인간실존에 관한 한, 과거와 미래는 [다만] 현재의 상이한 양태로 이해되고 있다(B:033152).

몇 쪽 뒤에 아렌트는 이런 간명한 논평을 추가한다. "아우구스티누스에게 존재와 시간은 서로 정반대이다. 인간이 **실재하기**to be 위해서는 자신의 인간실존, 즉 시간성을 극복해야만 한다."(B:033154).

다음에 추가한 문장에서 아렌트는 인간실존을 부인하라는 명령과 자신의 이웃을 사랑하라는 계명을 날카롭게 대비시킨다. "자기 태만, 그리고 인간실존의 완전한 부인이 아우구스티누스에게 안겨주는 가장 큰 어려움은, 그것이 자신의 이웃을 자신과 같이 사랑하라는 기독교의 핵심 의무를 불가능하게 만든다는 점이다"(B:033154).

이러한 맥락에서 저 욕망으로서의 사랑이라는 아우구스티누스의 패러다임이 틀어진다. 그것이 〈고린토인들에게 보낸 첫째 편지〉 13장에서 바울로가 표현한 바로서의 **자애** 관념과 직면하게 되면 무너지는 것과 마찬가지로 말이다. 아렌트는 이처럼 다른 사랑의 이해 방식이 있음을 A본에서 귀띔한다. B본에서는 욕망으로서의 사랑과 바울로 노선의 자애로서 사랑 사이의 극적인 양립 불가능성을 강조한다. 아렌트가 추가한 자료들은 아우구스티누스가 저 창조주를 향해 가는 어떤 내부의 여정과 인간공동체의 소여성, 이 두 요소에 바탕을 둔 자애라는 개념으로 이동함에 따라 자신의 철학적 뿌리들로부터 이탈하는 방식이 독창적인 것임을 부각시킨다.

> 이 [욕망으로서의 사랑]은 아우구스티누스가 완전히 다른 맥락에서 사랑은 "하느님을 현전하도록 만드는" 힘을 보유한다고 기술할 때의 사랑 유형이 아니기 때문이다. 이런 맥락에서 아우구스티누스는 "당신이 하느님을 사랑한다면 당신이 아직 지상에 있을지라도 천국에 있는 것이나 다름없다"고 주장한다. 모든 욕망은 그것의 성취, 즉 그것 자체의 목적을 추구한다. 영구히 지속되는 욕망이라는 말은 단지 용어적 모순이거나, 어떤 지옥에 대한 설명일 수 있다. 그러므로 아우구스티누스

가 우리가 믿는 일 대신에 알아야만 할 것이고 희망하는 일 대신에 소유해야만 할 것이므로 "오직 **자애**만 영원히 머물 것"이고 "현세적 삶 이후에는 오직 **자애**만 존속할 것"이라고 기술할 때 그는 부득이 다른 어떤 종류의 사랑을 가리키고 있는 것이다(B:033156).

• 제1부 3장(B:033166~033176)

아렌트는 A본의 행간 주註, 방주旁註, 각주 등을 편입시키면서 이 장의 주요 편집 작업에 골몰했다. 또한 완전히 새로운 텍스트도 추가했다. 그렇게 함으로써 아렌트의 수정 작업은 다시 한번 중요한 논점들을 충분히 해명하고 그가 큰 관심을 가졌던 그 '모순들'에 어떤 극적인 유효성을 제공하는 효과를 창출하게 된다. 이 제1부 3장은 최종 요약 부분이기 때문에, 아렌트 또한 '이웃의 적실성에 대한 문제는 항상 스토아학파와 신플라톤주의의 널리 보급된 사랑 개념, 즉 "사랑은 욕망"이라는 개념에 대한 모종의 동시적 비판으로 전환된다'는 자신의 가설로 복귀한다. 아렌트는 저 [인간에 의해] 구성된 세계와 인간공동체의 적실성이 어떤 기독교 계명의 소재지로는 물론이고 아우구스티누스에게도 어떤 '당연한 일'로 인식되었다고 지적한다. 그러면 저 세계, 즉 자연적인 세계와 인공적인 세계 양자 모두를 포함하는 그 세계가 저 '절대미래' 속의 죽음을 피할 목적에 이용되어야 할 마당에, 이웃사랑이 어떻게 그 자체로서 가치를 가질 수 있을까?

A본의 수정 사항들은 전부 다 다음의 주요 논점들을 강조하는

방식으로 이 '이단적'인 난제에 초점을 맞추고 있다. 요컨대 '사랑의 질서'와 결부된 난점들, **이용***uti*과 **향유***frui*의 구분, 그리고 아우구스티누스가 자신의 독특한 이웃사랑 개념에 다가서기 위한 목적에서 '용어적 맥락들'의 변경을 [무리하게] 시도함으로써 초래되는 '용어상의 비일관성'이 그것이다. 일례로 '**질서***ordo*'라는 주제는 사랑의 질서를 사랑의 대상과 연결할 목적으로 A본에 도입되었다.

> 박애charity를 통해서 실현되는 오랜 염원으로서의 자유가 아우구스티누스 세계관의 특징이다. 우리는 저 세계를 이용함으로써 그것과 자유롭게, 그것에 의존하지 않고서도 그것과 관계를 맺는다. 저 '~을 위해'라는 것[즉 목적성]으로 한정된, 저 세계는 그것이 이용됨으로써 달성되는 목적성을 제외한 다른 모든 의미를 상실했다. …… [그 결과] 저 세계는 어떤 특수한 질서체계 속에 놓이게 된다. …… 박애가 그를 굴복시켜 들어가게 만든 절대미래에서 지금 현존하는 바로서의 세계로 돌아온 그는 저 절대미래가 자신에게서 그 세계의 일차적 중요성을 몰수해 갔다는 사실을 깨닫게 된다. 그럼에도 그는 저 절대미래 속에서 원칙상 그 세계 자체의 외부에 위치한 어떤 전거점을 획득했다. …… 그것은 그 세계, 그리고 그 세계가 그것과 맺고 있는 관계들을 규율할 수 있는 전거점이다(A:033281).

B본에서는 갈망함craving으로 이해된 사랑의 질서화 기능이 저

세계에 가지는 함의들에 관해 한층 직접적인 참고자료들을 인용하면서 동일한 주요 논점들에 대해 좀 더 예리한 설명을 제공한다. 이 과정에서 아렌트는 아우구스티누스 사상에 나타난 도덕 판단의 원천들로 초점을 이동시킨다.

> **자애**를 통해 예견된 미래의 자유는 세계에 대한 올바른 이해 및 세계 내에서 일어나는 모든 것—개인들은 물론 사물들까지—에 대한 올바른 평가를 위한 지침인 동시에 궁극적인 기준으로서 복무한다. 무엇이 욕망되어야 하고 욕망되어서는 안 되는지, 또 누구를 사랑해야 하고 사랑하지 말아야 하는지가 저 예견된 미래에 따라 결정된다. 마찬가지로 현재 속에서 발생하는 것에 할애할 욕망과 사랑의 정도도 저 예견된 미래에 따라 정해져야 한다. …… 아우구스티누스에 따르면 그러한 사랑의 위계질서는 늘 현존한다. …… 한 사람의 로마인으로서 아우구스티누스는 이 세계 인간의 올바른 처신을 '덕목'이라고 부른다. 그는 자신의 정치적 저작인 《신국론》에서 "덕목에 대한 간결하면서도 참된 정의는 사랑의 질서"라고 적고 있다(B:033166).

저 '공동체'라는 용어 역시 이 맥락에서 그것의 모습을 드러내지만, 이는 오직 B본에만 해당되는 사항이다. 아렌트는 '갈망함으로서의 욕망'에 기초하여, 신을 위한 것*uti*으로서의 이웃에 대한 사랑과 자기 자신을 위한 것*frui*으로서의 이웃에 대한 사랑 사이의 모순 관계를 설명하고자 한다. 아래 구절은 아렌트가 첫 번째로 시도한 설명이었다.

> 어떤 이웃은 그가 오직 나처럼 저 신과의 관계 속으로 진입할 때 비로소 나의 이웃인 것이다. 나는 그를 더 이상 구체적인 세계적 만남들을 통해서 경험하지 않으며 …… 사랑을 규정하는 모종의 질서 속에 자기 자리를 가지고 있는 어떤 인간으로서 경험한다. …… 용도는 그 사람을 수단화한다는 의미가 아니며, 단지 그 질서에 의해 확립된 등급을 매기는 지침일 뿐이다. 따라서 그 질서는 사랑에 선행한다(A:033285).

아렌트는 수정 작업에서 갈망함으로서의 사랑이라는, 그 사랑 패러다임의 규정적이고 질서화하는 효과를 강조하는 데 관심을 두었으며, 특히 욕망했던 대상이 초월적인 성격이거나 혹은 '유형의' 것으로부터 추출된 경우에 창출되는 그것의 효과를 강조한다. 아렌트는 아우구스티누스의 생각을 추정하여 다음과 같이 주장한다.

> 모든 것이 아니라 나와 어떤 형태로든 관련을 맺고 있는 것만이 저 사랑의 질서 속에 포함된다. 이러한 관계는 나처럼 신과 그리고 '최고선'과의 관계에서 행복을 얻을 수 있는 사람, 즉 **나에게 가장 가까이 있는***proximi* 나의 진정한 이웃으로 이루어진 **공동체***societas* 속에서 수립된다. 이와 유사한 방식으로 나는 이런 관계를 나의 지구적 현존의 부속물인 내 몸을 상대로도 수

> 립한다. 따라서 비록 저 세계를 향한 사랑이 그 대상들을 그 자체로 **향유하는 일***fruri*을 허용하지 않을지라도, 저 세계를 향한 사랑과, 저 세계로부터 완전히 고립된 상태에서 단순히 저 세계를 **이용하는 일***uti* 사이에는 어떤 차이점이 있다(B:033169).

아렌트가 B본에서 첨언했듯, 이는 "아우구스티누스의 사유 속에 이웃사랑의 자리가 전혀 없다는 뜻은 아니다." 사실상 그와 '정반대 경우'라는 게 좀 더 정확하다. 아렌트는 여기서 앞으로 기술할 제2부의 여러 장을 언급하면서 그가 자주 내뱉는 "우리는 그것을 다시 만나게 될 것"이라는 약속들에 한 가지 사항을 추가한다. 그것은 자애를 모종의 "자연법적이며 전前종교적이고 세속적인 법칙인 '**타인이 우리에게 하지 않기를 바라는 바를 타인에게 하지 말라***quod tibi fieri non vis, alteri ne feceris*'는 격률이 기독교 특유의 맥락으로 발전된, 명시적 개작본"으로 설명하는 것일 뿐이다(B:033169). 아렌트는 3장에서 빠진 각주들(이것들은 B본의 본문에 추가되었다)의 내용 중에서 "신의 계명으로서 기독교적인 이웃사랑의 전통과 별개로" 아우구스티누스가 "완전히 다른 맥락으로 …… [즉] 정확히 저 자연적 공존과 인간들의 상호의존성으로부터 확보한 사랑 개념으로"(B:033175) 이동한다고 귀띔함으로써 독자가 제2부에 관해 약간의 정보를 얻을 기회를 제공한다.

이어서 아렌트는 아우구스티누스가 저 철학 전통과 기독교 사상 사이의 갈등에 대해 의식하고 있었다는 점을 설명하기 위해, 갈망함으로서 정의된 사랑과 그의 자애에 대한 이해 방식 사이의 갈등과 관련하여 어떤 실질적이고 세밀한 설명을 덧붙인다.

> 이 세계에서 내가 함께 사는 사람은 이 한결같은 노력 속에서 내가 돕는 사람과 내게 도움을 주는 사람으로 나뉠 수 있다. …… 이러한 이웃사랑의 강조점은 상호 원조에 있으며, 이 점은 사랑이 '~을 위해'라는 범주의 구속을 받는다는 가장 분명한 신호가 된다. 이 [절대미래적 사랑의] 범주가 나의 동료를 (그들이 구체적인 세계의 현실 속에 있으며 나와의 관계 속에 있는 상태) 그대로 만나는 방식을 제외시킨다. …… "'인간이 서로를 향유해야 하는가, 이용해야 하는가, 아니면 두 가지 모두 해야 하는가'라는 것은 중요한 질문"임을 간파했다(B:033171).

사실 A본은 문장의 중간 부분에서 끝나고 있다. 이 [A본] 3장의 맨 마지막 쪽과 각주들은 B본에 삽입되어 편집된 것으로 드러났다. 아렌트가 다시 고쳐 쓰면서 그 [A본] 원고의 나머지 부분을 빼버린 게 틀림없을 것이다. 그는 이 장의 수정 작업을 마무리하면서 저 현재를 어떤 절대미래에 묶어 매는 그 사랑의 질서가 지닌 '객관성' 혹은 그것의 '외부적' 측면을 되풀이해서 설명한다. 타자들과 자기 자신을 포함하여 각 '사물'은 '각기 올바른 위치'를 할당받는다. 이것은 모종의 두려움 없는 사랑이다. 저 절대미래를 향한 욕망이 현재의 즐거움에 대한 욕망을 가라앉혔기 때문이다. 저 사랑과 욕망의 등식의 특이한 변증법이 초래하는 한 가지 결과는 자기망각이 현저히 현실적인 것으로 변하는 것이다. 그러나 그러한 결과는 아우구스티누스의 의도가 아니며 궁극적으로 말해서 '의사擬似 기독교적'이다(B:033172).

《과거와 미래 사이》의 서문은 물론《전체주의의 기원》,《인간의 조건》,《예루살렘의 아이히만》,《혁명론》의 반향들이 이 1960년대 초반에 이루어진 수정 사항들 속에 가득 차 있다. '외부'로부터 저 인간공동체에 부과된 추상적인 판단 범주들의 문제는 아우구스티누스의 것인 동시에 아렌트 자신의 것이기도 하다. 이와 관련해서 아렌트는 아우구스티누스가 그의 스토아학파 및 신플라톤주의 선배들도 낯설다고 느꼈을 듯한 경험들을 분석하던 중에 그들의 '용어들의 맥락'(B:033173) 속에 갇혀 버렸다고 재차 설명한다. **기억**을 경유하여 작동하는 **자애**는 절대미래에서 현전하는 세계로 건너가는 다리이다. 그런데 그 다리는 양방향에서 다 건널 수 있는 것일까?

아렌트에 따르면 아우구스티누스의 "**예외 없는 질서***ordinatio ad unum*"는 "사랑의 강등"으로 귀결되며 이는 "[그의] 사상의 중심을 차지하는 것이 사랑"이라는 사실과 모순을 일으킨다. 그러므로 **자애**는 어떤 다른 원천에서 도출되어야만 한다. 가령 아우구스티누스가 '누가 나의 이웃인가?'라는 질문에 대해, "그들이 심지어 도둑들 속에 있더라도 내가 사랑하는 이성적 영혼들을" 가지고 있기 때문에 '모든 사람이 다 내 이웃'이라는 '애매모호한' 답을 제시하지 않으려면 말이다. 모든 경우들 가운데 최악은 아우구스티누스가 '내게는 판단을 할 아무런 권리도 없으며 모든 사람이 다 형제들'이라고 말하는 상황일 것이다. **자애**는 자신의 '구체적 독특성'

을 지닌 인간들이 아니라 저 '인간됨being human의 가장 추상적인 특질'을 목표로 삼는 것이 틀림없다(B:033172~033173). 1929년 [박사학위논문에서] 아렌트가 느꼈던 불편함은 1960년대 초에 이루어진 수정작업들 속에서 상당한 수준으로 고조되었다. 이 사실은 그것들이 아우구스티누스의 입장보다는 한 사람의 정치이론가로서 아렌트 자신의 입장이 반영된 것이었음을 시사한다.

• **제2부 1장(B:033181~A:033313)**

아렌트는 B본에 '탄생성'이라는 용어를 추가함으로써 저 새로운 시발점들이라는 주제가 수립된 원래 절節을 부각시킨다. A본에서의 강조점은 '모종의 피조물로서의 인간'과 '욕망 및 죽음에 대한 두려움'에 주어져 있었다. 하지만 B본을 위한 수정 작업은 저 (B:033190에서 시작하는) 절 전체를 통째로 손질하면서 논점의 전환을 꾀한다. 이러한 방식의 수정 작업은 [같은 시기] 다른 저작들 속에서 이루어진 탄생성 논의와 동시에 진행된 덕분에 아렌트가 "인간을 '모종의 의식하며 기억하는 있음'으로 특정하는 [출생이라는] 결정적인 사실"을, '죽음에 직면하여 느끼는 불안'이라는 하이데거의 중심 주제로부터 이탈하는 그의 행보와 좀 더 효과적으로 연계시킨다.

아우구스티누스가 [서구 철학 전통으로부터] 계승한 인간 관념, 즉 '인간은 모종의 갈구하는, 욕망을 지닌 있음being'이라는 관념은 "죽음에 대한 두려움과 삶의 불완전성"을 저 "욕망의 원천들"로 보는 관점을 수반한다. 그러나 아우구스티누스 자신은 그 전통에 수정을 가함으로써 "삶이 주어진 것에 대한 감사를 …… 기억의 원천"으로 만들었다(B:033187). [아래에서 알 수 있듯이] A본에서는 탄생성이란 주제가 암묵적인 방식으로만 수립되어 있었다.

> 이 창조주Creator-피조물creator의 맥락에서 갈망함craving을 되돌아보면, 저 갈망함에서 기인하는 자기부정이 왜 의사 기독교적이라고 하는지가 이해될 것이다. …… 이 '거꾸로 전거함'의 원래 가정 속에 …… 이미 인간을 '**신에 의해 창조됨***a Deo creatum esse*'으로 파악하려는 의도가 담겨 있기 때문이다. 그 피조물은 그게 무엇이든 우선 그 무엇이 되어야만 했다. 그것의 있음의 구조는 **생성***fieri*과 **변경***mutari*이다. 저 창조주가 [바로] 존재Being 그 자체이다(A:033291).

또한 아렌트는 B본에서 모방을 통해서 저 창조주로 귀환하는 것은 "의지나 자유로운 결정의 문제는 아니며, 창조됨이라는 사실에 고유한 의존 관계를 나타내는 것뿐이다. …… 인간의 의존 관계는 …… 오로지 회상에만" 의존한다고 인정한다(B:033187). 흥미롭게도 이 의존성과 회상의 연결고리는 탄생성이 어떤 명백히 정치적인 맥락 속에 끼워 넣어진 그의 후기 저작에서는 다시 등장하지 않는다.

후기 저작들 속에서 아렌트는 저 탄생성이라는 주제(즉 '**하나의 시발점이 수립되었다***initium ut esset*'는 주제)를 그것 본연의 현상학적 맥락에서, 저 공적 영역 속에서의 자유의지와 행위에 대한 분석의 일부가 되는 새로운 맥락적 위치로 이동시킨다. 《인간의 조건》에서는 동일한 기법을 사용하여 자애를 그것의 원래적 정의인 '신을 위해 신과 타자들을 사랑함'에서, 공동체적 유대 관계 형성의 기초라는 [새로운] 정의로 이동한다. 비록 저 '~을 위해'라는 것은 변함이 없을지라도 말이다. 그러나 이러한 전환은 아렌트 박사학위논문의 핵심 질문 속에서 이미 작동되고 있었다. '이웃의 적실성'으로부터 모종의 '저 세계 외부의' 현상학으로 전환한 사실이 그것이다.

아렌트에게 회상은 탄생성을 시간성과 연계시키는 분석의 중심축이다. 기억은 창조주를 '추구하는 탐색'이 일어나는 과거와 미래 사이에 놓인 '공간'이기 때문이다. B본은 기억에 관한 절을 상당히 늘려서 기억이 개별 엑시스텐츠의 다른 측면들과 맺는 관계를 명확하게 설명한다. B본에서는 기억이 의식과 동일시되며, 의존성의 어떤 토대적 양태로서 정의되고, 또한 저 본질과 현존 사이의 간극에 대한, 그리고 신이 인간의 '안'과 '밖' 양쪽에 다 있다는 사실에 대한 입증자료로서 제시된다. B본은 '원천과의 관계'에 대한 탐색 방식이, A본에서 하이데거의 '존재Being'가 강조되었던 방식에서 탈피하여 아우구스티누스를 통해 획득한 아렌트 자신의 '탄생성'과 기억을 강조하는 방식으로 전환되었음을 확실하게 보여준다.

저 탄생성이라는 중심 주제에서 파생된 또 다른 '사유의 맥'은 인간을 한 사람의 행위자이자 이야기꾼으로 보는 방식이다. 이러한 연결고리는 A본에는 없으며 B본에 간단한 언급들로서 나타날 따름이다. 행위함acting과 이야기함storytelling은 탄생성, 즉 **새로움** *novitas*과 회상이라는 주제들의 연관 관계를 통해 발전되고 있다. 이러한 주제들에 관한 논의는 아렌트가 암묵적으로 또는 명시적으로 하이데거와의 [지적] 부채를 청산하는 부분에서 발생한다. 아렌트는 B본에 다음과 같이 적었다.

> 인간이 창조된 것은 어떤 면에서 **새로움***novitas*을 위해서였던 것이다. 인간은 자신의 '시발점' 또는 자신의 기원을 알 수 있고, 또 그것을 의식하며 기억하기 때문에 모종의 시발자始發者로서 행동할 수 있고 인류의 이야기도 제정할 수 있다. 모종의 시발점을 가진 모든 것은 그것(물론 이것은 **세계의 시초***principium*가 아니라 **시간의 시초***initium*이다)과 더불어 어떤 새 이야기가 시작된다(B:033190).

아렌트가 B본에서 논의한 '**세계의 시초***principium*'와 '**시간의 시초** *initium*'에 관한 설명도 탄생성과 관계된다. '시발점'은 그것이 인간이라는 행위자 때문에 발생하는 것인지 아니면 신이라는 행위자 때문인지 여부에 따라 상이한 이름들을 가지게 된다. "아우구스티누스는 저 세계의 시발점과 시간의 시발점을 구분한다. 이 둘은 인간에 앞서 그리고 인간의 시발점 이전에 이미 현존했다."(B:033190) **세계의 시초**는 창조주의 통치 역할을 암시하는 반면에 인간의 출생이 상징하는 **시간의 시초**는 처음으로 태어난 자, 즉 개별 인간의 역량이 된다. 아렌트는 B본에서 하이데거에 관해 어떤 중요한 언급을 추가

하는데, 그것은 자신의 스승에게 작별을 고하는 의미였다.

> 인간실존에 통일성과 총체성을 부여하는 것은 기억이지 (예컨대 하이데거의 접근 방식에서처럼 죽음에 대한 예상으로서의) 기대가 아니다. 과거와 미래 양자를, 즉 기억과 기억으로부터 파생된 기대를 현전하게 만들고 붙잡아 두는 방식으로 인간실존을 규정하는 것은, 과거와 현재가 동시에 같은 공간에서 만나는 현재인 것이다. 이러한 인간의 가능성이 인간에게 '불변의' 상태에 참여할 수 있는 몫을 부여한다(B:033192).

B본에서 훨씬 더 많이 발전된 한 가지 주제는 행동하는 **신의 이미지***imago Dei*와 정반대인 악evil이다. 악은 '신으로부터 떨어져 나감'으로 정의되며, "인간의 처신을 지배하는 기본 구조들에 속하"지만 어떤 실체적 특성이라기보다는 모종의 부정적negative 특질이다(B:033190). 아렌트는 이렇게 적는다. "이 우주의 그 어떤 부분도, …… 그 자체의 자율적인 의미를 가질 수 없기 때문에 우주 안에는 그 어떤 '**악***malum*'도 있을 수 없다. 거기에는 오로지 '**선들** *bona*'만이 그것들의 올바른 질서 안에 머물고 있는데, 그것들은 **개별 인간***singulum*의 일시적 [시간의] 관점에서만 나쁘게 보일 따름이다. 이 선善의 특질은 …… 저 우주가 그것들에게 부여한 것이다"(B:033196).

B본에 나오는 매우 장황한, 그리고 나중에 상당히 개작된 신플라톤주의에 관한 일반적 논의와 특히 저 우주에 관한 그리스적 개

념들에 관한 논의 역시 관심을 모은다. 예를 들어 A본에서는 조화가 영원법과 일치하는 것으로 정의되었다. 그러나 B본에서 아렌트는 '영원법'에 관해 상당히 길게 설명하면서 모종의 미묘한 논점 전환을 시도했다.

> 가령 아우구스티누스가 "세속법에서 정의롭고 합법적인 모든 것은 저 영원법에서 유래한다"고 말하는 것은 그가 반드시 신을 영원한 입법자the eternal lawgiver로 생각해서 그런 것이라기보다는 오히려 부분들의 운동 방식과 행위 방식을 규정하는 법칙이 전체를 포괄하는 그 법에서 나온다는 것을 설파하기 위함이다(B:033196~033197).

B:033197부터는 완전히 새로운 텍스트가 추가되었다. 이는 아우구스티누스가 자기 시대의 '전통'과 결별하고 자신의 철학을 '탄생성'의 한 가지 예제로 만들고 있음을 강조하려는 아렌트의 명백한 의도 때문이었다.

> 영구적 존재everlasting Being와 우주에 관해 이런 식으로 관측하는 방식은 플라톤으로 거슬러 올라간다. 아우구스티누스의 세계 개념은 부분적으로 플라톤에서 플로티노스에 이르는 서구 철학 전통에 속한다. 저 우주의 시발점 문제는 창조주를 경유하는 확실한 시발점에 대해 알고 있는 아우구스티누스에게 매우 당혹스러운 것이었고, 이 전통의 초창기부터 줄곧 골칫거

리가 되어왔다(B:033197).

그리고 다음 구절은 아렌트의 보충 설명 부분이다.

> 이 '총망라하는 우주로서의 존재' 개념이 아우구스티누스의 사유에 미친 막대한 영향력에 관한 한, 과대평가는 허용되지 않는다. …… 우리는 창조주-피조물의 관계에 관한 한 기독교의 세계관이 그에게 훨씬 더 중요하고 결정적인 것임을 발견하게 될 것이다. 그럼에도 그러한 사실의 발견이 아우구스티누스가 그리스 철학에 진 빚을 간과할 이유까지는 되지 못한다. 이 빚은 우주에 대한 그의 개념에서 가장 분명하게 나타난다. 더욱이 아우구스티누스가 이중의 '전방'이라는 관념에 도달한 것도 기독교의 개념적 맥락을 비껴났을 때 비로소 가능했다(B:033197, 033193).

아우구스티누스가 말하듯이 이 영구적으로, 그리고 인간과 무관하게 창조된 우주라는 그 정태적 개념은 "그리스 전통에서 유래"했으며, 그것이 결코 "아우구스티누스의 후기 저술들에 실제로 나타나는 기본 초점은 아니다." 그 이유는 그것이 "명백히 그의 세계 개념에서 이탈하기" 때문이다(A:033299).

중요하게는, B본을 위한 수정 작업에서 아렌트가 하이데거의 **세계***mundus* 개념을 설명하는 각주 50(이 책에서는 제 2부 1장의 각주 79)을 변경하지 않았다는 사실이 존재한다. 그런데 그의 박사학위논문 심사위원회가 과연 그 원래 각주를 하이데거의 차라리 수동적이랄 수 있는 **피조물***ens creatum* 개념에 대한 어떤 은근한 비판으로 이해했던 것일까? 아렌트는 A본에서 이미 '인간에 의해 구성된 세계'라는 좀 더 적극적인 정의를 가지고 있었으며 B본에서도 그 정의를 계속 보유했다. 이 '사유의 맥'의 중요성은 박사과정 학생으로서의 아렌트나 신참 정치이론가 아렌트에게 똑같이 중요했음이 분명하다. 원래 그 각주에서 아렌트는 다음과 같이 논평하고 있다.

> 하이데거는 아우구스티누스의 **세계***mundus* 개념이 지닌 두 가지 의미들을 구별하는데 …… [첫째는] **피조물***ens creatum*로서의 의미 …… [그리고] '저 세계의 애호자들로서 인식된 세계'라는 의미가 그것이다. 그러나 하이데거는 나중 것에만 다음과 같은 해석을 붙인다. '세계는 **존재자 전체***ens in toto*를 의미하며, …… 이 해석에 따르면 인간실존은 종결점과 관계를 맺고 또 그것으로 다가가는 행보를 취한다.' 그의 해석은 저 세계를 '[인간들이] 마음속에 그 세계를 담고 살아가는 것'으로서 조명하는 일로 한정하는 한편, 다른 한 개의 세계 개념은 비록 언급은 할망정 여전히 미해석 상태로 남겨 두었다. 여기서 우리의 해석 목표는 정확히 말해서 [저 세계에 대한] 아우구스티누스의 이중적 접근법을 이해시키는 것이다(B:033208).

B본에서 그것을 둘러싸고 있는 확장된 맥락 때문에 한층 커다

란 중요성을 얻은 또 다른 관념은 '정초foundation'이다. 정초 행위는 A본에서 B본으로의 이동 과정에서도 변경이 가해지지 않지만, B본에서 정초 행위는 아우구스티누스의 탄생성 개념에 대한 논의와, 그가 신의 창조 작업에 대해 적극적인 이해 방식을 구성하게 됨에 따라 그리스 철학 전통에서 이탈하는 과정에서 보여주는 그의 '독창성'에 대한 아렌트의 훨씬 더 진전된 논의의 바탕에 깔리게 된다. 두 판본 모두에서 아렌트는 다음과 같이 논평한다.

> 삶을 그것의 실제적인 필멸성과 피조성이라는 시각에서 본다면, 삶은 저 세계와 더불어, 또한 그 속에 있는 어떤 것으로서 이해된다. 확언하건대 첫째로 삶은 ('귀환함'이나 저 세계로부터 원천으로 되돌아감이라는 관념이 보여주듯이) 세계와 무관한 것도 아니고, 또 세계가 삶과 무관한 것도 아니다. 그렇기는커녕 삶은 그것이 영위되는 장소인 저 세계를 정초하는 일에 한 발을 담그고 있다. …… 이 견해에 따르면 우리가 '세계'라는 말로써 저 세계의 애호자나 신의 직물로서의 [물리적] 세계를 가리키더라도 아무런 문제가 되지 않는다. 비록 인간이 저 세계 정초하기에 한 발을 담그고 있다 하더라도, 이 정초 작업은 언제나 신의 직물이라는 토대, 즉 신의 창조 작업으로서 현존하는 저 세계라는 토대 위에서 일어난다. 이 사실 하나로도 그 세계를 훨씬 더 명시적인 의미로 다시금 수립하는 일이 가능할 것이다. 죽음은 인간으로 구성된 세계와 신의 직물[로서의 세계] 양자를 우리로부터 거두어간다(A:033310).

아렌트는 저 세계의 정초 개념을, 야스퍼스에게서 도출하여 A본과 B본에서 반복적으로 사용하는 용어인 '총망라하는 것encompassing'과 연계시키려고 고심한다. 그가 다시 타자한 수정 문건들을 통해 한편으로는 저 [신에 의해] 창조된 세계와 저 [인간에 의해] 정초된 세계 사이의 연계성에 대해 상세히 기술하고, 다른 한편으로는 그 두 개의 세계들과 개인의 '귀환' 사이의 연계성에 대해서도 논의를 확장한다.

> 자기 자신으로의 귀환이 더 이상 저 세계와의 결별을 의미하지는 않을 것이다. 그보다도 신의 모방은 '질서 잡힌 인간'이 올바르게 세계 속으로 통합됨으로써 달성될 것이다. 요컨대 그는 자신을 저 총망라하는 구조, 즉 그를 그 자신의 본질인 부분으로 만드는 전체 속에 끼워 넣는다는 것이다. …… 시발점에 있었던 것은 종결점에도 있다(A:033311).

아렌트가 B본에서 추가하거나 의미를 확장시킨 모든 용어들(즉 정초, **세계의 시초**, **시간의 시초**, **새로움**, 탄생성, **자애**)은 그의 정치적 사유를 환기시킨다. 그러나 박사학위논문의 맥락에서 이러한 용어들은 '공영역'이나 **활동적 삶**을 가리키지 않는다. 거기서 저 세계로의 귀환에 관한 논의는 아렌트가 《인간의 조건》과 《혁명론》에서 기술한 '말과 행위'로 구성된 세계보다는 공동체 혹은 **사회***societas*의 재건을 제안했다. 그럼에도 사회에 대한 이러한 긍정적인 생각은, 그의 자유롭게 움직이는 공영역 개념으로 나아가는 여정에서 간과된 어떤 중요한 연결고리이다. 그 공영역에서 정치는 개인적 혹은 사회적 삶에 뿌리를 두지 않고 일어나며 모종의 도덕적 나침반을 결여하고 있는 듯이 '보인다.' [그런데 다행스럽게도] 그 박사학위논문이 아렌트 정치사상의 기초를 세우고, 그의 '공적 삶의 현상학'을 위한 실존적 맥락을 제공하는 것이다—아렌트의 자유를 위한 주장은 20세기를 통틀어 가장 영향력 있고 설득력 있는 논법들 중 하나이다.

3
하이데거: 과거와 미래 사이의 아렌트

아렌트가 1964년과 1965년 사이에 출판하기로 결심함에 따라 그가 아우구스티누스에 관해 쓴 1929년 박사학위논문이 재발견되었다. 그로 인해 저 기독교철학 전통에 대한 아렌트의 관계뿐 아니라 그의 첫 번째 스승이었던 마르틴 하이데거와의 관계에 대한 표준 해석에 대해서도 수정이 불가피해졌다. 아렌트의 박사학위논문은 저 서구 철학의 거목 중 한 명인 성 아우구스티누스의 '이질적인 의도들'에 대한 탐구를 경유하여 모종의 확장된, 그러나 비판적인 방식으로 하이데거와 조우하는 계기였다. 아우구스티누스의 사상은 방법론적으로 모순을 일으켰고 죽음Death으로부터 존재Being로의 '선회'에 초점을 맞추고 있었으며 저 세계의 복잡성이라는 '사실'에 대한 확신을 담고 있었기 때문에 하이데거 현상학을 검증하기에 이상적인 주제였다.

아렌트는 하이데거의 학생이었고 연인이었으며 지적 동반자였다. 그러나 이러한 사실들이 하이데거가 아렌트에게 직접적인 영향을 주었다거나 또는 아렌트의 독해를 어떤 비교적秘教的인 것으로 단정할 만한 충분한 근거가 되지는 않는다. 아렌트 자신도 그렇게 말했을 듯하지만 그의 저술 의도와 관련된 수수께끼는 [개인의] '역사'로 환원될 수 있는 성격이 아니다. 그의 저술의도들이 하이데거주의적이었는가의 문제를 논하는 일은, '새로운 시발점들' 또는 행위들 거의가 의도한 목적을 달성하지 못한다는 아렌트 특유의 해체주의적 전제에 비추어 본다면 훨씬 더 문제가 커진다. 아렌트가 자신의 언어적 표현들을 통해 청중들이 이해하기를 바랐던 바는 그것들의 바탕에 깔린 진실일 수도 있고 아닐 수도 있다. 더욱이 그 청중들의 이해가 그들이 구축한 의미 속에 반영될지 아닐지도 알 수가 없다. 아렌트는 저 자유라는 수수께끼로 인도해준 아우구스티누스와 마찬가지로 어떤 '기적적이고 창조적인 과정으로서의 삶'이라는 접근 법을 선호했다. 아렌트가 이해하는 이러한 삶의 산출물은 모종의 '이야기'였다.

아렌트적 엑시스텐츠의 핵심은 우발성이므로 그는 기회가 있을 때마다 결정론을 무효화시킬 것을 역설했다. 특히 그 자신의 이야기를 떠받치고 있는 '방법론'에 관해 명쾌하게 밝히라는 요청을 받게 되면 그렇게 했다. 아렌트는 그 사람이 '누구'인지 드러내는 일은 발언과 행위를 통해서 이루어지며, 그 일은 그러한 활동들의 산출물 그 어떤 것과도 인과적인 방식으로 연결되지 않는다고 주장했다. 아렌트는 하이데거와 야스퍼스로부터 어떤 '주어진 공동체'에서 태어난 개인의 '사실성facticity' 관념을 채택했다. 그러나 아렌트로 하여금 사람의 출생이라는 사실을 저 '탄생성'의 기적적인 예제로 변형하게 하고, 그 자신이 소여성givenness이라는 족쇄로부터 그리고 하이데거로부터 '선회'하도록 도운 사람은 아우구스티누스였다. 출생은 새로운 구성원을 기존의 '상충하는 의지들과 의도들'로 이루어진 '망' 속으로 '끼워 넣는' 방식으로 우발성의 힘을 재생한다. 아렌트가 아우구스티누스와 조우한 이 연구에서 '귀환'은 모종의 환원을 의미하지 않는다. 아렌트의 첫 번째 저작이 가지는 의미는 그의 후속 저작들이 모두 이 책의 각주들로 읽히게 된다는 것이 아니라, 그것 속에 아렌트의 엑시스텐츠와 관련해서 어떤 유대인 대학살의 존재론이나 진 엘시테인Jean Elshtain이 이름붙인 "폴리스에 대한 선망"(Elshtain 1988) 그 이상이 존재한다는 사실을 입증한다는 사실이다.

아렌트는 하이데거에게 지고 있는 지적인 부채 문제와 관련하여 줄곧 질문공세에 시달렸다. 한스 모건도Hans Morgenthau는 아렌트의 저작에 관한 사후 '공적功績 평가'에서 "한나 아렌트는 어떤 철학적·정치적 관점에서 본인의 서로 다른 연구 논문의 주제들에 접근했는가?"라는 질문을 던졌다. 이 질문에 대한 답변은 모건도의 질문 의도를 비켜 갔다. 아렌트의 찬미자들과 비방자들에게 늘 그랬듯이 말이다. 모건도는 아렌트가 비록 하이데거와 야스퍼스를 사사했다고는 하지만 "누군가는 [반드시] 그 두 거목이 아렌트에게 직접적으로 영향을 끼친 부분을 꼼꼼히 탐색해볼 필요가 있을 것"(Morgenthau 1976, 5~8)이라고 보았다.

그런가 하면 일부 다른 사람들은 하이데거에 대한 아렌트의 지적 부채가 치명적인 수준이라고 생각한다. 스트라우스학파의 정치사상적 관점에서 저술한 토머스 팽글은 자신의 《근대 공화주의 정신The Spirit of Modern Republicanism》(1988)에서 아렌트가 미국 자유주의 정치사상의 전통에 독일 허무주의의 부식腐蝕 효과를 가미함으로써 전자를 손상시킨 모종의 하이데거주의적 두더지라고 공격한다. 아렌트는 "'개인주의' [그리고] 시민적 긍지의 허약성이 커져가는 것"에 마음이 편치 않았던 당대의 "다수 사려 깊은 선남선녀 중 한 명"이었다(Pangle 1988, 48). 그러나 [팽글의 견해상] 아렌트와 그의 스승들은 거의 같은 수준으로 위험한 "어떤 영웅적이고 공동체주의적인 선조를 연모하는 향수"를 가지고 대응했고, 서구 공화주의 전통을 '정의'하는 요소인 '부르주아 자유주의'에 대항해 모종의 "도덕적 반란을 조장"했다. 팽글은 아렌트라는 지적인 현존체가 일종의 최면을 걸어 대중을 매료시키는 효과를 내고 있다고 주장했다.

> 이 최면을 걸어 매료시키는 효과가 아렌트를 그러한 동경들의 가장 진지한 지적 원천으로 만들었다. 포콕J. G. A. Pocock과 그의 제자들은 자신들의 몇몇 핵심 방법론적 가설들이 비트겐슈타인, 쿤Kuhn, 기어츠Geertz로부터 도출될 수 있을지 모르겠지만 자신들의 저술을 생기 있게 만드는 도덕적 영감은 아렌트에게서 발원한다는 점을 분명히 밝혔다(Pangle 1988, 49).

팽글은 포콕, 존 디긴스John Diggins와 대서양 양안의 다른 지성사가들이 아렌트가 폴리스적 삶의 '상실된 보물'을 찬양하는 이면에 재간 있게 은폐시킨 명예욕을 놓쳤다고 걱정한다. 팽글은, 진실을 말하자면 "아렌트가 바로 미국에서 하이데거의 정치적 사색思索 양식을 대중화한 장본인이다"라고 주장한다. 아렌트가 이력을 쌓기 시작한 출발점에서부터 그의 의도는 "저 서구 전통 전체와 불화를 일으키는 효과"를 창출하는 것이었으며, 특히 "이성과 행위 사이의 관계"를 주요 목표로 삼았다는 것이다. 이를테면 아렌트가 하이데거주의 노선의 동행자로서 은폐된 의미들을 좇는 모종의 '비교적秘敎的' 방법론을 추구했다는 것이다.

> 그[아렌트]는 하이데거에게 막대한 지적 부채를 졌다는 사실을 좀처럼 표명하지 않았다. 그러나 그의 인류애가 그로 하여금 스승의 새로운 사유법이 보여주는 가장 급진적인 함의들로부터 뒷걸음치게 만들었다. 물론 그 방식에서는 납득할 만한 비일관성과 머뭇거리는 애매함을 보여주었지만 말이다. 그러나 그는 결과적으로 하이데거 정치사상을 희석시킨 [본인의] 판본에 이전의 영미권 정치사상이 완전히 결여했던 어떤 매력을 부여했다(Pangle 1988, 49).

하이데거만이 아렌트가 가졌던 유일하게 나쁜 동행은 아니었다. '결연성'과 '결단'을 좋아하는 아렌트의 열의로 알 수 있는 마키아벨리, 로베스피에르, 레닌에 대한 특별한 관심도 비난의 대상이 되고 있다. 팽글은 아렌트가 자신의 혁명 연구와 관련된 논의 차원에서 미국의 "보다 절제되고 각성된" 혁명 양식의 정당성을 비준하는 듯이 보이지만, 막상 아렌트가 "혁명 지도자들의 사유 방식을 좀 더 면밀하게 분석하는 과정에서 가장 깊은 공감을 표시한 경우는 바로 저 로베스피에르적 행동주의자의 비전"으로 드러난다고 지적했다(같은 책, 51).

팽글이 인식한 아렌트는 하이데거주의자에다 군국주의의 원형에 가까운 비전을 지니고 있다. 이런 식의 표현은 아렌트가 독일 현상학의 거두였던 스승들에게 진 빚에 대해 이제껏 공표된 공격들 가운데 가장 극단적인 형태였다. 그러나 팽글 자신이 매우 영향력 있는 정치학자라는 이유로 그의 메시지는 폭넓게 수용되었다. 또 다른 비판자인 뤽 페리는 팽글의 '함께 어울린 죄'라는 접근 방식을 재탕하면서, 아렌트가 하이데거와 연결된 일이 저 서구 철학의 합리주의적 토대들을 훼손하는 역설적 효과를 창출한 전체주의에 대한 모종의 비판 이론을 생산하는 결과로 이어졌다고 주장한다. 페리는 하이데거의 영향 하에 행동하는 아렌트가 근대성의 위기들과 근대성이 전체주의적 이념들 속에서 임종의 고통을 겪은 것이 다 근대적 역사철학들, 특히 마르크스주의에 수반된 필연성 개념 때문이라고 비난한다는 주장을 펼쳤다. 또한 아렌트가 '실재하는 것은 전부 정복과 통제가 가능하다'는 19세기의 관념을 모종의 '참신성과 신비성의 현상학'과 병치시키는데, 이것이 인과성 및 도덕적 행위를 유기遺棄한다고 주장한다. [페리에 따르면] 이것은 하이데거의 '형이상학 해체'에 기초한 모종의 '새로운' 역사 관념이었다(Ferry 1992, 5). 페리가 파악한 아렌트는 그 자신의 '탄생성'

개념과 더불어 "사회적인 것the social의 영역에서 이루어지는 그 어떠한 과학적 작업도, 또한 정치 및 역사에 관한 그 어떠한 윤리적 견해도 불가능한 것으로 만드는 모종의 현상학적 시각을 대변하는 으뜸 행위자였다"(같은 책, 4).

페리는 아렌트의 박사학위논문을 그가 '탄생성'에 관해 쓴 첫 저작의 원천으로 꼽지 않는다. 대신 '있음의 기적'에 관한 하이데거의 언급을 그 원천으로 특정한다(같은 책, 6). 그와 동시에 페리는 아렌트의 지지자들이 너무나 명백하다고 인정하는 아렌트의 아우구스티누스적 기원을 가지고 있는 용어들, 즉 "기적들의 연쇄", 저 "기적적인 것", 저 "존재의 기적", "이 의외의 새로움에 대한 탐지探知" 등의 아우구스티누스적 기원을 거부하는 논지를 전개한 몇 안 되는 비판자들 가운데 한 사람이다. 페리는 1953년 《파르티잔 리뷰》에 실린 논문 〈이해와 정치〉를 인용하면서 아렌트가 "새로움은 역사가에게 실재적인 것이다. 왜냐하면 그는 '항상 오직 한 번만 일어나는 사건'을 다루기 때문이다"라고 논평한다고 알려준다. 페리는 이 논평의 결함이 아렌트 못지않게 하이데거에서 기인한다는 입장을 취하면서 다음과 같은 제안을 내놓았다.

> 하이데거의 학생이자 제자(비록 하이데거의 정치적 선택들로 인해 이 사실이 혼란을 야기하는 문제로 변하기는 했을지라도 그 사실만큼은 논쟁의 여지를 남기지 않는다)인 한나 아렌트에게 이 새로운 역사 관념이 저 행위 개념을 중심으로 결정화되었다고 잠시 가정해 보자(Ferry 1992, 5).

페리는 이 현상학적 이해를 바탕에 깔고 이렇게 질문한다. "만일 인간 행위들이 …… 인간 의지 때문이 아니라 오직 '있음의 기적'으로 간주된다면" 아렌트가 유명하게 만든 저 "'악의 평범성'이라는 표현이 의미하는 바는 무엇이 될 것인가?"(같은 책, 7)

이러한 비판적 스펙트럼의 다른 쪽 끝에 존 거넬John Gunnell의 저작들이 포진해 있다. 그의 저작들은 정치이론 내부에 하위 전공 영역이 등장한 사실과 미국 학계에서 독일 이민자들—그 중에서도 특히 아렌트—의 '위기' 의식이 담당했던 역할을 분석한다(Gunnell 1986, 99~117; 1993, 177~182, 196~197). 거넬의 접근법은 맥락주의적이고 역사적인 한편, 하이데거의 제자들이 정치학에 끼친 효과에 대해서는 부정적인 판결을 내린다. 그러나 거넬이 개탄한 내용은 팽글과 페리가 주장한 것과 완전히 정반대의 효과를 냈다.

거넬은 아렌트와 그의 독일 이민자 동료들이 '도덕적 상대주의'와 '허무주의'를 옹호한 것을 비판하는 대신, 그들이 미국의 경험주의와 실용주의를 공격하는 한편으로 정치적 삶에 녹아 있는 도덕성과 '규범적' 정치사상의 가능성을 변호했다고 비난한다.

> 비록 아렌트가 스트라우스Leo Strauss나 푀겔린Eric Voegelin 수준으로 상대주의의 딜레마와 절대적 가치들의 회복 필요성을 눈에 띄게 강조한 것은 아니었을지라도 상대주의는 그의 '세계 소외' 분석의 중요한 측면이다. …… 아렌트는 근대철학과 근대과학이 '데카르트적 회의' 위에 세워졌으며, '근대적 허무주

의'에 기여했다고 주장한다(Gunnell 1968, 111).

거넬은 아렌트와 그의 [독일 이민자] 동료들이 서구 전통의 '전통'을 의도적으로 피하기보다 그것의 고전적 뿌리들을 복원시키기 위해 전통의 근대적 모순점들을 해체시킨다고 주장한다. [요컨대] 아렌트가 [전체주의의 수단이 된] 이념과 테러에 맞서서, 그리고 자유주의의 교착 상태에 대한 대응으로, 현상학적 정치사상을 통한 도덕적 추론이라는 모종의 대안적 방법론을 탐색한다는 것이다. 거넬은 저 "보편적이며 절대적인 용어상으로 사유할 수 있는" 능력이 쇠퇴했다는 아렌트의 탄식을 인용한다. 그리고 그러한 결과로서 어떤 "초월적 세계"라는 관념이 사라진다고 설명한다. "존재Being 대신에 우리는 '과정process'이라는 개념을 발견한다." 정신의 삶은 "그것 자체를 위해"라는 그것의 [자기충족적인] 지위를 상실하고 "저 세계가 아니라 삶이 인간의 최고선이라는 가정" 하에 다른 목적들을 위한 수단이 된다(이상은 거넬이 아렌트의 《인간의 조건》 236~238, 246, 262, 266, 270에서 인용한 사항들이다).

거넬은 아렌트가 "'과거와 미래' 사이에 잡혀 있음"을 발견한다—이것은 거넬이 아렌트의 박사학위논문으로 거슬러 올라가서 발견한 것이 아니라, 아렌트, 스트라우스, 푀겔린이 이론가로서 자신들의 역할에 부여한 어떤 특이한 정당화 입장에서 발견한 모종의 심리적 지점이다. "재이론화", "복원" 또는 아렌트의 "우리가 무엇을 하고 있는지에 대해 사유함"과 같은 문구는 모종의 학문적 추구로서의 '정치철학의 복원'뿐 아니라 어떤 정치적 삶을 정당화하는

데 있어 이론이 담당하는 역할을 넌지시 귀띔해 준다. 그러나 거넬은 그 사상가가 과거와 미래 사이에 [자신의] 위치를 정하는 일이 그 또는 그녀를 저 공적 세계 속으로의 참여와 효과적으로 연결시키지는 않는다고 주장한다. 요컨대 아렌트가 아우구스티누스로부터 도출한 시간과 관련된 은유는 정치적 실제 속의 현전과 그것으로부터의 비판적 거리 양자를 시사한다. "아렌트는 하이데거의 나치 부역에 대해 설명하면서 부분적인 사과를 한다. [그의 설명에 따르면] 그것은 사유가 진정한 방식으로 거주할 수 없는 저 이질적인 실제의 세계로 끌려들어간 한 가지 사례였다"(Gunnell 1986, 103). 그러나 거넬은 아렌트가 얼마나 자신을 [하이데거로부터] 지리적으로 또 학문적으로 떼어 놓으려고 노력했는가와 별개로, "그[아렌트]가 시도한 저 서구 정치 사상 전통의 해체 작업은 하이데거가 시도한 저 철학의 역사적 숙명에 관한 분석과 아주 비슷하다"는 결론을 내린다(같은 책, 113).

저 아렌트-하이데거 관계는 미국 정치학자들 사이에서 이색적인 학문적 결실을 확실히 맺었다. 비록 팽글, 페리, 거넬 등이 이념적이지 않다고는 말할 수 없을지라도 그들은 철학과 공적인 삶의 연결고리 문제를 놓고 강단 내에서 전투를 벌였던 전사들이다. 이들은 전부 하이데거의 엑시스텐츠가 그의 제자인 아렌트에게 초래한 결과뿐 아니라, 그것이 아렌트의 광범위한 영향력을 매개로 1940년대 이래 미국 정치학계에 미친 효과에 대해 비판적이다. 역설적이게도 아렌트의 열렬한 찬미자였던 모건도와 신랄한 비판자였던 팽글, 페리, 거넬은 한 가지 점에 동의한다. 그것은 아렌트가 하이데거에게 진 빚은 상당하지만 잘 감추어져 있다는 사실이다. 그들은 또한 저 아렌트-하이데거 관계가 대서양 양안에서 이루어진 '근대성'에 대한 파괴적인 공격의 핵심 요인이었다는 데도 동의한다. 저 [아렌트라는] 독일계 망명학자가 근대성의 자유주의적 기본 전제들을 비판한 것에 대한 반동은 정치사상에서 공동사회gemeinschaft에 대한 자극 현상뿐 아니라, 대서양 문화권에서 자유주의적 가치들과 정치적 실제 사이의 연결고리가 약화되는 현상으로 나타났다.

분할된 경로 (1): 급진적 해석

1929년 박사학위논문에서 아렌트의 명시적 임무는, 가장 '문제가 되는' 개념인 이웃에 대한 사랑에 초점을 맞춰 아우구스티누스의 사랑에 대한 이해 방식이 지닌 '이질적인' 층위들을 드러내는 것이었다. 동시에 그 박사학위논문의 효과는 우선 출구와 입구를 지정하고, 이어서 상호적인 자애에 바탕을 둔 새로운 세계들의 '구성' 가능성을 제안함으로써 하이데거의 세계로부터 빠져나오는 길을 찾아내는 것이다. 동시에 반복은 물론 변경, 자아 및 공동체의 진정성, 판단을 위한 어떤 '공간'의 확보 등을 유효하게 만드는 것이 아렌트의 암묵적인 과제였다.

자신의 입장에 관해 질문을 받았을 때 아렌트는 자신이 한 사람의 '급진주의자'라고 고백했다. 이 용어는 유럽과 미국에서 두 차례 세계대전을 겪은 세대에게는 풍부한 문화적 의미를 내포하고 있다. 마르틴 하이데거 역시 이 용어를 사용했지만 자신을 정의할 목적에서 그렇게 한 것은 아니었다. 사실 소크라테스 시대의 그리스인들로부터 칸트를 거쳐 현재에 이른 저 철학 '전통'과 구별 지을 목적에서 급진적이라고 지칭된 것은 그[하이데거]의 '다자인' 존재론이었다. 아렌트는 1920년대 말기의 몇 년간 장차 특출한 이론가가 될 다수의 사람들과 더불어 하이데거의 '존재와 시간' 강의를 들었다. 이 강의는 존재Being의 근원적 의미로의 여정을 따라가는 일은 저 [서구 철학] '전통'을 위한 모종의 본질적이고 '급진적'인 임무라는 그의 고집을 전제로 한 것이었다. 모종의 기초 단계로서 그의 '존재와 시간Sein und Zeit' 강의는 다자인(세계 내 존재)을 통해 그 본질이 감추어진 채로 남아 있는 존재의 엑시스텐츠를 '드러낼' 예정이었다. 따라서 존재로 통하는 그 길을 밝히는 것이 '해석'의 가장 중요한 임무였다. 왜냐하면 하이데거에게 철학 전통이란 것은 "저 다자인 해석학에서 출발한 …… 보편적인 현상학적 존재론" 그 이상은 아니었기 때문이다. 그러므로 진정으로 급진적인 출발점은 "존재론을 위한 존재론적 토대들을 제공하는" 것이다(Heidegger 1962, 486~487).

연구 작업적 용어상에서 아렌트가 후설, 야스퍼스, 하이데거로부터 계승한 급진주의radicalism라는 용어의 의미는 엑시스텐츠와 관련된 것이라기보다는 모종의 해석학적인 의미였으며, 오로지 '해석'의 문맥적 장애물들을 제거하려는 목적에 복무했다(같은 책, 62). 그 [존재와 시간] 강의의 초반부에서 하이데거는 "존재의 문제를 보다 급진적인 방식으로 파악할 필요성"에 관해 이야기한다(같은 책, 46). 그렇게 하기 위해서는 '저 존재론적 전통을 파괴하는 일'이 필수적이다. 지금까지 그 전통은 심지어 스스로에게도 자신의 '근본 문제'를 숨겨왔기 때문이다.

그러나 해석은 마지막까지 추적하는 숙명을 지닌 듯이 보였다. 존재-그-자체Being-as-such에 관한 근본적인 질문들은 전통적 결말들로 인도되는 전통적 가설들에 관한 모종의 철학적 담론 속에 갇혀 있었기 때문에 "사물들 자체에 대한 인정"을 불가능하게 만들었다. 하이데거의 현상학적 방법론은 그가 선호하는 비판의 목표물—실재론과 관념론—에 공통된 표준적 '기술 장치들'을 회피하려는 의도를 담고 있었고, 그보다도 "고대 존재론의 전통적 내용물을 파괴"하려는 의도를 가지고 있었다(같은 책, 50, 57). 하이데거의 목표는 "우리가 존재의 본질을 규정하는 일차적 방법들을 성취했던 그 원초적 경험들에 도달하는 것이었다—그 이후로 줄곧 우리를 인도해 온 바로 그 방법들 말이다"(같은 책, 44).

아렌트가 평생에 걸쳐 치렀던 저 해석학적 난맥상과의 투쟁은 하이데거의 투쟁에 의해서 촉발되었으며 그의 박사학위논문에도 직접적으로 반영되어 있다. 아렌트는 하이데거가 직업적인 철학 '학파들'의 제약 조건들을 피할 목적에서 스스로 배교背敎 선언을 한 일에 매료되었다. 하이데거는 자기 자신의 현상학적 관점을 제시했다. 그것은 다른 좀 더 전통적인 관점들과 '나란히 존재하게' 될 것이다.

우리가 고착된 그 절차에 부응하여 …… 우리는 다자인 속에 놓인 어떤 근본 구조를 드러내야만 한다. 저 세계 내 있음이라는 [구조] …… 다자인 해석에서 이 구조는 어떤 무엇, 즉 '선험적인 것apriori'이다. 그것은 조각들이 함께 결합된 것이 아니라, 원초적인 그리고 항상적인 어떤 총체이다. …… 우리의 논고는 어떤 '관점'을 따르거나 혹은 어떠한 특정의 '방향'도 대변하지 않는다. 현상학은 그런 관점이나 방향에 관한 것 그 어느 쪽도 아니며, 또 그것이 스스로의 임무를 이해하는 한 그렇게 될 수가 없기 때문이다(Heidegger 1962, 50, 65).

아렌트는 박사학위논문의 서론에서 아우구스티누스 저작 속의 유사한 '사유의 맥들'을 강조한다. 그는 나중에 그것들을 사랑의 문제가 모종의 결정적인 역할을 담당하는 세 개의 개념적 맥락들로 재창출하게 될 것이다. 아렌트의 선험적 구조에 해당하는 것은 저 "이웃에 대한 사랑의 의미와 중요성의 문제"인데, 즉 "저 세계와 세계적 욕망들로부터 소원해진 신자에게 이웃의 적실성이란 무엇인가"라는 것이다. 그러나 아렌트는 자신의 입장이 "특정의 고정된 철학적 입장이나 신학적 입장에서 보면 결코 절대적 비판이 될 수 없을 것"이라고 강조한다(A:033241~033242). 그보다도 아렌트의 입장은 그의 연구 문제 선택에서 도출되었으며, 아우구스티누스의 저작들 속에 나타나는 '비정합성 수준'을 낮추는 대신에 높이겠다는 의도를 담고 있었다. 하이데거가 이 본질적 질문과 그것의 표시 형태들이 보이는 복합성 사이의 긴장 관계를 처리한 방식은 다음의 진술에서 밝혀진다. "이 [해석의] 구조 전체가 항상 우선적인 고려사항이다. 그러나 만일 우리가 이것을 늘 주시한다면 이러한 항목들이 현상들로서 우리의 시선 속에 들어오게 될 것이다"(Heidegger 1962, 65).

어떤 단일한 문제의식으로부터 결과하는 방법론적 통일성이 저 세계 속에 '던져짐' [즉 기투企投]이라는 다자인의 경험적 다양성에 의미를 부여했다. 그러나 아렌트의 관점에서 볼 때 다자인 자신의 자기이해 문제는 개념상으로 해결되어야 할 사항으로 남았다. 하이데거는 "모든 가능성들이 하나로 수렴된" 의식적 선택을 "진정성 있게 반복"하는 방식으로 다자인이 "저 세계에 항복하는 일"에서 벗어나는 어떤 [인식적] 통로를 설계하려고 했다. 이 '결연함resoluteness'은 저 가능성들의 다양성, 즉 안락함, 사물에 대한 무관심 및 경박함에 끌리는 습관적 분산과 구별되어야만 했다. 또한 결연함은 "오늘날 다자인을 해석하는 평균적인 공중의 방식"에 수반된다(같은 책, 437, 435). 아렌트는 하이데거의 '반복'을 아우구스티누스의 '모방'으로 바꾼 다음 그것을 '저 세계로부터의' 자유로운 선택을 위한 토대로 정의했다. 그러고 나서 그 [인간의] 모방이 '새로운 시발점들'('탄생성')과 '정초'의 방식으로 저 해석과 현존 양자의 해석학적 함정에서 탈출할 수 있는 어떤 세계 속 '공동체'로 '귀환'하는 여정을 따라갔다. 여기서 피해야 할 조건이 되는 것은 아비투스habitus였는데, 아렌트와 하이데거 양자 모두 이 용어를 사용했다. 아렌트는 아우구스티누스의 탐욕의 무사유성無思惟性 분석에서 이 용어를 채택했다(A:033320 참조). 나중에 그는 아돌프 아이히만이라는 나치 부역자의 심리구조('평범성')를 기술하는 데 이 용어를 다시 사용하게 된다. 아비투스는 1929년 박사학위논문에 등장하고 1960년대의 수정에서도 변경 없이 남겨졌다. 역설적이게도 하이데거는 1930년대에 명백히 나치의 '공공성'에 굴복하였지만 그의 젊은 제자인 아렌트는 프랑스로 망명했다가 최종적으로 뉴욕에 정착하였다.

아우구스티누스의 순례자적 영혼은 하이데거의 다자인과 거의 유사한 방식으로 "자신의 자아를 분산으로부터 그리고 저 세계의 산란함으로부터 거두어들였다." 그러나 아렌트는 1929년 박사학위논문에서 그러한 [자신으로의] 퇴각은 단순히 고립뿐 아니라 저 기본적인 문제의식(즉 하이데거[철학]의 '문제의식')을 재구조화하는 일에 바탕을 두고 있다고 경고했다. 그 [자아의] 분산으로부터의 탈출은 후속 질문들을 촉발시킨다.

> 그가 더욱더 자기 자신 속으로 후퇴하고 세계의 분산과 산란함으로부터 자신의 자아를 거둬들이려고 하면 할수록 그는 점점 더 "**자신에게 문젯거리가 되었다***quaestio mihi factus sum*." 그러므로 아우구스티누스가 분산과 산란함으로 인한 자아 상실에 반대한 일은 단순히 자기 자신으로의 퇴각만을 의미하는 것이 아니다. 이는 그 문제 자체를 뒤집는 전회轉回이며, …… (B:033149)

하이데거는 "자신을 하나의 실체로서 규정함에 있어" 다자인이 "어떤 가능성에 비추어" 자신을 "어떤 식으로든 이해한다"는 사실을 확립시킬 목적으로 아우구스티누스의 동일 문구들을 인용하면서 자신의 [존재와 시간에 관한] 강의들을 시작한다(Heidegger 1962, 69). 아우구스티누스는 라틴어로 "나 자신보다 내게 더 가까운 것이 또 있겠는가?"라고 묻는다. 그리고 하이데거가 옮기고 있는 그의 대답은 이렇다. "확실히 나는 여기서도 일하며, 또 내 속에서도 일한다. 나는 내 자신에게 수고와 엄청난 땀을 요구하는 모종의 경작지가 되었다." 아렌트와 하이데거 양자 모두 《고백록》, 특히 제10권을 샅샅이 읽었을지라도 하이데거는 자신의 [연구] 맥락을 저 지상의 엑시스텐츠에 대한 문제의식으로 한정시킨다.

아렌트의 박사학위논문에 보다 폭넓은 목표를 상정한다. 언뜻 보기에 아렌트가 이해하는 **자애***caritas* 관념은 즉각적으로 하이데거의 '염려care' 개념을 떠올리게 한다. 그러나 좀 더 세밀히 살피면 하이데거에게 '염려'는 단지 다자인Dasein's Being이며 탄생성을 수반하지 않는다. 염려의 존재론적 의미는 '시간성'이며 '저 세계의 그곳there of the world'으로 밝혀진다. 저 의미의 통일성을 부과하는 '저 세계의 존재론적 구성 방식'은 다자인이 모종의 주어진 것으로서의 저 세계를 '염려하는' 관계에 바탕을 두고 있다. '염려'와 연계된 다른 용어들로는 '불안anxiety', '고립isolation', '죽음Death' 등이 있다. 이 용어들은 '그들they'의 '일상성' 및 저 세계의 '공공성'과 다자인의 연결고리들, 그리고 그것들로부터의 고립alienation을 표시한다(같은 책, 416~17).

아렌트는 박사학위논문에 하이데거의 염려에 대한 대안적 정의를 제안했으며, 연구 이력 전체를 통해 자신의 [대안적 정의인] '사랑' 개념의 전제前提를 계속 검토했다. 그것이 의미하는 바의 핵심은 우정, 용서, 사회적 유대 관계들을 통해 저 세계 내 인간관계들이 '재구성'될 수 있는 가능성이다. 아렌트가 '이웃사랑'이나 어떤 정신적 '결속의 매개물'로 사용했던, 또는 피조물과 그것의 창조주 사이의 연결고리로 사용했던 **자애**는, 죽음을 맞는다는 사실에도 불구하고 가능성이 있는 모종의 '기적'이다. [은유적으로 말해서] 죽음이 바로 의지의 습관화된 무기력과 [자아의] 세계성을 통한 분산이다. 아우구스티누스가 존재론적 이성주의라는 그리스 철학의 유산으로부터 자신을 분리하기 위해 투쟁하는 것을 관찰하면서 아렌트는 그가 '완전히 다른 맥락으로' 옮겨가는 것에 박수를 보냈다. 스토아 철학적 철수disengagement와 신플라톤주의적 목적론들은 인간의 이야기가 제공하는 드라마를 놓쳤다. 기억의 장(내부적으로)과 인간공동체(외부적으로)는 죽음의 존재론에 대한 일종의 뒤집기를 가능하게 하였다. 아렌트는 아우구스티누스에게서 사랑(**자애**)의 능력에 배태된 '탄생성'이라는 핵심 메타포를 발견했다. 또한 아우구스티누스를 좇아서 탄생성이 각각의 새로운 성원이 출생하는 방식으로, 각각의 도덕 의지를 [실현하는] 행위의 방식으로, 그리고 행위를 통해 저 세계가 새롭게 우발적으로 '구성하는' 각각의 경우를 통해서 [신의] 창조를 모사한다고 이해했다(B:033157 참조).

죽음이라는 문제에 직면한 아우구스티누스는 두려움 극복 방안으로 '반복'이나, 결연히 전통을 수용하는 방식이나, 심지어 실존적 존재existential Being로의 접근을 통해 영구성을 추구하지도 않는다. 그 대신 저 [개인의] 영혼은 오히려 자신의 창조주인 신으로 귀환함으로써 미래의 행복을 얻으려는 탐색 과정에서 내부의 '거대한 기억의 창고들'로 철수한다. 아렌트는 이에 대해 다음과 같이 설명하고 있다.

> 자아가 '자연의 숨겨진 작동방식'보다 훨씬 더 이해하기 힘들다는 사실의 발견이었다. 아우구스티누스가 신에게 기대한 바는 '자신은 누구인가?'라는 질문에 대한 답이다—이전의 모든 철학은 이 질문에 대한 답의 확실성을 당연시했다. 다른 방식으로 표현하자면 아우구스티누스는 이 새로운 자아 탐구 방식으로 인해 결국 신에게 관심을 돌렸다. 그는 신에게 우주의 신비나 존재Being의 난점을 자신에게 보여 달라고 요청하지 않았다(B:033149).

자애는 "신앙 안에서 복종하라는 창조주의 부름"이며, 따라서 "인간을 그의 궁극적인 목표와 연결하는 통로"이다. 그것의 반대인 탐욕은 죽음과 자아 상실에 대한 두려움 때문에, 시간적 속성을 지닌 저 세계의 가변적인 대상들의 소유와 영구성을 갈망한다. 아우구스티누스는 장차 있을 창조주와의 결합을 추구하는 모종의 열정에 의해 추동된 자애로부터, 기억 및 삶 자체에 대한 감사에 의해 동기화된 어떤 '완전히 다른' 유형의 자애로 옮겨간다(B:033147 참조). 저 **지상의 도시**는 자기인식을 위한 드라마의 초기 무대이지만 장면은 곧 저 **신의 도시**로 전환된다. 아렌트는 이것과 관련된 아우구스티누스의 문제의식, 즉 '**탐욕** 안에서 저 세계를 사랑하고 거기서 안식을 얻는 쪽이 훨씬 더 낫지 않겠는가?'라는 부정적 반응은

"저 세계가 그것의 애호자들에게 줄 수 있는 바에 대한 어떤 심각한 불만족감"을 반영하고 있다고 설명한다(B:033143).

사악한 것은 저 세계 그 자체가 아니라 개인이 세계를 대하는 탐욕이다. "갈망은 오직 외부에 있는 것을 추구함으로써만 중립적인 '외부'를 어떤 '세계'로, 엄밀히 말해서 인간을 위한 모종의 안식처로 전환시키기 때문이다. …… 그 지점에서 자아의 상실이 발생한다."(B:033148) 악은 영구성을 추구하는 어떤 잘못 인도된 욕망에서 기인한 저 세계성의 습관에 있다. 그러므로 아렌트의 다자인Arendt's Dasein은 존재Being가 아니라 신을 통해 자아를 찾아 나선다. "'나는 있다I am'라고 말하고 싶고, 자기 자신의 통일성과 정체성을 불러내 세계의 다양성 및 이채로움과 한판 겨뤄 보고자 하는 사람은 누구든 '외부'에서 제공하는 모든 것에 등을 돌리고 자신 속으로, 즉 자신의 내부 구역으로 물러나야 한다."(B:033149)

퇴각함[즉, 물러남]은 먼저 기억된 과거의 피조물-창조주 관계로의 귀환, 그리고 최종적으로는 저 세계 내 '공동체'로의 귀환으로 인도된다. 그 결과 공동체는 자유롭게 의지된freely willed '탄생성'이 추동한 행위들을 통해 새롭게 거듭날 수 있다. 하이데거는 저 세계로부터 다자인을 구출하려고 시도했으며, 최소한 저 세계의 소여성을 충당하기에 충분할 정도의 어떤 결연함을 [다자인에게] 부여한 바 있다. 그러나 아렌트는 아우구스티누스가 어떻게 신에 대한 사랑으로서의 **자애**를 공동체에 대한 사랑으로서의 **자애**와 연결시킬 수 있는지를 질문한다. "기독교적인 의미의 죄에 기초하고 있는 그들[우리 이웃들]의 동등이 어떻게 신앙에 사로잡힌 자에게 의무적인 것이 될 수 있는가? 피조물은 스스로 자신이, 세계 바깥에 있음의 축도縮圖인 그 원천, 즉 창조주와 의존 관계인 것을 알고 있다. 그렇다면 완전히 지워지게 될 어떤 과거로부터 어떻게 의무들이 파생될 수 있는가?"(A:033356)

그 답은 아우구스티누스적인 것 못지않게 확실히 아렌트적인 것이기도 하다. 지상에 있는 저 신의 도시에서의 동료 의식은 역사적 근접성 또는 아담의 계보의 결과일 뿐만 아니라, "신의 은총 자체를 얻기 위한" '간접적' 사랑의 결과이기도 하다. "**상호 간의 사랑***diligere invicem*이 …… 상호의존성을 대체한다." 그 인간공동체는 "더 이상 당연하지 않다." 그 '새로운 사회'는 '명시적인 것'이 되며, 신과의 개별적인 관계들의 '모방'에 근거하게 된다(A:033361).

> 마치 상호의존성이 저 **지상의 도시**에 있는 모든 사람에게 확장되는 것처럼, 사랑은 저 **신의 도시**에 있는 모든 사람에게 확장된다. 이 사랑이 인간관계들을 확정적이고 명시적인 성격으로 만든다. …… 그래서 [저 신의 도시에서] 사랑은 인류로 향하는 것이 아니라 개별자로 향한다. 비록 모든 개인이 다 대상이기는 하지만 말이다. 그 새로운 사회 내 공동체 속에서 인간 족속은 무수한 개인들로 분해된다(A:033364).

하이데거의 다양성multiplicity은 아렌트의 다원적 공동체를 통해 초월된다. 아렌트의 후기 개념인 '다수성plurality'의 전조인 그의 간접적 공동체는 개인의 단독성singularity을 보전한다. "어떠한 인간공동체라도 인간 족속의 있음을 상정하지만 개인의 있음을 상정하지는 않는다."(A:033365) 그러나 신 앞에서의 "바로 그 고립의 가능성"이 우리가 "인간의 역사와 생식에 의해 묶이게 된 돌이킬 수 없는 족쇄로부터" 멀어지는 자유를 허용한다(A:033367). 자유의지가 개인을 저 세계로부터 불러들이며 그의 "본질적인 사회의 유대 관계들을 끊는다고 할지라도" 아담의 후손이라는 공통의 유산 및 [개인이] 신의 창조 작업에 대해 맺고 있는 유대 관계들은 누구에게나 똑같이 주어진다. 그래서 상호의존성에 기초한 평등이 '이웃에 대한 사랑'에 기초한 평등으로 변형된다. [이런 맥락에서] 인간들의 '공존'은 더 이상 '일상'이 아니라, '자유롭게 선택된' 것으로서 이웃에 대한 의무들을 수반한다(A:033353).

1929년과 아렌트의 미국에서의 삶의 여정이 연계되어 있다는 증거는 확실하다(제2장 참조). 아렌트는 자기 스승의 선입견들로부터 상당히 거리를 두면서 아우구스티누스를 동반하고서 강단 정치 이론이라는 공적인 세계에 입문했다. 그는 1951년(《전체주의의 기원》)에 **자애**가 고무한 새로운 시발점들로서의 엑시스텐츠 개념을 정치적 삶에 적용했다. 아렌트는 전체주의적 세계의 '급진적' 가능성을 제기했는데, 그는 그것을 '탄생성'에 바탕을 두고 있는 공적인 삶의 세계에 대비시켰던 것이다. 1958년에는 그 책에 추가한, 그의 유명한 '이데올로기와 테러'라는 장에서 아우구스티누스를 직접 소환했다. 아렌트는 "우리 시대의 위기"가 초래한 전체주의를 통해서 "어떤 완전히 새로운 통치 형태"가 출현한 것에 안타까움을 표현한 다음 자신이 내놓았던 비관적인 예측에 대해 '새로운 시발점들'이라는 한층 긍정적인 해석을 덧붙임으로써 균형을 맞추고 있다.

> 그러나 모든 역사의 종결점에는 필시 어떤 새로운 시발점이 담겨 있다는 진리 역시도 존재한다. 이 시발점은 [뭔가가 생성될 것이라는] 약속이며, 역사의 종결점이 창출할 수 있는 유일한 '메시지'이다. 시발始發은 그것이 모종의 역사적 사건이 되기 이전에 인간의 최고 역량이며, 정치적인 의미에서는 인간의 자유와 동격이다. "**인간이 창조되었기에 하나의 시발점이 수립되었다**"고 아우구스티누스는 말했다. 이 시발점은 각각의 새로운 태어남에 의해 보장된다. 그 시발점은 사실상 각각의 인간이다(Arendt 1958b, 479).

아렌트는 역시 1958년에 출간된 《인간의 조건》에서 '사람들 사이'에 존재하는 사안으로의 집합적 힘power을 예증한 폴리스에 관해 모종의 충실한 설명을 제시하고, 이어서 [정치의 장인] 그것과 경제 생산 및 계급 갈등이 일어나는 '사회' 사이에 사법적인 '보호벽들'이 필요하다는 점을 주장했다. 같은 시기에 아렌트는 자신의 박사학위논문 출판을 위해 그 영역본의 수정 작업에 착수했다.

미국에서 정치사상의 '전통'에 가려져 있던 엑시스텐츠는 존재Being로 이해된 것이 아니라 '활동적 삶the *vita activa*'으로 이해되었다. 아렌트에 의하면 파르메니데스의 존재에 대한 통찰이 아니라, 정치적인 '말과 행위'가 지닌 탄생성이 저 그리스인들의 "가장 위대한 초기적 경험"이었다(Arendt 1953a, 초고2, p. 46). 1953년에 프린스턴 대학에서 했던 '크리스천 가우스 강의Christian Gaus lectures'에서 아렌트는 다시 하이데거의 주제 한 가지를 급진적으로 재구성했다. 그 원고는 출간되지 않았지만 나중에 《인간의 조건》에 편입되었다. 거기서 아렌트는 저 [서구 철학] 전통의 담론 이면에 은폐된 것은 저 다자인의 본질로서의 존재가 아니라, 인간의 집합적 힘과 탄생성의 실존적 증거로서의 우발적 정치행위라고 단언했다.

> 정치사상 자체는 플라톤과 아리스토텔레스와 더불어 시작된 우리의 철학 전통보다 더 오래되었다. 마치 철학이, 결국 수용되어 발전되었던 저 서구 [철학의] 전통보다 더 오래되었고 그 전통보다 더 많은 것을 담고 있는 것처럼. 따라서 플라톤이 정치를 경멸한 사건은, 우리의 정치 또는 철학의 역사가 아니라 우리 정치철학 전통의 시발점이었다(Arendt 1953a, 초고2, p. 46).

하이데거는 저 '전통'이 소크라테스 이전 시대의 '순수 존재pure Being'에 대한 비전을 망각했다고 주장했다. 그의 '문제의식'은 저 역사성 및 인간의 '일상성' 속에서 은폐된 존재Being의 본성에 관한 것이었다. 아렌트는 전쟁과 유대인 대학살 이후 미국의 맥락에서 저 근대의 딜레마를, 대중사회의 정치에서 자유의 본질이 은폐된 유형으로 정의하기 위해서 하이데거의 '파괴적인' 방법론을 사용했다. 아렌트는 저 세계 '내부의, 그러나 그것에 속하지 않은' 관점에 특전을 부여함으로써 하이데거의 다자인이 '그들'의 '공공성'에 매몰되었던 탓에 가질 수 없었던 모종의 '아르키메데스의 점'을 획득할 수 있었다.

아렌트가 박사학위논문에서 귀환, 탄생성, 정초 등을 강조한 것은 비록 그가 직접적으로 정치적 언급들을 하고 있지는 않더라도 공적 세계와 관련된 관찰자의 도덕적 딜레마에 관해 초기부터 관심을 가졌다는 사실을 시사한다. 아우구스티누스의 **신의 도시**를 모조의 안내역으로 삼아 1929년 독일의 상황에서 새로운 도덕 공동체들을 건설하겠다는 생각이 결국은 미국의 [1950~1960년대] 상황에서 새로운 '[시민]위원회들', '공적 공간들', '소비에트(평의회)'와 같은 표현들에서 나타나는 것처럼 아렌트의 명백히 '정치적' 성격을 띠는 탄생성 개념으로 인도되었다. 아렌트의 손에서 저 전통이 존재 이해에 실패했다는 [하이데거의] 주장은 그것이 저 창조성·자발성·자유의 현상학을 이해하지 못했다는 주장으로 바뀌게 되었다.

분할된 경로 (2): 의식의 소재지로서의 기억

아우구스티누스는 아렌트에게 "인간실존에 통일성과 총체성을 부여하는 것은 기억이지 (예컨대 하이데거의 접근 방식에서처럼 죽음에 대한 예상으로서의) 기대가 아니다."(B:033192)라고 가르쳐 주었다. 기억 속에서 미래는 이 현재를 통해서 저 과거로 흘러간다(B:033182~

033186 참조). 아우구스티누스에게는 시간이 과거로부터 시작해 현재로 또 미래로 진행되지 않고, 미래로부터 시작해 거꾸로 흘러 현재를 통과하고 과거에서 끝난다."(B:033152) 아우구스티누스는 인간이 저 세계로부터 퇴각하는 과거와 미래 사이의 '공간'(**정지된 현재** 또는 **영원한 정지**)을 지정하기 위해, 그리고 이 공간을 '의식의 자리'로 정의하기 위해 **기억***memoria*이라는 개념을 사용한다. 아렌트에게 하이데거의 '밝힘' 또는 '나무꾼의 통로'는 이제 아우구스티누스의 과거와 미래 사이의 관점이 된다. 그리고 아렌트의 아우구스티누스는 이제 "내가 신이나 행복한 삶을 갈망할 때 나는 사실상 '내 기억의 공간을 배회하며, 기억의 바깥에서 그것을 찾지는 않는다'"라고 말한다. 기억은 "과거를 어떤 미래의 가능성으로 변형시키며", 같은 방식으로 인간을 죽음이라는 미래에 대한 예상으로부터 행복한 과거의 기억 및 원천으로서의 창조주에게로 '되던진다'(B:033183). "오직 필멸할 현존의 상태에서 이 현존을 가능하게 만든 저 불멸의 원천을 거꾸로 전거하는 방식을 통해서만, 창조된 인간은 그의 있음을 결정한 요인을 발견한다."(B:033185) 그러므로 회상은 "근본적으로 상기"하는 일 또는 "분산된 상태로 있는 나를 한데로 모으는 일"이며, '고백'과 동일한 것이라는 의미가 된다(B:033184).

아렌트가 독해한 아우구스티누스의 미래가 '원초적 과거'로 되던져진 시간의 연속체와, 하이데거의 이와 유사하지만 독특한 시간에 대한 이해 방식을 대조해 보는 일은 중요한 의미가 있다.

오직 자신의 존재Being 속에서 본질적으로 미래성을 띠는 어떤

> 실체만이 자신의 죽음에 대해 자유롭고, 죽음에 대항하여 자신을 분산시킴으로써 자신의 사실적인 위치인 '그곳there'으로 자신이 되던져질 수 있게 허용하며 …… 자신이 계승한 그 [죽음의] 가능성을 그것 자신에게 물려줌으로써 자신이 [저 세계 속에] 던져졌음을 인식하고, '자신의 시간'을 위한 비전vision의 순간 속에 있을 수 있다(Heidegger 1962, 437).

미국 의회도서관(68번 상자)에 보관된 날짜가 적히지 않은 강의록은 아렌트가 예일 대학의 연강連講을 위해 준비한 것이다. 그런데 그가 거기에 《존재와 시간》에서 발췌하여 필사한 구절들을 남기고 있다는 사실이 흥미롭다. 아렌트는 "과거는 어떤 확실한 방식으로 미래에서 발생한다"(Heidegger 1962, 326)는 하이데거의 진술을 뽑아 두었다. 또한 "우리는 의도적으로 '행동한다act'라는 용어를 회피한다"(같은 책, 347)는 하이데거의 촌평도 함께 적어 두었다.

하이데거로부터 발췌한 인용문은, 행위를 시간의 맥락에서 이해하려는 방식에 있어 그들이 가지고 있는 견해차를 한결 잘 설명해 준다. 하이데거는 '행동에 돌입하다'라는 표현이 폭넓게 해석되어야 하며 '저항의 수동성'도 반드시 포함되어야 한다고 말했다. 그렇지 않을 경우, "마치 결연함이 관조 능력에 속하는 행동 양태와 대조적인 실천 능력에 속하는 어떤 특별한 행동 양태인 양"(같은 책) 인식되어 다자인이 오해를 받게 될 것이다. 아렌트는 자신의 스승보다 훨씬 더 급진적인 입장을 취했다. 1929년 독일에서 그리고 나중에 미국에서도 의식과 행위 사이의 어떤 분립 구도 위에 설정된 엑시스텐츠란 가정은 아렌트에게 만족스러운 것이 못 되었다. 아렌트에게는 저 세계 속에서 행동하는 일과 기억의 공간에 머무르는 일은 부수적附隨的 특성을 지닌 '탄생성'의 두 가지 사례이며, 단순히 '그 상황 속에 있음' 그 이상을 가리켰다.

아렌트는 1946년에 《파르티잔 리뷰》라는 뉴욕의 소규모 저널에 〈실존철학이란 무엇인가〉라는 글을 기고하면서 자신의 이론적 입장을 재확인했다. 프랑스 실존주의에 대해서는 "지난 10년간 프랑스에서 일어난 일종의 문예운동"이라고 한마디로 일축하고 그것과 독일 실존주의의 엑시스텐츠 개념을 구별하면서 셸링, 키르케고르, 니체, 베르그송을 거쳐 전후 세대인 셸러, 후설, 하이데거, 야스퍼스로 이어진 독일 실존주의 철학의 계통을 추적했다. 고전 철학은 있음being과 사유와 일치시켰다. 그러나 칸트 이래로 모종의 파열 현상이 나타났으며, 저 독일 실존주의의 엑시스텐츠 개념이 출현하기까지는 원상회복 노력들이 성공을 거두지 못했다.

1930년에 아렌트는 아우구스티누스의 자유 철학이 "17세기 루터의 경건주의라는 우회로"를 통해 진전을 이루었다고 기술했다(Young-Bruehl 1982, 81). 1946년에는 동일한 은유를 후설에게 적용했다. 후설은 "저 세계 속의 인간에게 모종의 안식처를 보장해 왔던 고대의 존재Being와 사유Thought의 관계를 의식의 의도성 구조를 경유하는 우회 방식으로 재구축하려고" 시도했다. 후설에게 "의식으로부터 저 세계를 재구축하는 것"은 제2의 창조에 버금가는 일이었다. 왜냐하면 사유의 내용물들을 현실의 내용물들로 인지한다면 저 세계는 더 이상 어떤 '주어진 것'이 아니라 "[인간에] 의해 창조된 것"으로 볼 수 있었기 때문이다(Arendt 1946b, 36~37).

아우구스티누스주의가 아렌트의 분석의 계기로 작용한 것이 아닐지라도 1929년 논문에 이미 분명했던 방법론적 수정주의는 1946년의 글에서 한층 명료해진다. 아렌트는 근대성이 "저 세계 속에는 안식처가 없다는 느낌"을 창출했다고 주장한다. 후설과 호프만슈탈Hofmannsthal 같은 '고전주의자들'은 "낯설어진 저 세계의 외부에서 모종의 안식처"를 발견하려는 노력을 기울이는 방식으로 대응했는데, 이것은 [고대] 그리스 폴리스의 "저 세계 속에서의 편안함"에 대한 모종의 대안이다(같은 글, 36). 그러나 아렌트는 후설과 그의 후계자인 하이데거가 방법론적으로뿐 아니라 '역사주의'를 상대로 모종의 투쟁을 벌였다는 점은 중대한 의미가 있다고 주장한다. 아렌트가 이해하는 바로서의 역사주의는 철학을 그것의 특수한 역사의 맥락들 속에 감금시킨다. 저 엑시스텐츠는 '사물들을 그 자체로'—'진보progress'의 산물들 혹은 역사의 흐름이나 역사 법칙들로보다는 인간이 경험한 현상들로 다루는 철학이 되었다.

그러므로 아렌트의 전회를 추적하는 과정에서 팽글이 토로한 불만은 그 혼자만의 잘못된 이해방식으로 보인다. 아렌트는 인간실존을 정의하는 맥락으로서의 "역사적, 자연적, 생물학적 혹은 심리학적 유전流轉"에 대해 일관되게 비판을 가하고 있을 뿐만 아니라, 하이데거의 '허무주의' 역시도 거부했다. 실제로 **자애**, 탄생성, 정초들, 공동체 내부의 다수성과 같은 주제들을 담고 있는 아렌트의 박사학위논문은 어떤 상이한 '사유의 맥'을 따라서 저 현상학적 지평으로 나아가려는 그의 이른 결심에 대한 중요한 증거를 제공한다.

《파르티잔 리뷰》 기고문에서 아렌트는 하이데거 노선에 대해 자신이 초창기에 (암묵적으로) 걱정했던 몇 가지 사항을 거론했다. 거기서 《존재와 시간》을 전거하는 구절들은 하이데거의 《형이상학이란 무엇인가?》의 구절들에 의해 부연되었다. 그는 하이데거의 방법론이 어떤 부정negation—"칸트가 시작한 저 고대의 존재 개념 파괴"— 을 부정하라고 제안하기 때문에 진지하게 따져 보아야만 한다고 경고했다. 그 결과가 비록 어떤 새로운 유형의 긍정 존재론은 아니더라도 하이데거의 문제의식은 관심을 요구한다. 실제로 근대적인 세계 속에서 "저 전통적 의미의 존재론은 그 어떠한 것도 재구축될 수 없"을지 모른다. 그러나 하이데거의 엑시스텐츠 아래에 그것을 위한 공간이 열리고 있다. 그것은 다음과 같은 이유 때문이다.

> 존재의 의미에 관한 질문에 하이데거가 잠정적인 답을 주었다. …… 존재의 의미는 시간성이라고 말이다. 그는 이 진술을 통해 존재의 의미가 무nothingness라는 것을 암시했고, …… 죽음이라는 조건 아래 놓인 인간의 현실에 관한 분석을 통해 존재의 의미가 무라는 주장을 수립했다(Arendt 1946b, 46).

존재의 의미가 무라는 생각이 인간으로 하여금 "자신을 상상하도록" 하며, "자신을 주어진 존재, 즉 세계 창조 이전의 창조주와 다름없는 존재와 관련지어 설명하도록" 만든다. 저 세계는 **무에서**

ex nihilo 창조되었다. 저 세계의 소여성은 그것의 원천이 모종의 진공 상태라는 것을 수용함으로써 결연히 무시된다. 그 결과 인간은 자기창조라는 함정에 빠진 하나의 창조주로 바뀌게 된다. "이것이 하이데거에게 있어 그 무가 갑자기 활성화되어 '무로to nothing' 향하기 시작하는 진짜 이유이다." 이전에 신의 품 안에서 그러했던 것처럼 인간의 품 안에서 본질과 현존이 합해진다—그러나 그것은 어떤 세속적인 함정 속에서 이루어진다(같은 글, 47).

그러나 저 다자인의 자의식이라는 관점은 붕괴한다. 또한 행위와 창조성의 힘은 불안과 염려로 대체된다. 아렌트는 "하이데거 철학이 최초의 절대적이며 비타협적인 현세現世 철학"이라고 역설한다. 하이데거 철학은 '무거처성homelessness과 두려움fearfulness'에 기초하기 때문에 어떤 긍정 존재론도 재구축할 수 없다(같은 글, 49). 그러한 결과가 '근대적 허무주의'인데, 아렌트는 팽글의 견해와 대조적으로 이것을 현상학적 급진주의자들이 전복하고자 했던 바로 그 전통이 반격한 모종의 역설적 '복수극'이라고 판단한다(같은 글, 47).

어쩌면 예상되었을 수도 있겠지만, 《파르티잔 리뷰》에 실린 하이데거의 허무주의와 의지 지향적인 엑시스텐츠에 관한 아렌트의 비판이 그 주제에 관한 최종 진술은 아니었다. 아렌트는 타계하기 4년 전인 1971년에 하이데거의 삶과 저작에 대해 한 편의 놀라운 회고조의 송덕문인 〈80세의 마르틴 하이데거〉를 작성했다. 하이데거의 기원들은 물론 그 자신의 기원들로의 어떤 극적인 '귀환' 형식을 취하면서, 비록 박사학위논문에 대한 직접적인 언급은 아무것도 없었다 할지라도, 아렌트는 자신이 즐겨 인용하는 플라톤의 언명들과 함께 다음과 같이 말문을 열었다. "시발점 역시도 모종의 신이다. 그가 인간들 사이에 함께 거주하는 한 그는 모든 것들을 구원한다." 여기서의 요지는 하이데거의 '숲속의 통로'나 '발자국들'의 시작은 어떤 사적인 사건이 아니라는 것이다. 왜냐하면 어떤 "비상한 영향력"을 지녔던 선생으로서 하이데거의 공적 삶은《존재와 시간》이 출간된 1927년에 이미 잘 수립되었기 때문이다. 아렌트에 따르면 하이데거의 영향력에는 "무언가 이상한 점"이 있었는데, 그것은 카프카나 브라크, 또는 피카소의 명성보다 훨씬 더 기이했다. 그들도 "통상적으로 저 공중으로 이해되는 부류에게는 미지의 인물들"이었지만 지성계에서는 어떤 "비상한 영향력"을 가졌던 바 있다(Arendt 1978a, 293).

확실히 아렌트는 자신을 '통상적인' 공중의 한 사람으로 간주하지 않았다. 그럼에도 하이데거를 스승으로 선택한 일이 기존 학계에 대한 모종의 공개적인 불평 진술이 될 수 있다는 점은 이해했었다. 아렌트는 [1920년대] 당시 학생들이 마르부르크 대학에 운집한 것은 어떤 비밀 '동호회'에 가입하기 위해서가 아니라 "대학의 교수법과 학습법이라는 학문적 업무와 관련하여 광범위하게 퍼져 있던 불만"을 증명하기 위해서였다고 말한다. 하이데거는 그 학생들에게 그들이 "이론과 책을 탈피하여" 모종의 엄밀한 학문으로서의 철학으로 이동한다면 그 목표가 달성될 수 있을 것이라고 공언했다(같은 글, 294). 다른 학생들은 다른 경로로 학문들을 추구하게 될 것이었다. 프랑크푸르트 대학의 호르크하이머와 아도르노가 바로 그런 학생이었다. 그러나 아렌트와 그의 동학들은 오직 하이데거만이 '전통'의 장례식과 '어두운 시대'의 도래를 주재할 수 있다고 믿었다(같은 글, 295). 하이데거는 저 '전통적인 것' 자체의 내부에서 그렇게 했다. 하이데거는 철학의 붕괴에 '한몫'을 담당했지만 "철학의 종말까지 [그것을] 철저히 사유했고", 그것도 사유 그 자체의 이름으로 그렇게 했던 사람으로서 "철학에게 모종의 공을 돌리는 방식으로, 또한 감사의 표시로" 그렇게 했다(같은 글, 297).

이 1920년대 독일 거장들에게 헌정한 회고조의 송가頌歌에 야스퍼스의 이름은 완전히 빠졌다. 1971년의 헌사에서 아렌트는 "열정적인 사유함"과 '파토스pathos'에 대한 신념을 구실로 삼아 하이데거를 플라톤이나 아리스토텔레스에 비교하는 것을 조금도 주저하지 않았다. 하이데거에게 있어 "사유함과 살아 있음은 한 가지"인데 이는 그가 "저 세계 속으로 태어났다"는 '단순한 사실' 때문이다. 그의 저작 하나하나는 "그가 마치 저 시발점에서 출발하고 있는 것처럼 읽힌다."(같은 글, 297, 298) 지속적인 수정의 가능성이 암시되어 있으므로 그는 체계 구축이라는 함정을 피한다. 그 체계 안에서는 사유함이 "…… 그것의 결과들에 의해 측량되기" 때문이다. 아렌트는 마치 그 스승을 그 자신의 가르침과 행위들이 초래한 불행한 결과들로부터 구출하려고 시도하는 중이라는 듯이 "불안", "늘 새로운 시작", "퇴보", "절박한 비판" 등과 같은 하이데거의 용어들을 인용한다.

아렌트는 하이데거의 거주지를 저 사유의 왕국으로 특정하고 그의 '정지된 현재'에 대한 현상학을, 자신의 박사학위논문으로부터 도출하였으며 조만간 시작하게 될 기포드 강의의 내용을 암시하는 용어들을 통해서 기술한다.

> 이 추가 진술은 마르틴 하이데거가 누구인지를 성찰하는 데 결정적으로 중요한 참고자료로 보인다. 많은 사람들이 …… 사유함 그리고 그것과 결합된 고독에 친숙해져 있지만 그들은 확실히 그곳을 거주지로 삼지는 않는다. 그들이 소박한 것에 대한 경이감에 압도당하여 경이로운 것에 굴복할 때 사유함에 참여하게 되고, 그들은 인간사가 발생하는 자리이자 그들이 습관적으로 계속 지켜왔던 자리로부터 자신이 떨어져 나왔음을 알게 될 것이며, 잠시 후 다시 그 자리로 돌아갈 것임도 알게 될 것이다. 하이데거가 말하는 거주지는 어떤 은유적 의미에서 인간들의 서식지 외부에 있다(Arendt 1978a, 299).

그러나 하이데거가 "자신의 거주지를 바꾸려고" 했을 때, 즉 그가 저 열정적 사유의 세계를 뒤로하고 "저 인간사의 세계에 참여하고자" 했을 때 문제가 발생했다. 그 인간사의 세계 속에서 "그는 어쩐 일인지 [시라쿠사에 갔던] 플라톤보다 더 형편없는 대우를 받았다. 그 이유는 플라톤의 경우처럼 전제자와 그의 희생자가 바다 건너에 있는 것이 아니라 자신의 나라에 있었기 때문이다"(같은 글, 302). 이러한 아렌트의 어색한 어법은 하이데거의 일시적인 주소 이전 사실이나 하이데거 자신을 어떤 정확한 도덕적 책임의 소재지로 특정하지 못한다. 그 대신 '저 세계로부터' 발전시킨 하이데거의 철학자적 감수성들과 " 37년 전 [하이데거가 나치에 부역했던]

불과 10개월간의 짧고 소모적인 시간" 이후 "나치 친위대 지하 감방들과 고문-지옥들의 현실"에 대한 인식이 '충돌'함으로써 그가 받은 충격이 그를 자신의 거주지로 되돌아가게 했으며, 거기서 그는 "자신이 경험했던 바를 자신의 사유함 속에서 정리하는" 일에 매진했다고 말한다(같은 글, 303).

아렌트는 시적인 표현들로 가득 찬 한 장황한 각주를 통해서, 자신의 스승이자 연인의 면죄 사유는 저 세계 속에서 잠시 길을 잃은 철학자라는 점이라고 설명한다. 그는 하이데거가 국가사회주의를 '오해'했다고 가볍게 힐책하면서, 결코 히틀러의《나의 투쟁》을 읽지 않은 대신에 저 이탈리아 미래주의자들을 선호했던 "다른 많은 독일 지식인들과 함께 그것[국가사회주의에 대한 '오해']을 공유했다"고 설명한다. 그들은 "실제로 국가사회주의와 차이가 있는 파시즘과 특정의 방식으로 연결되어" 있었다. 아렌트가 묘사하는 것처럼 하이데거는 꼭 읽어야 할 것을 읽지 않은 결과 그를 둘러싸고 있는 저 실존적 현실을 파악할 준비가 되어 있지 못했다. 아렌트는 현재도 저 유대인 대학살을 지적인 방식으로 부적절하게 해명하려는 충동이 한 세대 전 하이데거가 저지른 '잘못'에 버금가는 도덕적 실수를 계속하게 한다고 역설한다. '소위 학자층'에 속한 자들 중 너무 많은 이들이 플라톤, 루터, 헤겔, 니체, 윙거, 슈테판 게오르게, 하이데거에 대해, 나치주의와 연루된 역사적 증거 자체보다는 자신들의 입맛대로 설명한다. 어쨌거나 아렌트가 보는 하이데거는 "보다 많은 위험을 감수했"으며, "나중에 그를 비난했던 사람들 대다수보다 훨씬 더 신속하고 더욱 본질적인 방식으로 자신의 잘못을 바로잡았다."(같은 글, 302) 결론적으로 하이데거의 잘못은 어떤 안타까운 일인 동시에, 사유 속에 거주하는 자들이 전제자 찬양으로 이끌리는 "직업적 성벽性癖" 으로 인한 것이므로 용서받아 마땅하다는 것이다. 명백히 "소박한 것에 대해 경이감을 가지는 일"과 "이 경이감을 자신의 영구적 거주지로 삼는 일"(같은 글, 301)이 저 사유와 행위의 연결 방식들과 관련해서는 눈에 띄게 순진한 결론들로 인도되는 듯하다.

아렌트가 하이데거에게 헌정한 송시의 보조 원고는 사실 사유함이 머무르는 공간으로서 저 아우구스티누스의 '**정지된 현재**nunc stans' 또는 '고요가 있는 장소'의 문제이다. 1971년 아렌트는 페넬로페의 베 짜기Penelope's web를 스스로 시연했다. 그것은, 비록 하이데거 철학이 [서구 철학] '전통'과 정치적 세계 양자에게 가지는 함의들로부터 그를 방면할 수는 없을지라도, 하이데거를 기피忌避시킬 목적으로 설계한 모종의 현대판 동굴의 비유였다. 존재Being가 벽에 그림자들을 남기면서 동굴로부터 '철수한' 상태이므로 사유하는 자는 저 세계가 멀리 떨어져 있고 존재가 언제라도 다가올 자기 내부에 있는 모종의 '거주지'로 철수해야만 한다. 그러나 아렌트와 아우구스티누스의 경우에서 그랬던 것처럼, 하이데거에게도 귀환 다음의 행보가 제일 문제적인 것으로 드러나게 된다.

하이데거는 땅속에 묻힌 "과거의 문화적 보배들"을 발굴해냄으로써 사유함에 "생명을 불어넣"고 그것들이 "스스로 말하게 했다." 아렌트에 따르면 "가까움-멂 …… 현전-부재 …… 숨김-드러냄"의 개념 쌍들이 하이데거 저작을 폭넓게 관통하고 있다(같은 글,

300). 사실 이러한 있음의 특질들이 정치적 세계의 '내부의, 그러나 그것에 속하지 않는' 형태로 나타나는 것은 아렌트의 저작이 가지는 특징이기도 하므로 아우구스티누스는 아렌트가 하이데거로부터 받은 유산과 벌이는 투쟁에 있어 특히 적절한 출발점이 되었다. 모종의 재구성된 공동체인 저 세계로, 심지어는 모종의 타락한 인간의 공동체인 저 세계로 귀환하는 일은 아우구스티누스가 상정한 저 피조물과 창조주의 관계에 따라붙는 도덕적 전제 조건이었다. 그런데 하이데거는 한 사람의 '정치적' 사상가 혹은 나치 학장으로서가 아닌 모종의 '철학적' 신의 도시를 정초한 자로서 어떤 신뢰할 만한 방식으로 저 세계에 '귀환'했는가? 하이데거의 입장에 대한 아렌트의 은유적 견해가 그 답을 암시하고 있다.

> 그 숨겨진 왕이 저 사유함이라는 왕국을 지배했다. 비록 이 왕국이 전적으로 현세에 속한 것이라 해도, 저 세계 속에 은폐되어 있어 결코 아무도 그것이 현존하는지를 확신할 수 없다. 그럼에도 그곳에 사는 거주자의 숫자는 통상적으로 생각하는 것보다 훨씬 더 많은 게 틀림없다. 그렇지 않다면 어떻게 저 예상치 못한, 왕왕 재야에 묻혀 있던 하이데거의 사유함이 지닌 영향력이 …… 설명될 수 있을 것이며, [현재] 그것이 보여 주고 있는 것처럼 학생과 제자 집단 너머로, 그리고 통상 철학이라는 말에 의해 이해되고 있는 영역 너머로 확장할 수 있겠는가(Arendt 1978a, 295~296).

하이데거 철학 자체는 저 오래된 지상의 도시에서 공적인 행위를 자임하는 방식이나, 또는 그 어떤 방식으로도 저 사유의 '정지된 현재' 너머로 이동해서 새로운 공동체들을 건설하는 결과를 수반하지 않았다. 하이데거의 '진의성authenticity'은 단순히 다자인에게 저 '오성悟性'의 '부름'을 경청하거나, 불가피한 '불안'과 '그들'의 세계에서 [개별적으로] 분리될 필요성을 인정하라고 요구했다. 그와 대조적으로 아렌트는 자신의 박사학위논문에서, 아우구스티누스의 요구, 즉 자애를 통해 무력감에서 해방된 저 분열된 의지로 하여금 저 세계를, [신으로부터 받은] 개인적 은총 및 [인간공동체의] 집합적인 가치들과 묶여진 어떤 '이웃들'의 공동체로 재구성하게 하라는 요구에 주목했다. 이와 비슷하게 중요한 의미가 있는 것은, 이 여정 속의 주인공이 어떤 존재의 본보기로서의 다자인이 아니라 저 '어두운 시대'의 인간 조건을 예증하는 특징의 철학자이자 주교였던 아우구스티누스라는 사실이다. 아렌트는 역사적으로 로마 공화정 말기에, 지리적으로는 로마제국의 변방에 살았으며, 기독교로 개종한 로마인이 한 사람의 공인公人으로서 가지고 있었던 비극적인 비전을 통해서 선과 악[의 문제]에 직면한다.

팽글과 거넬 같은 아렌트 비판가들은 아렌트가 저 공동사회gemeinschaft를 함께 구성하는 개별적인 '영웅들'을 선호한다는 사실을 지적한다(Pangle 1988, 50; Gunnell 1986, 108). 실제로 아렌트의 '정초자들'은 그의 이상화된 행위 및 행위자에 합당한 모종의 특권적인 위치를 점유하고 있다. 이에 대해 팽글은 아렌트가 자코뱅주의자the Jacobin의 심리구조에 너무 경도되어 있다고 우려하며, 거넬은 아렌트의 영웅들을, 자신이 마치 왕인 양 착각하고 있을지도 모를 철학자들이라고 독해하고 있다.

> 아렌트는 아직도 사유와 정신의 특권적 위치라는 가정, 즉 관념들이 이념으로 바뀌어 버린 저 근대적 세계 내 강단 지식인의 확실한 특권적 위치라는 가정을 고수한다. (근대성 속에서 발생한 자유의) 위기가 사유를 해방시켰다. …… 왜냐하면 '과거에 대한 비판적 해석'이 현재를 구할 수 있을지도 모르기 때문이다 (Gunnell 1986, 106).

저 사유의 원천과 지위의 문제는 사상가들과 '대중들' 양자 모두를 위해 아렌트라는 사유 전문가의 삶 전체와 함께 남겨졌으며, 아렌트를 엘리트주의자, 무도덕주의자, 그리고 철학적 담론이 문화변동의 중심 역할을 한다는 역사적 신념의 대변자라고 비난하게 하는 빌미를 제공했다. 특히 아렌트는 아이히만이 철학자도 아니었고 또한 정치적으로 대수롭지 않은 자도 아니었기 때문에 그가 자신을 어떤 칸트주의적 '소시민'으로 이해했다는 사실에 경악했다. 저 '그들das Man'의 세계에 항복하는 한편으로 철학을 어떤 정당화의 수단으로 사용하는 것은, 확실히 어떤 도덕적 추론의 전복이었으며, 더 중요하게는 칸트 철학의 순수성에 대한 훼손이었다. 아렌트가 박사학위논문에서 일차 주장했고 저 아이히만 연구서에서 좀 더 구체적으로 주장했듯이, 습관이 든 행태에 항복하고 결과에 대한 책임을 회피하는 일은 자유의지와 도덕 판단의 죽음을 뜻한다

—이것이 아우구스티누스가 말하는 탐욕의 죄이다. 그러나 잘못인 것은 저 세계에 대한 사랑 그 자체가 아니라, 저 세계를 사랑한 결과 "우리가 하고 있는 바에 대한 사유" 또는 우리가 하지 않고 있는 바에 대한 사유를 하지 못하는 것이다.

아렌트는 미국에서 저 아이히만 보고서를 둘러싼 유대인 공동체의 당혹감에 대응하기 위해 그 자신의 '정지된 현재'를 고집했고, 자신이 1929년에 발전시킨 **자애** 관념을 암암리에 되풀이하는 방식으로 대응했다. 개인들을 그들의 공동체들과 묶어주는 사랑의 역할과 관련하여 아렌트가 이해한 바는, 후기 하이데거가 제시했던 저 게마인샤프트에 어울리는 형태나 또는 초기 하이데거가 제시했던 죽음에 의해 추동된 형태가 아니었다. 또한 나중에 자신의 친구 위스턴 오든Wystan Auden이 숙고했던 고전적인 기독교적인 형태도 아니었다. 아렌트가 '사랑'이라는 개념을 통해 의도하지 **않았던** 것은 게르숌 숄렘Gershom Scholem에게 보낸 서신에서 아주 분명하게 드러난다.

> 두 가지 이유로 인해 …… 그 어떠한 [유대 민족의] '사랑'에도 내 마음은 움직이지 않습니다. 내 평생 어떤 국민이나 [인간] 집합체를 '사랑한' 적이 없습니다. 독일 국민도, 프랑스인들도, 미국인들도, 노동자 계급도 말입니다. …… 둘째로 내가 유대인인 까닭에 '유대인들에 대한 사랑'은 내게 …… 오히려 미심쩍은 것으로 보이곤 합니다. 내가 나를, 아니, 내가 나라는 인간의 본질적 부분인 어떤 것을 사랑할 수는 없기 때문입니다 (Arendt 1974a).

아렌트는 1946년 《파르티잔 리뷰》에 기고한 실존주의에 관한 글에서, 1971년 하이데거를 위한 헌사에서, 크리스천 가우스 강의록에서, 그리고 자신의 전 생애를 통해 저 엑시스텐츠의 반전통적 계보학으로 복귀했다. 미국 의회도서관에 소장된 서신함 속의 자료 중 1953년 돌프 스타인버거Dolf Steinberger에게 썼으나 미출간된 편지에서 아렌트는 자신이 다른 공적인 장소들에서 했던 논평들을 되풀이하고 있다. 그 계기가 된 것은 하이데거의 《형이상학 입문》에 관한 토론 자리였다. "당신들이 하이데거와 그의 왕왕 그의 과장된 표현들에 묻어나는 무모한 의도성을 비난합니다만, 우리는 그러한 과장된 표현들의 가장 명확하고 사악한 형태를 니체에게서 발견합니다"라고 아렌트는 주장했다. 하이데거가 "전통에 대항하는 글을 쓰기 위해 그 전통의 개념들을 수단화함"에 있어 전적으로 성공적이지 못했으므로 필사적인 노력을 기울일 수밖에 없었다. 하이데거는 어떤 겁에 질린 아이처럼 저 얼음같이 차가운 침묵에 대해 의문을 제기하면서 "너무 목소리를 높이기 시작"했고, "허세부리기"로 돌아섰다. 아니나 다를까, "잘못된 신호들이 발신되었다." 아렌트는 [그러한] 하이데거의 "시도"는 "엄청난 용기"를 필요로 하는 일이었으므로 "우리가 그것만큼은 인정해줘야 한다"고 역설했다. 비록 본인이 그 하이데거적인 기획의 실제 내용이나 결과들에 침묵으로 일관했을지라도 말이다(Arendt 1953c).

그런 한편 아렌트는 박사학위논문에서, 그리고 자신의 소외alienation와 개입engagement에 관한 정치화된 후속 담론 속에서 그 자신의 용기 있는 결의를 제시하는 방식으로 모종의 '구성된' 세계들에 관한 현상학이라는 새로운 [철학적] 지평을 열게 될 것이다. 아렌트의 저작들에서는 '전前정치적인 것'과 '전前신학적인 것'이 공적 세계 속에서 이루어지는 행위 및 판단의 실존적 맥락이 된다. **자애**는, 그것 자신을 상대로 분열된 어떤 의지의 '기괴함'뿐 아니라 저 인간 경험의 영역들 사이에서도 교량 역할을 맡는다. **자애**는, 아렌트의 명시적인 정치적 용어인 힘power과 마찬가지로, 저 허무주의와 주권에 대한 부정 방식들을 부정한다. 저 인간의 도시를 괴롭히는 근대성—물질주의, 대중사회, 그리고 폭력—에 대한 저 부정의 사회현상학은 자애에 기초한 어떤 세속 도시 속에서 재구성될 수 있다.

분할된 경로 (3): 복귀

아렌트는 나중에 《정신의 삶》이라는 유작으로 출간될 1973년의 기포드 강의록에서 자기 자신의 시발점들로 돌아간다. 박사학위논문에서 탐구했던 아우구스티누스의 문제의식을 또 다른 시대의 공적·도덕적 진퇴양난에 적합한 용어로 다시 풀어쓰면서 아렌트는 적어도 서론에서만큼은 엑시스텐츠라는 주제로 복귀한다. 아이히만 재판 연구는 '무사유성'의 문제를 악惡에 대한 분석에 요구되는 모종의 분석자적 정의로 제시했으며, 거기서 아렌트는 습관화된 **탐욕** 대 자유롭게 의지된freely willed **자애**라는 이분법과 유사한 구도의 논의를 전개시켰다. **활동적 삶**은 행위자는 물론이고 사려 깊은 관찰자에게도 후설과 하이데거가 규명한 저 ['있음과 사유 사이의'] 존재론적 파열을 회복해야 할 시급한 필요성을 강권한다. 아렌트는 이 문제를 12세기 아우구스티누스주의자 성 빅토르 위그Hugh of St. Victor를 인용하는 방식으로 다음과 같이 설명한다. "활동적 삶의 방식이란 것은 '수고스러운' 법이며, 관조적 삶의 방식은 '사막'에 있는 것과 진배없다. 활동적 삶은 '자기 이웃의 필요'에 헌신하는 것이며, 관조적 삶은 신의 비전에 헌신하는 것이다"(Arendt 1978b, 1:6). 아렌트의 박사학위논문에 등장하는 **자애**는 자아를, 신과 연결시키며 기억을 경유하여 시간성과 연결시키고 또한 다원적 성격의 공동체와 연결시키는 어떤 교량적 성격의 권능을 부여하는 힘이다. 기포드 강의록에서 인용한 성 빅토르 위그의 저 세계라는 '사막'에서의 '자기 이웃의 필요'는 실제로 그의 박사학위논문에 나오는 아우구스티누스의 용어이다. 그러나 박사학위논문과《인간의 조건》에서와 달리 기포드 강의에서는 아우구스티누스주의가 [인간의] 정신과 저 세계 사이의, 그리고 의지함willing과 의지하지 않음not willing의 충동들 사이의 전통적 대립관계가 정당함을 입증하는 용도로 사용된다. 거기서 자애는 저 정신의 [사유함, 의지함, 판단함으로의] 분열상을 치유하며 도덕적 선택을 지원하는 것으로 설명되지만 '이웃에 대한 사랑'으로 정의되지는 않는다.

아렌트가 1974년에 선보인 정신의 '삶' 연구는 공동체의 정초 작업에서 그 정신의 삶이 떠맡는 적극적인 역할보다는 그것의 활동 내막을 탐구했다. 같은 해 오든에게 헌정한 책의 송문頌文에서 아렌트는 옛 주제들—사랑, 칭찬, 그리고 기억—을 다시 거론했다. 아렌트는 《인간의 조건》과 《전체주의의 기원》의 새로운 장인 '이데올로기와 테러'를 탈고했던 시점인 1958년에 오든을 만났다. 아렌트는 오든 같은 시인들, 그리고 하이데거에 의해 드러나게 된 '언어의 신비들'을 찬양했다. 그들의 저작은 "본래 [텍스트상의] 맥락에서 뒤틀렸을 때 …… 어떤 평범성의 운무雲霧 속으로 사라진다 [사라졌다]."(Arendt 1974c, 181) 오든의 훌륭함은 그가 늘그막에 기독교로 개종한 이후에 얻은 "어떤 저항할 수 없는 내적 성향"이었다. 오든은 "행위를 하기 위해서나 공적인 행복을 위해서 혹은 세계를 바꾸기 위해서" 정치에 뛰어들었던 것이 아니라 "불쌍한 사람"에 대한 사랑에서 그렇게 했다(같은 글, 184). 그래서 그는 로베스피에르처럼 위험한 혁명가 유형이었던 셈이다. 그러나 그의 기독교는 그를 '저 세계로부터' 끌어냈고 결코 다시 그곳으로 복귀할 수 없게 했다. 오든은 저 세계를 바꾸기보다 찬양했다. 그러나 그의 세계 찬양은 어떤 도전의 형태였다. 왜냐하면 그것은 "지구상에 있는 인간 삶의 조건 중 가장 불만스러운 모든 것에 대한" 도전이었으며, "저 상처 받은 사람들로부터 힘"을 빨아들이기 위한 것이었기 때문이다. 아렌트가 오든의 관점을 다시 풀어 설명한 대로 "저 신들은 인간에게 불행을 선사하여 '그들로 하여금 자신의 이야기들을 풀어내고 노래를 부를 수 있게' 만들지도 모른다."(같은 글, 186)

아렌트의 오든 송시頌詩 속에는 그것 자신을 상대로 분열된 의지의 '기괴함', **자애**의 치유 능력, 그리고 기억의 '**정지된 현재**'라는 주제들과 [오든에 대한] 찬양하기라는 요소가 서로 얽혀 있다. 이것들은 모두 아렌트가 1950년대 말과 1960년대 초 **활동적 삶**과 **관조적 삶**에 관해 연구하면서 획득한 굴절렌즈들을 통해 자신의 박사학위논문으로부터 직접 도입한 것이다. 이와 유사하게 아렌트는 기포드 강의의 '사유함Thinking' 편에서 아우구스티누스가 저 정신의 내부 비전vision에 대해 가장 잘된 설명을 제공했다고 주장한다. 요컨대 "그 비전은 어떤 분별 있는 육신에 의해 감각이 형성될 때 외부에 있었고, 그것은 내부에서 그와 유사한 비전에게 승계된다."(Arendt 1978b, 1:77) 아렌트는 아우구스티누스를 인용하면서, 뭔가 '결정적'인 것은 외부에 존재하는 것의 이미지로서 "기억 속에 남은 것"이며, 이것이 "우리가 기억해낼 때 무엇인가 다른 것"을 생성한다. 이것은 말 그대로 상상력[이 작동하는 방식]이며 "특정의 '발생함'에 관한 이야기를 하거나 …… 혹은 그것에 관해 시를 쓰려는 인간의 욕구와 조금도 다르지 않다." 여기서 "저 외견外見들의 세계로부터 퇴각함"에 기초하는 사유함thinking이 아우구스티누스의 용어상으로 또한 준거틀로 제시되고 있다. 이것은 암묵적으로 피조물이 창조주에게로 나아가는 여정, 저 재구성된 세계로 귀환하는 여정에 비견될 만하다. 이 여정은 **기억**의 '**정지된 현재**' 속에서 일어나는데, 자신의 박사학위논문에서 아렌트는 이것을 '의식의 자리'라는 용어로 표현한 바 있다. 여기[《정신의 삶》]에서는 그 '정지된 현재'가 항상 모든 사유함에 '암시되어 있다'고 말한다(Arendt 1978b, 1:78).

이어지는 단락들 속에서는 하이데거가 복귀한다. 《뉴욕 리뷰 오브 북스New York Review of Books》에 기고한 《정신의 삶》 서평에서 셸던 월린Sheldon Wolin은 하이데거의 "현전 사실이 Ⅰ권과 Ⅱ권의 내용에서 자주 목도된다"고 존평했다. 그러나 이번만큼은 그의 망령이 약간 비켜서 있다. 아렌트는 〈80세의 마르틴 하이데거〉(1971)에서 표현했던 바와 같은 매우 긍정적인 견해를 되풀이하지 않는다. 이 경우는 그때처럼 축문을 신는 자리가 아니라는 점이 부분적인 이유가 되었을 것이다. 월린은 《정신의 삶》을 '중요한 저작'이라고 생각하는 한편으로 "책의 결함을 그럴듯한 말로 대충 얼버무리지 않으면서도 책의 이해를 도울 수 있는 올바른 용어들을 찾아보려고" 각고의 노력을 기울인다. 그는 아렌트가 아우구스티누스로 복귀한 일이 "언뜻 보기에는 놀랍지만 실제로는 놀라운 것이 아니"라고 독자들을 일깨운다. "일례로 아우구스티누스는 그의 박사학위논문 주제였다." 이에 덧붙여 월린은 둔스 스코투스 역시 아렌트의 스승이었던 하이데거의 첫 번째 출판물이었다고 지적한다. 이어서 아렌트의 최후 저작이 훌륭한 "월권들—모종의 과도하게 확장된 논의의 범위, 거만한 어조, 독단적 판단과 때때로 더해지는 '전문 사상가들'에 대한 조롱"으로 가득하므로 아렌트 자신이 "숨을 곳은 어디에도 없다"라고 말한다(Wolin 1978, 16).

사실 아렌트는 언제나 숨기는 것 없이 투명했고 자신이 말한 바를 정확히 의미했으며 그 이상은 없었다. 그는 《정신의 삶》에서 저 "고장 난" 사유의 본질에 대한 설명을 보강하기 위해 하이데거를 소환했으며, 사유에 고유한 본질은 "엄연한 그곳성thereness"이라는 저 "인간[삶]의 조건과 정반대적"이라는 것이다. 하이데거에 대한 아렌트의 공개적인 마지막 언급은, 하이데거가 저 "두 세계 이론들"의, 그리고 "죽음과 철학 사이에 어떤 유사성"이 존재한다는, 고대로부터 전해 내려온 "매우 특이한 관념"의 "오류 및 불합리성들"을 가지고 있었다는 조심스러운 지적이었다. 아렌트는 자신의 독자들에게 저 《존재와 시간》의 하이데거는 "죽음에 대한 예상"을, 자기 자아의 진정성을 획득하고 자신을 "그들"로부터 해방시키기 위한 필요충분조건으로 "다루었다"고 환기한다. 1929년 자신의 박사학위논문에서는 '은총이 권능화한 자유의지로서의 **자애**'라는 패러다임과 더불어 그러한 [하이데거의] 입장을 반격했었다. 그로써 정신 및 행위 속에서 구현되는 '탄생성'이 저 죽음에 의해 추동된 불안을 정말로 해소하는 유일한 산물이 되었다. 1974년의 기포드 강의에서 아렌트는 자기 자신이 1929년에 했던 하이데거 비판과 하이데거가 나중에 프라이부르크 대학의 나치 학장으로서 담당했던 역할의 보여준 역설 양자를 애매한 방식으로 언급하면서 하이데거는 "그 [나치] 강령이 '다수의 의견the opinion of the Many'에서 …… 생겨난 것임을 제대로 인식하지 못한" 듯했다고 지적했다 (Arendt 1978b, 1권:80).

그 박사학위논문은 아렌트의 미래와 과거 사이의, 하이데거의 그들das Man 및 '그들they'의 세계에 대한 의구심과 그가 후기 근대의 공적 세계에 대해 느끼고 있는 바, 즉 그러한 공적 세계 '속에 있기는' 하지만 그것에 완전히 '속할' 수 없다는 느낌이 강해지고 있다는 사실 사이에서 모종의 다리 역할을 하게 되었다. 하이데거와의 교차점, 아우구스티누스 연구, 그리고 공공성 개념에 관한 사상들은 그의 망명과 저 유대인 대학살 이전인 1930년에 이미 아렌트의 생각 속에 있었다. 같은 해에 아렌트는 카를 만하임의 《이념과 유토피아》에 관한 논평을 발표했는데, 그것은 1929년 가장 논쟁적인 책 가운데 하나였다. 그 논평에서 아렌트는 당시에 막 출현하고 있던 '사회학' 영역을 탐구하면서 만하임이 '비판이론'을 역사적 맥락에서 관념들의 문제에 적용하는 시도를 했다고 칭찬했다. 만하임은 루카치와 달리 사회이론의 토대로 '사회경제적 이해관계'가 아닌 '실재'를 탐색한다. 그러나 만하임이 비록 '모든 지적 탐구의 입장'은 사회경제적 위치 선정의 표현이라고 주장할지라도 그 자신은 '그러한 입장들 그 어느 것도 채용하지 않는다.' 그러므로 만하임의 사회학은 '철학을 상대로 말할 수 있는 무언가를 가지고' 있으며, 또한 저 현존의 일상성에 내재하거나 그것 너머에 있는 어떤 실재를 탐색하고 있다. 여기서 아렌트는 '영적인 것the spiritual'은 사회과학적 관찰자의 위치 선정 덕분에 그것의 유의미성을 보유한다고 귀띔한다. 이것은 하이데거와 야스퍼스의 영토였지만 만하임은 다른 지도를 들고 그 땅을 여행하는 것이다.

> 철학 용어상으로 설명하자면, 만하임 사회학의 중심에 놓인 문제는 [바로] 존재자적인 것the ontic이 존재론적인 것the ontological과 맺고 있는 관계의 불확실한 성격이다. 철학이 '존재자의 있음Sein des Seinden'(하이데거)에 관해 탐구하거나, 일상의 삶으로부터 떨어져 나온 '현존Existenz'(야스퍼스)의 자기이해를 탐구한다면, 사회학은 그와 대조적으로 이 '실존주의적 해석'을 위한 기초인 '존재자the essent'에 관해서 탐구한다(Arendt 1930, 197).

아렌트는 만하임이 모종의 절대적인 이중성을 가정한다는 점이 주된 결함이라고 지적한다. 그 이중성은 한편으로는 초월을 통해 "'공적인 현존'으로부터의 자유"를 성취하는 "이상주의적인 의식", 다른 한편으로는 역사적 상황 및 행위의 특수한 요건들과 "실존적으로 묶여 있"으면서도 그것들을 본질적으로 변경시키겠다고 제안하는 '이데올로기' 양자를 상정하고 있다는 것이다. 그러나 아렌트의 독해에 따르면 만하임은 중립성을 잃고 있으며, "그것이 항상 손댈 수 없을 정도로 공동체와 묶인 상태이기" 때문에 맥락적 착근성着根性을 지니는 이데올로기를 선호한다(같은 글, 205). 아렌트의 견해상 이 선택은 불가피하게 "시대정신에 대한 모종의 불신"과 "집합적 주체"에 대한 선호를 수반하게 된다. 따라서 이 집합적 주체에게로 "개인이 위임되며", 동시에 개인은 "더 이상 사회적 현존 방식과 조화를 이룰 수 없으므로" 그 집합적 주체와 "분리된 상태로 현존"하게 된다. [결과론적으로] 저 [집합적 주체인] "실제의 역사적 세계"는 모종의 반동으로서 [개인의] '이탈'을 자극한다(같은 글, 204). 이러한 배경에서 아렌트는 자신이 1년 전에 완성한 박사학위 논문으로 돌아가 기독교로부터 파생된 '제3의 가능성'이 존재한다는 사실을 넌지시 알려준다.

> [그것은] 고대 기독교를 통한 기독교적 사랑의 형성에 있어 어떤 중요한 요소였다. 이는 기독교적 사랑이 지상에서는 실현될 수 없다고 믿으면서 저 세계 속에서 살아갈 가능성이다. …… 그런 식으로 저 세계로부터 이탈하는 방식은 그 세계를 바꾸고

자 하는 욕망으로 인도되지 않는다. 그렇다고 해서 그것이 저 역사적 세계로부터의 도망을 의미하는 것도 아니다(Arendt 1930, 205).

이러한 상황을 설명하는 사례는 아시시의 성자 프란체스코San Francesco d'Assisi였다. 막스 베버도 소환되는데, 그 목적은 자본주의와 같은 어떤 공적 성격의 이데올로기는 "모종의 특수한 형태의 고독에서 기인한다"는 논점을 수립하려는 것이다. 요컨대 "원래 종교성(청교도주의)을 띤 모종의 유착 상태는 유일성을 지닌 개인에게 운신의 폭을 거의 허용하지 않는 어떤 일상적 삶의 세계를 창출한다." 함축적으로 말해서 개인과 공적 세계들을 동시에 정당화하는 다른 기독교적 경험들도 다양하게 존재한다. 아렌트는 저 "종교적 유대 관계", 즉 "제3의 가능성"이 그것의 정당성을 상실하면 "공적 영역이 매우 강력해져서" 그가 '고독solitude'이라고 이름 붙인 것(그의 박사학위논문에 나오는 저 '**정지된 현재**')은 오직 고립과 '도망'을 통해서만 가능하게 된다고 결론짓는다. "오늘날 우리는 이러한 공적인 현존 상태에 너무 의존적인 까닭에, 심지어 우리가 그것에서 이탈할 가능성도 오직 '그것으로부터 자유로움'이라는 간접적인 방식으로만 정의될 수 있다."(Arendt 1930, 197, 206)

아렌트는 만하임 분석을 통해 공영역을 "경제적 권력 구조"와 동일시한다. 이는 《인간의 조건》에서 사회영역 또는 공영역들과 동일시하거나, 박사학위논문에서 저 [지상의] 도시와 동일시하는 것과 차이가 있다. 바꿔 말해 만하임의 세계는 하이데거의 세계와 같은 것으로 보인다. 경제영역의 지배성이 저 '[시대]정신'으로 하여금 "'이데올로기적 상부 구조'가 되도록" 강제한다. 그러한 세계 속에서 개인의 의미는 "전통보다 경제적 지위"에 근거하게 된다. 그 결과 "그는 안식처 부재 상태에 놓이게 된다"는 것이 아렌트의 결론이다. 이러한 각성을 통해 자신이 박사학위논문에서 "모종의 사막에서 길을 잃음"이라고 표현한 바 있는 그 각성에서 사유의 가능성과 어떤 질문의 가능성이 발생한다. 그 질문자의 입장은 "사회적 위치의 정당함과 의미"에 관해 질문하는 어떤 이론가의 입장과 진배없다. 그러나 아렌트는 의미 그 자체에 관한 질문이 "자본주의보다 훨씬 더 오래된" 것임을 만하임에게 환기한다. "그 질문은 저 세계 내 인간의 불확실성이라는 앞선 시대의 역사적 경험에서 나온 것이다—저 기독교의 경험으로부터."(같은 글, 207)

4

야스퍼스: 아렌트와 엑시스텐츠철학

한나 아렌트는 마르틴 하이데거와 카를 야스퍼스라는, 20세기의 가장 저명한 두 명의 철학자를 사사하는 행운을 누렸다. 또한 에드문트 후설의 강의들도 수강했다. 하이델베르크 대학에 도착해서는 야스퍼스의 지도로 아우구스티누스에 관한 박사학위논문을 썼다. 아렌트가 그에게 수학하기 시작한 시기는 다른 이들보다 늦은 나이에 강단철학에 입문한 야스퍼스가 자신의 세 권짜리 명작인 《철학Philosophie》(1931)을 막 집필하려던 찰나였다. 그는 아렌트의 지적인 문제들과 관심사에 대단히 큰 영향을 끼쳤다. 더욱이 아렌트가 하이델베르크에서 발견한 학자들과 벗들이 어우러진 공동체는 그가 마르부르크에서 비교적 소외된 상태로 하이데거에게 수학하면서 보냈던 그 1년과는 현저히 차이가 있는 학업 환경을 제공했다.

하이데거는 20세기의 주요 철학자들 중에서도 하나의 거목으로 통한다. 아렌트의 엑시스텐츠철학의 발전과 그것의 **자애**라는 주제 및 죽음에 대한 불안에 의해 촉발된 '저 세계 밖으로의' 여정은 여러 면에서 하이데거의 기획이 직접적으로 반영된 어떤 결과였다(Boyle 1987; 또한 앞의 제3장 참조). 그러나 눈에 약간 덜 띄는 사실일지라도 아렌트는 카를 야스퍼스의 제자이기도 했다. 야스퍼스의 삶-긍정life-affirming 정향은 하이데거의 '죽음에 의해 추동된' 다자인의 비전보다 더 설득력이 있어 보였다. 아렌트의 시간성 및 '총망라encompassing' 개념에 대한 이해방식은 확실히 야스퍼스와의 협업을 입증하는 자료였다.

교수와 학생으로 시작한 그들의 유익한 교제는 1969년 야스퍼스가 죽음을 맞이할 때까지 지속된 평생의 우정으로 진화하였다. 아렌트와 야스퍼스의 교제—처음은 독일에서, 이후 아렌트가 파리에서 망명 생활을 하고 있을 때, 그리고 최종적으로 미국에 정착했을 때—는 그 출발선에서부터 빈번하며, 활발하고, 다양한 측면들을 담고 있는 서신 교환을 통해 이루어졌으며, 제2차 세계대전 중에만 교환이 단절되었을 뿐이다(Arendt & Jaspers 1992). 그들이 공유한 철학적·정치적 관심사들, 상호 존중과 애정 그리고 야스퍼스가 "애정 어린 투쟁"이라 부른 것이 변치 않는 우정의 형태로 그들을 함께 묶어주었다.

야스퍼스의 우정은 《예루살렘의 아이히만》의 출간 이후 당시 논쟁의 소용돌이 한가운데 있던 아렌트에게 꼭 필요한 지지 세력이 되어주었다. 야스퍼스는 독일어판 《예루살렘의 아이히만》을 위해 아렌트가 작성한 서문을 정성 들여 검토해 주었으며 그것의 독일어판이 출간되면 자신도 아이히만 재판에 관해 저술하겠다고 약속했다. 1967년 이미 84세가 된 야스퍼스에게 그 일을 완수할 만한 기력이 남아 있지 않다는 사실이 분명해지자 아렌트는 그 약속 의무를 해제해 주었다. 같은 해 야스퍼스는 정치에 작별을 고하는 《독일의 미래》[1]라는 책을 출간했고 아렌트는 이 책을 위해 서문을 썼다.

아렌트의 박사학위논문이 그들의 우정과 직업적 교류를 위한 무대를 설정했다. 비록 아렌트가 직접적인 언급은 하지 않았더라도 스승이자 논문지도교수로서 야스퍼스의 영향은 그 논문 전체를 통해 그의 접근 방식과 주제 선정 면에서 확인할 수 있다.

아우구스티누스의 사유함에 대한 아렌트의 접근 방식은 야스퍼스의 새로운 엑시스텐츠철학에 관해 그저 지나가는 식으로 언급하는 것 그 이상이다. 아우구스티누스 철학의 중심 개념 가운데 하나, 즉 사랑을 탐구하는 과정에서, 아렌트는 아우구스티누스의 사유함 속에 내재하는 긴장관계들은 물론 반대 입장들도 드러내고 해명한다. 그의 박사학위논문 제1부와 제2부는 확연히 드러난 긴장관계들을 제시하고 있으면서도, 그것들을 근본적인 방식으로 숙고하거나 해결하지 않은 채 마무리한다. 아렌트는 서론에서 이 접근 방식을 "심지어 겉보기에 이질적인 진술들과 사유의 맥들조차 어떤 실체적인 공통 토대가 가리키는 방향으로 해석하려는 시도"라고 기술한다.

---

1 [이 책의 원제는《독일 연방공화국은 어디로 향하고 있는가?Wohin treibt die Bundesrepublik?》로, 스코트와 스타크는 영역판을 참고한 듯하다. 이 책의 출판연도는 1967년이 아니라 1966년으로 나타나고 있기 때문이다. —옮긴이]

"이러한 시도에서, 저 실체적인 공통 토대 자체가 그 서로 이질적인 의도들을 명시적으로 드러낼 수도 있을 것이다."(A:033243) 모종의 공통 토대를 찾아내려는 아렌트의 노력은 야스퍼스에게 상당히 빚을 지고 있는 부분이다. 이는 아렌트가 어떤 낯선 해결 방식을 아우구스티누스의 사유 속에 나타난 긴장관계들에 억지로 적용하지 않으려는 데서 확인된다. 이러한 아우구스티누스의 대립적 관점들을 인지하고 있는 아렌트는 서론의 말미에 "우리는 그러한 모순들을 있는 그대로 놔둬야 하며, 그것들이 모순들로서 이해되도록 해야 하고, 그리고 그것들의 저변에 놓인 것이 무엇인지를 파악해야 한다"라고 적었다(A:033248).

그 외에도 야스퍼스와의 유사점들은 분명하다. 아렌트의 논문은 사랑을 갈망으로 설명하는 것으로 제1부를 시작하고, 사랑을 **자애**와 **탐욕**이라는 이중적 표현을 통해 고찰하며, 이어서 사랑의 질서를 명료하게 설명한다. 그 사랑의 질서라는 시각에서 보면 아우구스티누스가 "네 이웃을 너 자신과 같이 사랑하라"는 기독교 계명을 강조한 취지가 흔들리게 되며, 그가 다른 맥락들 속에서 이웃사랑에 부여한 의미를 온전히 담아낼 수 없다. 제2부와 제3부에서는 사랑, 특히 아우구스티누스의 다른 맥락들 속에서 사용된 이웃에 대한 사랑이라는 주제에 주목하여 상세히 설명하고 검토한다. 특정 경험에 관한 묘사와 더불어 논의를 시작하여 그 경험이 어디로 인도되는지 그 경로를 따라 이동하면서 탐구하고 분석한 다음, 그 과정을 다시 새롭게 시작하는 아렌트의 접근 방식은 야스퍼스의 철학적 프로젝트와 상당한 공통점이 있다. 야스퍼스에게 철학의 임무라는 것은 어떤 완벽한 지식과 실재의 체계를 수립하는 일이 아니라, 종종 대립적인 입장들, 모순관계들, 한계들, 경계들을 밝히고 드러내는 과정에 참여하는 일이고, 이런 철학적 성찰들을 소통의 방식으로 [대중들과] 공유하는 일이다.[2]

야스퍼스가 자신의 제자에게 끼친 영향은, 비단 아렌트의 철학적 접근 방법뿐 아니라 그가 검토하기 위해 선택한 아우구스티누스의 개념들만 봐도 곧바로 알 수가 있다. 아렌트가 자유, 책임, 사랑, 두려움, 죄책감, 죄의식, 구원, 죽음과 같은 인간의 상태들에 초점을 맞춘 사실은, 야스퍼스가 저 인간 삶의 본질적인 유한성과 불확실성(그리고 동시에 근본적인 소여성)을 철학적으로 설명하는 데 관심을 가졌던 사실을 확실히 반영하고 있다. 야스퍼스는 이러한 상태들을 "한계 상황들limit situations"이라고 지칭하며 다음과 같이 설명하고 있다.

> 다음과 같은 상황들을 생각해 보자. 요컨대 나는 언제나 상황들 속에 있다. 나는 투쟁이나 고충 없이 살아갈 수 없다. 나는 불가피하게 스스로 죄의식을 갖는다. 나는 반드시 죽게 돼 있다. 나

---

2 엘리자베스 영-브루엘은 이러한 탐구 형태를 "공간적 추적 방식spatial tracing"이라고 부른다(Young-Bruehl 1982, 490). 또한 호프만이 "야스퍼스에게 지식은 항상 중간 기착지들에만 도착하며 결코 종착지에 도착하지 않는 모종의 탐구 과정이다. 따라서 그의 철학에는 완전히 확정된 개념들이 종종 불필요해지게 되며, [그의 철학은] 꽤 고의적으로, 확정된 개념들을 사용하는 어떤 체계의 예리한 명료성과 어떤 엄격히 일의一意적인 용어를 목표로 삼지 않는다."(Hoffman 1957, 96)

> 는 이런 것들을 '한계 상황들'이라고 부른다. 겉모습만 제외하면 그것들은 바뀌지 않는다. 그리고 그것들이 우리의 현존에 적용됨에 따라 유한성을 소유한다. 우리는 그것들을 조망할 수 없다. 그것들이 우리 현존 안에 국한되어 있으므로 우리가 그 이면에 있는 것들을 전혀 볼 수가 없기 때문이다. 그것들은 우리가 부딪치고 우리를 넘어지게 하는 모종의 벽과 같다. 우리는 그것들을 바꿀 수는 없고 고작 명료화시킬 수 있을 뿐이다 (Jaspers 1970, 78).

아우구스티누스의 사유함은 아렌트가 자신의 스승들, 특히 야스퍼스로부터 배운 엑시스텐츠 접근법에 특별한 도움을 준다. 아렌트는 사랑을 논의의 초점으로 삼아 저 세계 내 인간의 초현세적인 원천과 숙명을 포함하여 인간의 제반 상황에 관해 탐구한다. 또한 인간의 네 가지 기본 관계들도 탐구한다. 즉 인간의 신에 대한 관계, 저 세계에 대한 관계, 자기 자신에 대한 관계, 그리고 자신의 이웃에 대한 관계가 그것이다. 어떤 사람의 자기 이웃에 대한 관계는 아렌트로 하여금 저 **지상의 도시**에 대한 기독교적 양의성兩義性의 맥락에서 아우구스티누스의 **자애**를 탐구하도록 추동하는 근본적인 문제의식이다.

포괄자包括者, The Encompassing, das Umgreifende[3]

야스퍼스의 핵심 용어 가운데 하나는 그가 '포괄자das Umgreifende' 라고 지칭한 것이다. 그는 이것을《이성과 엑시스텐츠》(1935)에서 처음으로 충실하게 정교화했다. 거기서 그는 다음과 같이 쓰고 있다.

> 우리는 항상 어떤 지평에서 살아가며 그 안에서 사유한다. 그러나 그것이 하나의 지평이라는 사실 자체는 그 주어진 지평보다 더 나아가는 뭔가를 지시하고 있다. 이 상황으로부터 저 포괄자의 문제가 발생한다. 그 포괄자는 존재Being와 진리의 모든 확정된 양태가 우리를 위해 출현하는 지평이 아니라, 마치 어떤 뭔가가 절대적으로 포괄하기 때문에 더 이상 하나의 지평으로 보일 수 없는 양, 특수한 모든 지평이 그 속에 총망라된 지평이다(Jaspers 1955, 52).

야스퍼스에 따르면 저 포괄자의 양식은 두 가지이다. 하나는 "존재 자체로서의 포괄자, 즉 우리가 그 안에 그리고 그것을 통해 있게 되는 양식이고, 다른 하나는 [바로] 우리들 자신이며 그 속에서

3 [앞의 아렌트 논문에서는 아우구스티누스의 개념으로 설명된 'the encompassing'을 '저 총망라하는 것'으로, 'encompassing'은 문맥에 따라 '포괄하는' 또는 '망라하는'으로 옮겼다. 그러나 야스퍼스의 유사 개념인 'the encompassing'은 국내 철학계에서 통용되는 표현인 '포괄자'로 옮겨 차별화했다. — 옮긴이]

모든 있음의 양태가 우리에게 드러나는 양식으로서의 포괄자"이다. 야스퍼스는 이러한 양식들을 "두 개의 대립하는 관점들"로 지칭한다. 그렇게 해서 그는 그 두 개의 양식들이 본질상 서로 연동되는 것인 동시에 상호 관통하는 것임은 물론 정반대적인 것이기도 하다고 가정함으로써 칸트의 인식론적 및 존재론적 이원주의를 극복하려고 시도한다. 그러한 철학적 시도가 목적으로 삼는 것은 "저 총체를 존재의 최후의 자조自助적 근거로 간주하는 대신 저 포괄자를 어떤 확실한 우리의 경험 대상으로 만드는 일이다. 저 포괄자가 존재 그 자체인지 아닌지 또는 존재가 우리를 위한 것인지 아닌지는 아무 상관도 없다."(같은 곳)

아렌트의 박사학위논문은 야스퍼스의 포괄자 개념과 아렌트 자신이 그 용어를 사용하는 방식 사이의 언어적·개념적 유사성에 관한 증거를 제공한다. 그것의 독일어판에는 세 가지 상이한 단어, 'das Umschliessende', 'das Umfassende', 'das Umgreifende'가 나타난다. 이 모두는 '포괄자'로 번역된다. 여기서 아렌트는 야스퍼스의 포괄자 양식을 '존재 그 자체' 또는 '존재의 근거'로 주목한다. 야스퍼스의 개념과 아렌트의 다음과 같은 구절, 즉 "'질서 잡힌 인간' …… 그는 자신을 저 총망라하는 구조……속에 끼워 넣는다"(A:033311)라는 구절 사이에는 명백한 연계성이 존재한다. 아렌트는 "이 관점에서 존재는 저 우주와 동일시되며, 시간 개념이 부재하는 총망라적인 전체"라고 적고 있다(B:033196). 또한 "끝은 동시적으로 그 원천, 저 총망라하는 있음, 그리고 영원 그 자체"이다(A:033311). 야스퍼스의 포괄자 개념의 다른 양식에 대한 암시들은 아렌트가 제시한 아우구스티누스가 (특히 신학적 의미에서) 이해한 피조물과 창조주의 관계에 관한 기술 방식에서도 감지된다. 여기서 아렌트가 아우구스티누스를 경유해서 인간의 진정한 있음이 궁극적으로는 (창조주에 속한 피조물로서) 신에 근거를 두고 있다고 이해한 방식과, 야스퍼스의 '내가 나의 통상적·경험적 현존을 초월하고 있다고 이해하는' 의식으로서의 포괄자 양식 사이의 어떤 개념적 유사성은 방어될 수 있다.

야스퍼스의 포괄자 양식은 아렌트의 박사학위논문 속에서 인간이 신의 불변의 영원한 존재 속에 근거를 두고 있다는 아우구스티누스의 인간 개념으로서 모습을 드러낸다(A:033312~033313). 개인의 있음에 대한 온전한 이해 방식은 오직 위험들을 수반하는 모종의 분투적인 과정에서 나온 결과이다. 아렌트가 묘사한 아우구스티누스는 기독교 신자가 스스로 질문을 제기하여 이 현세적 삶으로부터 떨어져 나가도록 요구하며('나는 나 자신에게 문젯거리가 되었다'), 그 과정에서 자신의 진짜 원천과 숙명을 발견하도록 요구한다. 비유적으로 말해서, 그 [아우구스티누스라는] 엑시스텐츠철학자는 "저 오성의 단순한 보편성이라는 [가정의] 진공 상태에 빠지지 않고, 저 경험적 현존의 [상징인] 무의미한 사실성 또는 어떤 공허한 피안에 빠지지 않으면서" 저 포괄자에 관해 진정한 사유함의 과정에 참여한다(Jaspers 1955, 76). 아렌트의 견해에서 그러한 아우구스티누스의 노력은 내세적인 동시에 현세적인 성격이다. 그러므로 "이 현세로부터 [내세적 삶에 대한 기대로] 이행을 결행한" 기독교인조차도 인류가 "아담으로부터 공통으로 물려받은" 것에서 어떤 인간공동체의 기초를 발견할 수 있다. 야스퍼스에게 철학자의 임무는 모호성 속에서 덜 헤매는 것이다. 그에 따르면, "인간은 비非광신적인 절대성, 즉 열린 상태로 남아 있는 어떤 확증성을 통해서 자신의 진리로 나아가는 통로를 탐색할 수 있다."(같은 곳)

아렌트가 야스퍼스의 포괄자 개념으로 거슬러 올라가는 용어들을 사용한 흔적은 원래 논문의 층위들 전체와 논문 수정 작업의 역사 전체에 걸쳐서 발견되고 있다. 우선 독일어 원본에서, 또한 미편집된 영역본(A본)에서, 그리고 아렌트가 1950년대 말, 1960년대 초에 영문으로 편집한 판본(B본)에서 그런 사례들이 발견된다는 것이다.

첫째, 독일어 원본의 제2부 1장에서 아렌트는 "총망라하는 전체"로서의 우주를 가리키기 위해 야스퍼스의 용어인 '포괄자'를 사용한다. "정의상 전체란 완전히 총망라하는 것을 말하기 때문에 그것의 부분들에는 관심을 가지지 않는다. …… 이러한 관점에서 존재는 저 우주와 동일시되며, 시간이 부재하는 저 총망라적인 전체[das Umfassende und Umgreifende]이다"(B:033195~033196). 둘째, 저 포괄자에 대한 언급들은 있는 그 자체로 번역되며 아렌트가 수정하지 않은 영어본의 여러 구절에서 찾아볼 수 있다. 예컨대 "포괄하는 있음, …… 영원 그 자체"에 대한 언급들 그리고 "시작과 끝은 더 이상 절대적으로 분리되지 않으며 저 포괄하는 것The encompassing이라는 개념을 통해 동일한 것이 되었기 때문이다."(A:033313). 아렌트는 또한 포괄자로서의 신에 관해서도 적고 있다. "총망라하는 영원한 존재Being로서 저 창조주는 더 이상 피조물의 삶의 시발점과 종결점만을 규정하지 않는다."(A:033324). 셋째, 아렌트가 수정한 논문의 구절들 속에서 몇 가지 변경된 형태들이 나타난다. 아렌트는 "저 순전한 포괄자"(A:033394)라고 괄호 속에 써넣었던 언급 하나를 삭제하는 한편, 독일어 원본에는 나타나지 않았던 다른 언급들 네 가지를 저 포괄자에 추가했다. 이 네 개의 추가 언급들은 수정본(B본)의 연속해서 이어진 두 쪽에 나타난다. 거기서 아렌트는 아우구스티누스가 그리스의 존재 개념에 진 지적인 빚과 그 존재론적 틀 속에서 악을 이해하려고 한 그의 노력들을 논의하고 있다. "전체의 선先결정된 조화를 헛되이 회피하려는 자는 사악하다. 그 '영원법이 우리에게 새겨져 있으므로' …… 이것이 바로 이 전체를 총망라하는 조화의 구조[적 특성]이기 때문이다." 더욱이 아렌트는 세속법과 영원법 사이의 관계를 논의하면서 아우구스티누스가 "반드시 신을 영원한 입법자the eternal lawgiver로 생각해서 그런 것이라기보다는 오히려 부분들의 운동 방식과 행위 방식을 규정하는 법칙이 전체를 포괄하는 그 법에서 나온다는 것을 설파하기 위함이다"고 덧붙이고 있다(B:033196~033197). 이어서 아렌트는 아우구스티누스의 그리스 존재론에 대한 심오한 의존성에 관한 성찰도 추가한다. 그것 역시도 독일어 원본에는 없었던 부분이다.

> 이 '총망라하는 우주로서의 존재' 개념이 아우구스티누스의 사유에 미친 막대한 영향력에 관한 한, 과대평가는 허용되지 않는다. 이 점은 인간 또는 여타 피조물들의 완전함이 존재Being 그 자체가 아니라 창조주the Creator로부터 나온다고 적은 단락들

속에서 가장 분명하게 드러난다. 그런 명백한 기독교적 맥락에서조차 엄밀히 말해서 '그리스적'인 상이한 사상이 배경에 깔려 있기 때문이다(B:033197).

여기서 아렌트는 아우구스티누스가 심지어 모종의 기독교적 틀에서 자신의 주장을 발전시킬 때조차 그리스 존재론이 그의 사유함에 영향을 끼쳤다는 사실을 명확히 밝히기 위해 저 '포괄자'라는 용어를 사용한다. 이를테면 고대 후기 기독교 교부의 사유 방식을 명쾌하게 설명하기 위해 그 20세기의 개념이 고대 그리스의 존재론에 꿰맞춰진 셈이다. 아렌트가 1920년대 후반 자신의 박사학위논문을 쓰던 때에 야스퍼스의 엑시스텐츠철학에 영향을 받았다는 사실은 명백하다. 그럼에도 그 박사학위논문의 본문 속 층위들이 정리되기 전까지 분명해지지 않은 것이 있었는데, 그것은 아렌트가 이 초창기의 영향을 거부하기보다 자신의 수정 작업의 전 과정에서 그 엑시스텐츠철학의 언어를 계속 구사했다는 사실이다.

야스퍼스가 말하는 아렌트, 아렌트가 말하는 야스퍼스: 평생 이어진 대화

야스퍼스의 엑시스텐츠철학과 그의 길고 탁월한 삶의 핵심 주제 가운데 하나는 소통communication이었다. 야스퍼스가 자신의 벗들 가운데서 한나 아렌트의 경우처럼 풍요로우면서도 폭넓은 대화를 지속적으로 나눈 경우는 거의 없었다(유일한 예외가 있었다면 그의 아내인 게르트루트Gertrud였을 것이다). 야스퍼스와 아렌트는 서로의 저작에 관해 상호 지지를 표명하고 성찰적이며 도전적인 성격의 논평을 어떤 연속적이고 예리한 소통의 형식으로 계속 이어갔다(1992년에 나온 아렌트와 야스퍼스 서간집 참조). 말년에 그 두 사람은 자기 사유의 독립성과 어떤 비판적 입장을 희생시키지 않으면서 각자가 서로의 저술에 끼친 영향력을 즐겁게 인정했다. 야스퍼스의 입장에서 볼 때 소통이라는 것은 그가 '애정 어린 투쟁loving struggle'이라고 부른 것을 수반한다. 우리는 어쩌면 이 문구에 대한 그의 설명에서 야스퍼스와 아렌트 사이의 우정의 본질에 대한 단면을 엿볼 수 있을지도 모르겠다.

> 우리는 완전한 개방성을 가지고, 모든 힘과 우월성을 배제하고, 나의 스스로-있음self-being은 물론 상대방의 스스로-있음과 더불어 애정 어린 투쟁에 임한다. 이는 양측이 아무것도 재지 않고, 과감하게 자신을 개방하고 자신에 대한 신문訊問을 허락하는 투쟁이다. …… 그 소통 투쟁에는 어디다 견줄 데 없는 연대감이 현존한다. 이 연대감은 가장 극단적인 질문도 가능하게 한다. 왜냐하면 이 연대감이 소통의 공간을 유지시키고 그것을 모종의 합동 작업으로 바꾸고 그 결과를 공동으로 책임지게 하기 때문이다. 이 연대감은 그 투쟁을 실존적 소통에 한정시키는데 그 내용은 늘 쌍방의 기밀 사항이다. 그러므로 저 공중the public에 관한 한, 벗들 가운데서 가장 절친한 사이는 쌍방이 이득과

> 손실을 공유하는 어떤 투쟁에서 서로 겨뤄본 일이 있는 자들이
> 다(Jaspers 1970, 60~61).

아렌트의 박사학위논문에 대한 야스퍼스의 논평

야스퍼스는 아렌트의 논문을 평가하면서 (그가 "이따금씩 반짝이는 진주"라고 부르는) 분명한 장점은 칭찬하고 추가 검토가 필요한 곳은 지적하는 균형적인 접근법을 구사한다(Arendt & Jaspers 1992, 689~690쪽 참조). 야스퍼스는 자신이 언급하는 당대의 다른 저자들의 방법론과 확실히 대조되는 방식으로 '지적 구조들' 속에 머물고 있는 아렌트의 방법론을 칭찬한다. 야스퍼스는 자기 학생이 어떤 "환원적이고 연성화하는 접근 방식"을 피하는 한편, 자신의 작업을 통해 "분명한 경계선들을 긋고 그 선들 사이에서 아우구스티누스의 입장이 자체의 날카로움을 모두 간직한 채로 머물 수 있도록 했다"고 적었다(같은 책, 689). 야스퍼스는 논문의 각 절을 좀 더 세밀하게 살핀 다음 제1부는 "정말로 명료하고 모든 점에서 완벽하고 무결점이다"라고 선언한다. 다음은 제2부와 제3부에 대한 평가의 세부 내용이다.

> 제2부는 주제 면에서 약간 더 난해하고 흥미롭기는 한데, 몇 단
> 락에서 길을 잃고 있는 듯이 보인다. 다른 몇 군데의 생각들은
> 아직 미숙한 상태에 있다. 인용에 몇 개에 실수가 보이는데 그

> 중 일부는 바로잡혔으며 다른 것은 좀 더 보완되어야 할 것이다. 제3부는 아직 완성되지 않았으나 향후 연구가 나아갈 방향을 분명히 보여주고 있다(Arendt & Jaspers 1992, 689).

확실히 야스퍼스는 논문 주제에 대한 아렌트의 총체적 접근 방식을 승인하고 있다. 그리고 "여기서는 역사적 혹은 철학적 관심들이 우선되지 않는다. …… [그리고] 그 저자가 비록 기독교적인 가능성들에 끌리고는 있지만 동시에 그것들로부터 자신의 자유를 정당화하고자 한다"고 논평한다. 야스퍼스는 아우구스티누스의 견해들에 모종의 체계를 강제로 부여할 수 없다는 아렌트의 주장에 동의를 표하며, 아우구스티누스의 견해들 속에 나타난 비일관성들을 밝히고 "그 결과로서 이러한 관념들의 실존적 기원들에 대한 통찰을 얻은" 그의 노고를 치하한다(Arendt & Jaspers 1992, 689~690).

야스퍼스는 아렌트의 "실수들 가운데 일부는 둘이 함께 논의한 결과 바로잡히게 되었"는데, 최종적으로 평가를 하자면 "그런 결함들이 아니라면 매우 인상적이었을 이 저작은 그것의 긍정적인 내용이 탁월함에도 불구하고 안타깝게도 최고 점수가 주어질 수는 없을 것"이라고 밝힌다(같은 책, 690). 아렌트가 자신의 논문에 대한 지도교수의 평가에 대해 답변을 한 것 같지는 않지만, 야스퍼스가 제안한 변경 사항들 몇 가지에 비추어 박사학위논문의 출간을 준비했다는 사실을 가리키는 언급들이 그들의 1929년 교환한 서신 몇 군데에 나온다(같은 책, 8~9).

야스퍼스의 엑시스텐츠철학에 관한 아렌트의 논평

1946년의 논문 〈실존철학이란 무엇인가?〉에서 아렌트는 유럽에서 양차 세계 대전 중에 길을 잘 닦았지만 미국의 독자들에게 이제 막 소개되기 시작한 새로운 철학 운동에 대한 야스퍼스가 공헌한 바를 검토한다. 좀 더 구체적으로 말해서 아렌트는 야스퍼스의 《세계관의 심리학》(1919)에 대해 "의심할 나위 없이 새로운 학파의 첫 번째 책"(Arendt 1946b, 51; 또한 이 책의 제3장 참조)이라고 공인하는 방식으로 그의 엑시스텐츠철학이 하이데거의 것보다 낫다고 상찬한다. 아렌트는 비록 야스퍼스의 세 권짜리 《철학》이 하이데거의 《존재와 시간》보다 5년 뒤에 출간되었다 할지라도 "야스퍼스의 철학은 확실히 닫혀 있지 않은 동시에 보다 현대적"이라고 주장한다. 그리고 이어서 "하이데거는 현대 철학의 조건에 관해 자신의 최종 진술을 마쳤거나, 그게 아니었다면 자기 자신의 철학과 결별을 해야만 할 것이다 …… 반면에 야스퍼스는 그런 결별 같은 절차 없이도 현대 철학에 이미 속하며, 현대 철학의 논의를 발전시키고 그 논의에서 결정적인 중재 역할을 할 것"이라는 설명도 덧붙인다(Arendt 1946b, 55).

아렌트는 야스퍼스가, 특히 칸트와 전통의 존재론적 태도들이 실종된 이래로, 인간이 저 세계와 맺는 문제성 있는 관계를 철학적으로 직면하려는 노력을 기울였다는 점을 강조한다.

> [전통적 존재론]보다는 저 '존재Being의 불화'라는 것이 …… 인정

> 될 수 있을 듯하다. 그리고 저 세계 내에서 소외되어 있다는 현대인의 느낌도 인정될 만한 것이다. 물론 더 이상 어떤 안식처가 아닌 어떤 세계 내에 하나의 안식처가 될 수 있는 모종의 인간 세계를 창조하려는 저 현대적인 의지 역시도(Arendt 1946b, 55).

야스퍼스의 '전통'과의 투쟁에 관한 아렌트의 해석은 비록 모종의 전근대적이고 기독교적인 맥락에서였지만, 신에 의해 창조되고 인간에 의해 만들어진 세계에 대한 인간의 역설적인 관계를 탐구한 것에 관한 아우구스티누스의 설명과 유사하다. 더욱이 야스퍼스의 '실패failure'에 대한 관념, 즉 인간이 "자기는 존재에 대해서 알지도 못하고 그것을 창조할 수도 없다는 사실과 자기가 신이 아니라는 사실을 경험하는 것"(Arendt 1946b, 54)과 같은 관념은 아우구스티누스에 대한 아렌트의 해석, 즉 인간이 모종의 피조물로서 자신이 창조주와 본질적인 의존 관계에 있음을 발견하고 그 새로운 시선을 통해 자신의 원천, 자신의 숙명, 자신의 참된 본성을 이해하게 된다는 해석과 비교될 수 있다.

아렌트는 자신의 엑시스텐츠철학 논문에서 야스퍼스가 말한 "극한 상황들Grenzsituationem"에 관해 설명한다. 그러한 상황 속에서 "인간 자유의 섬이 가지는 한계들을 밝혀내며 …… 그리고 그 속에서 인간이 곧바로 자신의 자유를 위한 조건들과 활동의 근거가 되는 한계들을 경험하게" 된다(같은 글, 55). 아렌트는 박사학위논문에서 아우구스티누스를 이와 비슷한 철학적 경로에 위치시켰다. 인간은 자기 자신에게 '저 세계 바깥의 관점에서' 질문을 하며 (자신의 원천과 숙명으로서) 자신에게 주어진 '한계들'을 알게 되고, 이 새로운 시각을 투사함으로써 자신이 저 세계 및 그 [인간] 공동체와 맺고 있는 관계를 다시 전유專有한다. 이와 유사하게 아렌트는 야스퍼스가 개인과 공동체 사이의 관계에 집착한다는 점을 강조한다. 야스퍼스는 "엑시스텐츠 자체는 결코 본질적으로 고립되어 있지 않다. 그것은 오직 다른 사람들의 엑시스텐츠와 소통 관계를 맺고 있고 그들의 엑시스텐츠에 대한 앎의 상태로만 현존한다. …… 그것은 오직 공통으로 주어진 세계 내에서 사람들과 함께함으로써만 발전을 꾀할 수 있다"(같은 글, 56)라고 쓰고 있다. 이와 유사하게 아렌트의 박사학위논문은 아우구스티누스가 개인을 이웃사랑이라는 기독교 계명의 맥락에서 이해하고 있다는 사실을 강조한 바 있다.

아렌트가 인간공동체의 정초 작업 및 그것의 구성 방식을 '저 세계에 대한 사랑'의 특수한 형태에서 초래되는 결과로 이해하는 과정에서 채택하고 있는 아우구스티누스식 접근법은, 내용이나 맥락은 다를지라도 야스퍼스와 모종의 방법론적 일치점을 공유한다. 아렌트의 견해에서 야스퍼스는 우리가 존재론적 지주支柱들을 상실했다는 사실에도 불구하고 인간 소외라는 현상을 돌파해 보려는 저 현대적 [철학의] 도전 과업을 자임하고 있다. 그리고 아렌트는 자신이 이와 유사한 철학적 프로젝트의 씨앗들이 이미 아우구스티누스의 사유법 속에서 움트고 있었다는 사실을 발견했다고 여겼다.

아렌트와 야스퍼스: 아우구스티누스 노선의 공유

아렌트와 야스퍼스가 대체로 거의 같은 시기(1950년대 중후반과 1960년대 초반)에 아우구스티누스에 관한 작업을 했다는 사실이 단순한 역사적 우연일 수 있을까? 아우구스티누스의 철학은 1957년 독일에서 출간된 야스퍼스의 《위대한 철학자들》의 첫 권에서 두드러진 역할을 담당한다. 1950년대 후반에 이르자 아렌트는 미국 내에서 박사학위논문을 출간할 생각으로 검토와 수정 작업에 돌입했다. 그와 동시에 1962년에 영어로 출간될 예정이던 야스퍼스의 《위대한 철학자들》의 절들을 편집하던 중이었다. 그중 한 권이 '플라톤과 아우구스티누스'라는 제목으로 불리게 된다.

야스퍼스는 그 책의 '아우구스티누스의 사유 양식들'이라는 절에서 아우구스티누스의 내관內觀 방법을 강조하면서, 아렌트의 초창기 저작의 집필 동기가 된 아우구스티누스의 문장을 인용한다. "나는 나 자신에게 문젯거리가 되었다"(Jaspers 1962, 70~71). 게다가 아렌트가 박사학위논문에서 했던 것처럼 야스퍼스도 아우구스티누스의 사유함에 긴장 관계들과 대립 관계들이 있음을 인정했고 이러한 "중대한 모순들"의 일부를 목록으로 작성하기까지 했다(같은 책, 109~112). 그의 지도학생이었던 아렌트가 수년 전에 그랬던 것처럼 그는 이 모순들 속에서 철학적 자양분을 발견한다. 그리고 그것을 자신의 초기 철학의 형성 과정에 심오한 영향을 끼쳤던 현대 철학적 안내자들—키르케고르와 니체—과 비교한다. 야스퍼스는 아우구스티누스에 대해서 다음과 같이 적고 있다.

아우구스티누스에게서 모순들을 발견해내는 것보다 쉬운 일은 없다. 우리는 그것을 그의 위대성의 특질들로 이해한다. 어떤 철학도 모순들로부터 자유로울 수 없다. 그러나 그 어떤 사상가라도 모순을 빚고 싶어 하지는 않을 것이다. 그럼에도 아우구스티누스는 모순들 속으로 과감하게 뛰어든 사상가 중 한 사람이다. 그러한 사상가들은 엄청난 모순들이 빚어내는 긴장관계들 속에서 자신의 삶의 방식을 도출한 자들이다. 아우구스티누스는 애초부터 모순들로부터 자유를 얻으려고 애쓴 부류가 아니다. 그와 정반대로 그는 자신이 신에 대해 사유하려고 할 때 부딪히게 된 모순의 함정에 자신의 사유가 좌초하도록 허용한다. 아우구스티누스는 모순들과의 정면대결을 택한다. 그리고 정면대결 그 이상의 단계로 넘어가 그 모순들을 최극단으로 밀어붙인다. 그는 우리로 하여금 다음의 도발적인 질문을 의식하도록 만든다. '우리가 운명적으로 모순과 맞서게 되는 어떤 지점, 어떤 극한이 존재하는가?' 이에 대한 답은 '그렇다'이다. 그 이유는, 우리 내부에서 그 있음의 원천과 그 무조건적인 의지에 의해 마음이 움직일 때마다 우리는 사유 속에서, 즉 [무성의] 대화를 통해 우리 자신과 소통할 기회를 찾으려고 할 것이기 때문이다. 이 [사유의] 영역에서 모순으로부터의 자유는 아마도 실존적 죽음일 것이고 저 사유함 자체의 종결점일 것이다. 아우구스티누스는 이러한 본질적인 모순들을 주제로 삼은 덕분에 아직까지 그토록 도발적인 영향력을 행사한다(Jaspers 1962, 111).

1957년과 1958년 사이에 아렌트는 카를 야스퍼스에 관해 두 편의 논문을 썼다. 첫 번째 글은 '현존하는 철학자 도서관 총서The Library of Living Philosophers Series'(1957)가 기획한 야스퍼스의 철학에 관한 낱권을 위해 〈카를 야스퍼스는 세계시민인가?〉이라는 제하에 쓰인 것으로서, 《어두운 시대의 사람들》(1968)에 재수록되었다. 두 번째 글은 야스퍼스가 그해 독일 출판협회가 수여하는 평화상(1958)을 수상하는 자리에서 축사를 하게 되어 작성한 글로, 소박하게 〈카를 야스퍼스: 한 편의 찬사〉(Arendt 1968, 71~80)라는 제목을 붙였다. 첫 번째 글에는 아우구스티누스에 대한 명시적인 언급('나는 나 자신에게 문젯거리가 되었다')이 들어 있다. 아렌트는 아우구스티누스를 저 위대한 '기축 시대'에 위치시킨다. 아렌트에 따르면 그 시대인 기원전 5~6세기는 "인류가 처음으로 지구상에 사는 인간의 조건을 발견한 시기로서 그때 이후 사건들의 단순한 통사론적 순서가 하나의 이야기가 될 수 있었고, 그 이야기가 다시 하나의 역사 형태로 변형되어 이윽고 어떤 의미심장한 성찰과 이해의 대상이 될 수 있었다"(같은 글, 89)고 설명한다.[4] 게다가 이 두 편의 글에서 아렌트는 그의 박사학위논문과 야스퍼스의 아우구스티누스에 관한 저작에서 함께 나타나는 주제를 언급한다. 〈카를 야스퍼스: 한 편의 찬사〉의 마지막 몇 단락에서 아렌트는 시간과 문화의 커다란 벽들을 가로질러 저 위대한 철학자들(아우구스티누스를 포함하여)과 대화할 수 있는 야스퍼스의 소통 능력을 칭찬해

---

4 아렌트가 이 문장을 그 논문의 1968년 판본에 추가했다.

마지 않는다. 그리고 야스퍼스가 다른 철학자들과 더불어 "모든 사람이 자기 자신의 기원들에서 벗어나 함께 모일 수 있는 정신의 왕국"을 수립하는 데 성공했다고 주장한다. 이 대목에서 우리는 아우구스티누스가 이 현세로부터 떨어져 나와 저 과거와 미래가 만나는 장소인 정지된 현재로 '이행'한다는 아렌트의 발견과의 유사성을 엿볼 수 있다. 그리고 아우구스티누스의 경우에서 그랬던 것처럼 야스퍼스에게도 저 세계로의 '귀환' 과정이 존재한다. 아렌트는 야스퍼스의 정신의 왕국을 '저 세계에 속하는 것'이지만 동시에 '보이지 않는' 장소로 간주하는데, "그곳은 야스퍼스가 편안함을 느끼는 장소이며, 우리가 그곳에 오도록 그가 길을 열어준 곳이다. 그곳은 피안에 있지 않으며 공상의 장소도 아니다. 그곳은 과거나 미래에 속한 장소가 아니다. 그곳은 현재에 속하며 이 현세의 일부이다."(같은 글, 80) 아렌트는 또한 야스퍼스의 소통communication 관념, 즉 그것이 인간공동체의 수립과 정치행위에 필수적인 조건들의 수립과 맺고 있는 관계에 관한 성찰을 칭찬한다(같은 글, 90~91).

다른 한편으로 '현존하는 철학자 도서관 총서'를 위해 특별히 작성한 '철학적 자서전'이라는 제하의 서문에서, 야스퍼스는 한나 아렌트에 관해 제2차 세계대전의 즉각적인 여파를 반추하면서 찬미하는 어조로 다음과 같이 술회한다.

> 수십 년이 지나도록 식을 줄 모르는 (지금은 블뤼허Blucher 부인이 된) 한나 아렌트의 오랜 애정이 아내와 내게 상당한 도움이 되

었다고 생각한다. 아렌트의 철학적 연대감은 그 시절의 가장 아름다운 경험들과 함께 지금까지 여전하다. 그는 우리보다 연배가 아래인 세대에서 나이 든 우리 세대에게 다가왔으며 그가 경험한 것을 선물로 가지고서 우리에게 왔다(Jaspers 1957, 66).

그들 사이의 우정에 대해 현재적 의미를 부여하면서 야스퍼스는 감동적인 필체로 그들의 교제와 우정에 수반되었던 '애정 어린 투쟁'에 관해서도 다음과 같이 적고 있다.

1948년 이래 그[아렌트]는 강도 높은 토론을 벌일 요량으로, 그리고 이성적으로는 정의될 수 없는 어떤 만장일치를 확인할 의도로 우리[부부]를 계속 방문했다. 나는 그와 더불어 다시금, 내가 평생 욕망했던 것임에도 청년기 이후 줄곧—나와 운명을 공유한 가장 가까운 사람들을 제외하고는—단지 몇 안 되는 남성들과만 실제로 경험했던 방식으로 토론할 수 있었다. 그것은 심리적 유보가 조금도 허용되지 않는 완전한 진솔함(의 분위기)에서—예컨대 방종으로 인해 도를 넘을 수 있다는 것을 알며, 그런 지나침이 바로잡혀야 한다는 것도 알고, 또한 그것이 뭔가 가치 있는 것임을 스스로 입증한다는 것을, 즉 다르다는 것이 애정의 감소를 뜻하지 않는다는 신뢰가 바탕에 깔려 있으므로 고질적인 차이들로 인한 긴장 관계가 뭔가 가치 있는 것임을 알고 있는—(그런 분위기에서) 상대의 본질적이고 상호적인 자유-용인letting-free을 실현하는 대화 양식이다. 그 [양식] 속에서는 사실적 충실성에 의해 추상적 요구들이 제압되기 때문에 그러한 요구들이 중지된다(Jaspers 1957, 67).

《카를 야스퍼스의 철학》이라는 제목으로 집필한 1957년의 '현존하는 철학자 도서관 총서'의 낱권 말미에 수록된 〈나의 비판자들에게 답함〉이라는 장문의 글에서, 야스퍼스는 첫 번째 순서로 아렌트의 글을 지목하고 다음과 같이 존평한다.

내가 보기에 한나 아렌트는 작금 세계의 상황과 이 상황에서 출현하는 한 사람의 세계시민이라는 관념에 관해 훌륭한 보고문을 작성했다. 그래서 그가 내 생각들에 관한 보고 형식을 빌려 나를 빈번히 자기 자신의 생각을 제시하는 방편으로 삼았던 것은 아닌지 모르겠다(Jaspers 1957, 751).

이처럼 야스퍼스는 그들의 생각이 너무 가깝기 때문에 아렌트가 자신에 관해 제시한 논평에서 진짜로 빛을 발하는 것은 아렌트 자신의 생각들이라고 주장한다. (사실 다른 논객들은 원전元典들과 전통들에 대한 문자적 해석 수준에도 못 미치는 아렌트의 논평을 설명하기 위해 칭찬의 강도가 훨씬 덜한 용어들을 사용했다.) 아렌트와 자신의 친근성에 관한 소견을 피력하면서, 야스퍼스는 자신들의 견해들 속에 나타나는 유사점들과 중요한 차이점들을 당시 세계의 정치적 상황에 관한 견해들을 실례로 들어 설명한다. 야스퍼스는 아렌트가 철학을 '**삶의 보조자***ancilla vitae*'(칸트의 언명들 가운데 한 가지를 자신의 용어로 바꾼 것)로 보는 관점을 수용한 다음, 삶과 철학의 관계를 다음과 같은 관점에서 해석한다. "철학함philosophizing의 과정에서 다른 이들에 앞서 횃불을 들고 정의正義를 추구하는 자는—실망과 희망을 통해서—자신이 자신의 지식 너머에 있는 무엇인가와 의존관계에 있다는 사실을 안다"(같은 글, 755). 야스퍼스의 용어로 바꾸면, 우리는 모종의 한계 상황에 당면하고 있다. 우리는 그 상황에서 되돌아 나올 수도 없고 그것 너머에 있는 것에 관해 확실히 아는 것도 아니다. 하지만 바로 그 지점에서 엑시스텐츠에 대한 조명이 이루어질 수 있다.

야스퍼스는 아이히만을 둘러싼 논쟁에서 아렌트를 가장 강력하게 지지한 유럽인 가운데 한 사람이었다. 아렌트가 야스퍼스에게 《예루살렘의 아이히만》의 독일어판 서문의 초고를 보냈을 때 그는 그것을 꼼꼼히 검토했고, 꽤 여러 곳의 변경을 제안했다(Young-Bruehl 1982, 354). 또한 야스퍼스는 아이히만 논쟁에 고무되어 자신이 직접 책을 쓰겠다고 약속했으며, 그 일을 위해 '사유의 독자성에 관하여'라는 제하에 몇 개의 절을 개략적으로 적어 두었다(Jaspers 1986, 513). 그러나 건강이 악화되고 아렌트도 그 약속을 해제해 주었으므로 야스퍼스는 그것 대신 그의 마지막 주요 저작인 《독일의 미래》(1967)를 집필했다. 그리고 아렌트가 그 책의 서문을 썼다. 1965년 2월 14일의 인터뷰에서 야스퍼스는 저 아이히만 논쟁에 관해 다방면에 걸친 논평을 했으며, 아렌트의 '사유의 독자성'을 칭찬했다. 아렌트의 아이히만 책에 대한 총평을 요청받은 야스퍼스는 다음과 같이 답변했다. "내가 보기에 그 책은 총체적으로 사유의 독자성에 대한, 어떤 감탄할 만한 증언 사례이다. 한나 아렌트는 그의 적성 영역에만 한정하여 범주화할 수 없다. 누구도 그를 단지 한 명의 작가라고만 말할 수 없을 것이다. 또한 단지 한 명의 강단 학자라고도 말할 수 없을 것이다."(Jaspers 1986, 520)

그러고 나서 그는 아렌트의 박사학위논문과 라헬 파른하겐에 관한 아렌트의 초기 저작에 관해서 다음과 같이 논평했다.

> 성 아우구스티누스의 사랑 개념에 관한 한 편의 뛰어난 박사논문—순수 이론적 측면은 물론 철학적인 측면에서 빈틈없는 작품—과 더불어 학위 과정을 끝냈을 때 …… 아렌트는 아주 어린 나이였다. 아마 스물두 살쯤 되었을까. 대학에서 강의할 수 있는 기회를 제안받았지만 거절했다. 그는 본능적으로 대학에 대해 거부감을 가졌고 자유롭기를 원했다. 그러면 뭘 했는가? 우선 1933년 이전에는 라헬 파른하겐에 관한 책을 썼는데 그것은 이미 탈고된 것이나 다름없었지만 1950년대까지 출간되지 않았다. 그 책 역시도 분류가 쉽지는 않다. 어쨌거나 그 책은 가장 정확한 사실적 원천들을 바탕으로 집필되었다(그는 이 과정에서 자료를 확보할 수 있었고 나중에 분실했다). 그 책은 이미 그의 후기작들과 동일한 성격을 보여주고 있다. 공평무사, 그리고 진실을 위한 열정을(Jaspers 1986, 520~521).

야스퍼스는《예루살렘의 아이히만》에서 발견된 아렌트의 '어조,

역설, 냉담한 영혼, 웃음' 등에 대해 혹평한 비평가들을 향해서도 일갈한다. 야스퍼스는 자신의 논평에서 아렌트의 접근 방식을 꽤 다른 시선으로 바라보고 있다.

> 나는 이러한 한나 아렌트의 어조를 좋아한다. 내가 그를 수십 년간 알고 지내 온 덕분에 그것에서도 그의 독자성을 느낄 수 있다. 그는 아이히만 자신이 일고할 가치도 없는 자임을 드러내자 웃는다. 왜냐하면 그런 식의 대단원은 마치 어떤 농담처럼 느껴지기 때문이다. 그가 아이히만의 심문 조서들을 읽었을 때 자기 혼자서—한 번이 아니라 여러 번—큰 소리로 웃어젖힘으로써 우리를 즐겁게 한다. 이건 무슨 뜻인가? 누군가는 어떻게 삶 그 자체 속에 웃음과 역설이 그처럼 비상하게 진지한 방식으로 정초될 수 있는지에 관해 갑론을박할 수도 있을 것이다. 그러나 플라톤이 말하지 않던가. 오직 위대한 희극 작가만이 위대한 비극 작가도 될 수 있는 법이라고 말이다(Jaspers 1986, 521).

마치 야스퍼스가 그의 철학을 설명하는 아렌트의 어휘들이 아렌트 자신의 사유도 함께 드러냈다고 언급한 것처럼, 아렌트에 대한 야스퍼스의 칭찬은 야스퍼스 자신의 철학적 특성들도 함께 드러냈다. 요컨대 사유의 독자성과 공평무사 그리고 진리를 향한 열정이 그것이다. 그들 자신의 지적 경향성과 또한 저 협애한 민족적 관심사들 너머에 존재하는 '역사의 간지奸智'에 의해 촉진된 야스퍼스와 아렌트 두 사람은 그들 각자의 삶과 사유함을 통해 자신의 동시대인들이 정치와 저 세계 질서에 대해 새로운 평가들을 내리도록 자극했다. 두 사람은 서로를 '세계시민'이라고 불렀다. 그리고 양자는—함께 대화하고 홀로 사유하는—방식으로 아렌트가 "현재의 일부이며 이 세계에 속하는" 장소라고 설명한 그 '정신의 왕국'에 도달하려고 애썼다. "이성이 그 왕국을 창조했고 자유가 그 안에서 군림한다."(Arendt 1968, 80)

참고문헌

Arendt, Hannah. 1930. "Philosophy and Sociology." In *Knowledge and Politics: The Sociology of Knowledge Dispute*, ed. Volker Meja and Nice Stehr, 196-207. London and New York: Routledge, 1990.

______ . 1946a. "No Longer and Not Yet." *The Nation*, September 14, 300-302.

______ . 1946b. "What Is Existenz Philosophy?" *Partisan Review* 13: 34-56.

______ . 1950. "Religion and the Intellectuals: A Symposium." *Partisan Review* 17:113-116.

______ . 1953a. "Christian Gaus Lectures: Karl Marx and the Tradition of Western Thought." Manuscript Division, Library of Congress. Drafts 1-2.

______ . 1953b. "Understanding and Politics." *Partisan Review* 20:377-90.

______ . 1953c. Dolf Steinberger Correspondence. 28 November. Trans. Sue Fischer. Library of Congress. Ms. 010118-19, Box 14.

______ . 1958a. *The Human Condition*. Chicago: University of Chicago Press.

______ . 1958b. *Origins of Totalitarianism*. Rev. ed. New York: Meridian Books.

______ . 1964. George McKenna Correspondence. 13 January. Arendt Papers, Library of Congress. Ms. 020690, Box 12.

______ . 1965. *Eichmann in Jerusalem: A Report on the Banality of Evil*. New York: Penguin Books.

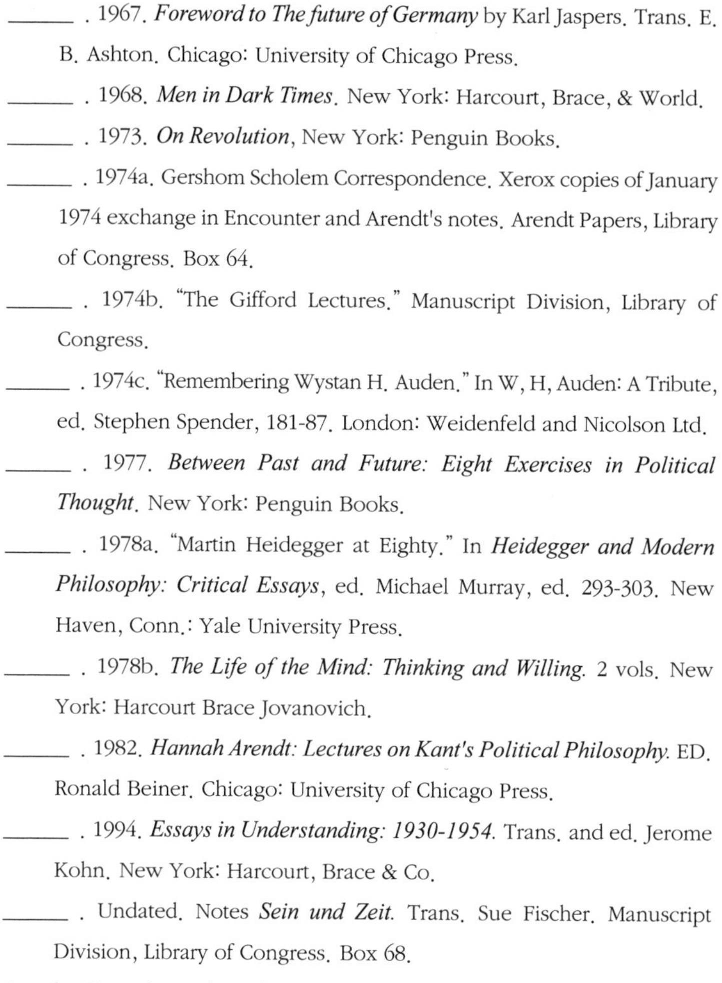

______ . 1967. *Foreword to The future of Germany* by Karl Jaspers. Trans. E. B. Ashton. Chicago: University of Chicago Press.

______ . 1968. *Men in Dark Times*. New York: Harcourt, Brace, & World.

______ . 1973. *On Revolution*, New York: Penguin Books.

______ . 1974a. Gershom Scholem Correspondence. Xerox copies of January 1974 exchange in Encounter and Arendt's notes. Arendt Papers, Library of Congress. Box 64.

______ . 1974b. "The Gifford Lectures." Manuscript Division, Library of Congress.

______ . 1974c. "Remembering Wystan H. Auden." In W, H, Auden: A Tribute, ed. Stephen Spender, 181-87. London: Weidenfeld and Nicolson Ltd.

______ . 1977. *Between Past and Future: Eight Exercises in Political Thought*. New York: Penguin Books.

______ . 1978a. "Martin Heidegger at Eighty." In *Heidegger and Modern Philosophy: Critical Essays*, ed. Michael Murray, ed. 293-303. New Haven, Conn.: Yale University Press.

______ . 1978b. *The Life of the Mind: Thinking and Willing.* 2 vols. New York: Harcourt Brace Jovanovich.

______ . 1982. *Hannah Arendt: Lectures on Kant's Political Philosophy.* ED. Ronald Beiner. Chicago: University of Chicago Press.

______ . 1994. *Essays in Understanding: 1930-1954.* Trans. and ed. Jerome Kohn. New York: Harcourt, Brace & Co.

______ . Undated. Notes *Sein und Zeit.* Trans. Sue Fischer. Manuscript Division, Library of Congress. Box 68.

Arendt, Hannah, and Karl Jaspers. 1992. *Hannah Arendt/Karl Jaspers Correspondence, 1926-69.* eds. Lotte Kohler and Hans Saner. Trans. Robert and Rita Kimber. New York: Harcourt Brace Jovanovich.

Arendt, Hannah, and Mary McCarthy. 1995. *Between Friends: The Correspondence of Hannah Arendt and Mary McCarty, 1929-75*. Ed.

Carol Brightman. New York: Harcourt, Brace & Co.

Barnouw, Dagmar. 1988. *Weimar Intellectuals and the Threat of Modernity*. Bloomington: Indiana University Press.

______ . 1990. Visible Spaces: *Hannah Arendt and the German-Jewish Experience*. Baltimore: Johns Hopkins University Press.

Berlin, Isaiah, and Ramin Jahanbegloo. 1991. *Recollection of a Historian of Ideas*. New York: Charles Scribner's Sons.

Boyle, Patrick, 1987. "Elusive Neighborliness: Hannah Arendt's Interpretation of Saint Augustine." In *Amor Mundi: Explorations in the Faith and Thought of Hannah Arendt*, ed. James Bernauer, 81-114. The Netherlands: Martinus Nijhoff.

Canovan, Margaret. 1992. *Hannah Arendt: A Reinterpretation of Her Political Thought*. Cambridge: Cambridge University Press.

Caputo, John D. 1993. "Heidegger and Theology." In *The Cambridge Companion to Heidegger*, ed. Charles Guignon, 207-88. Cambridge: Cambridge University Press.

Eger, H. 1930. Review of *Der Liebesbegriff bei Augustin by Hannah Arendt. Zeitschrift für Kirchengeschichte* 49:257-59.

Elshtain. Jean. 1988. Remarks presented as discussant for panel on Hannah Arendt at American Political Science Association convention, 3 September, Washington, D.C.

Ferry, Luc. 1992. *The System of Philosophies of History*. Trans. Franklin Philip. Chicago: University of Chicago Press.

Gunnell, John G. 1986. *Between Philosophy and Politics: The Alienation of Political Theory*. Amherst: University of Massachusetts Press.

______ . 1993. *The Descent of Political Theory: The Genealogy of an American Vocation*. Chicago: University of Chicago Press.

Heidegger, Martin. 1962. *Being and Time*. Trans. John Macquarrie and Edward Robinson. New York: Harper & Row.

Hessen, J. 1931. Review of *Der Liebesbegriff bei Augustin* by Hannah Arendt. Kantstudien 36:175.

Hoffman, Kurt. 1957. "The Basic Concepts of Jaspers' Philosophy." In *The Philosophy of Karl Jaspers*, ed. Paul Arthur Schilpp, 95-113. New York: Tudor Publishing Co.

Honig, Bonnie. 1992. "Toward aa Agnostic Feminism: Hannah Arendt and the Politics of Identity." In *Feminists Theorize the Political*, ed. Judith Butler and Joan Scott, 215-56. New York: Routledge.

Issac, Jeffrey C. 1992. *Arendt, Camus, and Modern Rebellin*. New Haven, Conn.: Yale University Press.

Jaspers, Karl. 1955. *Reason and Existenz*. Trans. W. Earle. New York: Noonday Press.

______ . 1957. *The Philosophy of Karl Jaspers*. Ed. Paul Arthur Schilpp. New York: Tudor Publishing Co.

______ . 1962. *Plato and Augustine*. Ed. Hannah Arendt. Trans. Ralph Mannheim. New York: Harcourt, Brace, & World.

______ . 1970. *Philosophy*. Vol. 2. Trans. E. B. Ashton. Chicago: University of Chicago Press.

______ . 1986. *Basic Philosophical Writings*. Ed. Edith Erlich, Leonord H. Erlich, and George B. Pepper. Athens: Ohio University Press.

Jay, Martin. 1985. *Permanent Exiles: Essays on the Intellectual Migration from Germany to America*. New York: Columbia University Press.

Jonas, Hans. 1990. Telephone interview. 2 May.

Kateb, George. 1983. *Hannah Arendt: Politics, Conscience, Evil*. Totowa, N.J.: Rowman & Allenheld.

Krell, David Farrell. 1986. *Intimations of Mortality: Time, Truth and Finitude in Heidegger's Thinking of Being*. University Park: Pennsylvania State University Press.

Morganthau, Hans. 1976. "Hannah Arendt: An Appreciation." *Politial Theory*

4, no. 1 (February)" 5-8.

Pangle, Thomas. 1988. *The Spirit of Modern Republicanism: The Moral Vision of the American Founders and the Philosophy of John Locke.* Chicago: University of Chicago Press.

Wolin, Sheldon. 1978. "Stopping to Think." *New York Review of Books*, 26 October, 16-21.

Young-Bruehl, Elisabeth. 1982. *Hannah Arendt: For Love of the World.* New Haven, Conn.: Yale University Press.

Zepf, Max. 1932. Review of *Der Liebesbegriff bei Augustin* by Hannah Arendt. Gnomon 8:101- 5.

찾아보기

ㄴ

ㄷ

ㅇ

ㅈ

ㅊ

사랑 개념과 성 아우구스티누스

초판 1쇄 발행 | 2022년 6월 30일

지은이 | 한나 아렌트
엮은이 | 조애나 스코트, 주디스 스타크
옮긴이 | 서유경
펴낸이 | 이은성
편 집 | 이한솔
디자인 | 백지선
펴낸곳 | 필로소픽

주 소 | 서울시 종로구 창덕궁길 29-38, 4-5층
전 화 | (02) 883-9774
팩 스 | (02) 883-3496
이메일 | philosophik@hanmail.net

등록번호 | 제2021-000133호

ISBN 979-11-5783-260-6 93160

필로소픽은 푸른커뮤니케이션의 출판 브랜드입니다.